中國學術思想 研究輯刊

八 編

林 慶 彰 主編

第 25 冊

天理與人欲之爭
——清儒揚州學派「情理論」探微（下）

張 曉 芬 著

花木蘭文化出版社

國家圖書館出版品預行編目資料

天理與人欲之爭——清儒揚州學派「情理論」探微（下）／張
曉芬 著 — 初版 — 台北縣永和市：花木蘭文化出版社，2010
〔民99〕
目 4+274 面；19×26 公分
（中國學術思想研究輯刊 八編：第 25 冊）
ISBN：978-986-254-209-5（精裝）
1. 清代哲學　2. 儒學
127.015　　　　　　　　　　　　　　　　　　99002462

ISBN - 978-986-2542-09-5

9 789862 542095

中國學術思想研究輯刊
八 編　第二五冊　　　　　　　ISBN：978-986-254-209-5

天理與人欲之爭——清儒揚州學派「情理論」探微（下）

作　　者　張曉芬
主　　編　林慶彰
總 編 輯　杜潔祥
出　　版　花木蘭文化出版社
發 行 所　花木蘭文化出版社
發 行 人　高小娟
聯絡地址　台北縣永和市中正路五九五號七樓之三
　　　　　電話：02-2923-1455／傳眞：02-2923-1452
網　　址　http://www.huamulan.tw 信箱 sut81518@ms59.hinet.net
印　　刷　普羅文化出版廣告事業
封面設計　劉開工作室
初　　版　2010 年 3 月
定　　價　八編 35 冊（精裝）新台幣 58,000 元

天理與人欲之爭
——清儒揚州學派「情理論」探微（下）

張曉芬　著

目

次

第伍章　縱向論述——清儒揚州學派情理論的發展（二）

第一節　光大「戴震」情理思想者

一、淩廷堪情理論探索

（一）學者傳略

淩廷堪（1757～1809），字仲子，又字次仲，生於乾隆二十二年乙亥（1757），卒於嘉慶十四年己巳（1809），〔註1〕安徽歙縣人。六歲，父卒，家貧以無立錐之地，不能自給，賴兄長：致堂，營生養母，次年廷堪始就塾師讀書，然因家貧，十三歲便棄書學賈。〔註2〕又因困窮至極，父喪家中（停柩

〔註1〕 據商瑈先生考究：關於淩廷堪生年有二說，一說是生於乾隆二十年，一說是生於乾隆二十二年，兩者相差兩年。見其《一代禮宗——淩廷堪之禮學研究》第一章注釋5，（台北：萬卷樓圖書公司，2004 年），頁 76。依據淩廷堪：〈學齋二箴序〉云：「乾隆乙巳歲（五十五年），余在京師，寓居天津牛次原齋中，學為制舉之文，明年將以應京兆試，時余年已二十有九矣。」推知淩廷堪之生年當為乾隆二十二年。（《校禮堂文集》卷 13，北京：中華書局，1998 年），頁 104。

〔註2〕 據張其錦：《淩次仲先生年譜》卷 1，乾隆三十四條，載廷堪之言：「先生昔嘗曰：『某六齡而孤，貧無立錐，賴兄致堂營生養母，次年始就塾讀書，十三歲即以家貧棄書學賈，六經未之全讀也。』」（《安徽叢書》第 18 冊，收入於《叢書集成三編》，台北：藝文印書館，1971 年），頁 5。（以下略稱《年譜》）又據其〈辨志賦序〉云：「廷堪春秋二十有三，托跡溟海，抱影窮巷，為賈則苦貧，為工則乏巧，心煩意亂，靡所適從，用是慨然有嚮學之志焉。《學記》曰：

海州），無以入土爲葬，直至廷堪二十四歲時（父亡後之十八年），乾隆四十五年（1780），方得將父之靈柩歸葬故里「歙」之祖塋。〔註3〕

於學賈之中，仍能偶讀詩詞，進而通詩及擅寫長短句。〔註4〕錢塘張賓鶴先生至海州板濬，寓楊鋕星"鎁"書屋，見其詩詞大奇，則示之以詩法。〔註5〕因此，廷堪十八歲時始編《詩集》。後因母懼其習賈無成，便鼓勵其游四方，請就師友以向學。其云：

> 汝爲賈而恥與人爭利，恐難成，宜從事於學。然學非蘄爲博士弟子
> 之謂也，必通經立行，爲古之儒焉。且獨學無友，則孤陋而寡聞，
> 吾有汝兄侍養，汝其游四方就師友以成之。〔註6〕

於是乾隆四十六年，遊揚州，慕其鄉江愼修、戴東原兩先生之學。「以國子生應京兆試，不售，南還。阮相國元時尚未達，因與訂交。」〔註7〕四十八年，至京師，始多交游。〔註8〕在此，廷堪二十六歲頗得大興翁方綱先生（1733～1818AD）所重，授其《四書》文，〔註9〕並薦其入四書館任校職，始習舉子業。〔註10〕後往返北京、海州、揚州、南昌等地，所交皆當時名儒，互相資益，名噪一時，都中莫不知有先生者。四十九年，作〈七戒〉，專志於《禮》。

『一年視離經辨志。』計余之時，則過矣。懼勤苦而難成也，乃爲〈辨志賦〉以自廣。」《校禮堂文集》卷2，同上注，頁11。

〔註3〕 據《年譜》卷1，乾隆四十五條言：「冬十月回海州板浦，與兄扶亡父柩歸歙。」

〔註4〕 見江藩：《漢學師承記》卷7云：「棄書學賈，偶在友人家見《詞綜》、《唐詩別裁集》，攜歸，就燈下讀，遂能詩及長短句。」（江藩著、漆永祥先生箋釋：《漢學師承記箋釋》下冊，上海：古籍出版社，2006年），頁763。另支偉成：《清代樸學大師列傳》亦云：「稍長，工詩及駢散文，兼爲長短句」，（長沙：岳麓書社，1998年），頁83。《年譜》卷1，乾隆三十六年條載：「先生十五歲，能詩及詞。」注云：「先生乙巳年〈學古詩〉有云『十五歲吟詩』。」

〔註5〕 據《年譜》卷1，乾隆三十九年載：「錢塘張先生賓鶴至海州板浦，寓楊鋕星鎁書屋，見先生詩詞，大奇之，示以詩法。」

〔註6〕 見阮元：〈凌母王太孺人壽詩序〉中凌廷堪對元所云。（《揅經室三集》卷5，北京：中華書局，1993年），頁680。

〔註7〕 支偉成：《清代樸學大師列傳》，（沙：岳麓書社，1998年），頁83。

〔註8〕 阮元：〈次仲凌君傳〉，《揅經室二集》卷4，同注6，頁465。

〔註9〕 同上注，頁465。

〔註10〕 詳《年譜》卷1，乾隆四十七年條載。另據漆永祥先生考證：「凌氏於乾隆四十七年入都，至五十三年中舉。此期間先是得程晉芳、翁方綱薦，佐校《四庫》書，入成均館肄業。」參《校禮堂文集》卷8〈七戒〉、張《譜》卷1、陳《譜》等。（詳江藩著、漆永祥先生箋釋：《漢學師承記箋釋》下冊，上海：古籍出版社，2006年），頁767。

五十二年，撰《禮經釋例》初稿，規模粗具。雖兩應京兆試不第，然學問之基，由此始矣。〔註11〕

乾隆五十三年秋，三應順天鄉試，始中副榜，南歸。五十四年，應江南鄉試，中式。隔年，成進士，出朱文正、王文端二公之門，蓋與洪君亮吉等皆以宏博見拔也。殿試三甲例授知縣，君投牒吏部，自改教授，曰：「必如此，吾乃可養母治經。」〔註12〕

選寧國府教授，則奉母之官，孝弟安貧，畢力著述。久之，丁母憂去，主講敬亭、紫陽書院。免喪，阮公撫浙，延訓其子，歸卒於家，年五十三。〔註13〕

廷堪之學，可謂「貫通群經，而尤深于禮經，著《禮經釋例》十三卷。」〔註14〕其謂「禮儀委曲繁重，不得其經緯塗徑，雖上哲亦苦其難；苟得之，中材可勉赴焉。經緯之塗徑之謂何？例而已矣。」又著《燕樂考原》、《元遺山年譜》、《校禮堂集》等書。及《魏書音義》，惜未成而卒。〔註15〕

（二）凌廷堪情理論

凌廷堪的情理論，在諸多學者研究，皆以其「以禮代理」為主要論說。〔註16〕甚者，學者指出凌廷堪禮學思想的重要性，不在他對禮儀內容有何創新，而是他「以禮代理」此一主張所透露的清代儒學在思想上的走向。從學術思想史發展的角度觀察，廷堪此說之最大特色，乃是：把道德問題放在社會秩序的層面上討論。〔註17〕

〔註11〕見江藩：《漢學師承記箋釋》卷7〈凌廷堪〉注釋7，（江藩著、漆永祥先生箋釋：《漢學師承記箋釋》下冊，（上海：古籍出版社，2006年），頁767。
〔註12〕阮元：〈次仲凌君傳〉，《揅經室二集》卷4，同注6，頁465。
〔註13〕同注7，頁83。
〔註14〕同注6，頁466。
〔註15〕同上注，頁466、468。
〔註16〕如錢穆先生：《中國近三百年學術史》云：「以禮代理，尤為戴氏以後學者所樂道。如凌廷堪、焦循、阮元其著者也。」（台北：臺灣商務印書館，1966年），頁255；張壽安先生：《以禮代理──凌廷堪與清中葉儒學思想之轉變》云：「凌廷堪從文獻考據上，證明先秦儒家只重禮而不言理，故儒者之學應為禮學而非理學」，（台北：中研院近史所，1994年），頁33；張麗珠先生：〈凌廷堪「以禮代理」的禮治理想暨乾嘉復禮思潮〉亦云：「凌廷堪之從事於禮經研究，是緣自他對禮的重視，同時經由研究禮經，他提出了自己的禮學主張──「學禮復性」、「制禮節性」、和「以禮代理」等思想。」見氏著《清代義理學新貌》，（台北：里仁書局，1999年），頁272。
〔註17〕張壽安先生：《以禮代理──凌廷堪與清中葉儒學思想之轉變》，（台北：中研院近史所，1994年），頁34。

凌廷堪最主要的禮學著作:一是以考據論證禮學的《禮經釋例》,二是發揮禮學思想於其中的《校禮堂文集》,即頗受當時學者稱述。阮元於所撰的〈次仲凌君傳〉中,附載其禮論〈復禮〉三篇,並稱其「唐宋以來儒者所未有也。」[註18]江藩直以「一代禮宗」稱之;[註19]錢大昕以爲《禮經釋例》一書,可使學者「得指南車矣」。[註20]至清末,梁啓超更稱其《禮經釋例》爲禮學中「登峰造極」之作。[註21]在此,綜合凌廷堪等著述,與上述學者之見,進一步整理其"情理論",可以發現除了其有「以禮代理」之主張外,尚有如下觀點:

1. 聖人之道,一禮而已矣

凌廷堪在其〈復禮〉一文中指出,"聖人之道,一禮而已矣"。以"禮"關係一切,一切皆自"禮"而出。其云:

夫人之所受於天者性也,性之所固有者善也,所以復其善者學也,所以貫其學者禮也。是故聖人之道,一禮而已矣。……蓋性至隱也,而禮則見焉者也;性至微也,而禮則顯焉者也。……三代盛王之時,上以禮爲教也,下以禮爲學也。……蓋至天下無一人不囿於禮,無一事不依於禮,循循焉日以復其性於禮而不自知也。……夫其所謂教者,禮也。即"父子有親,君臣有義,夫婦有別,長幼有序,朋有有信"是也。故曰學則三代共之,皆所以明人倫也。[註22]

在此,廷堪主張聖賢之道,是重實際的「禮則」而不在口說的一番「道理」的,儒者之學應爲禮學而非理學。蓋人的道德自主性(性、理)是隱而難見的,然「禮」之儀文節目,無一不具理,是以理寓於禮,據禮以顯,有具體的典章制度,則可供所有人依循實踐,所以三代聖王之時,上下均以「禮」爲學習的典範,而非言「理」。一旦習禮爲常後,理性、性理的彰顯則自然而然而不自知矣。又:

聖人之道至平且易也。《論語》記孔子之言備矣,但恆言禮,未嘗一言及理也。……其所以節心者,禮焉爾,不遠尋夫天地之先也;其所

[註18] 阮元:《揅經室二集》,(北京:中華書局,1993年),頁468。

[註19] 江藩:〈序〉,《校禮堂文集》,(北京:中華書局,1998年),頁3。

[註20] 錢大昕:〈錢辛楣先生書〉,《校禮堂文集》,同上注,頁4。

[註21] 梁啓超先生:〈清代學者整理舊學之總成績(一)〉,《中國近三年學術史》,(台北:中華書局,1987年),頁190。

[註22] 凌廷堪:〈復禮〉上,《校禮堂文集》卷4,(北京:中華書局,1998年),頁27。

以節性者，亦禮焉爾，不侈談夫理氣之辨也。是故冠昏飲射，有事可
循也，揖讓升降，有儀可案也，豆籩鼎俎，有物可稽也。使天下之人
少而習焉，長而安焉，其秀者有所憑而入於善，頑者有所檢束而不敢
爲惡，上者陶淑而底於成，下者亦漸漬而可以勉而至。聖人之道所以
萬世不易者此也。聖人之道所以別於異端者意亦此也。……聖人之道
本乎禮而廣者也，實有所見也；異端之道外乎禮而言者也，空無所依
也。……聖人舍禮無以爲敎也，賢人舍禮無以爲學也。詩書，博文也，
執禮，約禮也，孔子所雅言也。……聖人不求諸理而求諸禮。蓋求諸
理必至於師心，求諸禮始可復性也。〔註23〕

可以看出，淩廷堪一再強調聖人之道，是平易近人的。至聖先師——孔子，
整部《論語》常見其言禮，未嘗言「理」也。可見聖人之道是依乎「禮」而
推廣，非依抽象言談之「理」也。故其大聲疾呼：「聖學禮也，不云理也。」
〔註24〕依先秦儒家典籍所載，可知上古聖人是以「禮」掛帥，據「禮」行事，
依「禮」教之，故是「以禮代理」的。因此，其欲徹底棄「理」以「復禮」。
畢竟依據人倫日常生活習慣，實事求是，所立的禮儀法則，是有其規範可循，
較易踐履實行，且有所依據，然幽渺玄奧之理，可能各依所思，憑空虛造，
是以造成此亦一理，彼亦一理也，各自「師心自用」，空無所依，無一客觀公
正的標準，不過是造成是是非非的紛爭罷了。所以對此，焦循亦有云：「理足
以啓爭，而禮足以止爭也。」〔註25〕

然重要的還在於：廷堪主「習禮復性」。蓋其以爲藉由外在的反覆練習禮
規儀式，能使外鑠的禮節儀則，內化成爲內在的道德根源。〔註26〕孔子云：「人
而不仁如禮何？人而不仁如樂何？」〔註27〕心中的「誠敬」才是「禮」的眞

〔註23〕淩廷堪：〈復禮〉下，同上注，頁31。
〔註24〕淩廷堪：〈復禮〉下，同上注，頁32。
〔註25〕焦循：〈理說〉，《雕菰集》卷10，（台北：鼎文書局，1977年），頁151。
〔註26〕張麗珠先生在此，則指出：廷堪認爲「學禮」，就是爲了要「復」吾人所秉受
　　　　於天、性中所本然固有的「善」。其例舉顏淵「其心三月不違仁」之例，就是
　　　　做到「復其性」境界；而其所以能復其性，就是經由「學禮」的途徑。然學
　　　　禮可復性，並非一蹴可幾的，是經由不斷演練之習非而著，而達到自然內化
　　　　的進路。整理自張麗珠先生：《清代義理學新貌》，（台北：里仁書局，1999
　　　　年），頁275～276。
〔註27〕朱熹：《論語章句集註》，《四書章句集註》，（台北：大安出版社，1991年），
　　　　頁61。

正意義，而非徒具虛文的外在儀則。所以禮之尊，尊其義也。然如何知曉「禮義」？則必須藉由習禮、學禮，外在禮儀實踐等薰陶，來完成禮教內化，闡揚「禮義」的精神來。此內化的禮義，就是廷堪所強調的「人性固有者善也」——「善」的部分。

2. 好惡乃制禮之大原

凌廷堪〈好惡說〉載：

> 好惡者，先王制禮之大原也。人之性受於天，目能視則為色，耳能聽則為聲，口能食則為味；而好惡實基於此，節其太過不及，則復於性矣。《大學》言好惡，《中庸》申之以喜怒哀樂。蓋好極則生喜，又極則為樂；惡極則生怒，又極則為哀；過則溢於情，反則失其性矣。先王制禮以節之，懼民之失其性也。然則性者，好惡二端而已。〔註28〕

廷堪以為，人性受之於天，是以有視聽臭味等本能，因此，有所好惡，如好好色、惡惡臭等，此皆是「性」的呈顯。所以人性不過就是好惡兩端。正因「欲亦性之所有」，廷堪則更強調「禮」之「節其不善」功能，能「節其太過不及」，以復其性善之本原。所以先王制禮的根本，就在人的好惡之情（欲）。其云：

> 然則人性初不外乎好惡也。愛亦好也，故正心之忿懥、恐懼、好樂、憂患，齊家之親愛、賤惡、敬畏、哀矜、敖惰，皆不離乎人情也。《大學》性字祇此一見，即好惡也。〔註29〕

以好惡之欲的顯現，如愛惡、喜怒、敬畏、憂慮、怠慢等等，亦不外是人情之表現。所以其又云：

> 夫人有性必有情，有情必有欲。故曰：飲食男女，人之大欲存焉。聖人知其然也，制禮以節之，自少壯以至耆耄，無一日不囿於禮而莫之敢越也。制禮以防之，自冠昏以逮飲射，無一事不依乎禮而莫之敢瀆也。〔註30〕

以人性內具有情與有欲的。正因如此，避免情欲之偏，過與不及，是以聖人制禮以節制，預為防範，使人行止，能中庸、合理而不逾舉也。其又進一步

〔註28〕 凌廷堪：〈好惡說〉上，《校禮堂文集》卷16，同註22，頁140。
〔註29〕 凌廷堪：〈好惡說〉上，同上註，頁141。
〔註30〕 凌廷堪：〈荀卿頌〉，同上註，頁76。

強調：

> 夫性見於生初，情則緣性而有者也。性本至中，而情則不能無過不
> 及之偏。非禮以節之，則何以復其性焉。〔註31〕

情緣性生，是本具之能，不可能無，亦無法禁止。但情欲有過與不及時，則
須節制。如何節制？廷堪以為聖人制禮以節性。聖人從人性的「好惡之情」
出發，在兼顧人情、又不失矩度的情形下，制禮以節性，進而復其本性之善
原。所以在此，可以看出淩廷堪以「好惡之情，就是制禮之大原」。

3. 養情節欲

　　由於人性有好惡之情欲，是以制禮之本在於此。淩氏把人性與禮儀緊緊
扣住。因此，禮之修為工夫，則在於「養情節欲」。所謂：「緣情遂其欲，依
禮定其分，本天命民彝，是大經大法。」這就是禮的「養情節欲」的功能。
〔註32〕廷堪論禮，主張禮以養情節欲。

　　所謂人性秉天而生，有聲色味臭之欲，也有仁義禮智信之德，二者皆人
性之所好，忤逆之或扭曲之不使滿足，必將為人所共惡。但人在訴求滿足的
過程中，往往無法自行中節，遂有過與不及的現象出現。禮之制作，就在順
乎人性好惡的同時，為之節制，不使好惡「佚於情」，亦不使好惡「失其性」。
〔註33〕

　　對此，廷堪於人之情欲，並不否認，相反的，其肯定情欲之存在價值。
只是縱其情欲，永無滿足，勢必無法自行中節，而有爭奪、紛亂情形。一如
荀子云：

> 禮起於何也？曰：人生而有欲，欲而不得，則不能無求。求而無度
> 量分界，則不能不爭。爭則亂，亂則窮。先王惡其亂也，故制禮義
> 以分之，以養人之欲，給人之求。〔註34〕

是以廷堪主制禮節性，然制禮節性的根本做法就是「養情節欲」。「養情節欲」
另一詮釋便是「克己復禮」。然其對「克己」之「己」的解釋，非如朱熹所注
解：「己，謂身之私欲。禮者，天理之節文。」以「克己」便是「克制私欲」

〔註31〕淩廷堪：〈復禮〉上，同上注，頁27。
〔註32〕詳張壽安先生：《以禮代理——淩廷堪與清中葉儒學思想之轉變》，同注17，頁53。
〔註33〕同上注，頁51。
〔註34〕荀子：〈禮論篇〉，荀子著、清·王先謙集解《荀子集解》，（台北：藝文印書館，1958年），頁417。

也。〔註35〕廷堪以阮元所謂「約身」之解爲是。〔註36〕其云：

> 前在甬上，聞閣下談及《論語》克己之己字不當作私欲解。當時即深
> 以爲然。……伏讀篇中論仁，以《中庸》「仁者人也」鄭氏注讀爲相
> 人偶之人爲主，……試即以《論語・克己》章而論，下文云「爲仁由
> 己，而由人乎哉？」，人己對稱，正是鄭氏相人偶之說，若如《集注》
> 所云，豈可曰爲仁由私欲乎？再以《論語》全書而論，如「不患人之
> 不己知」、「夫仁者，己欲立而立人，己欲達而達人」、「己所不欲，勿
> 施於人」、「古之學者爲己，今之學者爲人」、「修己以安人」、「君子求
> 諸己，小人求諸人」，皆人己對稱。此外之己字，如「無友不如己者」、
> 「人潔己以進」、「仁以爲己任」、「莫己知也」、「恭己正南面」、「以爲
> 屬己」、「以爲謗己」，若作私欲解，則舉不可通矣。……馬氏之注以
> 克己爲約身，此論最得經意。……竊以馬氏之注申之，克己即修身也。
> 故「修己以敬」、「修己以安人」、「修己以安百姓」，直云修，不云克
> 也。《中庸》云：「非禮不動，所以修身也。」動實兼視聽言三者，與
> 下文答顏淵「請問其目」正相合，詞意尤明顯也。〔註37〕

以「克己」爲「修身」，「修己」以「安人」，和《中庸》所謂：「非禮不動，
所以修身也。」意義相當，所以「克己復禮」是指「修己復禮」、「約束自己，
凡事合理」。如此，視、聽、言、動，皆以「禮」爲準則，非禮則勿視、聽、
言、動，這樣，便是「養情節欲」，非遏止情欲也。所謂「養情」是指順乎人
情，毋乖戾矯作之爲，進而培養高尚情操，做到「己欲立而立人，己欲達而
達人」境界；「節欲」是節制欲望，非禁欲或縱欲也，畢竟少欲多安，「養心
莫善於寡欲」，〔註38〕不是嗎？爲此，廷堪以爲「禮本天地人三才而制也。」

〔註35〕 詳朱熹：《論語・顏淵篇》，《四書章句集註》，（台北：大安出版社，1991 年），
頁 131。

〔註36〕 阮元：〈論語論仁〉釋：「顏子克己，己字即自己之己，與下爲仁由己相同。
言能克己復禮，即可並人爲仁。……此即己欲立而立人，己欲達而達人之道。
仁雖由人而成，其實當自己始。……若以克己字解爲私欲，則下文爲仁由己
之己，斷不能再解爲私，而由己不由人反詰辭氣，與上文不相屬矣。顏子請
問其目，孔子答以四勿，勿即克之謂也。視聽言動，專就己身而言，若克己
而能非禮勿視勿聽勿言勿動，斷無不愛人。……一部《論語》，孔子絕未嘗於
不視不聽不言不動處言仁也。」《揅經室集》卷 8，（北京：中華書局，1998
年）頁 161～165。

〔註37〕 凌廷堪：〈與阮中丞論克己書〉，《校禮堂文集》卷 25，同注 22，頁 234～235。

〔註38〕 孟子云：「養心莫善於寡欲」，（朱熹：《孟子章句集註》，收入於朱熹：《四書

（見下文）且為了配合情感、欲望不同類別，與不同場合的需要，而有衣、食、聲、色等禮儀規範。其云：

> 案《左傳》昭公二十有五年，子太叔對趙簡子曰：「吉也聞諸先大夫子產曰：『夫禮，天之經也，地之義也，民之行也。』」此言禮本於天地人三才而制也。又云：「天地之經，而民實則之。則天之明，因地之性，生其六氣，用其五行。氣為五味，發為五色，章為五聲。淫則昏亂，民失其性。」此言性即食味、別聲、被色者也。《大學》言「心不在焉，視而不見，聽而不聞，食而不知其味」，即此義也。又云：「是故為禮以奉之，為六畜、五牲、三犧，以奉五味；為九文、六采、五章，以奉五色；為九歌、八風、七音、六律，以奉五聲。」此言聖人制禮，皆因人之耳有聲、目有色、口有味而奉之，恐其昏亂而失其性也。《大學》以好惡相反為拂人之性，即此義也。又云：「為君臣上下，以則地義；為夫婦外內，以經二物；為父子、兄弟、姑姊、甥舅、昏媾、姻亞，以象天明；為政事、庸力、行務，以從四時；為刑罰威獄，使生畏忌，以類其震曜殺戮；為溫慈惠和，以效天之生殖長育。」以因禮本於天經、地義、民行而發明之。〔註39〕

廷堪舉《左傳》子產之言，說明禮本天經、地義、民行之理而來。天地間有六氣、五行，是以有五味、五色、五聲等等現象。然匹夫百姓若不懂得節制於心，發乎合理中節的話，淫蕩揮霍，則昏亂己視聽耳目，亦喪失本性天良。所以聖人因人的眼、耳、鼻、舌、身、意，所需的視、聽、香、味、觸、法，找其合理"管道"抒發，此便是「因性制禮」，或「禮本人情」而定。「禮儀規範」就是這樣產生，是以在不同時地、不同事景之下，而有不同的禮儀節式，供百姓們遵循。如祭祀神靈則有九歌之樂，而各地風俗有別，遂有八風之樂。當然，「吉凶軍賓嘉等不同典禮，就有不同的音樂，而舞蹈和犧牲也因事、因地而異，以期不偏不失地表達情欲。即使五倫關係之矩則和立國之典制刑罰，也都是依據人性之好惡而訂立的。」〔註40〕

　　總之，廷堪正視人的情欲功能與需求，但不可肆無忌憚，逾越道德規範，

章句集註》，台北：大安出版社），頁374。
〔註39〕凌廷堪：〈好惡說〉上，同注22，頁141。
〔註40〕詳張壽安先生：《以禮代理──凌廷堪與清中葉儒學思想之轉變》，同注17，頁52。

是以主「以禮代理」，以禮制"防"與"節"情欲之不當。是以其以爲"禮"是一種可以依賴或藉助外在規範、身心之矩，來達到約束身心、內化道德的根源，再由"理悟"，使行止自然中規中矩，達至合理的德性行爲。所以「制禮節性」、「養情節欲」外，進而尚須「習禮復性」，才是完成「聖人之道」。

4. 習禮復性

淩廷堪：〈復禮〉上云：

> 夫人之所受於天者，性也；性之所固有者，善也；所以復其善者，學也；所以貫其學者，禮也。是故聖人之道，一禮而已矣。〔註41〕

又：

> 夫性具於生初，而情則緣性而有者也，夫婦當別也，長幼當序也，朋友當信也，五者根於性者也，所謂人倫也。而其所以親之、義之、別之、序之、信之、則必由乎情以達焉者也。非禮以節之，則過者或溢於情，而不及者則漠焉遇之，故曰：「喜怒哀樂之未發謂之中，發而中節謂之和。」其中節也，非自能中節也，必有禮以節之，故曰：「非禮何以復其性焉？」……蓋性至隱也，而禮則見焉者也；性至微也，而禮則顯焉者也。〔註42〕

於此，廷堪以人性本有者，是善也。然性善隱而未見，因此，要「復」吾人所秉受於天、性中所本然固有的「善」，是必須靠「學禮」而成。藉由學習禮儀規範，以達到性善之呈顯。然五倫的親親、尊尊、恩恩、義義等表現，是由「人情」達成，「人情」抒發，未必合理，過與不及，皆非「中節」也，畢竟「性本至中，而人情不能自發及於至中」，〔註43〕所以必須有「禮」以中節，以「禮儀」薰陶，使百姓「循循焉以復其性於禮，而不自知也。」〔註44〕如此，則「上者陶淑而底於成，下者亦漸漬而可以勉而至」〔註45〕的落實道德實踐於日用倫常之間。正如蔡元培先生所謂：「禮儀能造就習慣，而習慣是人的第二天性。」〔註46〕

〔註41〕淩廷堪：〈復禮〉上，同注22，頁27。
〔註42〕同上注，頁27～28。
〔註43〕彭林先生：〈禮經釋例・前言〉，（淩廷堪著、彭林先生點校：《禮經釋例》，台北：中研院文哲所，2004年），頁15。
〔註44〕淩廷堪：〈復禮〉上，同注22，頁28。
〔註45〕淩廷堪：〈復禮〉下，同注22，頁31。
〔註46〕詳蔡元培先生：《蔡元培全集》第2冊，（北京：中華書局，1984年），頁175。

　　廷堪強調「習禮」重要，以「學禮成習」，則可復至中之性，甚至可「化性」，變化情性之偏執。對於宋儒闡釋《大學》的修身工夫——「格物致知」等「八正道」，則有不同看法。其云：

> 禮也者，不獨大經大法悉本夫天命民彝而出之，即一器數之微，一儀節之細，莫不各有精義彌綸於其間，所謂「物有本末，事有終始」是也。格物者，格此也。《禮器》一篇皆格物之學也。……蓋必先習其器數儀節，然後知禮之原於性，所謂致知也。知其原於性，然後行之出於誠，所謂誠意也。若舍禮而言誠意，則正心不當在誠意之後矣。《記》曰：「自天子以至於庶人，壹是以脩身爲本。」又曰：「非禮不動，所以脩身也。」又曰：「脩身以道，脩道以仁。」即以仁義而申言之。曰「禮所生也」，是道實禮也。然則脩身爲本者，禮而已矣。蓋脩身爲平天下之本，而禮又爲脩身之本也。……《曲禮》曰：「道德仁義，非禮不成。」此之謂也。是故「君子尊德性而道問學，致廣大而盡精微，極高明而道中庸，溫故而知新，敦厚以崇禮。」〔註47〕

所謂「格物」在細查所有禮之器數儀節，而以〈禮器〉一篇爲格物之學也；「致知」則是從 "熟習器數儀節" 中，領悟禮的眞義，洞明 "禮" 本於人之性情，所謂 "親親、尊尊、恩恩、義義" 之情義，皆是人性本然需求與流露，悟到此，則是做到「致知」工夫；明瞭禮之本原，然後出於 "誠意" 實踐之，履行之，便是「誠意」；進而「堅守人我的同好同惡，不落入偏私，就是正心。」〔註48〕依此脩行，將禮之內理外儀，學習之通透，達此兼修工夫，便能成就修齊之事，一旦事事如理而行，實效可驗，即能達成治平的境界。所以在此，可看出廷堪非常強調「禮以脩身」的工夫，故其又有：

> 自天子以至於庶人，少而習焉，長而安焉。禮之外，別無所謂學也。
> 〔註49〕

又：

> 顏子由學禮而後有所立，於是馴而致之，其心三月不違仁。其所以不違仁者，復其性也。其所以復其性者，復其禮也。故曰「一日克

〔註47〕凌廷堪：〈復禮〉中，同註22，頁30。
〔註48〕見張壽安先生：《以禮代理——凌廷堪與清中葉儒學思想之轉變》，同註17，頁61。
〔註49〕凌廷堪：〈復禮〉上，同註22，頁27。

己復禮，天下歸仁焉。」〔註50〕

如何脩身？自天子以至於庶人，皆以"習禮"修身。舉顏淵爲例，其所以可「三月不違仁」，因「習禮有成」而來。因學禮成習，進而復其性而不自知，復其性，則仁義禮智等道德之理，莫不通達了悟，自然而然以理（禮）行之，所以「習禮復性」也。又：

> 良材之在山也，非輪人之規矩不能爲轂焉，非輈人之繩墨不能爲輗
> 焉。禮之於性也，亦猶是而已矣。如曰舍禮而可以復性也，是金之
> 爲削爲量，不必待鎔鑄模範也，材之爲轂、爲轅，不必待規矩繩墨
> 也。〔註51〕

廷堪以爲：行爲之善並非單憑本體之性，即可達成，一如黃金、良材若無規矩、繩墨或鎔鑄模範等器皿鍊造，則皆不能成其有用之途。人性亦是，若無學習禮儀規範，亦不能成其善也。

總之，廷堪倡「禮」，是由「小學」至「大學」之步驟而來。透過「小學之教」之教童蒙以灑掃應對、長幼之節，至「大學之教」教以君臣之禮、治平之道；並且經由不斷演練之習行而著，而達到自然內化的進路。〔註52〕

畢竟「禮」，在上爲典章制度，在下爲風俗教化。有事可循，有儀可案，有物可稽，非區區鉤沉炫博以媚古者可比，亦非斤斤辨爭理氣異同之玄談者可知。〔註53〕廷堪「習禮復性」，乃是強調「德目」必須在實踐上驗證，唯有有效應可資課責者，才是道德之完成，否則，只是內存於心的道德狀態，無法落實。〔註54〕所謂：

> 道無跡也，必緣禮而著見，而制禮者以之；德無象也，必藉禮爲依
> 歸，而行禮者以之。〔註55〕

依此可知，道德之理，必須藉由實踐踐履，方可落實展現，否則，如不徵諸行爲之效應，又該如何證明道德仁義？總之，凌廷堪極力主張「復禮」，以禮節制人的情、性，進而「復性」以達於道。〔註56〕

〔註50〕凌廷堪：〈復禮〉下，同上注，頁 32。

〔註51〕凌廷堪：〈復禮〉上，同上注，頁 28。

〔註52〕張麗珠先生：《清代義理學新貌》，同注 26，頁 276。

〔註53〕張壽安先生：《以禮代理——凌廷堪與清中葉儒學思想之轉變》，同注 17，頁 68。

〔註54〕同上注，頁 68。

〔註55〕凌廷堪：〈復禮〉中，同注 22，頁 30。

〔註56〕黃愛平先生：〈凌廷堪學術述論〉，（黃愛平先生、王俊義先生等編：《清代學

二、焦循情理論探索

（一）學者傳略

焦循（1763～1820），清代乾嘉時揚州學派重要代表人物之一，其經學、算學蜚聲宇內，譽為名家。〔註57〕其生於清乾隆二十八年二月三日，逝於嘉慶二十五年七月二十七日。享年五十八歲。蔚為揚州學派第二期之雄傑，一代經儒若錢辛楣大昕、王西莊鳴盛、程易疇瑤田，皆甚推敬之，阮芸臺稱先生為博大精深，不愧「通儒」。〔註58〕

里堂六歲即入塾讀書，受業於表兄范秋帆先生；八歲至公道橋阮氏家，與賓客辨壁上「馮夷」二字，阮公賾堯奇之，後遂妻以女。十四歲承家學，幼即好《易》；十六歲習為詩、古文辭。十七歲，劉文清公取補學生員，秋應省試；十八歲，娶婦阮。十九歲，究《毛詩》、《爾雅》。二十歲，肄業安定書院，吉渭嚴來主講席，勉以經學；同舍生顧超宗傳其父之經學，先生就而問難，始用力於經。此年其子：廷琥誕生。〔註59〕

二十二歲時，謝金圃督學歲試揚州，得補為廩膳生。二十三歲，父蔥、嫡母謝孺人先後卒，遂輟舉子業，乃徧求說《易》之書閱之。二十五歲，授徒城中壽氏宅；顧超宗以《梅氏叢書》贈，始用力於算學；又考釋《毛詩地理》，並改定《毛詩鳥獸草木蟲魚釋》。二十八歲，館於深巷卞氏宅，嘗撰《群經宮室圖》；是冬嘔血幾死，遂梓之。二十九歲，館於牛氏；三十歲，館於郡城鄭氏。此數年中，先生皆館郡城，得與郡城中積學之士，如汪容甫輩，時共詩酒，晨夕相見。此年次子：廷繡誕生。〔註60〕

三十二歲，究心算學，創《加減乘除釋》一書，至三十五歲補成八卷。三十八歲，阮元督學山東，招先生往；秋，隨阮元赴浙；是年，撰《釋弧》三篇、《乘方釋例》五卷。三十四歲，於浙，撰《釋輪》二篇；三十五歲，村居訓蒙。三十六歲，家居授徒；省試落第，歸家，刪訂《釋弧》舊稿。三十七歲，刻《詩品》，寫定《毛詩鳥獸草木蟲魚釋》、《天元一釋》。三十八歲，復遊浙，撰《開方通釋》。三十九歲，中式舉人。四十歲，北上會試，下第歸

術文化史論》，台北：文史哲出版社，1999年），頁193。

〔註57〕賴貴三先生：〈序例〉，《焦循年譜新編》，（台北：里仁書局，1994年），頁1。

〔註58〕賴貴三先生：〈楔子──揚州北湖焦氏世系記〉，同上注，頁2。

〔註59〕賴貴三先生：〈第一章　啓蒙就學期（一歲～二十歲）〉，同上注，頁21。

〔註60〕賴貴三先生：〈第二章　村居授徒期（二十一歲～三十歲）〉，同上注，頁55。

里；復遊浙，撰《禹貢鄭注釋》。冬，還揚州，閉門不出。〔註61〕

四十以後，焦循以母疾，不果出遊；八年專於學《易》，始悟得「旁通」之旨。四十一至四十四歲，村居授徒；其四十二歲，撰《易通釋》初稿，又撰《論語通釋》。四十三歲，撰《劇說》；而孫貴齡殤，生母殷孺人卒。四十四歲，兼與纂《揚州圖經》、《揚州文粹》。四十五歲時，病危，幸而得愈，遂家居專心注《易》。除喪後，遂託疾村居，閉戶著書；四十八歲，改訂《易通釋》；四十九歲，誓於先聖先師，盡屏他務，專理《易》。五十歲，《易學三書》漸有成，又撰《周易補疏》二卷。〔註62〕

五十一歲，注《易》，自立一簿，《易通釋》成，復提其要為《易圖略》，次《易通釋》之後。五十二歲，《易學三書》初稿就，又撰《毛詩補疏》。賴貴三先生指出：先生自四十八歲至今五年，一切功名仕宦，交游慶弔，俱不以擾先生心志，而日進有功，撰述有成。〔註63〕五十三歲，治《易》兼及他經；五十四歲，《易學三書》、《論語補疏》撰成；冬，纂《孟子長編》。當五十五歲時，先生自訂《雕菰集》，纂《孟子成編》，成《春秋左傳補疏》。五十六歲，刪定《群經補疏》，撰《易話》、《易廣記》，又始撰《孟子正義》。其五十七、八歲，纂《孟子正義》，兼刪訂諸舊稿，但夙疾——足病疾甚，且病瘰，遂卒。〔註64〕

計焦循一生著述蓋有：《雕菰樓易學三書》、《易話》、《易廣記》、《論語通釋》、《論語補疏》、《周易補疏》、《尚書補疏》、《毛詩補疏》、《春秋補疏》、《禮記補疏》（合為《六經補疏》）、《群經宮室圖》、《禹貢鄭注釋》、《孟子正義》、《加減乘除釋》、《天元一釋》、《釋弧》、《釋輪》、《釋橢》、《北湖小志》、《雕菰集》、《仲軒詞》、《里堂家訓》、《揚州足徵錄》、《易餘籥錄》、《開方通釋》、《花部農譚》、《劇說》、《毛詩鳥獸草木蟲魚釋》、《詩話》、《唐賦選》、《孫子算經注》等等約有六十一種著作。〔註65〕

然焦循治經，廣治博收，"無所不治，無所不卓然有成"，尤其《孟子》學和《易》學，更可謂卓然自成一家。在清代，焦循以數理的方法治《易》，

〔註61〕賴貴三先生：〈第三章　遊幕教授期（三十一歲～四十歲）〉，同上注，頁99。
〔註62〕賴貴三先生：〈第四章　家居著《易》期（四十一歲～五十歲～）〉，同上注，頁211。
〔註63〕賴貴三先生：〈第五章　專志著述期（五十一歲～五十八歲）〉，同上注，頁，309。
〔註64〕同上注，頁309。
〔註65〕詳見賴貴三先生：《焦循年譜新編·附錄一》，同上注，頁475～481。

獨具特色；焦循的《孟子正義》在《孟子》研究領域成究最爲顯赫。〔註66〕
何澤恆先生指出：里堂之治易，重在熟讀全經而求其通義。其治易的宗旨，
一言以蔽之曰，在求經傳之合一。〔註67〕對於孟子所謂「性善」之說，即專
致辨人類心知之異於禽獸之所在，斯皆明承東原之宗旨而來。〔註68〕

（二）焦循情理論

錢穆先生《中國近三百年學術史》云：「里堂論學極重戴東原。」〔註69〕
焦循亦云：「循讀東原戴氏之書，最心服其《孟子字義疏證》。」〔註70〕爲此，
焦循仿《孟子字義疏證》體例，著《論語通釋》，並在《論語通釋・自序》闡
明：「《孟子字義疏證》于理道天命性情之名，揭而名之如天日。」〔註71〕焦
循晚年作有《孟子正義》一書，梁啓超先生評其：「新疏家模範作品，價值是
永永不朽的」〔註72〕錢穆先生亦云：「其立說最明通者，爲其發明孟子性善之
旨。」〔註73〕總之，其晚年之作《孟子正義》，學者視爲「完整地延續了戴震
的治學思路。」〔註74〕使其成爲能「跳出樸學的圈子而做點有系統的思想的
人」。〔註75〕在此將焦循的義理思想，情理部分作一整理與闡述：

〔註66〕劉瑾輝先生〈善的宣言──焦循《孟子正義》研究之一〉，（《蘇州大學學報》
　　　　（哲學社會科學版）第2期，2005年3月），頁66。
〔註67〕何澤恆先生：《焦循研究》，（台北：大安出版社，1990年），頁80。
〔註68〕同上注，頁208。
〔註69〕錢穆先生：《中國近三百年學術史》亦云：「是里堂論學，亦主以訓故明義理，
　　　　仍是『經學即理學』之見也。」（台北：商務印書館，1996年），頁500。
〔註70〕焦循：〈寄朱休承學士書〉，《雕菰集》卷13，（台北：鼎文書局，1977年），
　　　　頁203。
〔註71〕焦循：《論語通釋・自序》，（台北：藝文印書館，1966年），頁1。
〔註72〕梁啓超先生：《中國近三百年學術史》，（台北：中華書局，1987年），頁220。
〔註73〕錢穆先生：《中國近三百年學術史》，同注69，頁502。
〔註74〕朱松美先生：〈焦循《孟子正義》的詮釋風格〉，（《齊魯學刊》第187期，2005
　　　　年第4期），頁23。這方面，張舜徽先生亦說：「焦循對於戴氏的《孟子字義
　　　　疏證》，極其推服。他的《論語通釋》，無疑是仿效那書而作；《孟子正義》，
　　　　也是在那書的基礎上發展起來的。」（《清儒學記・揚州學記》，山東：齊魯書
　　　　社，1991年），頁440；陳居淵先生亦云：「焦循著《孟子正義》，論者每每以
　　　　戴震《孟子字義疏證》續作視之，而焦循本人也表示"循讀東原戴氏之書，
　　　　最心服其《孟子字義疏證》"。因此，論定焦循編撰《孟子正義》深受戴震
　　　　思想的影響，那是不爭的事實。」（《焦循阮元評傳》，南京：南京大學，2006
　　　　年），頁381。
〔註75〕劉夢溪先生：《中國現代學術經典》（胡適卷），（石家庄：河北教育出版社，
　　　　1996年），頁339。

1. 理者，分也；義者，宜也

焦循於「理」，是以「分」釋「理」，所謂：

> 理者，分也；義者，宜也。其不可通行者，非道也。可行矣，乃道
> 之達於四方者，各有分焉，即各有宜焉。趨燕者行乎南，趨齊者行
> 乎西，行焉而弗宜矣。……弗宜則非義，即非理。故道之分有理，
> 理之得有義，……惟分故有宜不宜。理分于道，即命分於道，故窮
> 理盡性以致於命，……後儒言理，或不得乎孔孟之旨，故戴氏詳爲
> 闡説是也。説者或併理而斥言之，則亦茫乎未聞道矣。〔註76〕

承襲戴震「理爲事物的條理、分理」之意義。以否定宋代理學以「理」爲萬
物本源與主宰的形上本體論，進而提出「理，乃分也」的觀念。強調物物各
有其分理，行其所當宜，則是理，則是義也。另外，焦循於「理」也特別指
出：「非眞空眞宰耳」。〔註77〕所以道之分，有理，得之理，有義；用於人事
中，即是「禮」也。戴震亦云：「禮」──「亦聖人見于天地之條理，定之以
爲天下萬世法」。〔註78〕焦循則倡以「禮」制情欲與紛爭，是以隱約表明「以
禮代理」，「禮」就是人事中「道之分」、「義之宜」的軌則，企圖建立一良好
的社會秩序。

（1）禮論辭讓，理辨是非

焦循〈理説〉云：

> 後世不言理而言禮，……先王恐刑罰之不中，務於罪辟之中求其輕
> 重，析及豪芒，無有差謬，故謂之理。其官即謂之理官，而所以治
> 天下，則以禮不以理也。禮論辭讓，理辨是非。知有禮者，雖仇隙
> 之地，不難以揖讓處之。……今之訟者，彼告之，此訴之，各持一
> 理，嘵嘵不已。爲之解者，若直論其是非，彼此必皆不服，説以名
> 分，勸以遜順，置酒相揖，往往和解。可見理足以啓爭，而禮足以
> 止爭也。〔註79〕

強調以「禮」取代「理」，其原因即在於「理足以啓爭，而禮足以止爭也」。
因「禮論辭讓，理辨是非。」然此一是非，彼一是非，是是非非，非非是是，

〔註76〕焦循：《孟子正義》，（長沙：岳麓書社，1996 年），頁 451～452。

〔註77〕同上注，頁 752。

〔註78〕戴震：《孟子字義疏證》，《戴東原先生全集》，（台北：大化書局，1978 年），頁 200。

〔註79〕焦循：《雕菰集》卷 10，（台北：鼎文書局，1977 年），頁 151。

如何定奪？無疑是公說公有理，婆說婆有理。所以主觀認定之「理」，易產生是非之爭，無如客觀的「禮儀」規矩，爲眾所遵行，不易滋生是非之擾攘。

（2）禮以時爲大

「禮」一直被奉爲「千古不易之則」的先王之道，默默地執行而無疑義。但以歷史事實證明，聖人制禮，雖萬世不變，但並非是古今一律的。〔註 80〕漢代揚雄說過：「夫道有因有循，有革有化。因而循之，與道神之；革而化之，與時宜之。」〔註81〕清初，王夫之闡述更透徹：「夫聖人之於禮，未嘗不因變矣。數盈則憂患不生，乃盈則必溢而變在常之中。數虛則憂患斯起，乃虛可以受而常亦在變之中。」〔註82〕關於此，焦循則以爲：

> 《禮記》，萬世之書也。《記》之言曰「禮以時爲大。」此一言也，以蔽千萬世制禮之法可矣！《周官》、《儀禮》固作于聖人，乃至唯周之時用之。……設令周公生趙宋，必不爲王安石之理財。何也？時爲大也。且夫所謂時者，豈一代爲一時哉？開國之君，審其時之所宜，而損之益之，以成一代之典章度數，而所以維持此典章度數者，猶以時時變化之，以掖民之偏而息民之詐。……通其變而又神而化之，所爲民可使由之，不可使知之，殺之而不怨，利之而不庸，民日遷善，而不知所以爲之者，治之極也。禮之經也，明明德矣，又必新民知止，而歸其要于系矩。……于大有爲而見其恭已無爲，于必得名而見其民無能名。〔註83〕

所謂「時」，《易·文言·乾》謂：「隨時之義大矣。」又《易·繫辭傳下》云：「變通者，趨時也。」〔註84〕焦循的「時時變化」思想，實淵於此《易學》。〔註85〕在此對於「禮制」，其強調是禮制並非千篇一律，永遠不變的；相反的，

〔註80〕陳居淵先生闡述焦循〈古經意義的新探索〉論及《禮》所云，見陳氏著《焦循阮元評傳》，（南京：南京大學出版社，2006 年），頁 91。

〔註81〕揚雄：〈太玄經瑩第十〉，《揚子雲集》卷 2，（收入於《景印文淵閣叢書》第 1063 冊，北京：商務印書館，2006 年），頁 37。

〔註82〕清·王夫之：〈繫辭下傳〉第七章，《周易外傳》卷6，（收入於明·王夫之著：《船山全書》第 1 冊，長沙：岳麓書社，2000 年），頁 1058。

〔註83〕焦循：〈禮記補疏自序〉，同注 79，頁 274～275。

〔註84〕見魏·王弼注、唐·孔穎達疏：《周易正義·繫辭傳下》，《十三經注疏本》（1）（台北：藝文印書館，1981 年），頁 165。

〔註85〕詳見陳居淵先生：《焦循阮元評傳》焦循部分，（南京：南京大學出版社，2006 年），頁 92。

君王制禮，宜「審其時之所宜」，增損減益等，因時因地而有所變化，以成一代的典章制度，才是！所以焦循對於社會制度，是充滿著變革之理想。所謂「禮義之中又有權焉。」〔註86〕畢竟「人不能漠視現實的變化和具體情況，死守傳統觀念和行為方式」〔註87〕的。然禮依何而變？並非說變就變，焦循指出「緣情制禮」之要。

（3）緣情制禮

焦循云：

> 自理道之說起，人各挾其是非，逞其血氣。激濁揚清，本非謬戾，而言不本于性情，則聽者厭倦。至於傾軋之不已，而忿毒之相尋，以同為黨，即以比為爭。甚而假宮閫、廟祀、儲貳之名，動輒千百人哭於朝門，自鳴忠孝，以激其君之怒，害及其身，禍及全國。全戾乎所以事君之道。余讀《明史》，每嘆詩教之亡，莫此為甚。夫聖人以一言蔽三百曰思無邪。聖人以詩設教，其去邪歸正奚待言？所教在思，思者，容也；思則情得，情得則兩相感而不疑，故示之於民則民從，施之於僚友則僚友協，誦之於君父則君父怡然釋。不以理勝，不以氣矜，而上下相安於正。〔註88〕

以《明史》所載，東林黨爭即是以一是非之理爭，化為所謂朝臣與君主之抗爭。在此，焦循舉此一史實，說明惟「以禮代理」，才能平息此一類的爭執。然何以「禮」可以息爭訟？關鍵在「情」。動之以情，則不厭倦；化干戈為情通，摶以交情則感動不疑，如此，「情」乃息爭之鑰，是以「禮」之制訂，宜順人之常情，自然律則以定訂，「禮」方為人所遵從。《管子・心術》云：

> 禮者，因人之情，緣義之理，而為之節文者也。故禮者，謂有理也。
> 理也者，明分以喻義之意也。故禮出乎義，義出乎理，理因乎宜者
> 也。〔註89〕

知自古以來，即主禮緣情、義理而來。禮之尊在義理也，是以禮因義生，義由理見。故禮可為人言行舉止的規範。《禮記・禮運》篇云：

> 聖人耐以天下一家，以中國為一人者，非意之也。必知其情，辟於

〔註86〕焦循：〈說權五〉，《雕菰集》卷10，同注79，頁146。

〔註87〕劉瑾輝先生：《焦循評傳》，（揚州：廣陵書社，2005年），頁167。

〔註88〕焦循：〈毛詩鄭箋自序〉，同注79，頁272。

〔註89〕詳見春秋・管子著、清・戴望校：《管子》，（台北：臺灣商務印書館，1956年），頁64。

其義，明於其利，達於其惠，然後能爲之。何謂人情？喜、怒、哀、

懼、愛、惡、欲，七者弗學而能。何謂人義？父慈、子孝、兄良、

弟悌、夫義、婦聽、長惠、幼順、君仁、臣忠，故聖人之所以治人

七情，修十義，講信修睦，尚辭讓、去爭奪，舍禮何以治之？〔註90〕

聖人因情與義講「禮」，是以「禮」治天下。然清儒有鑑於宋明理學之空疏，
是以反形上之「理」義，而重形下之「禮」則。此於淩廷堪倡「以禮代理」
時，即強調「禮」的道德意義，普遍蔚爲風尙。在此，焦循主禮爲人事之則，
無異是在此一學術潮流之下所產生的。其〈理說〉：

君長之設，所以平天下之爭也。故先王立政之要，因人情以制禮。……

天下知有禮而恥於無禮，故射有禮，軍有禮，訟獄有禮，所以消人

心之忿，而化萬物之戾，漸之既久，摩之既深，君子以禮自安，小

人以禮自勝，欲不治得乎？〔註91〕

再次強調「先王立政之要」在「因人情制禮」而來。以「禮」教化人心，使
人人以無禮爲恥，則「道之以德，齊以之禮，有恥且格。」否則，「道之以政，
齊以以刑，民免而無恥矣」。〔註92〕如此，在「知書達禮」風氣下，君子可以
自安，小人以禮作行爲準則，以禮不逾矩，戰勝己之投機取巧之念，如此，
天下得以善治矣。

2. 性無善惡，能知故善

關於「人性」如何？自古以來一直是學者們爭論不休的話題。孟子主「性
善」，但對於「人性爲何能善」，以及「人性善從何來」等問題，尙無確切論
證以解決。對此，至清代，戴震提出「血氣心知」之說，試圖由此入手以解
答上述問題。但是，由於戴震關注是「理欲」問題，因而對性善來源問題，
便是淺嘗輒止，尙無深入論證。然焦循接續戴震的「血氣心知」之說，對「人
性何以能善」問題，進行縝密的論證與發揮。學者指出其對於「人性何以能
善」的問題，所進行論證的路徑便是：人之性善在於有智，智之表現在於能
變通，啓智之途在於學習。〔註93〕在此，作一探究：

〔註90〕漢・鄭玄注、唐・孔穎達疏：《禮記正義・禮運》篇第9、卷22，（《十三經注
　　　疏本》（5），台北：藝文印書館，1981年），頁431。
〔註91〕焦循：〈理說〉，《雕菰集》卷10，同註79，頁151。
〔註92〕見朱熹：《論語章句集註》，（朱熹：《四書章句集註》，台北：大安出版社，1991
　　　年），頁54。
〔註93〕朱松美先生：〈焦循《孟子正義》的詮釋風格〉，（《齊魯學刊》第187期，2005

（1）惟其可引，故性善也

焦循〈性善解一〉：

> 性無他，食色而已。飲食男女，與物同之。當其先民，知有母不知有父，則男女無別也。茹毛飲血，不知火化，則飲食無節也。有聖人出，示之以嫁娶之禮，而民知有人倫矣。示之以耕耨之法，而民知自食其力矣，以此示禽獸，禽獸不知也；禽獸不知，則禽獸之性，不能善；人知之，則人之性善矣。……人之性可引而善，亦可引為惡，惟其可引，故性善也。牛之性可以敵虎，而不可以使之咥人，所知所能，不可移也。惟人能移，則可以為善矣，是故惟習相遠，乃知其性相近。若禽獸，則習不能相遠也。〔註94〕

焦循以為「性」是人與物同具有的，而人所獨具、禽獸則無的，在於「人之性可引而善」。「惟其可引，故性善也」、「惟人能移，則可以為善矣。」然引之端在於「知」——「智性」。此「知」是禽獸所無的，否則，試以人倫大義、禮節儀則示之於禽獸，禽獸不知也，此即禽獸之所以不能為善的主因。所以人的「心知之明」是人之所以能為善的致果因素。〔註95〕因「知」可引人性向善，而人性是可移的，有塑造性的，是以人性可被引導為善，則證明「性相近，習相遠」之說。人可以藉由學習來改變不良習性，但禽獸不知，又無法教之使之知而習，是故焦循在此得到了「人之性善，其關鍵在於人之有知」的結論，而開出了所謂「能知故善」的命題。

　　按：「人性可移」、「可引為善」——亦有學者指出：由於這種「知」，人性不像禽獸之性那樣，完全由食色之欲所決定，故不僅可以引而為善，亦可以引而為惡；借用康德的用語來說，即人擁有「實踐的自由」（Praktische Freiheit）。〔註96〕

（2）能知故善

焦循〈性善解三〉：

> 性何以善？能知故善。同此男女飲食，嫁娶以為夫婦，人知之，鳥

　　　年第 4 期），頁 25。

〔註94〕 焦循：〈性善解一〉，《雕菰集》卷 10，同注 79，頁 127。

〔註95〕 張麗珠先生：〈焦循發揚重智主義道德觀的「能知故善」說〉，《清代義理學新貌》，（台北：里仁書局，1999 年），頁 210。

〔註96〕 李明輝先生：〈焦循對孟子心性論的詮釋及其方法問題〉，（《臺大歷史學報》第 2 期，1999 年 12 月），頁 84。

> 獸不知之；耕鑿以濟飢渴，人知之，鳥獸不知之。鳥獸既不能自知，
> 人又不能使之知，此鳥獸之性，所以不善。……人之不善者，不能
> 孝其父，亦必知子之當孝乎己；不能敬其長，亦必知卑賤之當敬乎
> 己。知子之當孝乎己，知卑賤之當敬乎己，則知孝悌矣。……故論
> 性善，徒持高妙之說，則不可定，第於男女飲食驗之，性善乃無疑
> 耳。〔註97〕

焦氏以「食色，性也」。以「能知故善」說明「人性之所以爲善」之因。畢竟因事設教，因勢利導，便可啓性行善。然此「能知如何是好」便是人異於禽獸的關鍵。雖人與鳥獸同有「男女飲食」之欲，但人懂得「嫁娶之禮」爲「夫婦」，懂得「自食其力」以飽「口腹之欲」，鳥獸則不知這麼做，由此以知人「性善」之端，在於「能知」。「能知」如何是好，以行之，所以「能知故善」也。在此焦循進一步說明：

> 知知者，人能知而又知，禽獸知聲不能知音，一知不能又知。故非
> 不知色，不知好妍而惡醜也；非不知食，不知好精而惡疏也；非不
> 知臭，不知好香而惡腐也；非不知聲，不知好清而惡濁也。惟人知
> 之，故人之欲異於禽獸之欲，即人之性異於禽獸之性。〔註98〕

強調人與禽獸在「欲」中，對其所欲的對象，是皆有所「知」的，在此人與禽獸無異；然人之所以異於禽獸關鍵，端在於：人還可以進一步反省此「知」。其所謂「知而又知」，據李明輝先生指出：以現代哲學用語來說，即是「反省之知」（reflexive knowing）。在焦循認爲：在這種「反省之知」之中寓有價值判斷（即色之妍醜、食之精疏、臭之香腐、聲之清濁），此即「性善」之徵。〔註99〕縱使人淫昏無恥，貪饕殘暴，內心亦知禮義之宜；縱使下愚，亦勝鳥獸之無知。但所謂「能知故善」，「能知」是指人具有可被開發的智慧，而非不學而能之知。〔註100〕其〈性善解五〉引《淮南子》之言，又再次強調「能知故善」此理；其云：

> 惟人心最靈，乃知嗜味好色，知嗜味好色，即能知孝悌忠信，禮義

〔註97〕焦循：《雕菰集》卷9，同注79，頁127～128。

〔註98〕焦循：《孟子正義》卷22，同注76，頁739。

〔註99〕李明輝先生：〈焦循對孟子心性論的詮釋及其方法問題〉，（《臺大歷史學報》第2期，1999年12月），頁82。

〔註100〕蔡馥穗先生：〈焦循的人性論〉，《清儒人性論研究》，（高雄：中山大學中文碩論），頁119。

廉恥，故禮義之悅心，猶芻豢之悅口，悅心悅口，皆性之善。《淮南・泰族訓》云：「民有好色之性，故有大昏之禮；民有飲食之性，故有大饗之誼；有喜樂之性，故有鐘鼓莞弦之音；有悲哀之性，故有衰絰哭踊之節。先王之制法，因民之所好而爲之節文者也。」皆人之所有於性，而聖人之所匠成也。故無其性，不可教訓；有其性，無其養，不能遵道修務。……此蓋孔門七十之子遺言，故善言性者，孟子之後，惟淮南子。〔註101〕

芻豢之悅口，本無所謂對錯、善惡、是非可云。然「芻豢悅我口」與「惡惡臭，好好色」是感性上的愛好，而「理義悅我心」與「誠意」卻是一種具有道德內涵的意向。二者在焦循否定超越性的心性論，此「內在一元論」前提下，「悅」與「好惡」自然不具有雙重意涵。〔註102〕「食色之欲」並非是「可惡」的，而里堂以「知」貫通此「欲」與「理」；所謂「禮義之悅心，猶芻豢之悅口」。原來一切典制禮文，無非是因民固有之性訂立起來的。也就是因事設教，因勢利導的具體內容。里堂舉《淮南子》論性之理，以說明：正因人有好色、飲食的「性」（情欲），所以才會有「大昏」、「大饗」與「鐘鼓」等文化成就。本於人性，聖人以此相通，而成就禮儀典範。所根據是「性」（情欲），無此「性」（情欲），則人無法教導；但無教誨與培養，則自然之「性」（情欲）也無法修成正果。然相通的關鍵，尚在能「推己及人」。〔註103〕其〈性善解二〉云：

聖人何以知人性之善，以己之性推之也。己之性既能覺於善，而人之性亦能覺於善。第無有之者耳，使己之性不善，則不能覺；己能覺則己之性善，己與人同此性，則人之性亦善。〔註104〕

聖人如何知人性本善？在於其以己之性推及他人。聖人之性，自覺爲「善」，推之於人，亦應是「善」；因同爲人也，有此性通也。只不過是聖人之所以爲聖，端在其能自覺爲善，凡人則無法達成，是以強調須「先覺覺後覺」，一般人需靠後天學習與教養，以啓發其本然之善性。

（3）性善如性靈，啟智能變通，能變通，故性善

焦循以爲人類的進化，是人類智慧不斷變通的結果，所謂「善」即是具

〔註101〕焦循：《雕菰集》卷9，同注79，頁128～129。
〔註102〕李明輝先生：〈焦循對孟子心性論的詮釋及其方法問題〉，同注96，頁81。
〔註103〕張舜徽先生：《清儒學記・揚州學記》，（濟南：齊魯書社，1991年），頁442。
〔註104〕焦循：《雕菰集》卷9，同注79，頁127。

有美好的意蘊，因人能變通，知善從流，故啓發其智慧，能知變通，所爲便是善，亦將「性善」彰顯；如其云：

> 蓋人性所以有仁義者，正以其能變通，異乎物之性也。以己之心，通乎人之心，則仁也；知其不宜，變而知乎宜，則義也。仁義由於能變通，人能變通，故性善，物不能變通，故性不善。〔註105〕

從結果以逆推，實際作爲以推，人性本善，因「可引」、「能移」，故能變通，加上能「知曉」何者可爲？何者不可爲？何者是對己有利，何者是對己有害的？所以在趨善避惡、求福辭禍之下，人性所爲，可以行善，藉由行善以得利。而人性之所以可變通而行善，端在於「性靈」；焦循云：

> 善之言，靈也。性善猶性靈，惟靈則能通，通則能變，故習相遠。〔註106〕

因性善即性靈，靈活之性故能變通，所以「人能變通，故性善」。如數學邏輯程式：A（性善）=B（性靈），B（性靈）=C（變通），則 C（變通）=A（性善）。亦如其所謂「惟人能移，則可以爲善矣。」強調是「人性」有此一「引」、「移」之端，所以人可以改變，可以受後天教育與禮儀薰陶而變，因此，焦循在此則非常強調「知」之重要，所謂「知而能變通」。〔註107〕變好變壞之關鍵在「知」，亦即「學習」之良莠，所以又呼應孔子的「性相近，習相遠」之說。張麗珠先生進一步指出：人因有此智慧，故能變通、能趨利，而變通所得之利，即是善也──這是焦循義理的最重要基礎。〔註108〕

畢竟世間既無天生的樂善好施者，也無天生的強取豪奪之徒。惟在現實中，智愚可以轉變，善惡可以轉化。所謂「愚者習於善，亦可遠於本然之愚；智者習於惡，則可遠於其本然之智。」〔註109〕所以「習相遠」是一轉捩點，與環境教育息息相關。所謂「不仁不義之人，並不是由於太愚昧，而是由於不良的環境影響和教育所致，也就是人的性情才智與環境教育未能天合。」〔註110〕在此，焦循強調性善之發揚，端在「學習」，惟有不斷努力學習，充

〔註105〕焦循：《孟子正義》，同注76，頁489。

〔註106〕焦循：〈性善解四〉，同注79，頁128。

〔註107〕焦循：《孟子正義》，同注76，頁489。

〔註108〕張麗珠先生：〈焦循發揚重智主義道德觀的「能知故善」說〉，《清代義理學新貌》，（台北：里仁書局，1999年），頁210。

〔註109〕同上注，頁502。

〔註110〕劉瑾輝先生：〈焦循教育思想發微〉，（《揚州大學學報》（高教研究版），第 8 卷第 2 期，2004 年 4 月），頁34。

實內在，啓迪智慧，方可向善；其云：

> 賢不肖皆有爲立事之後所分別之品行，而智愚則據性之所發而言。
> 人初生，便解飲乳，便解視聽，此良知也。然壯年知識，便與孩提
> 較進矣；老年知識，便與壯年較進矣；同爲此人，一讀書，一不讀
> 書，其知識明昧又大相懸絕矣；同爲受業，一用心，一不用心，其
> 知識多寡又大相懸絕矣。則明之與昧，因習而殊，亦較然矣。〔註111〕

所以「人之性可因教而明，人之情可因教而通。」〔註112〕教育對一個人是非
常重要的，因爲教育，可使愚者趨賢，賢者更賢；又能使身處惡劣環境中的
人，明辨善惡是非，棄惡從善。否則，愚者永愚、惡者永不知善，漸與智者、
賢者大相懸殊。所以不論智愚賢不肖者，都要受教育與不斷學習。所以在某
程度上說，教育的作用就是努力變「習相遠」爲「習相近」。〔註113〕將善性發
揚，則是將人的性情與環境教育順應自然規律、相互作用的結果。所以焦循
在其〈性善解二〉亦云：「人之性不能自覺，必待先覺者覺之，是故非性無以
施其教，非教無以復其性。」〔註114〕

（4）以利為善

畢竟人有「見利而就，避害而去」的本能，這也是焦循反覆論述「人性」
之理。所以人知變通以趨利，而禽獸則不知，在此，便是人與禽獸的區別。
因此，「以利爲善」亦形成焦循道德學說的一項基礎命題。以「知」是前提性
條件，而「利」是決定性條件。〔註115〕因爲在焦循的理論系統中，一切「內
聖」修身的仁義之道，與「外王」的治國平天下之道，都是由「變通」而產
生，如果無其「知」，人便不能知此變通而趨利得善。所以「知」是涵養道德
首要條件，是實現「善」的不可或缺要素。人就是以其神明之知，在知孝悌
忠信、禮義廉恥之餘，還能夠衡諸現實，知宜與不宜，而變通之於宜，而得
其利的。〔註116〕所謂「利」，在焦循看來，是指「宜」，因利避害之故，所以
向善。因此，「利」又是「知」的決定性因素。焦循云：

〔註111〕焦循：《孟子正義》，同注76，頁489。
〔註112〕同上注，頁489。
〔註113〕劉瑾輝先生：〈焦循教育思想發微〉，同注110，頁34。
〔註114〕焦循：《雕菰集》卷9，同注79，頁127。
〔註115〕張晚林先生：〈是合法性，而不是道德性——綜論焦循的道德哲學〉，（《船山學刊》2003年第2期），頁66。
〔註116〕張麗珠先生：〈焦循發揚重智主義道德觀的「能知故善」說〉，同注95，頁210～211。

> 人之所以異於禽獸者，在此利不利之間。利不利即義不義，義不義
> 即宜不宜。能知宜不宜，則智也；不能知宜不宜，則不智也。智，
> 人也；不智，禽獸也。幾希之間，一利而已矣，即一義而已矣，即
> 一智而已矣。〔註117〕

以「利」為前提下，焦循以此為人與禽獸之異所在。其以為「利」是指「宜」，
「宜」即是「義」也。所謂「利不利」即「義不義」也；「義不義」即「宜不
宜」也，意即「應該不應該」之自省——該不該這麼做？這樣做適宜不適宜、
恰當不恰當？有無可「趨利避害」？如此，「利」，便是有意義的、便是善的。
對於「應該」、「義」與「宜」的關係，傅佩榮先生說得好：

> 「應該」這兩個字，自古以來就被界定成是人類與其他動物差別
> 的所在，其他生物只有實然的存在，人類則有個「應該」。……中
> 國人把「應該」這個詞當成「義」，所謂的「義」與「宜」是同樣
> 的意思：「義」就是適宜的，但什麼叫「適宜」呢？基本上，我肯
> 定儒家的見解——儒家認為一個人應當設法做到人與人之間維持
> 適當的關係。「適宜」就是「義」，做到「適宜」需要考慮三個因
> 素：第一、內心的真誠感受，第二、對方的期許，第三、社會規
> 範。〔註118〕

事實上，胡適先生亦云：「儒家說『義也者』，宜也。宜就是『應該』。凡是
應該如此做的，便是『義』。」〔註119〕《管子‧牧民》云：「倉廩實而知禮
節，衣食足而知榮辱。」〔註120〕《孟子‧梁惠王》（上）亦云：「若民，則
無恆產，因無恆心。苟無恆心，放僻，邪侈，無不為已。……樂歲終身苦，
凶年不免於死亡。此惟救死而恐不瞻，奚暇治禮義哉？」〔註121〕焦循在此，
也提出所謂「儒生以治生為要」〔註122〕見解。其以為「一切不善多由於貧」，

〔註117〕焦循：《孟子正義》，同注76，頁586。

〔註118〕傅佩榮先生：〈由人生哲學的觀點看抉擇與負責〉，（傅佩榮等著《抉擇與負
責》，台北：洪健全文教基金會，1998年），頁53～54。

〔註119〕胡適先生著、耿雲志導讀：《中國哲學史大綱》，（上海：上海古籍出版社，1997
年），頁71。

〔註120〕春秋‧管子著、清‧戴望校：《管子》，同注89，頁1。

〔註121〕朱熹：《孟子章句集註》，（朱熹著：《四書章句集註》，台北：大安出版社，1991
年），頁211。

〔註122〕焦循：《里堂家訓》，（周秀才先生等編：《中國歷代家訓大觀》（下），大連：
大連出版社，1997年），頁786。

〔註123〕所以對傳統道德教育的主張：「君子謀道不謀食」，「不計家人生產」做法，焦循認為是不義的。因為自古以來，沒有人會心甘情願挨餓至死，這是人天性使然，因此，「不甘其餓，則有不能自守者矣。」「無所入則餓，餓則無所不為。」〔註124〕所以焦循追求道德完善，是不能脫離物質基礎——「利」的。儒者謀生是符合人性天理的，並非不光彩之事。畢竟人人皆有滿足自己生存的欲望，追求完美生活的權利，這種權利是「天所分畀諸人而不私於一人」〔註125〕的。儒者謀生是當為之事，因為「自食其力，以全其天」。〔註126〕此乃儒者保持獨立人格與守己修身必為之事，只有獲得獨立自足的經濟保證，儒者方能治學修身，方能真正喻義行仁，乃至肩負治國平天下的重責大任。所以焦循在此，強調：

> 聖人治天下首在于養。孟子曰：「無恆產而有恆心，惟士為能。」士無恆產，假舌耕以為俯養之資，不能愛惜此資，何恆心之是云？
> 〔註127〕

又：

> 《易傳》稱：「崇高莫大乎富貴。」富貴非聖人所諱言也，但有可求不可求耳。……苟以其道得之，何不可求之有？〔註128〕

又：

> 惟小人喻於利，則治小人者，必因民之所利而利之，故《易》于君子孚於小人為利，君子能孚於小人為利，而後小人乃化于君子。此教必本於富，驅而之善，必先使仰足事父母，俯足畜妻子。……儒者知義禮之辨而舍利不言，可以守己，不可以治天下，天下不能皆為君子，則舍利不可以治天下之小人。〔註129〕

以見其肯定「教必本於富」之要；當儒者生活境遇每況愈下時，是否就該束

〔註123〕同上注，頁786。

〔註124〕同上注，頁786、787。

〔註125〕焦循：〈答由人己對示二李生〉，《雕菰集》卷12，同注79，頁191。

〔註126〕焦循：〈答由人己對示二李生〉云：「君子讀書稽古，一畝之宮，可以宅身，自食其力，以全其天。雖有貪夫，其何我迫？即或抱用世之才，資格而進之，屈伸之間，聽其自至，於彼何求？於我何脅？」，《雕菰集》卷12，同上注，頁192。

〔註127〕焦循：《里堂家訓》，同注122，頁792。

〔註128〕焦循：《論語補疏》上（《皇清經解本》（16），台北：復興書局，1972年），頁12367。

〔註129〕焦循：〈君子喻於義，小人喻於利解〉，《雕菰集》卷9，同注79，頁137。

手待斃，以「謀道不謀食」呢？焦循以爲不然，其以爲儒者更應該主動去改變自己的命運，自謀生路，尋求富貴。所以里堂舉《易》說明「富貴」重要，無所謂善惡的價值判斷，只要「以其道得之，何不可求之有？」所以其主張：儒者治學修身，必先謀生。而教育不僅是引導人的道德完善，還「必使之有業」，爲士人謀生創造條件，使他們懂得「士農工商四者皆可爲，……執其一業，歲必有所入，有所入而量以爲出，可不餓矣。」〔註130〕

在治國平天下方面，亦是必先使民富足，富而後教，民方有禮義。對於君子，或許捨利，勉強可修身守己；但對於小人，唯利是圖，無利引導，是難以接受「禮義廉恥」的教誨。所以治天下，需以「利」治小人也，以「利」化小人爲君子也。

3. 旁通以情，乃聖聖相傳大經大法

焦循云：

> 大抵聖人之教，質實平易，不過欲天下之人各正性命，保合太和而已。……《易》道但教人旁通，彼此相與以情。己所不欲，勿施於人；己欲立達，則立人達人。此以情求，彼以情與。自然保合太和，各正性命。……孔子謂之仁恕，《大學》以爲絜矩。此實伏羲以來聖聖相傳之大經大法。〔註131〕

其以《易》的「旁通」，運用在人事上，凸顯「情」的重要。所謂「旁通在《周易》爲卦爻的旁通，此爲學術上的意義；在《孟子》爲人情的旁通，此爲道德倫理的價值——『己欲立而立人，己欲達而達人。』」〔註132〕以「己欲立人達人」觀點出發，則此情欲是善的，倘若無此好惡之情，則所謂「立人達人」皆子虛烏有。事實上，此情與情相通，正是孔子所謂的仁恕，推己及人之道；《大學》之絜矩，古聖先賢以來相傳的「人與人」相處之理。又：

> 人之情能旁通，即能利貞，故可以爲善；情可以爲善，此性所以然。禽獸之情何以不可爲善，以其無神明之德也。人之情何以可以爲善，以其有神明之德也。神明之德在性，則情可旁通；情可旁通，則情可以爲善。〔註133〕

〔註130〕焦循：《里堂家訓》，同注 122，頁 787。

〔註131〕焦循：〈寄朱休承學士書〉，《雕菰集》卷 13，同注 79，頁 203。

〔註132〕賴貴三先生：〈孟子的《易》教——清儒焦循《孟子正義》與《易》學詮釋觀點的綜合說明〉，（《孔孟月刊》第 41 卷第 5 期，2003 年 1 月），頁 7。

〔註133〕焦循：《孟子正義》卷 22，同注 76，頁 755。

又焦循《易通釋》云：

> 六爻發揮，旁通情也。成己在性之各正，成物在情之旁通。非通
> 乎情，無以正乎情。情屬利，性屬貞，故利貞兼言性情。而旁通
> 則專言情，旁通以利也，所謂感于物而動，性之欲也。〔註134〕

以「情」之「旁通」，可以爲善也。然人何以可「情通」？「爲善」？焦循指
出關鍵在「人有神明之德」。然何謂「神明之德」？據經濟學之父——亞當‧
史密斯（Adam Smith）（1723～1790AD）《道德情感論》云：

> 人，不管被認爲是多麼的自私，在他人性中顯然還有一些原理，促
> 使他關心他人的命運，使他人的幸福成爲他的幸福必備的條件，儘
> 管他從他人的幸福得不到任何好處，除了看到他人幸福他自己也覺
> 得快樂。屬於這一類的原理，是憐憫或同情。……我們時常因爲看
> 到他人悲傷而自己也覺得悲傷，……因爲這種同情的感覺，就像人
> 性中所有其他原始的感情那樣，絕非僅限於仁慈的人才感覺得
> 到，……即使是最殘酷的惡棍，最麻木不仁的匪徒，也不至於完全
> 沒有這種感覺。〔註135〕

人是無法獨居的動物，人必須活在人的群體，與人互動，方感受到人「活著」
的意義。孔子亦云：「鳥獸不可與同群」，〔註136〕不是嗎？在團體中，我們總
是會有關心他人之想，是否這一念就是焦循所謂「情通」之源？

（1）人欲即人情，與世通全是此情

焦循云：

> 人欲即人情，與世通，全是此情。「己所不欲，勿施於人」，「己欲立
> 而立人，己欲達而達人」，正以所欲所不欲爲仁恕之本。〔註137〕

又《論語通釋‧釋仁》：

> 克、伐、怨、欲，情之私也；因己之情，而知人之情，因而通天下
> 之情。不忍人之心，由是而達；不忍人之政，由是而立，所謂仁也。

〔註134〕 焦循：《易通釋》，（收入清‧焦循著、李一忻先生點校：《易學三書》，北京：
九州出版社，2003 年），頁 117。

〔註135〕 亞當‧史密斯（Adam Smith）著、謝宗林先生譯：《道德情感論》〈第一章　論
合宜感〉，（台北：五南圖書出版有限公司，2007 年），頁 3。

〔註136〕 朱熹：《論語章句集註》云：「夫子憮然曰：『鳥獸不可與同群，吾非斯人之徒
與而誰與？天下有道，丘不與易也。』」，（朱熹著：《四書章句集註》，台北：
大安出版社，1991 年），頁 184。

〔註137〕 焦循：《孟子正義》卷 22，同注 76，頁 771。

〔註138〕
又《易通釋・性情才》：

> 性爲人生而靜，其與人通者，則情也，欲也。〔註139〕

可看出焦循以「情欲」爲「行善」的基礎。因「情」可「與世相通」，由此通，則可以「立人達人」。所以由「不忍人之心」之情相通，則「己所不欲，勿施於人。」己立己達外也欲立人達人，仁恕之行皆以「情欲」爲本。

（2）格物者，旁通情也

焦循〈使無訟解〉：

> 格物者，旁通情也。情與情相通，則自不爭。所以使無訟者，在此而已。聽訟者以法，法愈密而爭愈起，理愈明而訟愈煩。吾猶人也，謂理不足持也，法不足恃也。旁通以情，此格物之要也。……忿懥恐懼好樂憂患，情也，不得其正者，不能格物也，不能通情也；能格物則能近取譬矣。親愛賤惡，畏敬哀矜敖惰，亦情也，而譬焉，則好而知其惡，惡而知其美矣，而物格矣。所藏乎身，既恕則身修，因而喻諸人，則絜矩之道。行於天下，天下之人，皆能絜矩，皆能恕，尚何訟之有？好人之所惡，惡人之所好，則不能恕，不能絜矩，是謂拂人之性，性拂而情不通，物不格矣。己所不欲，勿施於人。則在家無怨，在邦無怨，無怨則不爭，不爭則無訟，情通於家則家齊，情通於國則國治，情通於天下則天下歸仁，而天下平矣。……《易傳》曰：各正性命，保合太和，乃利貞。又曰：利貞者，性情也，保合太和則無訟，而歸其本於性情。夫人皆相見以情，而己獨無情，志乃畏矣。……王符《潛夫論》云：「上聖不務治民事而務治民心。」引必使無訟之文，而解之曰：導之以德，齊之以禮，務厚其情，而明則務義。民親愛則無相害傷之心，動思義則無姦邪之心，厚其情而明恕也，恕則克己，克己則復禮，克己復禮，則天下歸仁。民志畏則有恥，有恥且格，格即格物也。上格物以化其下，天下之人，亦皆格焉。格則各以情通而無訟，而天下平。〔註140〕

何謂「格物」？在此，可以清楚看到焦循的「格物」，絕非宋明理學所謂「窮

〔註138〕焦循：《論語通釋・釋仁》，（台北：藝文印書館，1966 年），頁 9～10。
〔註139〕焦循：《易通釋・性情才》，同注 134，頁 117。
〔註140〕焦循：〈使無訟解〉，《雕菰集》卷 9，同注 79，頁 138～139。

究事物之理」謂之「格物」以致其知。焦循提出「格物者，旁通情也。」以情之旁通，為格物之意旨。以人情相通，平息人與人的紛爭。希能「易地而處」，「將心比心」為他人著想，這就是「情通」；當然，以己之所欲推諸他人，則是相同相通的，如己畏苦欲樂，他人何嘗不是？所以我們為何不能設身處地站在他人立場，為他人想想？是否他人正因「痛苦」過，怕「苦」來囓，所以才會凡事以自我為重，忽略他人？所以他（她）對人惡言相向，以抒己不快之氣；對任何事，都以自我為重，恐怕「失去」，欲爭功諉過，或者，行小人之計，設陷害人。若我們「旁通以情」，就不會與之計較，反會覺得他（她）可憐，不忍其苦使之為惡，反而會想辦法欲助他（她），脫離苦海。誠能如此，推諸他人則無怨，己則不自私。若用現代觀點來看，焦循在此是否欲激起人們的「同理心」與「同情心」？所謂「同理心」是「與生俱來能瞭解他人想法與感覺的能力，同時它也是一種內在的能量驅力，鼓勵我們創造親密友誼與溝通關心。」「可促使我們表現同情憐憫與利他助人，使得我們能用心瞭解，身為人的存在意義為何？」〔註141〕亦藉由設想與易地而處，我們才會對他人的感受有所感知，他人的感受也才會影響我們。〔註142〕此「同理心」與「同情心」是我們本身具有的「本能」，如孟子所謂「四端之心」，是不學而能，不求而有的。看到不幸者、受難者，自然而然就會升起憐憫與關心，就在於此，即人飢己飢，人溺己溺之感受；若能將他人感受想到是自己的感受，便能感受到他人想法，為他人著想，設法幫助他，或者辭讓與他。有時轉一念頭，想想必是他（她）有所苦處，不如我們，才會這樣對我們，這時，內心富足之我們，更應藉此機會感化之，方能化敵為友，化暴戾為祥和。畢竟人人有情有慾，何我獨有？將心比心，推己及人，方能退一步，海闊天空。相反的，能吃別人所不能吃的苦，忍人所不能忍之苦，亦是菩薩。〔註143〕人人如此，則做到焦循所謂「各以情通而無訟，而天下平」之境界。

這方面，里堂論述頗多，以見其強調「情通」以助人、息亂之作用。在此，儘量彙整，以見其觀點：

〔註141〕亞瑟‧喬拉米卡利（Arthur P. Ciaramicoki）、凱薩琳‧柯茜（Katherine Ketecham）等著，陳豐偉先生、張家銘先生譯：《同理心的力量》，（台北：麥田出版社，2005 年），頁 216。

〔註142〕亞當‧史密斯（Adam Smith）著、謝宗林先生譯：《道德情感論》〈第一章　論合宜感〉，同注 69，頁 5。

〔註143〕見拙論：〈菩薩與眾生〉，（《青年日報》第 10 版，2008 年 1 月 14 日，星期一）

自理道之說起，人各挾其是非，逞其血氣。激濁揚清，本非謬戾，而言不本于性情，則聽者厭倦。〔註144〕

又：

格物者何？絜矩也。格之言來也，物者對乎己之稱也。《易傳》云：遂知來物。物何以來？以知來也；來何以知？神也；何為神？寂然不動，感而遂通也。何為通？反乎己以求之也。己所不欲，勿施於人，則足以格人之所惡；己欲立而立人，己欲達而達人，則足以格人之所好。為民父母，不過民之所好好之，民之所惡惡之，用之於家則家齊，用之於國則國治，用之於天下，則天下平。物格則知所好惡，誠意者誠此好惡也。故曰如好好色，如惡惡臭。好而知其惡，惡而知其美，能格物以致知也。……格物者，絜矩也；絜矩者，恕也。〔註145〕

又：

飲食男女，人之大欲存焉。聖人於己之有夫婦也，因而知人亦欲有夫婦，於己之有飲食也，因而知人亦欲有飲食。安飽先以及父兄，因而及妻子，人人親其親，長其長，而天下平矣。於是與人相接也，以我之所欲所惡，推之於彼，彼亦必以彼之所欲所惡，推之於我，各行其恕，自相讓而不相爭，相愛而不相害，平天下，所以在絜矩之道也。孟子稱公劉好貨，太王好色，與百姓同之，使有積倉而無怨曠，此伏羲、神農、黃帝、堯舜以來，修己安天下之大道。〔註146〕

又：

感於物而動，性之欲也。故格物不外乎欲己與人同此性，即同此欲。舍欲則不可以感通乎人，惟本乎欲以為感通之具，而欲乃可窒。人有玉而吾愛之，欲也；若推夫人之愛玉，亦如己之愛玉，則攘奪之心息矣。能推則欲由欲寡，不能推則欲由欲多。〔註147〕

理學家以天理、人欲相對立，主張「去人欲」；焦循則不然。在此，以見其肯定情欲之要。以自己的利欲之心為準，以「通乎人之心」的「情之旁通」為途徑，建立起「能推則欲由欲寡，不能推則欲由欲多」的一家之論。惟其知

〔註144〕焦循：〈毛詩鄭箋自序〉，《雕菰集》卷16，同注79，頁272。
〔註145〕焦循：〈格物解一〉，同上注，頁131。
〔註146〕焦循：〈格物解二〉，同上注，頁131～132。
〔註147〕焦循：〈格物解三〉，同上注，頁132。

道他人亦有此利欲之心，故不奪乎人之情，則其欲可窒，這就是所謂「欲由欲寡」。否則，如理學家徒教人「遏其欲」，然而天下之欲可盡遏乎？何況絕己之欲，不通天下之情也！是故以我之情通乎他人之情；以我好利之心，通乎他人好利之心，然後「義」可得也。總之，焦循以「情之旁通」來釋「格物」；用外向的恕道、絜矩之情，取代理學家的「內省」之「格、致、誠、正」之說。〔註148〕

（3）以禮節欲（情）

焦循云：

> 言仁可以賅禮，使無親疏上下之辨，則禮失而仁未得。且言義可以賅禮，言禮可以賅義，先王之以禮教，無非正大之情，君子之精義也。斷乎親疏上下，不爽幾微，而舉義舉禮，可以賅仁，又無疑也。……就仁倫日用，究其精微之極致，曰仁曰義曰禮，合三者以斷天下之事，如權衡之于輕重。〔註149〕

在此，可看出焦循雖肯定人之情欲之理，但非放縱情欲；主以「禮」節「欲」。雖有仁、義、理、智之心，但無禮以表達，亦無法將仁義之理推廣。所以「言仁可以賅禮」但「禮失而仁未得」也。

4. 古學大興，道在求其通

焦循云：

> 國初，經學萌芽，以漸而大。近時數十年來，江南千餘里中，雖幼學鄙儒，無不知有許、鄭者，所患習為虛聲，不能深造而有得。古學未興，道在存其學；古學大興，道在求其通。前之弊，患乎不學；後之弊，患乎不思。證之以實，而運之以虛，庶幾學經之道也。〔註150〕

焦循治學，可謂考據與義理並重。清代樸學家的學術理想，是由辭通道，在這一方面，焦循是做得最為出色的學者之一。他既是考證學家，也是思想家。〔註151〕不論如何，經學研究的目的，旨在發揮聖人思想。在焦循之前的戴震即強調：「故訓明則古經明，古經明則聖人賢人之義理明。」「賢人聖人之理

〔註148〕張麗珠先生：〈焦循發揚重智主義道德觀的「能知故善」說〉，同注95，頁220～221。

〔註149〕焦循：《孟子正義》，同注76，頁139。

〔註150〕焦循：〈與劉端臨教諭書〉，《雕菰集》卷13，同注79，頁215。

〔註151〕田漢雲先生：《焦循著述新證‧序》，（劉建臻先生：《焦循著述新證》，北京：中國社會文獻出版社，2005年），頁4。

非他，存乎典章制度者是也。」〔註152〕由字義名物制度等考證，以求其古經的義理，這才是治經、研經的正確途徑。焦循在此提出「證之以實而運之以虛」的研經方法，以求實證與貫通合一，以闡明經中義理爲主。對於爲考據而考據，其尖銳指出：

> 述孔子而持漢人之言，唯漢是求而不求其是，於是拘於傳注，往往扞格於經文。是所述者漢儒也，非孔子也。〔註153〕

將孔子的經學與漢代經師傳注相區別，從而否定當時「唯漢是求而不求其是」的考據積習，表明治經的正確態度宜是「學求其是，貴在會通。」然何謂「證之以實而運之以虛」？在焦循看來，就是將學與思融爲一體，「博覽眾說而自得其性靈」。〔註154〕考證以實事求是，本是治學方法，腳踏實地以求其無誤，但唯漢是求，不論是非，則是考據學家的弊病，此乃焦循所欲抨擊的。學者指出：「焦循的經學思想無異乾嘉漢學的一個批判性總結。它標誌著漢學的鼎盛局面已經結束，以會通漢宋去開創新學風，正是歷史的必然。」〔註155〕然而實測以求眞知，而眞知的目的爲何？個人以爲當是把握聖賢之道，並貫徹在應對進退的生活中。所以聖學眞諦，焦循之見，應該是在經文實測貫通的基礎上繼往開來。〔註156〕

（1）能變通，即為時行，時行者，元亨利貞

「通」，是焦循論學中使用最爲頻繁的一個詞。如「旁通」、「類通」、「變通」、「情通」、「通核」、「貫通」等等，它們各自都代表特定的意義。〔註157〕然而，在清代經學家中，焦循夙以算學邏輯形式以及小學訓詁義理，以求通《周易》，又進而貫通《周易》義理及於《孟子》。〔註158〕而在焦循的易理著

〔註152〕戴震：〈題惠定宇先生授經圖〉，《戴震文集》卷11，（收入於《戴東原先生全集》，台北：大化書局，1978 年），頁 1114。

〔註153〕焦循：〈述難四〉，《雕菰集》卷 7，同注 79，頁 105。

〔註154〕陳祖武先生：〈談乾嘉時期的思想界〉，收入於中山大學中文系編：《第五屆清代學術研討會論文集》，（高雄：中山大學中文系，1997 年 11 月），頁 13。

〔註155〕陳祖武先生：〈談乾嘉時期的思想界〉，同上注，頁 16。

〔註156〕陳居淵先生：《焦循阮元評傳》中指出：焦循對眞知的渴求之外，其目的還是希望經學研究與實測之學的貫通。在實證基礎上，"不執于一"，富有創見，才能使聖賢之學"日新而不已"，爲了達到此一境界，焦循強調經學研究當重在"貫通"。對於"據守"，不爲焦循所取，其理想的經學研究方式便是「通核」。（南京：南京大學，2006 年），頁 141～143。

〔註157〕同上注，頁 142。

〔註158〕賴貴三先生：〈孟子的《易》教（一）──清儒焦循《孟子正義》與《易》學

作中，尤以《易學三書》——《易章句》、《易通釋》與《易圖略》，在清儒經註中，乃屬上乘之作。〔註159〕阮元曾讚其：

> 深明九數正負比例，六書之假借轉注，聖人執筆本意，數千年後始
> 得豁然。誠聞所未聞，驚其奇。誠見所未見，服其正。卓然獨闢，
> 確然不可磨滅。〔註160〕

運用數學之理與小學轉注假借之理，以通《易》理，殊爲創新奇特之見。然其治《易》不在訓詁考證，乃在闡揚聖賢之理。〔註161〕由此治《易》，其提出了「變通」的易學思想。其自述研究《周易》心得：

> 余學《易》，所悟得者有三：一曰旁通，二曰相錯，三曰時行。〔註162〕

在此三例中，旁通爲其一貫之基礎，相錯則爲旁通的補充增益；而時行一義，可謂旁通、相錯基礎上說明剛柔交易之總過程。〔註163〕學者指出：「"旁通"與"時行"既是構成焦循易學體系的二大支柱，也是焦循易學"通變"思想的主要體現者。」〔註164〕其中「時行」不外乎「趨時而行」，亦是焦循「變通」的內在理路，亦即由此以通《論語》與《孟子》的思想要旨；焦循云：

> 《傳》云：變通者，趨時者也。能變通，即爲時行。時行者，元亨
> 利貞也。……孔門貴仁之旨，孟子性善之說，悉可會于此。大有二
> 之五，爲乾二之坤五之比例，故《傳》言元亨之義，于此最明。云
> 大中而上下應之，大中謂二之五，爲元，上下應則亨也，蓋非上下

詮釋觀點的綜合說明〉，（《孔孟月刊》第 41 卷第 5 期，2003 年 1 月），頁 3。

〔註159〕岑溢成先生：〈焦循《易圖略》的系統研究〉（摘要）指出：《易章句》是對《周易》經傳文句作的簡明註釋；《易通釋》是對《周易》經傳中的基本概念和命題的詮釋；《易圖略》則是對《周易》卦變條例所作的綜述與圖解，並批判了漢易和宋易中象數流派所提出的解經體例。在這三書中，最能系統地表述焦循易學體系的，應推《易圖略》。（《鵝湖學誌》第 31 期，2003 年 12 月），頁 64。

〔註160〕阮元：《雕菰樓易學·序》，（《雕菰樓易學》，《焦氏叢書》本，收錄於《續修四庫全書》第 27 冊，上海：上海古籍出版社，1995 年），頁 1。

〔註161〕焦循曾云：「聖人作《易》，教人改過也。改過者，改言動之過也。」又「余學《易》，稍知聖人之教，一曰改過，一曰絜矩，兩者而已。」見其《易話》上、《易章句·繫辭下》，（《雕菰樓易學》，《焦氏叢書》本，收錄於《續修四庫全書》第 27 冊，上海：上海古籍出版社，1995 年），頁 378、頁 380。

〔註162〕焦循：〈易圖略序目〉，《易圖略》，（收入清·焦循著、李一忻先生點校：《易學三書》，北京：九州出版社，2003 年），頁 432。

〔註163〕賴貴三先生：《焦循雕菰樓易學研究》，（台北：里仁書局，1994 年），頁 243。

〔註164〕陳居淵先生：〈論焦循《易》學的通變與數理思想〉，（《周易研究》總第 20 期，1994 年第 2 期），頁 24。

應，則雖大中，不可爲元亨。《既濟·傳》云：利貞，剛柔正而位當也。剛柔正，則六爻皆完，貞也；貞而不利，則剛柔正而位不當。利而後貞，乃能剛柔正而位當。由元亨而利貞，由利貞而復爲元亨，則時行矣。……能變通則可久，可久則無大過，不可久則至大過，所以不可久而至于大過，由於不能變通。變通者，改過之謂也。……後世學《易》者，舍此而言《易》，誰知《易》哉？〔註165〕

又：

時行即變通以趨時，元亨利貞全視乎此。《易》者變通之謂，因變通而有大中上下應，有四象，故曰《易》有太極，《易》有四象。大中，元也；上下應，亨也；變通不窮，利也；終則有始，利而貞也。聖人教人存有餘而不可終盡，故如是乃宜，如是乃不窮。儀則宜也，象即似也，似者繼續也，繼善而續終，則長久不已矣。此當位之變通也。……聖人教人改過如此，皆于爻所之示之。蓋當位則虛其盈，盈不可久。不當位則憂其消，消亦不可久。故盈宜變通，消亦宜變通，所謂時行也。〔註166〕

里堂以「時行」，爲其變通說之進一步發揮。其當位之行即爲通，通則元亨利貞，元亨利貞則生生不息，行健自強也。〔註167〕「時行」亦在趨時而行，應時而變，變有所改也；當剛柔爻象於交易中，處於失利不當位時，則須從不通求變通。亦如身處惡劣的環境無法改變時，則需從自身改變起以適應之、改變之；或者與其要求別人改變，不如先改變自己的思想言行，較快較好。所謂「改變自己是自救，影響別人是救人。」

「時行」一辭，原出自於《周易·大有·象傳》云：「〈大有〉柔得尊位，大中而上下應之，曰〈大有〉。其德剛健而文明，應乎天而時行之，是以元亨。」〔註168〕此里堂以「變通」爲「時行」矣。而「時行」目的，在於六十四卦經過爻位轉換，以避免出現兩個重覆的〈既濟卦〉。對此，焦循以「大中上下應」稱之。所謂「大中」，是指每卦中的「六二」爻辭與「九五」爻辭。由於「六二」、

〔註165〕 焦循：〈時行圖序目〉，《易圖略》卷3，同注162，頁450。
〔註166〕 焦循：〈寄王伯申書〉，《焦里堂先生軼文》，《鄦齋叢書本》，（收入於嚴一萍先生輯：《原刻景印叢書集成三編》，台北：藝文印書館，1971年），頁6。
〔註167〕 賴貴三先生：《焦循雕菰樓易學研究》，同注163，頁244。
〔註168〕 見魏·王弼注、唐·孔穎達疏：《周易正義》，（台北：藝文印書館，1981年），頁46。

「九五」兩爻分別居於上卦與下卦之中，所以有「居中」與「得中」之稱。〔註169〕凡二五先行，初四應之爲「下應」；三上應之爲「上應」；二五得中，而上下應之，乃爲「元亨」。「元亨」而「利貞」，「利貞」而「元亨」，則爲「時行」矣。「時行」關鍵在「變通」，能變能通，方可轉禍爲福也；而「二五先行爲元，大中之元性善也；元亨而利貞，則仁也」。〔註170〕其以卦爻易之當位、失道，求變通，則可使反復趨時，變通不窮者也。故凡二五先行，而初四、三上從之者爲得、爲吉；反之，二五不先行，而初四、三上先行者爲失、爲凶。但惟《易》道變動不居，於吉可變凶，逢凶可化吉，故無論其當位、失道，必變通則盡其利，反而復之使不困窮也。〔註171〕其旨在闡述《易》道，在變通，即使卦爻間上下不相應，但能變通，仍是大中上下應，此即謂「時行」。所以焦循《易》學，教人改過之書也；改過之道在變通，故一部《周易》乃教人變通之道者也。故有學者論及焦循的思想，則以「變通哲學」名之，如王永祥先生說：

> 里堂一生的思想可以變通二字盡之，所以他的哲學直可以叫做變通哲學。〔註172〕

而亦有學者，謂之「時行哲學」，如賴貴三先生云：

> 里堂《易》學三例──旁通、相錯、時行；旁通（當位失道）、相錯（比例），所以爲變通之具也；而時行則變通也。故不明旁通、相錯

〔註169〕陳居淵先生：《焦循儒學思想與易學研究》，（濟南：齊魯書社，2000年），頁205。

〔註170〕賴貴三先生：《焦循雕菰樓易學研究》，同注163，頁245。

〔註171〕同上注，賴貴三先生在此對於其變通時行之卦爻，尚有進一步解析：（一）二五先行，當位，變通不窮之時行圖解。如〈乾、坤〉、〈坎、離〉各以二之五而得〈同人、比〉二卦；於〈同人、比〉無大中之道，若以〈同人〉上之〈比〉三，更繼之以〈同人〉四之〈比〉初，則成〈既濟〉，是爲道窮。故必須變而通之，〈同人〉通〈大有〉，如是則〈師〉之二五，雖不能與〈同人〉相孚，但〈師〉二可以通五；〈大有〉二亦可以通五，是爲由反而復乎二五之道。（二）初四先行，不當位，變而通之，仍大中而上下應之時行圖解。此有〈乾〉、〈坤〉、〈震〉、〈巽〉等三十二卦。第三排之〈小畜、豫、復、姤〉等三十二卦則不能行之。（三）三上先行，不當位，變而通之，仍大中而上下應之時行圖解。如有〈乾、坤、艮、兌〉等三十二卦，而第三排之〈夬、剝、謙、履〉等三十二卦則不能行之。（四）凡二五先行，初四應之爲下應，三上應之爲上應，二五得中而上下應之，乃得元亨之時行圖解。其結果不出〈家人、屯、革、蹇、咸、益、既濟（重出）〉七卦。同上注，見其《焦循雕菰樓易學研究》，頁251～268。

〔註172〕王永祥先生：〈戴東原的繼承者焦里堂〉，（《東北叢刊》第1卷第12期，1930年12月），頁24。

之用，則不知所以變通之道；不明時行之義，則雖變通而亦不能至
於無過，此里堂《易學》又可以「時行哲學」名之者也，故一部《周
易》六十四卦三百八十四爻，皆教人時行之道也。〔註173〕

牟宗三先生對里堂於「性、道、仁、教」於時行、變通中發揮，讚之曰：

性、道、仁、教皆於通中見之，皆於時行中顯之，是何等氣魄！而
焦氏能從《周易》方面以幾個數學形式的公理推演出全部的道德思
想，則名之謂中國的斯賓諾沙（Spinoza），誰曰不宜？〔註174〕

世事本變動不定，《易》學宗旨端在顯現「變」、「動」關係，以示人趨善避惡，
改過向善也。此亦焦循所謂「能變通則可久，可久則無大過矣。」（見所上引）
然里堂之旁通、相錯與時行之義例，其剛柔相推，皆以二五交易為其基準，且
又歸結為二五是否當位。此所以里堂之《易學》，其總原則乃「二五變通」為《易》
也。〔註175〕不論如何，世事多變，沒有永遠的好與壞，「月有陰晴圓缺，人有
悲歡離合，此事古難全」，福禍相倚，所以恃福不可久，畏禍不可常，若一味「執
一」與「據守」，又如何能適應變遷的社會？重點是須懂得「有過則改」，「改過
向善」，此改過便是改善，能有所轉變，變而為好，即是「時行」矣。

（2）絜矩與改過，則能變通，變通則能行權

里堂的變通之道，可以發現到：不但於《易》理，言之有據，且在《論
語》、《孟子》中亦見其有發揮之憑藉，其「行權」理論由是生焉。〔註176〕焦
循云：

余學《易》，稍知聖人之教，一曰改過，一曰絜矩，兩者而已。絜矩
則能通，改過則能變，惟能絜矩，乃知己過，惟知改過，乃能絜矩。

〔註177〕

其《易》學宗旨，非常明確，就是「改過遷善」。〔註178〕以改過為變，有所轉

〔註173〕賴貴三先生：《焦循雕菰樓易學研究》，同注163，頁270。

〔註174〕牟宗三先生：〈清焦循的道德哲學之易學〉，《周易的自然哲學與道德涵義》，（台
北：文津出版社，1988年），頁273。

〔註175〕賴貴三先生：《焦循雕菰樓易學研究》，同注163，頁271。

〔註176〕賴貴三先生：《焦循雕菰樓易學研究》，同上注，頁282。

〔註177〕焦循：《易章句・繫辭傳下》，同注161，頁378。

〔註178〕劉建臻先生指出：這一思想貫穿在《易學三書》之中。如《易通釋》卷一：「《易》
者，聖人教人改過之書也」；卷二：「《易》之為書也，聖人教善遷善改過」；《易
圖略》卷三：「《易》之一書，聖人教人改過之書也」；卷六：「《易》者，聖人
教人改過之書也」；《易章句》卷七：「伏羲設卦觀象，教人改過也」；卷八：「《易》

變，創造新契機；而運用《大學》的「絜矩」爲「通」立說。是以能「改過」
與「絜矩」，在爲人處事上，則能變通，則能與聖人之道相應。我們知曉，「絜
矩」之道，乃是孔子所謂的「恕」道──「推己及人」之道，〔註179〕是以這
方面，焦循以「己知」通於「他人之知」，以得其通，故強調「推己及人」以
達聖人一貫之道，並通天下之志矣；其云：

孔子言吾道一以貫之，曾子曰：「忠恕而已矣！」然則，一貫者忠恕
也。忠恕者何？成己以及成物也。……舜於天下之善，無不從之，
是眞一以貫之，以一心容萬善，此所以大也。……貫者，通也，所
爲通神明之德，類萬物之情也。……夫通於一而萬事畢，是執一也，
非一以貫之也，貫則不執矣，執則不貫矣，執一則其道窮矣！一以
貫之，則能通天下之志矣！……多識於己，而又思以通之於人，此
忠恕也，此一貫之學也。〔註180〕

以儒學眞諦在「以一心容萬善」，容「各有所當」，便能貫通以成其「大知」
也。若以一理窮盡萬事，非「一貫之道」，那是「執一」；若「執一」則不通
矣。畢竟「一種米養百萬人」，無法要求每個人都跟自己一樣，正如韋政通先
生說得好，其云：

人生之路所以獨特，因爲每個個體的生命都是獨特的。哲學家萊布
尼茲說：「天下沒有兩滴水是相同的。」何況是人？每個人的生命或
多或少都具有創造性，這就是所謂潛能。〔註181〕

「此一是非，彼一是非也」，如此，就是是非非而論，則世上紛爭不斷，紛爭
之源在於「己執」，所以里堂在此強調：不執一端，有容乃大，依時而用，趨
時而一貫之，則「恕」、「權」、「一貫」可變通時行，所謂「互有是非，則相
觀而各歸於善。」〔註182〕互相觀摩學習，以「它山之石可以攻錯」學習，則

以窮則變爲教，窮則衰，明《易》爲改過之書也」等等，皆表明焦循整個學
術思想的一根主線。詳見氏著：《焦循著述新證》，（北京：社會科學文獻出版
社，2005年），頁228。
〔註179〕朱熹：《論語章句集解》云：「孔子言吾道一以貫之。曾子曰：『忠恕而已矣！』
其注：『盡己之謂忠，推己及人之謂恕也』」，（朱熹：《四書章句集註》，台北：
大安出版社，1991年），頁72。
〔註180〕焦循：〈一以貫之解〉，《雕菰集》卷9，同注79，頁132～134。
〔註181〕韋政通先生：〈青年的人生觀〉，（收入於傅佩榮等著：《抉擇與負責》，台北：
洪健全文教基金會出版，1998年），頁103。
〔註182〕焦循：〈攻乎異端解上〉又云：「是以我之善觀彼，以摩彼之不善；亦以彼之

能益己之學，化解不平之氣，多一切磋琢磨之友，可共同精進向善之道。

　　對於九流二氏之說，漢魏南北朝經師門戶之爭，與宋明朱陸陽明之學，焦循以爲：「其始緣於不恕，不能舍己克己，善與人同，終遂自小其道，近於異端，使明於聖人一貫之指，何以至此？」〔註183〕賴貴三先生指出：里堂「一以貫之」之主張，實爲其把握事物發展之總規律而提出者，故稱爲「大知」，反對「執一」與「據守」，而變通以行權之義，隱然爲其時行之張本也。〔註184〕焦循云：

> 《易》之道，大抵教人改過，即以寡天下之過。改過全在變通，能變通即能行權，所謂使民宜之，使民不倦，窮則變，變則通，通則久。聖人格致、誠正、修身、治平，全於此一以貫之，則《易》所以名《易》也。〔註185〕

視聖人格致、誠正、修身、治平之道，全在此「一以貫之」；此「一以貫之」是指「變通」，而「變通」端在「改過」，因「改過」則能「變」，「變」則能「通」，「通」則「長久」也，此亦爲《易》之道也。又：

> 《春秋公羊傳》曰：權者何？反于經然後有善者也。……經者，法也，法久不變則弊生，故反其法以通之，不變則不善，故反而有善。不變則道不順，故反而後至于大順。如反寒爲暑，反暑爲寒，日月之行，一寒一暑，四時乃爲順行。恆寒恆燠，則爲咎徵。禮減而不盡則消，樂盈而不反則放。禮有極而樂有反，此反經所以爲權也。〔註186〕

「權」相對於恆常不變的「經」而言，就是「變」──「變通」也。「變通」乃其思想的中心，「反經行權論」乃運用其《易學》「時行」之理以說明。由《易》之卦爻縱通、橫通，而推廣於人事上，而無所不通，自邏輯言之，乃爲「循環論證」。〔註187〕然里堂所謂「權」，不在辨理欲之執一而無權，而是闡明社會之變，明其變，通其變，行「時行」之理，當爲行事的原理與原則。所謂：

> 聖人以權運世，君子以權治身。權然後知輕重，非權則不知所立之是非，鮮不誤於其所行，而害於其所執。《周易》以「易」名書，……

善觀我，以摩我之不善也。」，《雕菰集》卷9，同註79，頁135。
〔註183〕焦循：〈一以貫之解〉，同上註，頁133。
〔註184〕賴貴三先生：《焦循雕菰樓易學研究》，同註163，頁281。
〔註185〕焦循：〈與朱椒堂兵部書〉，《雕菰集》卷13，同註79，頁201。
〔註186〕焦循：〈說權三〉，同上註，頁144。
〔註187〕見賴貴三先生：《焦循雕菰樓易學研究》所引：方東美先生《生生之德‧易之邏輯問題》，同註163，頁303。

學《易》何以無大過？以其能變通也。……《孟子》曰「男女授受
不親，禮也；嫂溺援之以手，權也。」又曰：「嫂溺不援，是豺狼也；
豺狼，禽獸也。」禽獸不能轉移，人能轉移，自守於禮，而任嫂之
死於溺，此害於禮者也；援則反乎禮而善矣。〔註188〕

里堂例舉《孟子》之言，以闡明「權變」之要。本來男女授受不親，是禮儀
規範也，但見嫂嫂溺水，豈可見死不救？當以手援救之，此雖違於禮，但是
「權」也；否則，與豺狼虎豹等禽獸，有何不同？因人可引，性可移，所以
人性與禽獸異也；此援救之舉，雖反禮教，但是善也，值得效法。此運用之
理，就是《易》的「通權達變」。在此可謂：焦循以《孟子》中「嫂溺不援，
是豺狼也。」來揭露那些「自守於禮而任嫂之死於溺」的正人君子的虛偽性，
批評了宋儒「執理無權」的作法，重視反經為權。〔註189〕

　　總之，焦循以《易》變通之理，衍繹出三項，便是「旁通、相錯、時行」。
三者互相為用，並以之落實在道德、社會與政治等論述上。可謂「經、權」
相用之均衡論，依時而用之，則變通之義自見。〔註190〕而焦循自身治學立場，
一言以蔽之，就是「一貫」與「貫通」。〔註191〕牟宗三先生說：

里堂《易學》之根本發明為「旁通、相錯、時行」三原則，此三根
本原則相輔相成，成為里堂《易學》中道德哲學之總觀點；旁通是
空間之擴大，注重團體性、整個性與社會性；時行是時間之擴大，
注重活動性、革命性與向上性；相錯則為時間與空間之參伍錯綜與
互相關聯，注重關係性、互依性與相對性。而此一總觀點，以變通
生成為主，可見人間倫理之世界也。〔註192〕

最後，引用何澤恆先生所論述，作此一「變通」之結語：

焦循學問之根柢惟在治易，其所用心，則盡在易參伍錯綜引申觸類
之互相發明處，而謂論語一書，亦所以發明伏羲文王周公之恉，而
其文簡奧，孟子則詳為之闡發，是其不惟以語孟為一，即於易與論

〔註188〕焦循：〈說權六〉，《雕菰集》卷10，同注79，頁146。

〔註189〕見劉瑾輝先生：《焦循評傳》，（揚州：廣陵書社，2005年），頁167。

〔註190〕賴貴三先生：《焦循雕菰樓易學研究》，同注163，頁296。

〔註191〕坂出祥伸著、廖肇亨先生譯：〈焦循的學問〉，（《中國文哲研究通訊》第10
卷第1期，2000年3月），頁156。

〔註192〕牟宗三先生：〈清焦循的道德哲學之易學〉，《周易的自然哲學與道德涵義》，（台
北：文津出版社，1988年），頁277。

語亦不爲分辨，乃本其治易旁通之所悟，而縱橫貫穿於群經中以求

其互通發明之所在，其得在此，其失亦在此也。〔註 193〕

焦循學問的基礎在於《易》學，發明《易》中卦爻參差變化之理，再以此理推諸它經，《論語》、《孟子》皆爲闡發伏羲、周公之旨，可謂焦氏治《易》，悟其「旁通」之理，務求貫通群經中，求得互通融會之所在，其得失優缺，何先生以爲焦氏所得在此，其失亦在此矣。

三、阮元情理論探索

（一）學者傳略

阮元（1764～1849），字伯元，號雲臺，一號芸臺，又號雷塘庵主，晚號詁性老人，卒謚文達。江蘇儀徵人。生於乾隆二十九年正月二十日（1764 年 2 月 21 日），卒於道光二十九年十月十三日（1849 年 11 月 27 日），享年八十六歲。〔註 194〕

乾隆三十六年阮元師從甘泉名儒胡廷森，授予元《昭明文選》。此奠立阮元後來成爲乾嘉著名的文選家與駢文家。三十七年，元拜喬椿臨爲師，亦時時受父：阮承信教導；乾隆三十九年訓元：「讀書當明體達用，徒鑽時藝，無益也。」〔註 195〕至四十五年，受業於李道南先生，始確立研究經學之方向，並結識同窗學友鍾褎、淩廷堪等人。尤與淩氏情深意篤，所謂「合志同方，誼若兄弟」；〔註 196〕並至京師拜謁翁方綱爲師。五十年，元參加科試，爲一等第一名，補廩膳生員。場中經解策問，條對無遺，文亦冠場。考官謝墉贊其：「余前任在江蘇得汪中，此次得阮某矣。」〔註 197〕後五十一年元至江陰謝墉幕府，開始其幕僚生活。在此，結識學者：錢大昕。二人一老一少結爲忘年之交，蔚爲學界佳話。於五十一年九月九日中舉人，十一月至京師，識王念孫、任大椿、邵晉涵等人，元於語言文字方面受益頗多，其云：「先

〔註 193〕何澤恆先生：《焦循研究》，同注 67，頁 209。

〔註 194〕此詳細的生卒年月日，見陳祖武先生：〈孔子仁學與阮元的《論語論仁論》〉（一、阮元學行述略）部分，（《漢學研究》第 12 卷第 2 期），頁 39。

〔註 195〕見清・張鍵撰《雷塘庵弟子記》卷 1，（收入於黃愛平先生點校：《阮元年譜》，北京：中華書局，1995 年），頁 1～4。

〔註 196〕阮元：〈淩母王太夫人壽詩序〉，《揅經室三集》卷 5，（北京：中華書局，1993 年），頁 679～680。

〔註 197〕清・張鍵撰《雷塘庵弟子記》卷 1，同注 195，頁 6。

生（王念孫）之學，精微廣博，語元，元略能知其意，先生遂樂以爲教。元之稍知聲音、文字、訓詁者得于先生也。」〔註198〕元於五十二年，完成《考工記車制圖考》一書；梁啓超先生讚其「精核」。〔註199〕乾隆五十四年考中進士，並「選庶吉士，散館第一，授編修。」「逾年大考，高宗親擢第一，超擢少詹事。」「五十八年，督山東學政，任滿，調浙江。歷兵部、禮部、戶部侍郎。」〔註200〕五十九年，元請畢沅領銜主編《山左金石志》一書。並撰寫《積古齋鍾鼎彝器款識》，開啓近代考古學之風氣。〔註201〕後轉任浙江學政、巡撫等，其文化活動便蓬勃發展，成爲乾嘉時最負盛名的學者型官僚。〔註202〕

元分別於嘉慶元年，撰《小滄浪筆談》；三年，修《淮海英靈集》成，並注釋《曾子十篇》成，八月時，《經籍纂詁》一百十六卷成。五年，任浙江巡撫。時海寇擾浙歷數年，「元徵集群議爲弭盜之策，造船礮，練陸師，杜接濟。」六年設立詁經精舍。先生親自督學，並集諸生輯《經籍纂詁》一書，奉祀許叔重、鄭康成先生，延請王述庵、孫淵如等先後講席其中。此僅課經解史，策古今體詩，不用八比文、八韻詩。元並親擇詩文之優者爲集，刻之。〔註203〕

至嘉慶十年，元「丁父憂去職」。〔註204〕於十一年，冬十月，纂刊《十三經注疏校勘記》二百四十三卷成。〔註205〕十二年十月，元服闋入都，並於是月，娶寶應劉氏（乃劉台拱之女）。並相繼任河南巡撫、浙江巡撫等職。〔註206〕於浙江巡撫時，平定海寇、勦賊之事有功，是以《清史列傳》云：「元兩治浙，多惠政，平寇功尤著云。」〔註207〕至十五年十月，兼國史館總輯，輯《儒林傳》。又與李銳商撰《疇人傳》，至是寫定。而於十六年，又編《四

〔註198〕阮元：〈王石臞先生墓誌銘〉，《揅經室續集》卷2，同注196，頁1057。

〔註199〕梁啓超先生：〈第十三　清代學者整理舊學之總成績（一）〉《中國近三百年學術史》，（台北：中華書局，1987年），頁224。

〔註200〕見清・張鑑等撰、黃愛平先生點校：《阮元年譜》附《清史稿》卷364，（北京：中華書局，1995年），頁268。

〔註201〕陳居淵先生：〈第二章　阮元的官海生涯和文化學術活動〉，《焦循阮元評傳》阮元部分，（南京：南京大學，2006年），頁425。

〔註202〕同上注，頁425。

〔註203〕清・張鑑撰《雷塘庵弟子記》卷2，同注195，頁41。

〔註204〕整理自《清史稿》卷364，同注200，頁268～269。

〔註205〕見清・張鑑等撰、黃愛平點校：《阮元年譜》，同注195，頁65。

〔註206〕詳見自清・張鑑等撰、黃愛平點校：《阮元年譜》，同上注，頁67～76。

〔註207〕《清史稿》卷364，同注200，頁269。

庫未收百種書提要》以成。然「方督師寧波時，奏請學政劉鳳誥代辦鄉試監臨，有聯號弊，為言官論劾，遣使鞫實，詔斥徇庇，褫職，予編修，在文穎館行走。」〔註208〕十九年，元再度出任封疆大使，授予江西巡撫。在此刊刻成《十三經注疏附校勘記》一書。至二十二年，元奉旨出任兩廣總督兼署廣東巡撫。於二十五年，繼浙江杭州詁經精舍後，於廣州亦設立一著名學府——學海堂。學術研究風氣滋盛，以經學研究為主，師生尚可進行合作研究，與撰寫學術論文，並自編刊物。於此促進嶺南地區文化發展。〔註209〕

道光五年，阮元延請門人嚴杰、夏恕修等主持編輯刊刻《皇清經解》，一名《學海堂經解》。此乃彙集清代學者經學著作。於道光九年刻成，計一千四百卷，收書有一百八十三種，作者七十四家。此書被譽為「漢學之鉅觀，經生之鴻寶。」〔註210〕後王先謙任江蘇學政時亦設立一南菁書院，仿《皇清經解》體例彙刻《皇清經解續編》，一名《南菁書院經解》。晚清皮錫瑞云：「《皇清經解》、《續皇清經解》二書，于國朝諸家搜集大備。」〔註211〕道光十五年，元七十二歲，加封為「體仁閣大學士兼管刑部事務」，回京供職。十八年因足疾復發，告假回揚州故里。八月十九日皇帝恩准致休，支食半俸，著加太子太保銜，從茲怡志林泉，善自靜攝。〔註212〕榮歸故里之阮元，身在江湖，心繫朝廷。道光二十年（1840）鴉片戰爭，清廷被迫簽定〈廣州合約〉，此時阮元提出「以夷制夷」建議。此外，元自訂《揅經室集再續集》，並以〈穀梁傳學序〉冠其首。〔註213〕二十一年時，成《詩書古訓》一書。二十二年，元命弟亨刊刻《文選樓叢書》，以保存中國古代文獻。此叢書中，大半刊刻揚州學者著作，蔚為揚州學者的學術精華。〔註214〕至道光二十九年（1849）十月十三日逝。

史稱其「身歷乾嘉文物鼎盛之時，主持風會數十年，海內學者奉為山斗焉。」〔註215〕黃愛平先生云其：

〔註208〕《清史稿》卷364，同上注，頁269。
〔註209〕整理自陳居淵先生：〈第二章　阮元的官海生涯和文化學術活動〉，《焦循阮元評傳》阮元部分，同注201，頁451～458。
〔註210〕同上注，頁458。
〔註211〕皮錫瑞：〈經學復興時代〉，《經學歷史》，（北京：中華書局，1981年），頁344。
〔註212〕柳興恩編：《雷塘庵弟子記》卷8，同注195，頁199。
〔註213〕柳興恩編：《雷塘庵弟子記》卷8，同上注，頁201。
〔註214〕陳居淵先生：〈第二章　阮元的官海生涯和文化學術活動〉，《焦循阮元評傳》阮元部分，同注201，頁466～467。
〔註215〕《清史稿》卷364，同注200，頁271。

乾隆五十四年（1789）考中進士，歷官乾隆、嘉慶、道光三朝，多
次出任地方督撫、學政、充兵部、禮部、戶部侍郎，拜體仁閣大學
士。在長期的仕途生涯中，阮元始終堅持學術研究，不僅於官跡所
到之處，提倡經學，獎掖人才，整理典籍，刊刻圖書，而且勤奮不
懈地鑽研學問，撰寫了大量的著作，在經學、史學、金石、書畫乃
至天文曆算方面，都有相當造詣。〔註216〕

其一生可謂：「九省疆吏，三朝閣老，一代名儒。」是融「政事、要位、學績」
爲一體。如聯系世譜、學史言之，或可謂「儒商其後，科舉發軔，經世之學，
學官雙楫，致知中西，皖學衍脈，學派領軍，文化哲學。」八言。〔註217〕不
論如何，阮元雖不以專學名家，但主持風會，倡導扶助，其學術組織之功實
可睥睨一代。其一生或治理封疆，或爲官卿貳，清廉勤政，多有惠聲。歷官
所至，究心學術，振興文教，嘉慶、道光間，儼若一時學壇盟主。〔註218〕錢
穆先生譽之爲：「清代經學名臣最後一位重鎮。」〔註219〕

（二）阮元情理論

徐世昌《清儒學案·儀徵學案》云：

清乾嘉經學之盛，達官耆宿，提倡之力爲多。文達（阮元）早躋通顯，
揚歷中外，所致敦崇實學，編刻諸書，類多宏深博奧，挈領提綱。《揅
經室集》說經之文，皆詁釋精詳，宜乎爲萬流所傾仰也。〔註220〕

阮云治學以小學爲工具，義理爲目標，即如其云：「聖人之道，譬若宮牆，文
字訓詁，其門徑也。門徑苟誤，蹊步皆歧，安能升堂入室乎？」又「但求名
物，不論聖道，又若終年寢饋于門廡之間，無復知有堂室矣。」〔註221〕通過
語言文字的研究，明白文字本義，以達到漢宋兼采，通經致用的目的。所以
阮元雖崇漢信古，但其治學思想，事實上，是以音訓考據爲一種手段，而治

〔註216〕黃愛平先生：〈點校說明〉，清·張鑑等撰、黃愛平點校：《阮元年譜》，同注
195，頁1。

〔註217〕李開先生：《阮元評傳·序》，（王章濤：《阮元評傳》，揚州：廣陵書社，2004
年），頁1。

〔註218〕陳祖武先生：〈孔子仁學與阮元的《論語論仁論》〉，同注194，頁41。

〔註219〕錢穆先生：〈焦里堂阮芸臺綾次仲〉，《中國近三百年學術史》第10章，（台北：
商務印書館，1996年），頁529。

〔註220〕徐世昌：《清儒學案·儀徵學案》卷121，（北京：中國書店，1990年），頁3。

〔註221〕阮元：〈擬國史儒林傳序〉，《揅經室一集》2卷，（北京：中華書局，1993年），
頁37、38。

經之目的主要仍在於「聞道」。不僅如此，其尚「實踐」，主張「學以致用」。
〔註222〕胡適先生說他：「雖然自居於新式的經學家，其實他是一個哲學家。他很像戴震，表面上精密的方法，遮不住骨子裏的哲學主張。」〔註223〕知戴震、阮元等人，雖主訓詁考證，實事求是，但不拘囿於考據小學範圍，而是力圖在經學上闡發深刻哲學思想。用今天的學科分類而言，即建立一「新的哲學體系」。〔註224〕

在此就其輔以社會學，重視實用的，所創的「新道德哲學」，作一論述：

1. 聖賢之道，無非實踐

阮元提倡「實學」，主張「實行」，其許多見解皆體現了這一傾向。如其解「格物」、「一貫之道」與「忠恕」之理皆是。

（1）格物即事事以五倫實踐之

阮元云：

> 物者，事也。格者，至也。事者，家國天下之事，即止于五倫之至善、明德、新民皆事也。格有至義，即有止意，履而至，止於其地，聖賢實踐之道也。……格物者，至止於事物之謂也。凡家國天下五倫之事，無不當以身親至其處而履之，以止於至善也。格物與止至善、知止止于仁敬等事皆是一義，非有二解也。必變其文曰格物者，以格字兼包至止，以物字兼包諸事，聖賢之道，無非實踐。〔註225〕

在此可見「聖賢之道，無非實踐」，為實學找到一「聖人之說」的理論依據。「格物」一說，就程朱理學而言，是志在窮究天下之物所顯的「天理」，以印證吾心固有之理。如朱熹所謂：「即凡天下之物，莫不因其已知之理而益窮之。」〔註226〕然阮元「格物」不同於此，其旨在「履而至止于其地，聖賢實踐之道也。」強調「實踐」的重大意義。其「物」指「事」，而「格」是「至」也，所以「格物」即「行事」，以「五倫」行之於「事」中，親自實踐，以止於至

〔註222〕鍾玉發先生：〈阮元調和漢宋學思想析論〉，（《清史研究》第 4 期，2004 年 11月），頁 20。

〔註223〕胡適先生：〈戴學的反響〉，《戴東原的哲學》。文中胡適認為：「戴震、焦循、阮元，都是從經學走上哲學路上去。」（台北：遠流出版社），頁 100、101。

〔註224〕王章濤先生：《阮元評傳》，（揚州：廣陵書社，2004 年），頁 233。

〔註225〕阮元：〈大學格物說〉，同注 221，頁 54～55。

〔註226〕朱熹：《大學章句集註》，（朱熹：《四書章句集註》，台北：大安出版社，1991年），頁 7。

善，此方謂之「格物」也。清初顧炎武亦云：

> 致知者知止也。知止者何？為人君止于仁，為人臣止于敬，為人子
> 止於孝，為人父止于慈，與國人交止於信，是之謂止，知止然後謂
> 之知至。〔註227〕

將五倫之理——「父子有親、君臣有義、夫婦有惠、兄弟有悌、朋友有信」
等理，應用在應對進退、待人接物中，此就是顧炎武乃至阮元所謂的「格物」。
其格物不再是「即物窮理」，印證心性「天理」之道德形上意，相反的，他強
調將理「落實」事上、切身「實踐」之，此方謂「格物」。

（2）一貫乃行事之謂

對於「一貫之道」，其深以為「壹是皆以行事為教。」阮元分析道：

> 《論語》「貫」字凡三見，曾子之一貫也，子貢之一貫也，閔之言仍
> 舊貫也。此三「貫」字，其訓不應有異。元按：貫，行也，事也。
> 三者皆當訓為行事也。孔子呼曾子告之曰：「吾道一以貫之。」此言
> 孔子之道皆于行事見之，非徒以文學為教也。「一」與「壹」同，壹
> 以貫之，猶言壹是皆以行事為教也。……若云賢者因聖人一呼之下，
> 即一旦豁然貫通焉，此似禪家頓宗冬寒見桶底脫大悟之旨，而非聖
> 賢行事之道也。〔註228〕

為何「貫」作「行事」解？阮云云：

> 《爾雅》：「貫，事也。」《廣雅》：「貫，行也。」《詩·碩鼠》：「三
> 歲貫汝。」《周禮·職方》：「使同貫例。」《論語·先進》：「仍舊貫」。
> 《傳》、《注》皆訓為事。《漢書·谷永傳》云：「以此貫行。」《後漢
> 書·光武王傳》云：「奉承貫行。」皆行事之義。〔註229〕

依訓詁考證，闡明「貫」之意：「事也。」「行也。」據此阮元以「貫」是「行
也」、「事也」解，否定了宋明理學將「貫」訓為「通徹」之意。可看出阮元
所謂「聖賢之道」，惟實行，身體力行，實事求是以獲得，非僅讀書、講學以
得。故阮元又有「聖人之道，未有不於行事見，而但于言語見。」〔註230〕的
論斷。志在表明所謂「一貫之道」即是「實踐」之道，徹底實行實事也。所

〔註227〕顧炎武著：《原抄本日知錄》，（台北：明倫書局，1970年），頁376。
〔註228〕阮元：〈論語一貫說〉，同注221，頁53～54。
〔註229〕阮云：〈論語一貫說〉，同注221，頁53。
〔註230〕阮元：〈大學格物說〉，同注221，頁55。

以芸臺又於〈石刻孝經論語記〉亦言：「所謂一貫者，貫者行也，事也，言壹是皆身體力行見諸實行實事也。」〔註231〕

（3）忠恕即實政實行

阮元云：

> 《論語》、《孝經》之學，窮極性與天道而不涉於虛，推極帝王治法而皆用乎中，詳論子臣弟友之庸行而皆歸於實，所以周秦以來子家各流皆不能及，而爲萬世之極則也。……曾子之學，孔子曰：「吾道一以貫之。」曾子曰：「夫子之道，忠恕而已矣。」忠恕者，子臣弟友自天子至於庶人之實政實行。……《曾子》十篇皆由此出。其實皆盡人所同之庸行，忠恕而已。〔註232〕

「忠恕」一詞乃是儒家的倫理道德原則。謂竭盡己心眞實，並以此推己及人。出自《論語・里仁》：「曾子曰：『夫子之道，忠恕而已矣。』」朱熹注：「盡己之謂忠，推己之謂恕。」〔註233〕其弟子陳淳《北溪字義》云：「忠是就心悅，是盡己之心無不眞實者。恕是就待人接物說，只是推己心之所眞實者以及人物而已。」〔註234〕然阮元的「忠恕」以「實學」思想解之，強調是「忠恕」乃「天子至於庶人之實政、實行。」以「忠恕」是實行「仁」的方法，就是「實政」。所以徹地實踐「仁」之道，便是「忠恕」之旨。終歸以「實踐」，以通經致用，經世濟民。

2. 理必附乎禮以行

由上述，可知阮元論聖賢之道，是以「實踐」爲宗。其學術是以「有用」爲目的。〔註235〕而「實踐」之具體內容就是履而至止于五倫之至善，其途徑就是用體現五倫的禮來治性，最終在行事中將仁表現出來。所以其論理（天理、道理），不是一如宋儒的形上玄虛之本體，相反地，其以爲「理」必附乎

〔註231〕阮元：《揅經室一集》卷11，同注221，頁238。

〔註232〕阮元：〈石刻孝經論語記〉，同上注，頁238。

〔註233〕朱熹：《論語章句集註》，（朱熹：《四書章句集註》，台北：大安出版社，1991年），頁72。

〔註234〕陳淳：《北溪字義》，（收入《近思錄・北溪字義》，台北：世界書局，1975年），頁24。

〔註235〕吳通福先生：《清代新義理觀之研究》指出：「阮元論學，總體上仍然沿著戴震的思路，即仍然遵循戴震論學的要點。他認爲學術必須以實用爲目的。……而經世濟用又必須以聖人之道爲基礎」，（南昌：江西人民出版社，2007年），頁128。

「禮」以行。把「禮」作爲判斷「理」之是非的最後根據。〔註236〕

（1）五倫皆禮

阮元云：

> 朱子中年講理，固已精實。晚年講禮，尤耐繁難。誠有見乎理必出
> 于禮也。古今所以治天下者，禮也。五倫皆禮，故宜忠宜孝，即理
> 也。然三代文質損益甚多。且如殷尚白，周尚赤，禮也，使居周而
> 有尚白，若以非禮析之，則人不能爭；以非理析之，則不能無爭矣。
> 故理必附乎禮以行，空言理則可彼可此之邪説起矣。〔註237〕

其以程朱之理是虛理，而「禮」是三代以來相傳衍的經驗事實，不玄空，所
以在阮元看來，應是「理出於禮也。」以具體可據的「禮儀規範」取代空疏
言談的「理」；畢竟這種經驗性的事實，更「易於率循」，同時還可以使人們
避免「以格物爲心靈窮理」、「致知際內之言，非修身際內之事」〔註238〕的弊
端。並以古今聖人治天下，平天下之道，在於「禮」也；以「禮」繩之百姓，
是以天下太平。所謂「五倫」──君臣、父子、夫婦、兄弟、友朋等關係，
亦是以「禮」訂定，是以君臣有義、父子有親、夫婦有惠、兄弟有悌、友朋
有信等義理在，所謂「忠孝」之理，皆是因「禮」之實行而來，因實踐「禮」
而具體落實內在之「道理」。所以「理必附乎禮以行」就在此，否則，人人言
理，便是落入此一是非，彼一是非，是是非非糾纏不清中；或者，便是長者、
尊者、貴者，皆有理，而幼者、賤者、卑者，皆無理可尋。〔註239〕

（2）事事有禮，皆歸實踐

然「禮」者何謂？阮元進一步解釋：

〔註236〕余新華先生：〈阮元的學術淵源與宗旨〉，《中國人民大學學報》1998 年第 3
期），頁 44。

〔註237〕阮元：〈書東莞陳氏學部通辨後〉，《揅經室續集》卷 3，同注 221，頁 1062。

〔註238〕阮元：〈大學格物説〉云：「若以格物爲心靈窮理，則猶是致知際內之言，非
修身際內之事也。要之『壹是皆以修身爲本』。」，《揅經室一集》卷 2，同上
注，頁 56。

〔註239〕如戴震所謂：「以理殺人」；其云：「今之治人者視古賢聖體民之情，遂民之欲，
多出於鄙細隱曲，不措諸意，不足爲怪；而及其責以理也，不難舉曠世之高
節，著於義而罪之，尊者以理責卑，長者以理責幼，貴者以理責賤，雖失，
謂之順；卑者、幼者、賤者以理爭之，雖得，謂之逆。於是下之人不能以天
下之同情、天下所同欲達之於上；上以理責其下，而在下之罪，人人不勝指
數。人死於法，猶有憐之者；死於理，其誰憐之？」《戴震全書》第 6 冊，（合
肥：黃山書社，1997 年），頁 216。

禮者何？朝覲聘射，冠昏喪祭，凡子臣弟友之庸行，帝王治法，性
與天道，皆在其中。《詩》、《書》即文也，禮也。《易象》、《春秋》
亦文也，禮也。其餘言存乎〈大學〉、〈中庸〉諸篇。……其事皆歸
實踐，非高言頓悟所可掩襲而得者也。〔註240〕

「禮」不外是「朝覲聘射」、「冠昏喪祭」等內容，於人之應對進退，待人接
物方面，均有一規則典範以示人遵循。以禮與理比較，在阮元看來，則是以
「禮」較實際，然「禮」則必須親身「實踐」、身體力行，方是做到了「禮」。

（3）修道之教，即〈禮運〉之禮

阮元云：

修道之教，即〈禮運〉之禮。禮治七情十義者也。七情乃盡人所有，
但須治以禮而已，即〈召誥〉所謂節性也。……中者，有形有質，
有血氣心知，特未至喜怒哀樂時耳，發而中節，即節性之說也。有
禮有樂，所以既節且和也。〔註241〕

阮元反對向內的「心學」，〔註242〕畢竟「心學」涉於虛，任人師心自用，隨意
發揮，和古聖先賢之道背道而馳。在詮釋《中庸》：「天命之謂性，率性之謂
道，修道之為教」中，即強調以「禮治」為天下法。是以「修道之教」，即是
「禮治七情十義者也。」遵循《禮記・禮運》篇所云：

何謂人情？喜、怒、哀、樂、愛、惡、欲，七者弗學而能。何謂人
義？父慈、子孝、兄良、弟悌、夫義、婦聽、長惠、幼順、君仁、
臣忠，十者謂之人義。講信修睦，謂之人利。爭奪相殺，謂之人患。
故聖人之所以治人七情，修十義，講信修睦，尚辭讓，去爭奪，舍
禮何以治之？飲食男女，人之大欲存焉。死亡貧苦，人之大惡存焉。
故欲惡者，心之大端也。人藏其心，不可測度也。美惡皆在其心，
不見其色也。欲一以窮之，舍禮何以哉？〔註243〕

知古有明訓，於《禮記・禮運》中，即表明「飲食男女，人之大欲存焉」，人

〔註240〕阮元：〈石刻孝經論語記〉，《揅經室一集》卷11，同注221，頁238。

〔註241〕阮元：〈性命古訓〉，《揅經室一集》卷10，同上注，頁226。

〔註242〕郭明道先生：〈阮元的學術淵源和治學宗旨〉指出：「"實學"在阮元的學術
思想中占有極重要的地位。……其最反對向內的心學。」（《揚州大學學報》
（人文社會科學版），第9卷第5期，2005年9月），頁90。

〔註243〕鄭玄注、孔穎達疏：《禮記正義・禮運篇》第9、卷22，（《十三經注疏本》（5），
台北：藝文印書館，1981年），頁431。

皆有所欲（愛）、所惡（厭惡）之事，然放縱「欲求」，卻是如「無底洞」，永無止境的，如巴蛇吞象，貪求無厭，所以必須有「禮」以節制；而聖人治人七情六欲，修十義（父慈、子孝、兄良、弟悌、夫義、婦聽、長惠、幼順、君仁、臣忠）者，皆是以「禮」治之，是以「禮」除作爲外在制度規矩外，還在於「禮」以「節性」也。節制人的情感與欲望之作用。阮元看出此理，故強調以「禮」取代「理」也。此論點一如凌廷堪、焦循之論，可看出當時學風趨勢，勢在以禮代理也。

3. 勤威儀以保定性命

傅斯年先生於其《性命古訓辨證》之〈序〉表示，性命之說于中國古代思想史上具有重要地位，通過此一問題研究，對中國古代思想會有一個清晰的認識。〔註244〕然〈性命古訓〉，早於清代儀徵阮元即有所作。傅斯年先生對此，也指出：

> 阮氏別有〈論語論仁論〉、〈孟子論仁論〉諸篇，又有論性、命、仁、智諸文，均載《揅經室集》中，要以〈性命古訓〉一書最關重要。〔註245〕

阮元的性命論述，主張「性」，是以血氣心知爲性也，肯定情、欲在性之內，肯定味色聲臭安佚爲性，食色爲性。然人生而後即限定于君臣父子長幼夫婦朋友等關係中，這種關係是人無法逃脫的，即所謂「命定」。〔註246〕因此，所謂人的仁義禮智之性，只是說人能通過社會行爲來「成就」仁義禮智而已，並非是先天本具的。

所以阮元反對以先天來論性，只就經驗的觀察來論性，強調性、命應是「質實可據，不必索奧妙于不可詰之鄉」，又「商周人言性命多在事，在事，故實而易于率循。晉唐人言性命多在心，在心，故虛而易于傅會」。〔註247〕

〔註244〕傅斯年先生：〈序〉，《性命古訓辨證》，（桂林：廣西師範大學，2006年），頁1。

〔註245〕傅斯年先生：〈引語〉亦云：「此中包有彼爲儒家道德論探其原始之見解，又有最能表見彼治此問題之方法，故是書實爲戴震《原善》、《孟子字義疏證》兩書之後勁，足以表顯清代所謂漢學家反宋明理學之立場者也。」，《性命古訓辨證》，同上注，頁1。

〔註246〕據吳通福先生研究，此說亦或有本于戴震。戴震曾謂：君臣父子夫婦昆弟朋友五者，自有身而定也，天地之生生而條理也。又謂：有是身，而君臣父子夫婦昆弟朋友之倫具。詳見氏著《清代新義理觀之研究》，（南昌：江西人民出版社，2007年），頁139。

〔註247〕阮元：〈性命古訓〉，《揅經室一集》卷10，同注221，頁225、235。

在此，針對其〈性命古訓〉內容，作一整理與探析：

（1）性即血氣心知也

關於性與命，[註248] 阮元先引《孟子》之言以探討：

> 孟子曰：口之于味也，目之于色也，耳之于聲也，鼻之于臭也，四肢之于安佚也，性也；有命焉，君子不謂性也。仁之于父子也，義之于君臣也，禮之于賓主也，知之于賢者也，聖人之于天道也，命也，有性也，君子不謂命也。[註249]

對此，阮元進一步闡發「性」與「命」之不同；其云：

> 性字從心，即血氣、心知也。有血氣無心知非性也，有心知無血氣非性也。血氣心知皆天所命，人所受也。人既有血氣、心知之性，即有九德、五典、五禮、七情、十義，故聖人作禮樂以節之，修道以教之。因其動作，以禮義為威儀，威儀所以定命。……能者勤於禮樂、威儀，以就彌性之福祿；不能有惰于禮樂威儀，以取棄命之禍亂。是以周以前聖經古訓，皆言勤威儀以保定性命。[註250]

又阮元為孫星衍《問字堂集》作〈贈言〉，亦云：

> 漢人言性與五常，皆分合五藏、極確，似宜加闡明之。而宋儒最鄙氣質之性，若無氣質血氣，則是鬼非人矣，此性何所附麗？[註251]

又：

> 《召誥》所謂「命」，即天命也。若子初生即祿命福極也。哲與愚、吉與凶，歷年長短，皆命也。哲愚受於天為命，受于人為性，君子祈命而節性，盡心而知命，故《孟子·盡心》亦謂耳目口鼻四肢為性也。性中有味色聲臭安佚之欲，是以必當節之。古人但言節性，不言復性也。[註252]

首先，就「性」字而言，「性」從心、從生，即說明它與「生」有密切關係。

〔註248〕據陳居淵先生研究，指出：阮元論性命之論文，主要是〈性命古訓〉與〈節性齋銘〉這兩篇；〈性命古訓〉一文，羅列四十條古代經籍中有關 "性命" 的記載，其中據以發揮的主要是《尚書·召誥》和《孟子·盡心》等篇。詳見其《焦循阮元評傳》阮元部分，（南京：南京大學，2006年），頁513。

〔註249〕阮元：〈性命古訓〉，《揅經室一集》卷10，同注221，頁211。

〔註250〕同上注，頁217。

〔註251〕孫星衍：《孫淵如先生全集》，（影印《國學基本叢書本》，台北：臺灣商務印書館，1968年），頁8。

〔註252〕阮元：〈性命古訓〉，同注221，頁211。

如告子曾說過：「生之謂性」。孟子對此則闡述「性」實質上具有兩種涵義：一是味、色、聲、臭、安、佚，另一則是仁、義、禮、智、聖兩種。前者是指人所具有的本能，後者是指人的道德性。因這兩種性都是上天所賦予人的，所以二者均具有「性」與「命」的性質。

然在此，阮元以「性」是指人所具有的本能，偏向以味、色、聲、臭、安、佚之生性，故其以「血氣心知」爲「性」之本意。（學者指出：阮元講的性，實際上是指人的自然欲望。）〔註253〕且其心目中的人性是包括人欲在其中，換句話言之，人欲就是人心之血氣，心知之性，性即血氣、心知，除此之外，本沒有性。正因爲性中有欲，所以人須以禮儀節制人性，並以此定性。所以阮元一再強調「節性」，而非「復性」的原因在此；且以爲「若無氣質血氣」，則是鬼非人矣。

而所謂「威儀」即是指「禮儀細節」。據《禮記‧中庸》云：「禮儀三百，威儀三千」，〔註254〕所以「勤威儀以保定性命」即是以禮儀規範奠立人們性命軌則，使之有欲行，但不出軌，以保住性命。所以阮元強調：「威儀乃爲性命所關，乃包言行在內，言行即德之所以修也。」〔註255〕

然人之初生，恆有其富貴福祿，如俗語所云：「人都是帶著自己的糧草而來。」由於：此富貴福祿秉之於天，即謂之命也，所以哲愚、吉凶、壽夭，都是命，天註定，無法改也，所謂「生死有命，富貴在天」；但承之於人，即謂之性也，故君子者，在祈命而節性也；而此性與道德仁義之性不同，乃口目耳鼻四肢之性，亦即味色聲臭安佚之欲，以諸性易因外物染飾而丕變放肆，故當敬德以節之，節其性也，是以安其性也。

（2）欲生於情，在性內，欲在有節，不可縱

由於阮元據《說文解字》古訓所載，以情性不可分，是以有「情發于性」、「情括於性」之論。〔註256〕阮元於此進一步闡明：

〔註253〕陳居淵先生：《焦循阮元評傳》阮元部分，（南京：南京大學，2006 年），頁515。

〔註254〕鄭玄注、孔穎達疏：《禮記正義‧中庸》，（《十三經注疏本》（5），台北：藝文印書館，1955 年），頁 897。

〔註255〕阮元：〈性命古訓〉，同注 221，頁 216。

〔註256〕阮元：〈性命古訓〉云：「《說文》曰：『性，人之陽氣性善者也；情，人之陰氣有欲者也。』許氏之說，古訓也。味、色、聲、臭、喜、怒、哀、樂皆本于性、發于情者也。情括于性，非別有一事，與性相分而爲對。」同上注，頁 220～221。

《樂記》：「人生而靜，天之性也。」二句就外感未至時言之，樂即外感之至易者也，即孟子所説，耳之于聲也，性也。孟子所説有命焉，君子不謂性也，即《樂記》反躬節人欲之説也。欲生于情，在性之內，不能言性內無欲，欲不是善惡之惡。天既生人之血氣、心知，則不能無欲，惟佛教始言絕欲。若天下人皆如佛絕欲，則舉世無生人，禽獸繁也。此孟子所以說味、色、聲、臭、安、佚爲性也。欲在有節，不可縱，不可窮。……欲固不離性而自成爲欲也。〔註257〕

又：

惟其味色、聲臭、安佚爲性，所以性必須節，不節則性中之情欲縱矣。〔註258〕

阮元主張「節性」，但非無欲，所反對是縱欲而不是絕欲。正如其所云，欲本身無所謂善惡之惡。僅不過是欲由情生，情在性內，而性必須節，否則，性中之情欲縱矣。

據阮元所述「性」、「情」與「欲」關係，則如圖示：

圖三　阮元的「性、情、欲」之關係圖

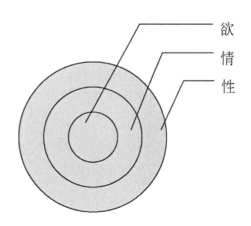

欲
情
性

（3）命必須敬德，德即仁、義、禮、智、聖也

阮元云：

惟其仁、義、禮、智、聖爲命，所以命必須敬德，德即仁、義、禮、

〔註257〕同上注，頁228。
〔註258〕同上注，頁212。

智、聖也。且知與聖，即哲也。〔註259〕

又：

> 周初《召誥》，肇言節性。周末孟子，互言性命。性善之説，秉彝可
> 證。命哲命吉，初生既定。終命彌性，求至各正。邁勉其德，品節
> 其行。復興説興，流爲主靜。由莊而釋，見性如靜。考之姬孟，實
> 相徑庭。若合古訓，尚曰居敬。〔註260〕

又：

> 蓋敬者，言終日常自警肅，不敢怠逸放縱也。……非端坐靜觀主一
> 之謂也。故以肅警無逸爲敬。惟聞孔子閑居，未聞孔子靜坐。惟聞
> 孔子曲肱而枕，孟子隱几而臥。未聞孔孟瞑目而坐。……蓋靜者，
> 敬之反也。年衰養神者，每便于靜，乃諱其所私便，而反借靜字以
> 立高名，乃計之兩得者也。〔註261〕

學者指出：阮元在此所釋的「命」實有兩種涵義：一爲上述的命，即「祿命」，
指的是人的福祿富貴之命運，由天所主宰；另一是「德命」，即是此人受天之
命——仁義禮智聖之命。孔子曾說過：「不知命，無以爲君子。」此「德命」
主要體現在「節性」與「敬德」兩方面。〔註262〕

　　整體歸納來看，阮元以性乃生性之意，對於是否可享有味、色、聲、臭、
安佚之多寡，則以「祿命」決定；而關於孟子一再強調的仁義禮智信的內在
道德性，其以節性、敬德代表，乃仁義禮智信之命。以天命以人自身之德降
臨，故節性、敬德以達仁義禮智信之道德領域。關於此，阮元舉《春秋成公
十三年左傳》劉子之言：「勤禮莫如致敬，盡力莫如敦篤。敬在養神，篤在守
業。」進一步闡明：以動作禮義威儀之則，可以定命，可以「彌性之福祿。」
〔註263〕

　　然所謂「敬德」，一如「威儀」，非虛靜思索之謂，而是指嚴謹敬肅之謂。

〔註259〕同上注，頁212。

〔註260〕阮元：〈節性齋銘〉，《揅經室續集》卷4，同注221，頁1075。

〔註261〕阮元：〈釋敬〉，《揅經室續一集》卷1，同上注，頁1016。

〔註262〕陳居淵先生：《焦循阮元評傳》阮元部分，同注253，頁514。

〔註263〕阮元：〈性命古訓〉云：「血氣心知皆天所命，人所受也。人既有血氣心知之
　　　　性，即有九德、五典、五禮、七情、十義，故聖人作禮樂以節之，修道以教
　　　　之，因其動作以禮義爲威儀。威儀所以定命，……能者勤於禮樂威儀，以就
　　　　彌性之福祿。不能者惰於禮樂威儀，以取棄命之禍亂。」《揅經室一集》卷
　　　　10，同注221，頁217。

亦言行舉止常常恭敬如儀，敬慎嚴謹。關於此「敬」意義，徐復觀先生云：

> 一個敬字，實貫穿於周初人的一切生活之中。這是直承憂患意識的
> 警惕性而來的精神斂抑、集中，及對事的謹慎、認眞的心理狀態。
> 這是人在時時反省自己的行爲，規整自己的行爲的心理狀態。周初
> 所強調的敬的觀念，與宗教的虔敬，近似而實不同。……敬的原來
> 意義，只是對外來侵害的警戒，這是被動的直接反應的心理狀態。
> 周初所提出的敬的觀念，則是主動的、反省的，因而是內發的心理
> 狀態。這是自覺的心理狀態，與被動的警戒理有很大的分別。〔註264〕

總之，阮元〈性命古訓〉旨在闡明：原始儒家之性，乃得之於天，與情欲一
體，須受禮的節制；「命」是天命，哲愚吉凶壽夭授於天者爲命，受於人者爲
性。但性從心則包仁義禮智等在內，從生則包味色聲臭等在內，故經典只講
節性、復禮，其內容則爲勤威儀而保定性命，威儀包括言行表現於外者，在
內則爲道德修養，即非常平易質實的禮。〔註265〕

4. 必兩人偶始見仁

　　「仁」學，不但是孔子思想的核心，亦是孔、孟思想一脈相承的關鍵。
不過，至宋明理學，則以「仁」建構一形上學的理論依據。理學家以儒學最
高人格修養的「仁」轉化爲天命流行、萬物生生之理的根源──本體化的「道
體」。這個「道」，即是「天理」，絕對至善，乃最高權威的化身，而道德修養
最終目標就是「存天理，滅人欲」。因此，人不容許有個人情愛等私欲，一切
須以「理」爲前提；如二程強調：「愛自是情，仁自是性，豈可以愛爲仁？」
〔註266〕又「仁者，天之所以與我。」〔註267〕「仁者，天下之正理。失正理則

〔註264〕徐復觀先生：《中國人性論史》（先秦篇），（台北：台灣商務印書館，1990年），
　　　　頁22。

〔註265〕關於阮元性命論，不沿襲前人將性與情分開，以性爲至善，情欲爲惡，而是
　　　　強調情欲在性之內，須以禮節之，以顯仁義禮智信之天命。這一說法，據劉
　　　　德美先生：《阮元學術之研究》亦云：在阮元看來，韓愈的原性將人之才性分
　　　　爲三品，以下愚爲惡，已是錯誤；李翱以性爲至靜至明，而暢論復性，更屬
　　　　違悖經說，但是積非成是，理學家所論性、情、欲等皆失儒家本義，而倡言
　　　　復性禁欲，乃失之毫釐，謬以千里；再者，其本身理論亦有矛盾不妥，靜觀
　　　　寂守如何復性？根本絕欲，則舉世無生人，禽獸繁矣，因此阮元不憚詞費，
　　　　以一卷的篇幅推明性命古訓，恢復了儒家性、命二字的實義。《阮元學術之研
　　　　究》，（台北：臺灣師大歷史所博論，1986年7月），頁78～79。

〔註266〕程顥、程頤著：《二程遺書》卷18（上海：上海古籍出版社，2000年），頁
　　　　230。

無序而不和。」〔註268〕南宋陸王哲學，更是強調：「仁，人心也。心之在仁，是人之所以爲人，而與禽獸草木異焉者也。」〔註269〕「人皆有是心，心皆具是理，心即理也。」〔註270〕又王陽明所謂：「若良知之發，更無私意障礙，即所謂充其惻隱之心，而仁不可勝用矣。」〔註271〕又「心猶鏡也，聖人心明如鏡，常人心如昏鏡。常人須磨鏡而使之明。」〔註272〕陸王之說，亦強調「存天理，去人欲」的內心自省功夫，不須向外實踐于事。學者指出：不論是程朱、陸王之仁學，其理論上著眼點皆是以「仁」立一先天的宇宙本體，或強調個人的內心世界，服從於其「天理論」、「心性論」的主旨。然不切人事，高妙玄遠。〔註273〕阮元在此「論仁」則不然，其云：

> 許叔重《說文解字》：「仁，親也，从人二。」段若膺大令注曰：「見部曰：『親者密至也，會意。』」《中庸》曰：「仁者，人也。」注：「人也，讀如相人偶之人，以人意相存問之言。」《大射儀》：「揖以偶。」注：「言以者，耦之事成于此，意相人偶也。」《聘禮》：「每曲揖。」注「以人相人偶爲敬也。」《公食大夫禮》：「賓入，三揖。」注：「相人偶。」《詩·匪風》箋：「人偶能烹魚者。人偶能輔周道治民者。」……以上諸義，是古所謂人耦，猶言你我親愛之辭。獨則無偶，偶者相親，故其字從人二。〔註274〕

在此，阮元本著「推明古訓，實事求是而已，非敢立異」的治學態度，由古代聖人典籍，如《說文解字》、《中庸》、《大射儀》、《聘禮》、《公食大夫禮》、《詩經》等記載，辨章學術，考鏡源流得出「仁」，以「仁」的涵意應是以鄭玄注「相人偶爲仁」。才對！主張在「仁心」、「仁德」、「仁人」、「仁政」等諸

〔註267〕朱熹著、黃坤先生點校：《四書或問》卷6，（上海：上海古籍出版社，2001年），頁218。

〔註268〕程頤，《伊川易傳》卷6，（收入於《文津閣四庫全書·經部·易類》，北京：商務印書館，2006年），頁2下。

〔註269〕陸九淵：〈語錄上〉，《象山全集》卷34，（收入於《四部叢刊正編》第56冊，台北：臺灣商務印書館，1979年），頁259。

〔註270〕陸九淵：〈與李宰〉，《象山全集》卷11，同上注，頁106。

〔註271〕王陽明：《王文成全書》卷1，（收入於《文津閣四庫全書·集部·別集類》第1269冊，北京：商務印書館，2006年），頁1269～23。

〔註272〕王陽明：《王文成全書》卷1，同上注，頁1269～18。

〔註273〕郭明道先生：〈阮元的經學〉，《阮元評傳》，（北京：社會科學文獻出版社，2005年），頁257。

〔註274〕阮元：〈論語論仁論〉，《揅經室一集》卷9，同注221，頁178～179。

種意義中，強調「仁行」，抑遏「仁心」。〔註275〕是以阮元進一步闡明「仁」是「以此一人與彼一人相人偶而盡其敬、禮、忠、恕等事之謂也。」〔註276〕在此，清楚告訴我們：「仁」，就是人與人的相敬相愛。凡是人與人之間彼此親愛，互相關問，即是「仁」的表現。以見阮元的「仁」學，是從平易的人事出發，強調「實踐」，落實在經驗領域裏，不涉玄遠。志在建立一重視人際關懷、群己關係、社會化的義理新論。學者指出阮元的仁學：「已非理學家所謂的形上價值，可以經由內省以默識了。」「而是一種走入人群的姿態——『必於身所行者驗之而始見』、『必有二人，而仁乃見』，亦即必以經驗領域講人我、重實踐的社會關係」的哲學進路。〔註277〕阮元又云：

> 所謂仁者，己之身欲立則亦立人，己之身欲達則亦達人。所以必兩
> 人偶而始見仁也。即如己欲立孝道，亦必使人立孝道，所謂不匱錫
> 類也。己欲達德行，亦必使人達德行，所謂愛人以德也。……爲之
> 不厭，己立己達也，誨人不倦，立人達人也。〔註278〕

又：

> 仁之篆體，從人二，訓爲相人偶。……孟子曰：「仁也者，人也。」……
> 《孟子》此章「人也」，「人」字亦當讀如「相人偶」之「人」。合而
> 言之，謂合《丑》人與仁言之，即聖人之大道也。孟子曰：「人皆有
> 不忍人之心。」以此《寅》一人不忍彼一人，即二人相人偶之實據
> 也。〔註279〕

我們知道，在過去傳統中國社會裏，人與人之間關係，主要是以血緣關係爲主的家族制度、宗法制度爲基礎而開展。因此，透過家族道德——「孝」的實踐，以及從孝道中衍出的道德標準，如三綱、五倫，都是以「家族」規範延伸，以家族做爲道德實踐的基本單位，是以較偏重「私德」涵養，學者指出：在過去這種傳統社會、傳統義理中，是鮮少有人際關係的社會道德標準出現。儒學雖以「外王」、「行道天下」爲其終極目標，但最後往往也都是走上了「獨善其身」的「內聖」修身之路去，就這樣造成了我國長期以來缺乏

〔註275〕岑溢成先生：〈阮元哲學思想中的「性」與「仁」〉，《鵝湖學誌》第39期，2007年12月），頁171。
〔註276〕阮元：〈論語論仁論〉，《揅經室一集》卷8，同注221，頁177。
〔註277〕張麗珠先生：《清代義理學新貌》，（台北：里仁書局，1999年），頁325。
〔註278〕阮元：〈論語論仁論〉，《揅經室一集》卷8，同注221，頁178。
〔註279〕阮元：〈孟子論仁論〉，《揅經室一集》卷9，同上注，頁201。

社會、群己關係道德標準的現象。〔註280〕針對傳統中國此一現象，梁啓超先生表示：「舊道德標準中，私德居十分之九，而公德不及其一焉。」〔註281〕

　　隨著晚明義理空疏，政局變異，清儒不再以空談玄遠心性論爲主，相反地，是務實絀虛，致力於經世之學。於孔孟千古傳衍的「仁」鑽研尤深，在此，阮元不以朱熹的《四書章句集註》爲主，而是遠紹漢儒平實之學，據鄭玄注爲主，闡發出「仁」的現實意義。所謂「仁」不再是玄虛道德本體，而是人與他人的互動，必有二人始見「仁」也。是以有學者指出：「其爲仁學開闢了一條從傳統過渡到近代──由『仁學』邁向『群學』的異於理學進路。」〔註282〕

　　此外，阮元擴大了「仁」學內容，因在阮元看來，「仁」不僅是一個道德範疇，同時也是一個實踐過程。據學者研究指出，其「仁」的內容大致有：（1）己欲立而立人，己欲達而達人（2）克己復禮爲仁（3）無求生以害仁，有殺生以成仁。（4）爲仁之道，若不明其過，必失之愚。共四項。〔註283〕（個人僅作參考而有所擇取。）可以看出每一項均是要躬身力行以達成「仁」的。其中，「己立立人，己達達人」之道，便是「相人偶」的推展。〔註284〕所謂「仁」者，是能夠處理好群體中種種存在的「二人」關係，如君臣、父子、夫婦、長幼、朋友、師生等，推而廣之，亦即人與社會群體關係。可以看出阮元的「仁」論，由傳統「私德」，走向群體社會的「公德」。有學者指出：

> 如果說宋儒的仁道論側重于個人的心性修養，是「小仁政」的話，那麼，阮元的仁道論則更注重社會功澤，是「大仁政」。當然，這種「大仁政」並不排斥「小仁政」，只是兩者難以雙全的時候，當取其大者而略其小節。……因爲在「相人偶」的旗幟之下，天子也要「愛及天下臣民」，要以天下生民爲重。〔註285〕

〔註280〕張麗珠先生：《清代義理學新貌》，同注277，頁314。
〔註281〕梁啓超先生：〈論公德〉，《新民說》，（收入其《飲冰室專集》（第3冊），台北：中華書局，1978年），頁15。
〔註282〕張麗珠先生：《清代義理學新貌》，同注277，頁322。
〔註283〕詳見李成良先生：《阮元思想研究》，（成都：四川人民出版社，1997年），頁60～66。
〔註284〕莊家敏先生：《阮元仁學思想研究》，（彰化：彰化師大國文所碩論，2004年），頁72。
〔註285〕余新華先生：〈阮元〉，《中國歷代思想家》，（台北：臺灣商務印書館，1999年），頁256～266。

阮元的「仁道論」無疑是社會的救濟思想。由「小我」擴大至「大我」，己立立人，己達達人也；應用在政治上，則是強調一國之君應以百姓為重，以謀澤百姓的福利，方是「仁政」。

（1）為仁當由克己始

阮元云：

> 顏子克己，己字即自己之己，與下文「為仁由己」相同，言能克己復禮，即可併人為仁。一日克己復禮而天下歸仁，此即己欲立而立人，己欲達而達人之道。仁雖由人而成，其實當自己始，若但知有己，不知有人，即不仁矣。孔子曰：「勿謂仁者人也。」必待人而後并人，為仁當由己始，且繼上二「克己」字疊而申之曰：「為仁由己，而由人乎哉！」亦可謂大聲疾呼，明白曉暢矣。若以克己字解為私欲，則下文「為仁由己」之己，斷不能再解為私，而由己不由人，反詰辭氣與上文不相屬矣。顏子請問其目，孔子答以四勿，勿即克己之謂也。視聽言動專就己身而言，若克己而能非禮勿視、勿聽、勿言、勿動，斷無不愛人，斷無與人不相人偶者，人必與己并為仁矣。俚言之，若曰：「我先自己好，自然要人好；我要人好，人自與我同作好人也。」〔註286〕

在闡述孔子「克己復禮為仁」時，阮元指出：「己」即「自身」，相對於別人而言；「克己」謂「修身」，即馬融所解釋的「約身」，〔註287〕就是以禮來約束自己，非宋儒所謂的「禁欲」。程、朱都以「私欲」解「己」字，但阮元引淩廷堪〈與阮中丞論克己書〉證實，若是「己」作「私欲」講，那麼「為仁由己」不就成「為仁由私欲乎？」所以「克己復禮為仁」之「己」不應解為「私欲」也。亦見程、朱解釋乃是對孔子原義的曲解。〔註288〕

〔註286〕阮元：〈論語論仁論〉，《揅經室一集》卷8，同注221，頁181。

〔註287〕阮元〈論語論仁論〉云：「毛西河檢討《四書改錯》曰：『馬融以約身為克己，從來說如此。』」同上注，頁182。

〔註288〕淩廷堪：〈與阮中丞論克己書〉云：「前在甬上聞閣下談及《論語》『克己』之己字，不當做私欲解，當時即深以為然。……即以《論語·克己》章而論，下文云：『為仁由己，而由人乎哉？』人、己對稱，正是鄭氏『相人偶』之說。若如《集註》所云，豈可云為仁由私欲乎？再以《論語》全書而論，如『不患人之不己知』、『夫仁者，己欲立而立人，己欲達而達人。』、『己所不欲，勿施於人。』『古之學者為己，今之學者為人』、『修己以安人』、『君子求諸己，小人求諸人。』皆人己對稱。此外之『己』字，如『無友不如己者』、『人潔

　　阮元「克己」致力於修身，即強調是以禮爲皈依，一切視聽言行，均以「禮」爲主，是以連結孔子所謂：「非禮勿視，非禮勿聽，非禮勿言，非禮勿動」之旨來，如此，「克己復禮爲仁」矣。用現代話言，亦即己自身行事，須時時想到他人，不因己所欲所爲而妨礙到他人，亦即將心比心替人著想，在有限自由範圍內，行己之自由，或者，己欲立而立人，己欲達而達人，不光是自己好，也想要別人一樣好，就是阮元所強調的「仁」；亦如英語所謂「I am O.K，You are O.K，We are O.K。」

　　（2）仁必須「爲」，非端坐靜觀即可曰仁也

　　阮元云：

> 相人偶者，謂人之偶之也。凡仁，必於身所行者驗之而始見，亦必有二人而仁乃見，若一人閉戶齊居，瞑目靜坐，雖有德理在心，終不得指爲聖門所謂之仁矣。〔註289〕

又：

> 仁必須爲，非端坐靜觀即可曰仁也。〔註290〕

又：

> 聖賢之仁，必偶于人而始可見。……安懷若心，無所著便可言仁，是老僧面壁多年，但有一片慈悲心，便可畢仁之事，有是道乎？〔註291〕

畢竟離開了人群，缺乏實踐的對象與基礎，又如何能「爲仁」呢？所以阮元在此呼應「相人偶」所強調的「仁」，必是己與他人有所關連的經驗行爲，且必須是人與人互相對待的社會關係中，把內心的關懷、敬意，化爲外在的揖讓、親熱等種種具體實踐行爲──這才是「仁」的實踐。所以「仁」絕不是理學家所言，經由獨自一人之默坐澄心而達到的。所以老僧縱有滿腔慈悲心，滿懷仁德修行功夫，但一味面壁思過、閉關修行，如何實踐「仁」？無異於「畫餅充飢」矣！所以「仁」不只是內在的「親切人意」，更應外化爲人際間相互流通的彼此關懷。總之，「仁」必須根據「仁之實事」來要求，必須是「著於行事」的行爲實踐，才是「仁」的表現。

　　在此可以看出阮元是一位很重視實踐、身體力行的學者。其所謂「仁」

己以進』……若作私欲解，則舉不可通矣。」《校禮堂文集》，（北京：中華書局，1998 年），頁 234～235。

〔註289〕阮元：〈論語論仁論〉，同注 287，頁 176。

〔註290〕同上注，頁 180。

〔註291〕同上注，頁 185。

絕不是內在的道德形上本體，而是落實在現實中「行善」的具體作爲。強調
人與人外在行爲顯現出敬愛、關懷的表態，則是「仁」的展現。

（3）仁，以事親爲首務

　　既然阮元主「仁」是「相人偶」——人與人間，互敬互愛的作爲，以實
行、實踐爲主，方是「仁」，那麼，爲仁、行仁之首要在何？阮元指出，在「行
孝」；其云：

> 孟子論仁，至顯明，至誠實，未嘗有一毫流敝貽誤後人也。一介之
> 士，仁具于心，然具心者，仁之端也，必擴而充之，著于行事，始
> 可稱仁。孟子雖以惻隱爲仁，然所謂惻隱之心，乃仁之端，亦謂仁
> 之實事也。孟子又曰：「仁之實，事親是也。」是充此心，始足以事
> 親，保四海也。……乍見孺子將入井而不拯救，是皆失其仁之本心，
> 不能充仁之實事，不能謂之爲仁也。孟子論良能、良知，即心端也；
> 良能，實事也。舍實事而專言心，非孟子本指也。孟子論仁，至顯
> 明，至誠實，亦未嘗舉心性而空之，迷惑後人也。〔註292〕

又：

> 蓋惻隱爲仁之端，充此端以行仁則孝。孝悌爲仁之本，君子務本爲
> 急，自天子至庶人，莫不以事親爲首務。舜之事親，孔以言孝爲仁
> 本，皆是道也。〔註293〕

又：

> 夫孝，天之經也，地之義也，人之行也。君子務本，本立而道生。孝
> 悌也者，其爲仁之本與！……孝以心體本根爲先，可無訟也。〔註294〕

又：

> 夫人二致同源，總率百行，非復銖兩輕重，必定前後之數也。而如
> 欲分其大較，體而名之，則孝在事親，仁施品物。施物則功濟于時，
> 事親則德歸于己。於己則事寡，濟時則功多，據此以言，仁則遠矣。
> 〔註295〕

可看出阮元舉孟子之理說明；孟子雖主「仁」端具於「心」，但更強調是落實

〔註292〕阮元：〈孟子論仁論〉，《揅經室一集》卷9，同注221，頁195～196。
〔註293〕同上注，頁206。
〔註294〕阮元：〈論語解〉，《揅經室一集》卷2，同注221，頁52。
〔註295〕同上注，頁52。

在行的層面。所謂「仁之實，事親是也。」然這點，阮元更是大張旗鼓，闡明：只有通過「實事」，見之於「實行」，成為「事實」的「仁」，才是現實的「仁」。所以基本上，以「孝悌」出發，畢竟「孝悌也者，其為仁之本與！」且「未有仁而遺其親者也。」可見行仁，當下可為，當下可行，基本從「事親」始。所謂：「修己以敬」、「修己以安人」、「修己以安百姓。」修身（修己、克己）對內言就是「孝」，對外言就是「仁」（相人偶）。〔註296〕

亦由此以見阮元特重《論語》與《孝經》；所謂：「孔子之道，在於《孝經》。《孝經》取天子、諸侯、卿、士大夫、庶人最重要之一事，順其道而布之天下，封建以固，君臣以嚴，守其髮膚，保其祭祀，永無奔亡弒奪之禍。」〔註297〕由《孝經》以論「順」之重要意義，且撰〈釋順〉一文，以為「順之時義大矣哉」、「順字為聖經最要之字，曷可不標而論之也」、「《孝經》之所以推孝弟以治天下者，順而已矣」、「《春秋》三傳、《國語》之稱順字者最多，皆孔子《孝經》之義」，推而論之，「聖人治天下萬世，不別立法術，但以天下人情順逆敘而行之而已」。〔註298〕學者說：「這已將孝由事親擴展到『順天下』，這正可與仁由『相人偶』始，格物致知，見諸行事歸結於一『達』相輝映。」〔註299〕王茂先生《清代哲學》特別強調這一「仁」——「相人偶」——→「事親」——「順」之論述，可謂「從『相人偶』到『順』，是阮元思想中最有價值的部分。」〔註300〕

由「親親而仁民，仁民而愛物」之序，阮元強調「仁」是「實行實為」，始於「孝親」，進而「以友輔仁」，擴展至「大愛天下萬物」，這一進階，沒有形上本體之論，而是躬己實踐之道。口說無憑，一切以「實行」為主。學者指出：阮元闡述「仁」的這一進路，可謂：「從克己復禮為仁，實行實事為仁，到孝悌為仁之本，阮元較為完整地論述了儒家關於仁的這一基本命題。」〔註301〕

然阮元是由文字訓詁論「仁」，以闡明「克己」、「為仁」、「事親」、「愛物」

〔註296〕殷善培先生：〈從相人偶到達——論阮元的仁學〉，（收入於張壽安先生、林慶彰先生等編《乾嘉學者的義理學》（下），台北：中研院文哲所，2003年2月），頁618。

〔註297〕阮元：〈論語解〉，同注221，頁50～51。

〔註298〕阮元：〈釋順〉，《揅經室一集》卷1，同注221，頁26～29。

〔註299〕殷善培先生：〈從相人偶到達——論阮元的仁學〉，同注296，頁619。

〔註300〕王茂先生：《清代哲學》，（合肥：安徽人民出版社，1992年），頁750。

〔註301〕陳居淵先生：《焦循阮元評傳》阮元部分，（南京：南京大學，2006年），頁512。

之義理思想。這一哲學思想，正如王章濤先生所謂：漢學家的哲學思想是通過語義分析以求文字本義，而推闡其理論，戴震發其端，阮元繼之，並取得較突出的成就。其〈論語論仁論〉、〈孟子論仁論〉均熟練地運用此法。〔註302〕然由文字訓詁探求義理等思想，算不算得上是哲學思想？卻有爭議，如侯外廬先生就認爲：「我們讀芸臺的《擘經室集》，除了接受東原的一些思想外，絲毫找不出他自己的哲學思想。……如果說他的方法論可以代表哲學，那麼，他在方法論上的具體業績，正是文化史或思想史的貢獻。」〔註303〕然張麗珠先生卻指出：「阮元從考據進求義理，……也爲「仁」學開闢了一條從傳統過渡到近代——由「仁學」邁向「群學」的異於理學進路。」〔註304〕究竟阮元的「由訓詁求義理」思想，是不是哲學思想？據殷善培先生研究，發現到阮元的闡述，是有一定的義理進路，如下圖示：

圖四　阮元的義理思路圖

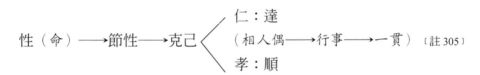

就「哲學」上所謂「三史六論」〔註306〕來看，強調「邏輯思路」這一「理則學」之論，阮元以文字訓詁爲方法、爲工具，這一邏輯思路探求聖賢的思想，應算是哲學之「思想」；傅斯年先生亦表示：阮元以語言學的觀點解決思想史中之問題，此一方法足爲後人治思想史者所「儀型」也。〔註307〕不過，

〔註302〕王章濤先生：《阮元評傳》，（揚州：廣陵書社，2004年），頁259。
〔註303〕侯外廬先生：《近代中國思想學說史》，（台北：明文書局，1986年），頁537。
〔註304〕張麗珠先生：《清代義理學新貌》，（台北：里仁書局，1999年），頁322。
〔註305〕殷善培先生：〈從相人偶到達——論阮元的仁學〉同註296，頁617。
〔註306〕鄔昆如先生：〈緒論〉云：「在哲學系的課程中，通常有三史六論，也就是指九門的必修課。因爲就哲學的對象而言，以它的問題的深和廣去看的話，可以濃縮爲三種知識：知物、知人、知天。……人如何去認識世界、人、天呢？用根本的方法，從根本著手，也就分成下命的『六論』：1、邏輯 2、知識論 3、形上學 4、倫理學 5、價值哲學 6、哲學概論。……至於三史部分，有三種哲學史需要加以研究：1、中國哲學史 2、西洋哲學史 3、印度哲學史。」《哲學概論》，（台北：五南圖書公司，2002年），頁5～6。
〔註307〕傅斯年先生：〈引語〉亦云：「以語言學的觀點解釋一個思想史的問題之一法，在法德多見之」，《性命古訓辨證》，同註244，頁1、頁2。

個人認爲其哲學應是「實學」，才是！如程鋼先生所云：

> 阮元的哲學爲實學，以現實人生爲最終的基礎。他有一個樸素的
> 信念：一切哲學範疇，都來源于最現實的生活，任何現實的生活，
> 都可以引申出豐富的義理。在這一觀念指導之下，他的思想史研
> 究表現出兩種相反相成的趨向：一種趨向是經宋明理學的抽象範
> 疇還原爲現實生活……另一種趨勢是，阮元相信，實際生活中的
> 大多數常用字詞，在長期的使用中，與生活建立了緊密的聯繫，
> 它們被逐漸賦予了義理的或倫理的涵義。通過辨別細微的意義差
> 別，可以使得這一類涵義重新凸顯出來，從而豐富了思想史的研
> 究。〔註 308〕

阮元的哲學可謂是一「實學」理論，是一以現實人生作終極關懷，不同於宋明理學強調形上抽象本體，而是落實於經驗界，要求是社會群體的幸福而言，由個己內在修德，擴大爲謀求社會群體的福利。不僅己好就好，亦要人人都好，將「仁」意涵落實與擴充，緊密與吾人倫理觀、現實生活結合，而將中國儒家思想豐富許多。

四、劉寶楠情理論探索

（一）學者傳略

劉寶楠（1791～1855），字楚楨，號念樓。其父履恂，乾隆五十一年舉人，著有《秋槎雜記》一卷，收入於阮氏《經解》。寶楠道光二十年進士，歷任直隸文安、寶坻、固安、元氏、三河等地知縣。〔註 309〕

幼年喪父，在母親督教下刻苦向學，又向兄：劉寶樹請益、切磋，十二歲在家塾從劉台拱治學。而劉台拱居鄉里，不輕易講學，惟接見劉寶楠等弟子，"輒娓娓不倦"。〔註 310〕

嘉慶末年，劉寶楠始於寶應城中課徒授業。於揚州設館授徒，多識名流，與儀徵劉文淇交往甚密。其子劉恭冕云：

〔註 308〕程鋼先生：〈阮元〈性命古訓〉威儀説的初步研究〉，（收入於彭林編：《清代經學與文化》，北京：北京大學出版社，2006 年），頁 335。

〔註 309〕支偉成著：《清代樸學大師列傳》，（長沙：岳麓書店，1998 年），頁 107。

〔註 310〕徐世昌主編：〈端臨學案〉，（《清儒學案》卷 106，第 3 冊，中國書店，1990 年），頁 36。

道光八年，寶楠應省試時，與儀徵劉文淇、江都梅植之、涇縣包慎
言、丹徒柳興恩、句容陳立討論治學，相約各治一經，加以疏證，
寶楠發策得《論語》。自是屏棄他務，專精致思。依焦循著《孟子正
義》之法，先爲長編得數十巨冊，次爲薈萃而折衷之。不爲專己之
學，亦不欲分漢、宋門戶之見，凡以發揮聖道，證明典禮，期於實
事求是而已。〔註311〕

爲學反對門戶之見。著《論語正義》，廣羅漢儒舊說、宋儒之言與清代諸家之
論，未竟業，命子恭冕成之。另著有《釋穀》四卷、《漢石例》六卷、《愈愚
錄》六卷、《韞山樓詩文集》若干卷、《寶應圖經》六卷、《清芬集》十卷等書。
〔註312〕

（二）劉寶楠情理論

劉寶楠經學代表作：《論語正義》，大約草創於道光末年而成書於同治初
年。〔註313〕成績斐然，蔚爲清代專研《論語》的殿軍之作。〔註314〕然《論語
正義》的編撰方法，依《清史稿》載，可知：

病皇、邢《疏》蕪陋，乃搜集漢儒舊說，益以宋人長議，及近世諸
家，仿焦循《孟子正義》例，先爲長編，次乃薈萃而折衷之。〔註315〕

劉寶楠撰述《論語正義》，不僅搜集「漢儒舊說」，並附有「宋人長議」等論
述，且仿焦循《孟子正義》體例編撰而來。張舜徽先生亦云：

寶應自王懋竑、朱澤澐崛起清初，講求義理之學，同宗朱子，遂蔚
爲一邑之風氣。其後劉台拱、朱彬、劉寶楠繼之，雖治樸學，而尤
嚴飭躬行，不爲漢宋門戶之爭。博文，約禮，實皆兼之。〔註316〕

〔註311〕劉恭冕：〈後敘〉，（劉寶楠著、高流水先生點校：《論語正義》，台北：文史哲
　　　　出版社，1990年），頁434。
〔註312〕支偉成：《清代樸學大師列傳》，同注309，頁108。
〔註313〕有關《論語正義》成書過程，詳見於陳鴻森先生：〈劉氏論語正義成書考〉，（收
　　　　入於《中央研究院歷史語言研究所集刊》第65卷第3期，1994年3月），頁
　　　　477～508。
〔註314〕勞悅強先生：〈劉寶楠《論語正義》中所見的宋學〉，（收入於彭林先生編：《清
　　　　代經學與文化》，北京：北京大學出版社，2005年），頁193。
〔註315〕趙爾巽等編：《清史稿》卷482、〈列傳〉269卷，（北京：中華書局，1976年），
　　　　頁13290。
〔註316〕張舜徽先生：《清人文集別錄》卷19，（武漢：華中師範大學出版社，2004
　　　　年），頁475。

劉寶楠治學，亦如其子劉恭冕所云：「不爲專己之學，亦不欲分漢、宋門戶之見。」〔註317〕沒有所謂漢宋門戶之見，但觀其《論語正義》書中內容，與諸多研究，〔註318〕個人發現劉氏於宋學形上虛玄的「性理」論述並不全面，反

〔註317〕 戴望：〈故三河縣知縣劉君事狀〉所引，其亦云：「其學不堅持門戶」，見《續碑傳集》卷 73，儒學三，（收入周駿富先生主編：《清代傳記叢刊》119，台北：明文書局，1985 年），頁 258。

〔註318〕 如其子：劉恭冕：〈《論語正義》凡例〉指出：「漢人解義，存者無幾，必當詳載，至皇氏疏、陸氏音義所載魏、晉人以後各說，精駁互見，不敢備引。唐、宋後著述益多，尤宜擇取。」又「鄭注久佚，近時惠氏棟、陳氏鱣、臧氏鏞、宋氏翔鳳咸有輯本，於集解外，徵引頗多，雖拾殘補闕，聯綴之述，非其本真，而舍是則無可依據。今悉詳載，……」知劉氏對鄭玄註解、與當時學者詳實考證等言，是非常重視的，甚至是整個古文經學傳統。其〈後敘〉對先父治學，也說：「凡以發揮聖道，證明典禮，期於實事求是而已。」案：其中「典禮」就是《論語》書中有關的禮儀和名物制度等。詳見《論語正義》，（台北：文史哲出版社，1990 年），頁 1、2、798；清·陳立《論語正義》序〉指出：《論語正義》中：〈八佾〉、〈鄉黨〉二篇所說禮制，皆至詳備。（見《續四庫全書·經部·四書類》第 156 冊，上海：古籍出版社，2003 年），頁 2；高流水先生：〈《論語正義》點校說明〉一文亦指出：劉寶楠《論語正義》有幾個顯著特點，即是：一、充分吸收前人的研究成果，尤其是清人的注釋考證。二、發揚了乾嘉學風，在注釋中注重文字訓詁、史實考訂和闡發義理。三、不但保留漢魏古注，且對這些古注作了詳細疏解，從而豐富了《論語》的注釋內容。又「經學家周予同先生認爲「其詳博超於舊疏」，可說是《論語》舊注中水平最高的」，（台北：文史哲出版社，1990 年），頁 3～5；班吉慶先生：〈劉寶楠《論語正義》徵引《說文解字》略論〉一文研究，指出：劉寶楠《論語正義》引用《說文解字》多達一千處，所謂「或追根溯源，不限形體；或旁稽博考，兼采備錄；或多方參照，舍短從長，均能持論嚴謹，實事求是。對《說文》傳本中某些異文、脫文以及其他存疑之處理，《論語正義》也做了校訂和說明」，（《揚州學報》（人文社會科學版）第 6 期，2001 年），頁 67～71；丘培超先生：《劉寶楠《論語正義》研究》也指出，劉寶楠雖不算是經師，但從其生平來看，他的抱負應該在「經世致用」。其解經的原則與態度，即是「實事求是」。（中壢：中央大學中文所碩論，2002 年），頁 9、10。還有勞悅強先生：〈劉寶楠《論語正義》中所見的宋學〉一文，就「劉寶楠的治學及學術立場」而言，從各方面考證，得知：劉氏雖曰兼采折衷，但畢竟還是宗主漢儒；就「劉寶楠徵引宋人書目」考證，發現到有三個特點：一是《論語正義》全書徵引書目約有四百種，但宋人著作僅佔十分之一。二是有關宋代經部著作，《論語正義》原則上僅只收採程朱一系的學說，且主要還是朱熹（1130～1200）和與他同時的齊名的張栻（1133～1180）。三是與經學有關的書目，幾乎全是清代書目，與宋代經學書目無關。有關引用「朱熹」說，大都也是片言支語，完全沒有引用朱熹闡說義理的見解，其對朱熹的興趣只集中在校勘異文和解釋字詞上。且對朱熹說法的選取態度可謂「買櫝還珠」。總之，勞先生表明：劉寶楠「對宋儒的看法恐怕只是時代風氣所致以及他個人學識上

而是承襲戴震考證求義理等觀點較多。如其論「理」指的是「陰陽之道」；「性」乃引戴震「血氣以生」之性作解釋，指的是一形下氣化實體的「性」。〔註319〕這方面，也有學者指出：「劉寶楠注疏《論語》的方法似乎對戴震的主張亦步亦趨。也許在一定程度上這暗中反映了劉氏本人對宋學的立場。」且「從劉氏一生的著述來看，他關心的主要是經世實用之學，而未嘗注意虛玄義理之談。」〔註320〕

　　依「實事求是」的治學宗旨，個人不採張舜徽先生之見：將劉寶楠的論述，歸屬於承自寶應——王懋竑等學者，宗「程朱」理學之列。個人就其《論語正義》中觀點，與後人研究成果評估，覺得其「情理」思想，承自戴震之說頗多，是以歸入此：「光大戴震情理思想者」一節中。闡述如下：

1. 情實乃誠

　　劉寶楠於《論語・子路》：「上好信，則民莫不用情。」其《論語正義》釋"好惡之誠，無所欺瞞"，故曰情實。〔註321〕

的限制和盲點，而並不是出于一己的意氣之爭，更沒有非毀朱熹的意圖。他的《論語正義》總算做到"薈萃而折衷之"。」同注314，頁193～212。另外，如陳曉華先生：〈論劉寶楠論語正義的訓詁方法及特點〉，（《安徽教育學報》（人文社會科學版）第6期，2001年），頁61～71；葉小草先生：〈《論語正義》例誤一則〉，（《江海學刊》第2期，2001年）；楊向奎先生：〈讀劉寶楠《論語正義》〉，（《孔子誕辰2540周年紀念與學術研討會論文集》，上海：上海三聯書店，1992年），頁2076～2096；封恆先生：〈劉寶楠《論語正義》之特性〉，（《藝術學報》第40期，1986年10月）；李紹戶先生：〈劉寶楠《論語正義》評述〉，（《建設》第24卷第5期，1975年10月）；劉文興先生：〈劉楚楨先生年譜〉，（《輔仁學誌》第4卷第1期，1933年）；藤川熊一郎先生：〈劉家の論語家學上論語正義〉，（《斯文》第14卷第9～11期，1932年）等論文，皆未見論述劉寶楠之學術宗宋學趨向，相反的，一致強調其據考證求義理，實事求是，進而經世致用。所以個人認為將之歸入同王懋竑一類不妥。

〔註319〕如劉寶楠：《論語正義》云：「性者，分於陰陽五行，以為血氣、心知、品物，區以別焉。……氣化生人，生物以後，各以類滋生久矣。……在氣化曰陰陽，曰五行，而陰陽五行之成化也，雜揉萬變，是以及其流形，不特品物不同，雖一類之中又復不同。凡分形氣於父母，即為分於陰陽五行，人物以類滋生，皆氣化之自然。」，（台北：文史哲出版社，1990年），頁676；一如戴震：〈天道一〉，《孟子字義疏證》（中）云：「血氣心知，性之實體也」，又〈性一〉《孟子字義疏證》（上）：「天道，陰陽五行而已矣。人物之性，咸分於道，成其各殊者。」（《戴東原先生全集》，台北：大化書局，1978年），頁300。

〔註320〕勞悅強先生：〈劉寶楠《論語正義》中所見的宋學〉，同注314，頁198～199。

〔註321〕劉寶楠撰、高流水先生點校：《論語正義》，（台北：文史哲出版社，1990年），頁525。

其「誠」，亦「忠也」。《論語・里仁》：「曾子曰：『夫子之道，忠恕而已矣。』」

《論語正義》釋曰：

《禮・中庸》曰：「子曰：『忠恕違道不遠。施諸己而不願，亦勿施於人。君子之道四，丘未能一焉。所求乎子以事父，未能也；所求乎臣以事君，未能也；所求乎弟以事兄，未能也；所求乎朋友先施之，未能也。庸德之行，庸言之謹，有所不足，不敢不勉；有餘，不敢盡。言顧行，行顧言。君子胡不慥慥爾！』」二文言忠恕之義最顯。蓋忠恕理本相通；忠之爲言中也。中之所存，皆是誠實。《大學》：「所謂誠意，毋自欺也。」即是忠也。《中庸》云：「誠者非自成己而已也，所以成物也。」《中庸》之誠即《大學》之「誠意」。誠者，實也；忠者，亦實也。君子忠恕，故能盡己之性；盡己之性，故能盡人之性。非忠則無由恕，非恕亦奚稱爲忠也？〔註322〕

所謂「情實」，即毋欺，即誠。而「誠」依《大學》、《中庸》解釋，就是忠。因「誠」之意是「實」，「忠」之意亦是「實」，所以「誠」與「忠」實是一意，皆「情實」也。而「忠恕之道」依《中庸》解釋，不外乎是「己所不欲，勿施於人」。是己所不欲爲，所不欲受的，則不當施於他人身上，如此盡己之性，亦盡人之性，推己及人，便是修爲的功夫。《論語・里仁》：「子曰：『參乎！吾道一以貫之。』」《論語正義》釋曰：

「一以貫之」者，焦氏循《雕菰樓集》曰：「孔子曰：『吾道一以貫之』，曾子曰：『忠恕而已矣』，然則一貫者，忠恕也。忠恕者何？成己以成物也。」〔註323〕

知「一貫之道」——忠恕也。所謂「忠恕」就是「成己成物」。己欲立而立人，己欲達而達人。

2. 宇宙乃一陰一陽之道

對於「道」，《正義》曰：

包氏汝翼《中庸說》：天道陰陽，地道柔剛，陰陽合而剛柔濟，則曰中。中者，天地之交也。天地交而人生焉，故曰人者，天地之心也。天以動闢，地以靜翕，一闢一翕，氤氳相成，交氣流行，於是有寒

〔註322〕劉寶楠：《論語正義》，同上注，頁153。
〔註323〕同上注，頁151。

暑、風雨、晦明。〔註324〕

主天地宇宙創生之理，就是《易·繫辭傳》所謂：「一陰一陽之謂道。繼之者善，成之者性也。」《易·繫辭傳》云：

> 夫乾，其靜也專，其動也直，是以大生焉。夫坤，其靜也翕，其動也辟，是以廣生焉。廣大配天地，變通配四時，陰陽之義配日月，易簡之善配至德。〔註325〕

劉寶楠所主張的「道」，依《易經》的「一陰一陽之謂道」而來。以氣化流行觀點論「天下之道」。從「一陰一陽之謂道」生生變易的創生，展開了天地萬物的大化流行。而此道流注於萬物個體，即成萬物之「性」。正如《中庸》所謂：「乾坤變化，各正性命。」〔註326〕所以天地、日月、寒暑、剛柔、翕闢、男女、陰陽、乾坤等事物，都在變化中有所發展，而顯示「生生之道」。

事實上，劉氏這一說法，戴震即有論述，其云：

> 天道，陰陽五行而已矣。人物之性，咸分於道，成其各殊者。〔註327〕

所謂「道」是陰陽二氣之化生，並且人之「性」，亦是由此陰陽五行之氣化而來。劉寶楠承此一說，以道是落在經驗界、形氣中實體實事為主，絕非宋儒所謂"抽象之形上之理，理氣二分，或理一分殊之說法"。〔註328〕

3. 人物各受血氣以生

《正義》言「性」之生，乃因一陰一陽的變化而成，可知其所謂「性」，絕非形上抽象之理，而是氣化流行之「性」。其云：

〔註324〕同上注，頁185。

〔註325〕魏·王弼注、唐·孔穎達疏：《周易正義·繫辭傳上》，《十三經注疏本》（1），（台北：藝文印書館，1981年），頁149～150。

〔註326〕鄭玄注、孔穎達疏：《禮記正義·中庸》，《十三經注疏本》（5）（台北：藝文印書館，1981年），頁900。

〔註327〕戴震：〈性一〉，《孟子字義疏證》上，（《戴東原先生全集》，台北：大化書局，1978年），頁300。

〔註328〕張麗珠先生云：「在程朱理學中，理氣是被析為二層的，其中動態、有作用的氣，是被劃歸為形下的；至於形上之理，則只是寂然不動、無形體、本身不能有作用的。是故宋儒雖也講體用一源、理一分殊、其實也只能從理論上來講，因為只要一落到現象界，就統統是屬於形下之氣了。所以凡一切作用流行，都不是形上寂然不動、至善的純『理』，而是蘊涵不善根源在其中的氣化了。是以在程朱的性、情分判架構中，只有形上純理的『性』是至善的，情、欲都是駁雜不純，而有善、有不善的。」《清代義理學新貌》，（台北：里仁書局，1999年），頁148。

然言「性與天道」，則莫詳於《易》，今即《易》義略徵之。〈繫辭上傳〉：「一陰一陽之謂道。繼之者善，成之者性也。」又曰：「成性存存，道義之門。」〈文言傳〉：「乾道變化，各正性命。」又曰：「利貞者，性情也。」〈說卦傳〉：「窮理盡性以至於命。」又曰：「昔者聖人之作《易》也，將以順性命之理。」此言性也。〈臨・象傳〉：「大亨以正天之道也。」……〈繫辭傳〉，言天道尤多。凡陰陽、剛柔、法象、變化、健順、易簡，皆天道之說。又〈无妄・象傳〉：「大亨以正，天之命也。」……則天命即是天道也。又〈乾・象傳〉、〈蠱・象傳〉〈剝・象傳〉〈復・象傳〉所言天行，亦即天道，是並言天道也。鄭注此云：「性謂人受血氣以生，有賢愚。」案：受血氣則有形質，此「性」字最初之誼。……包氏汝翼《中庸說》：「性也者，天地之交氣也。天氣下降，地氣上升，交在於中，故〈傳〉曰：『人受天地之中以生』。性之於字，從心生，從生，人生肖天地，而心其最中者也。」案：包說即鄭《注》「人受血氣以生」之旨。血氣受之父母，父母亦天地之象也。孟子云：「形色，天性也。」形色即型質。人物各受血氣以生，各有形質，而物性不能皆善，惟人性則無不善。〔註329〕

以《易》解釋「性與天道」。在「性」方面，主鄭玄注解，以「性」是受血氣以生而來的。所以其所謂「性」是一血氣心知的「氣質之性」。一如戴震說法。其《正義》引戴震《孟子字義疏證》進一步解釋：

性者，分於陰陽五行，以為血氣、心知、品物，區以別焉。……氣化生人，生物以後，各以類滋生久矣。……在氣化曰陰陽，曰五行，而陰陽五行之成化也，雜揉萬變，是以及其流形，不特品物不同，雖一類之中又復不同。凡分形氣於父母，即為分於陰陽五行，人物以類滋生，皆氣化之自然。〔註330〕

所謂「性」乃承自陰陽五行之氣化，因氣化之雜揉萬變，故有血氣、心知、品物之別。人因所承之氣有偏全、厚薄、清濁、昏明之異，所以各成之性亦不全同。然性善與否？對於此，劉氏以為「人性近於善，世所謂不善，是『習』造成」。所以「性」——「食色之性」，乃自然本能。然人與禽獸不同，在「人知」，而禽獸「不知」。人能知，故可引導、可知如何是好、可改變，是以可

〔註329〕劉寶楠：《論語正義》，同注311，頁185。
〔註330〕同上注，頁676。

爲善也。但禽獸無知，性不可移，則習亦枉然，無所謂相遠也，所以人能知，故性相近於「善」，因「習」而遠；而禽獸則習亦不能相遠，因其性不可移，不能知，故不能言善也。

4. 欲根於性而發於情

人性既是血氣產生，必有「欲」。劉氏對於「人欲」，於《論語·公冶長》：「子曰：『吾未見剛者。』對曰：『申棖』子曰：『棖也欲，焉得剛？』」《論語正義》云：

> 古無「慾」，有「欲」。欲根於性而發於情，故《樂記》言「性之欲」《說文》言「情，人之陰氣有欲者」也。聖凡智愚，同此性情，即同此欲，其有異者，聖智皆能節欲，能節故寡欲也。若不知節欲，則必縱欲，而爲性情之賊。故孟子曰：「養心莫善於寡欲。其爲人也寡欲，雖有不存焉者，寡矣；其爲人也多欲，雖有存焉者，寡矣。」
> 〔註331〕

正視情欲，乃承襲「戴震」的說法。以欲爲人之本有，乃是「根於性而發於情」的，無論聖、凡、智、愚者，皆一同有情有欲。然聖、愚不同在：聖者能「節欲」，故能寡欲；相反的，不知節欲者，則縱欲，無所不爲，是爲性情之賊。又舉：子貢之例，其謂：「我不欲人之加諸我也，吾亦欲無加諸人。」《論語·公冶長》。畢竟人皆有欲有情，無異於我，只是凡人皆喜逞己欲，而枉顧他人感受，如此，便是自私逞欲，傷人之舉；相反的，若能反躬自省，以己之性情通他人之性情，以己推諸人，人同此心，心同此理，爲他人著想，思其感受，如此，便是克己復禮，依乎天理之行爲。

據孟子之言，我們知道「物之不齊，物之情也」。天下萬物各有不同，此乃自然之實情，無法改變的；正如「一種米養百樣人」，也無法要求他人所有（包括想法、見解）與自己是一模一樣的，明乎此理，就不能要求別人雷同自己的標準、想法、性情等。明己有欲求，他人亦有欲求，己之所能，他人亦是其所能，是以凡事不能只知有己，而無他人；相反的，更要推己及人，思己通人，如此，則無逞懲以禍害於人。聖人之所以爲聖，在其能盡己之性以盡人之性，因材施教，使人人各因其才性而得其所用，是以天下人共涵於天地化育中，致中和，位天地，育萬物，各得其所而至太平之境。

〔註331〕同上注，頁182。

五、劉師培情理論探索

（一）學者傳略

劉師培（1884～1919），江蘇儀徵人，字申叔，又名光漢，別號左盦。據蔡元培先生〈劉君申叔事略〉與陳鐘凡先生〈劉先生行述〉所載，曾祖劉文淇、祖父劉毓崧、伯父劉壽曾、父親劉貴曾，多以經術名世，且擅長《春秋左氏》，競起於清末道光、咸豐、同治、光緒年間。祖父劉毓崧「以治《春秋左氏傳》有聲於時。」〔註332〕劉氏十二歲「即讀畢《四子書》與《五經》。」十八歲「補縣學生員。」中秀才；十九歲「領鄉薦」中舉人；二十歲「赴京會試，歸途，滯上海，晤章君炳麟及其他愛國學社諸同志，遂贊成革命，時民國紀元前九年也。」〔註333〕後更名為「光漢」。「著《攘書》，昌言排滿復漢矣。」一年後，又與林獬主持《警鐘日報社》，是年冬，與萬福華謀刺王之春，不遂。又過一年，《警鐘日報》被封，劉氏與陳獨秀、章士釗等在蕪湖皖江中學任教員，發行《白括報》。次年，亡命日本，與妻何班同往。「時為《民報》撰文，與炳麟甚相得。」〔註334〕

是年夏，其創《天義報》。秋，其與張君繼設「社會主義講習會」。一年後，其又創《衡報》，皆主社會主義與無政府主義。是年，其與炳麟齟齬，「有小人乘間運動何班，劫待君為端方用，君於是年冬歸國，依端方於江南。」〔註335〕

是時端方任兩江總督。次年，端方銜命入四川，遇刺而死，劉氏獲免，辛亥革命成功，劉氏講學於四川國學院，因消息斷絕，「炳麟不念舊惡，甚思君，乃約余（蔡元培）共登一廣告於上海各報，勸君東下。」「民國二年，君赴山西；三年，赴北京；四年，君忽為楊度等所勾引，加入籌安會，袁世凱死，君留滯天津。」〔註336〕劉氏兩度為外誘所擾，一次為端方所用，一次為袁世凱所用，但均為時甚暫。〔註337〕

蔡元培先生云：

〔註332〕蔡元培先生〈劉君申叔事略〉、陳鐘凡〈劉先生行述〉，（南桂馨等編：《劉申叔先生遺書》，南京：江蘇古籍出版社，1997年），頁23、頁19。
〔註333〕同上注，頁20。
〔註334〕同上注，頁21。
〔註335〕同上注，頁22。
〔註336〕同上注，頁22。
〔註337〕陳克明先生：〈試論劉師培的經學思想〉，（《中國文化》第15、16期，1997年12月），頁253。

余長北京大學後，聘君任教授，君是時病瘵已深，不能高聲講演。
然所編講義，元元本本，甚為學生歡迎。八年十一月二十日，君卒。
年三十有六。〔註338〕

劉師培任北大教授後，已病入膏肓，不久，於民國八年十一月二十日逝世，
年僅三十六歲。生病期間，雖不能講演，但其所編的講義，頗受學生歡迎。

（二）劉師培情理論

1. 在物在心，皆是理

劉師培論「理」，其〈理學字義通釋〉云：

> 文理、條理爲理字最先之訓。特事物之理必由窮究而後明，條理、
> 文理屬於外物者也，窮究事物之理，屬於吾心者也。……理也者，
> 即由比較分析而後見者也。而比較分析之能，又即在心之理也。心
> 理由物理而後起，物理亦由心理而後明，非物則心無所感，非心則
> 物不可知，吾心之所辨明者，外物之理也，吾心之所以能辨別外物
> 者，即吾心之理也。在物在心，總名曰理。〔註339〕

有學者強調「促使戴學漸成顯學，主要因素是清末民初章太炎、劉師培、梁
啓超等人大力闡揚的結果。」所謂「章太炎有首倡之功，劉師培有完善之力。」
〔註340〕就「理」而言，可看出劉氏繼戴震的「事理」、「在物之理」外，進一
步強調「心理」重要性。畢竟「事物之理，心能別之」，方是得「理」，所以
心中所悟的「理」，亦是「理」。因此，「理」對劉師培而言，「在物在心，皆
是理。」

對於戴震的「理欲觀」，劉師培以爲「非宋儒可及」。所謂：

> 宋儒以蔽爲欲，復誤解《樂記》之文，以爲天理與人欲不兩立，以
> 天理爲公，以人欲爲私，惟斷私克欲，天理乃存。然宋儒之說貴公
> 去私，近於逆民，東原之說推私爲公，近於順民，又慮民之恣情縱
> 欲也，故復于順欲之中隱寓節欲之意。〔註341〕

〔註338〕蔡元培先生：〈劉君申叔事略〉，同注332，頁23。

〔註339〕劉師培：〈理學字義通釋·理〉，《清儒得失論》，（北京：中國人民出版社，2004
年），頁112～113。

〔註340〕李帆先生：〈章太炎、劉師培、梁啓超與近代的戴學復興〉，（《安徽史學》2003
年第4期），頁53。

〔註341〕劉師培：〈東原學案序〉，《劉申叔遺書》，（南京：江蘇古籍出版社，1997年），
頁1759～1760。

又：

> 東原之解理字也，以爲理生於欲，情得其平，是爲循理。是則理也
> 者也，人心之所同然者也，情欲之不爽失者也，故能戒偏私以公好
> 惡，舍名分而論是非，言爲世則其利溥哉。蓋東原解理爲分，確宗
> 漢詁，復以理爲同條共貫也，故以理字爲公例，較宋儒以渾全解理
> 字者，迥不同矣。〔註342〕

劉氏以爲宋儒「以天理爲公，以人欲爲私」，爲公而斷私去欲，不近人情，相
反的，戴震主推廣天下人之私，足民之欲，此天下爲公，才是「公理」，才近
乎人情。所以從前那種「普天之下，莫非王土」上位者的「公」，已被推翻。
畢竟人欲是無法去除的，但亦非縱人人之欲，而是要有禮法「節欲」。

又劉氏以爲宋儒僅知義理而不知訓詁，而戴震之論「義理必衷訓詁，則
功在正名；講學不蹈空虛，則學趨實用。」〔註343〕以訓詁求義理，方可「正
名」，有憑有據，絕不穿鑿附會，是以劉氏以戴震「理欲觀」較能「言爲世則
其利溥哉」，勝過宋明理學。

劉氏所主張的「理」，非形上抽象之理，是承襲戴震的「理欲觀」而來，
不過，除了主張「理在事中」外，但亦強調「心悟」的功能，引證日本哲學
家──井上圓了的著作，富涵西方心理學與唯心論的觀點。〔註344〕

2. 性體情質，欲緣情發

劉師培〈理學字義通釋·性情志意欲〉云：

> 性情屬於靜，志意欲屬於動。人性秉於生初，情生於性，性不可見。
> 情者，性之質也；志意者，情之用也；欲者，緣情而發，亦情之用
> 也。無情則性無所麗，無意志欲則情不可見。〔註345〕

又：

> 血氣心知即性之實體。古代性字與生字同，性字從生，指血氣之性
> 言也。性字從心，指心知之性言也。性生互訓，故人性具于生初。《禮

〔註342〕劉師培：〈東原學案序〉，同上注，頁1759。
〔註343〕劉師培：〈東原學案序〉云：「欲通義理之學者，必先通訓詁之學矣。昔宋儒
之言義理者，以心字理字爲絕對之辭，凡性命道德仁義禮智皆爲同物而異
名……此則宋儒不明訓詁之故也。」同上注，頁1759、1763。
〔註344〕李帆先生：〈章太炎、劉師培、梁啓超對戴震理欲觀的評析〉，（《北京師範大
學學報》（社會科學版），第188期，2005年第2期），頁82。
〔註345〕劉師培：〈理學字義通釋·性情志意欲〉，同注339，頁114。

記・樂記》篇云：「人生而靜，天之性也。」……然古人又訓情爲靜
者，蓋人生之初，即具喜怒哀懼愛惡之情，有感物而動之能，然未
與外物相接，則情蓄於中，寂然不動，即《中庸》所謂喜怒哀樂之
未發謂之中，亦《易》所謂其靜也翕也。……蓋人情之動，由於感
物，情動爲志，即《中庸》所謂已發之中，亦《易》所謂感而遂通，
《樂記》所謂應感物而動也。心之所欲爲者爲志，心念之初起者爲
意。心念既起，即本其情之所發者而見之於外，此志意所由爲情之
用，無意志則情不可見也。欲生於情，感物既多，心念既起，則心
有所注，心有所注，則意有所求，意有所求，不得不思遂其志而欲
念以生。故欲緣情發，乃情之見諸實行者也。〔註346〕

劉氏以「情」從「性」中生，情乃「性質」也，而志、意、欲，情之用也。「欲」
更是緣情而發，感物而動。依此，整理出劉氏對「性、情、志、意、欲」有
如下之見：

（1）人性秉於生之初，以血氣心知爲其實體。正如戴震《孟子字義疏證》
　　云：「血氣心知，性之實體也。」〔註347〕

（2）情由性生，乃性之質也，亦在人生之初，即具有喜怒哀懼愛惡之情。
　　情、性皆靜也；蓋感物而動，是以有志、意、欲等產生。此志、意、
　　欲皆情之用也。所謂未與外物相接，則情蓄於中，寂然不動，即《中
　　庸》所謂喜怒哀樂之未發謂之中。此未發之中即是「性」──情之
　　體也，而已發即是情之用也。

（3）志乃物感情動而來。是情之發用顯現。亦如《樂記》所謂應感物而
　　動也。亦是心之所欲爲者爲志。

（4）意，乃心念之初起。

（5）欲即心有所注，則意有所求，遂思其志時，是以欲念滋生。所以欲
　　與志、意同，皆是情之發用。故欲緣情發，乃情的顯發實現。

總之，性、情、志、意、欲，劉氏總括而言：

未與物接，空無一物，謂之性。既與物接，而爲心念所從起者，謂
之情；心念既發，謂之意；意有所注，謂之志；意所專營，謂之欲。

〔註346〕同上註，頁 115～116。
〔註347〕戴震：《孟子字義疏證》卷上，（湯志鈞先生點校，《戴震全集》，上海：古籍
　　　　出版社，1980 年），頁 299。

〔註348〕
更可看清楚,劉氏以為「性、情、志、意、欲」的關係,則是:性情乃一體兩面,情之體,是性也;性之質,是情也。其內容即是「血氣心知」。未受外物刺激時,寂然不動,性情本靜也,當與外物接觸後,無不感發,觸景傷情皆應驗產生。最初心念之發端是意,心意執取,謂之志,進一步,志之所專,汲汲營營,便是「欲」之生。不論志、意、欲等,都是「情」之感物而發用。若以圖示,即:

圖五　劉師培的「性、情、志、意、欲」關係發展圖

性體	情質

→外物觸發後 → 意 → 意念執取 → 志 → 志之所專 → 欲。

3. 欲有嗜欲與欲望之別

劉師培對於「欲」,以為:

> 西人分欲為二種,一曰嗜欲,如男女飲食是也,是曰必得之欲;一曰欲望,如名譽財產是也,是曰希望之欲。……嗜欲之欲當節,而欲望之欲則人生所恃以進取者也,不當言節,惜戴氏未及知之。〔註349〕

劉氏對欲之解說,不同於戴震說法,其將欲分兩種解釋,一是指人身之欲,如飲食男女,人之大欲存焉。食色,性也之欲,不可避免之欲;另一則是指人的理想、抱負,是一種進取之希求,亦謂之欲,此乃希望之欲。此希望之欲不必節制,應當鼓勵。畢竟「欲望」是社會進步的動力!

六、小　結

「光大戴震情理思想者」這一節舉:淩廷堪、焦循、阮元、劉寶楠、劉師培等人代表。他們共同的思想特色,皆是大力闡揚與傳承「戴震情理論」的思想為主。

於「理」上,強調事事物物皆有「理」,此「理」不再是宋明理學中「形上抽象之本體」,而是戴震所主「理為事物的條理、分理」之意義。是以人倫

〔註348〕劉師培:〈理學字義通釋‧性情志意欲〉,同注339,頁116。
〔註349〕劉師培:〈東原學案序〉,同注339,頁1760。

上有理可行，此可行之理便是「禮儀規範」，凌廷堪首倡「以禮代理」，以爲「禮」──「有事可循」、「有儀可案」、「有物可稽」，具體可行，然「求諸理必至於師心」，而「求諸禮始可復性也。」端此，凌氏「棄理以復禮」也，強調是可使人們踐履實行的儀則，方是「理」，而非各自「師心自用」之「理」。

焦循以「理者，分也；義者，宜也。」解釋物物各有其分理，行其所當行，則是「理」，則是「義」也。因此，人們行其所當行的理，便是「禮」，是以焦循主「禮論辭讓，理辨是非」又「理足以啓爭，而禮足以止爭也。」不直說「以禮代理」，但實際上，焦循是非常強調以「禮」作人事中的「準則」，以「禮儀規範」建立一良好的社會秩序。阮元認爲「事事有禮」，「皆歸實踐」，以天下事必至於五倫之至善，方是理，如何做到五倫至善之境，關鍵在「踐禮」，且以爲「理必附乎禮以行」，強調實踐「禮儀規範」之要。所謂「五倫皆禮，宜忠宜孝，即理也。」便是其所強調的以具體之「禮」實行抽象之「理」，「理出於禮也」意義。劉寶楠以《易‧繫辭傳》：「一陰一陽之謂道。」主「理」是形下氣化之「理」，是以「道」是落在現實經驗界中，萬事萬物都有其理，而爲人之理便是盡到「人」之本分，安分守己，循規蹈矩也。劉師培乃儀徵劉氏第四代，乃清末民初時期的人，但重點是「近代戴學復興」的關鍵人物之一便是「劉師培」（另二人是章太炎與梁啓超），劉氏是揚州人，是以這位「揚州儒學的殿軍者」（張舜徽先生語）當在此闡明。劉師培以「在物在心，總名曰理。」承繼戴震的「事理」、「物理」之意，但劉氏進一步強調「心理」重要。以爲「事物之理，心能別之」，方是得「理」，所以心中所悟的「理」，亦是「理」。

於「人性論」上，皆主「性」乃「生理之性」，是一「血氣心知之性」。凌廷堪以「人性初不外乎好惡也」，因人性「好惡」兩端，所以是「先王制禮之大原」。焦循主「性無他，食色而已。飲食男女，與物同之。」承襲戴震「血氣心知之性」說，主「性」乃「食色之性」，雖如此，但其提出「人性可引」、「能知故善」說。以人「能知如何是好」這一秉賦，所以焦氏依此作人異於禽獸的關鍵。所以人性可引以爲善，關鍵在「能知」，基於此，因此，焦氏進一步強調「學習」與「變通」之要。阮元從「性」字解析，以爲「性字從心，即血氣、心知也。」一如戴震之說，又以爲「若無氣質血氣，則是鬼非人矣，此性何所附麗？」因此，阮元的「人性論」是強調血氣心知之性，是有「欲」在其中的，正因「性中有欲」，所以阮氏亦主張以禮儀節制人性，並以此「定

性」。劉寶楠言「性」之生，乃因一陰一陽的氣化變來，所以其以爲「人物各受血氣以生」是一形下氣化之「性」。劉師培即主「血氣心知即性之實體。」因此，性中有情有欲，再經過外物觸發後，便成了「意」，「意念」一旦執取，便是「志」，而志之所專，即形成「欲」。

於「情欲論」言，他們均視「情欲」在「性」中，然「情欲」本身無所謂「善惡」等價值判斷，只是上天既賦予人們「血氣心知」之「秉性」，「欲」則是不可能「無」的，亦無法禁欲、絕欲，但欲必須節，節欲在禮。凌廷堪主「夫人有性必有情，有情必有欲。」是以必須以「禮」養情節欲，「習禮復性」。焦循除主張「以禮節欲」外，其強調「情」的「互通」意義，所謂「人欲即人情，與世通，全是此情。」又「旁通以情，格物之要也。」主人必須活在人的群體中，互通情意，關懷他人，方能共締造「和樂美善」世界。阮元以「欲生於情，在性內，不能言性內無欲」但必須「欲在有節，不可縱」。所以主「勤威儀以保定性命」。以「禮儀規範」節制「情欲」。劉寶楠主「欲根於性而發於情」，而情當作「情實」講，亦是所謂「好惡之誠」。劉師培以「性體情質，欲緣情發」解釋「情欲」，又視「欲」有兩種，未必都要節制，即「嗜欲」與「欲望」兩種，當是「嗜欲」時，必以禮節制，但當是「欲望」時，卻是一種進取之希求、抱負、理想與動機，如此，「欲望」便是社會進步的動力。

另外，他們強調「實踐」，尤以阮元爲要。阮元主「仁」是「相人偶之仁」，是以「仁」必落實在人我相親互愛互助上，方可謂「仁」，絕非「端坐靜默可曰仁也。」此「仁」說對後來「社群意識」的高漲，有很大的影響。

第二節　春秋學情理論者

一、凌曙情理論探索

（一）學者傳略

凌曙（1775～1829），字曉樓，一字子昇，號蜚雲閣主（或蜚英閣主），江都（今江蘇揚州）人，生於清乾隆四十年，卒於道光九年，享年五十五歲。〔註350〕

〔註350〕清・國史館編：《清史列傳》第 18 冊、69 卷，（北京：中華書局，1988 年），

　　小時家貧，雜作傭保，但好學不倦，喜讀《四子書》。年二十，爲童子師。問學與治業於包世臣。〔註351〕「其有甥，儀徵優貢生劉文淇，少貧如君，君愛其穎悟，不忍棄之。逐末自課之，且教且學。」〔註352〕

　　「曙乃稽典禮、考古訓，爲《四書典故覈》六卷，歙洪梧甚稱之。既治鄭氏學，得要領，又從吳沈欽韓問疑義，益貫穿精審。後聞武進劉逢祿論何氏《公羊春秋》而好之。」〔註353〕

　　後入都，爲阮元校輯《經郛》，盡見魏、晉以來諸家《春秋》說，「深念《春秋》之義，存於公羊。」〔註354〕而《公羊》之學傳自董仲舒，董氏《春秋繁露》「原天以尊禮、援比以貫類，旨奧詞頤，莫得其會通。」凌氏乃「博稽旁討、承意儀志，梳其章、櫛其句，爲《注》十七卷。」〔註355〕「又別爲《公羊禮疏》十一卷、《公羊禮說》一卷、《公羊問答》二卷。」後阮公「延君入粵課諸子。」凌氏以《禮》「喪服」爲人倫大經，然「後儒舛議、是非頗謬」，故作《禮論》百篇，引伸鄭義。〔註356〕

　　凌氏夙患風痹，養痾於董子祠之南偏道院。逐於道光九年五月二十六日卒於寓廬，年五十有五。〔註357〕包世臣以其乃汪君後之大學者，其刻苦向學，始終不渝，乃過於汪君，故特誌銘曰：

　　　凌氏之先，泰州著籍。儒歷險憲，明史稱直。

頁5612～5613；趙爾巽等編：《清史稿》489卷，列傳269卷：〈儒林傳〉第三〈凌曙傳〉，（北京：中華書局，1976年），頁13264。

〔註351〕包世臣：〈清故國子監生凌君墓表〉云「江都有生於孤露、不假師資，自力學以成名者二人：曰拔貢生汪中容甫、國子生凌曙曉樓。予以嘉慶六年遊揚州，則汪君卒，及十年再至，乃識凌君。君生貧而居市，十歲就塾年餘，讀四子書未畢，即去香作雜傭保。然停作則默誦所已讀書，苦不明詁解。……年二十，乃棄舉業，集童子爲塾師，稍稍近士人，然或儉陋不足當君意。故君學爲世俗制舉文無尺度，同人亦莫肯爲言者。而童子嘗從君遊，則書必熟，作字正楷。以故信從眾，修脯入稍多，益市書。……君初識予，問所當業，予曰：『治經必守家法，專治一經，以立其基，則諸家可漸通。然心之爲用，苦則機窒、樂則慧生，機窒者常不卒其業。凡讀書不熟，則心以爲苦。君自取熟者治之可也。』」，《藝舟雙楫》卷4，（收入於《續修四庫全書・子部・藝術類》，上海：上海古籍出版社，1995年），頁659。

〔註352〕同上注，頁659。
〔註353〕同注350，頁660。
〔註354〕包世臣：〈清故國子監生凌君墓表〉，同注351，頁660。
〔註355〕同上注，頁660。
〔註356〕同上注，頁660。
〔註357〕同上注，頁660。

曾祖曰襄，武長千夫。祖鷟父驚，乃寄江都。

君宴且魯，好學根性。自知讀書，不禠而正。

古有都養，抑聞牧豬。十五年所，其精不逋。

吁嗟凌君，遠與爲儕。名則既振，福迺不皆。

抉經之心，以一何鄭。排斥詖辭，章明先訓。

粵有慶允，泣抱遺書。修德必報，成此薲諸。〔註358〕

（二）凌曙情理論

凌曙乃治今文公羊學之學者，亦是引公羊學入禮學之先導。〔註359〕其著作，今學者大多較注意是其公羊學、禮學與《春秋繁露》等論述，然多將之列爲常州公羊學之開山祖師；〔註360〕殊不知其亦是江都──揚州人，乃儀徵劉文淇之舅父，與儀徵劉氏關係匪淺矣。在揚州學派之學者而言，其亦屬之，但可怪的是論述揚州學派之學者，如張舜徽先生、趙航先生等均未將之列入且對其專門論述。〔註361〕在此，個人以爲凌曙應列爲揚州學者，一者因其是江都揚州人，有著地緣因素；二者因其與儀徵劉氏有親戚關係，既然儀徵劉氏皆爲揚州學者，凌曙是其舅父（劉文淇）、舅公（劉毓崧等），爲何不是揚州學者？學者指出：「揚州學派儼然成爲乾嘉樸學由訓詁、考據之學，走上義理、致用之學的橋樑，終於常州今文學派，共同推衍出晚清《公羊》學者今

〔註358〕同上注，頁 660。

〔註359〕鄭卜五先生：《凌曙公羊禮學研究》云：「其《公羊問答》、《群書答問》皆以公羊學之精神加以闡發，其《公羊禮說》、《公羊禮疏》、《禮說》、《禮論略鈔》、《儀禮禮服通釋》更是公羊與禮學之結合，尤其《春秋繁露注》更開啓研究公羊學的另一門徑。」（高雄：高雄師範大學國文所博論，1997 年），頁 6～7。

〔註360〕蕭曉陽先生、羅時進先生：〈常州庄氏之學與近代疑古思潮之發生〉云：「據《清史列傳》載，凌曙曾轉益多師，"後聞武進劉逢祿論何氏《公羊春秋》而好之。"……陳立"師江都凌曙、儀徵劉文淇受《公羊春秋》，自是劉氏學術之嫡派。"故近代湘學、蜀學中尚今文之風，可上溯至凌曙、魏源，皆源於常州之學。」，（《衡陽師範學院學報》第 29 卷第 1 期，2008 年 2 月），頁 82。

〔註361〕張舜徽先生：《清儒學記・揚州學記》於「凌曙」未有專門論述，僅在「己、劉文淇附劉毓崧、劉壽曾、劉師培」部分略提，張氏云：「劉文淇，……在經學研究方面，卻爲當時學術界所推重。特別是研究《春秋左氏傳》，是他一生專門之學，有大名於當時。談到他的學術淵源，必然要聯系到江都凌曙。」，（濟南：齊魯書社，1991 年），頁 459～460；趙航先生：《揚州學派概論》亦未對凌曙論述，其第十章，即：「三世通經──劉文淇　劉毓崧　劉壽曾」而已，（揚州：廣陵書社，2003 年），頁 186～201。

文經學的改革浪潮。爲通經致用的傳統學統，畫下句點。」〔註362〕不是嗎？

于此，個人將其著作，一一翻閱，見其義理——情理之思想，藏於《公羊禮疏》與《四書典故覈》等書之片言隻語中，此至今皆不爲人所重視與研究過，殊不知其正因有此思想，而有著公羊學與禮學融合一體的《公羊禮疏》等著作；在此，將其思想作一披露：

1. 六經之道，同歸禮樂之用

凌曙云：

> 觀乎古帝王之經理天下也，得禮治，失禮亂，得失之所關，治亂之所本，可不慎與？是以淫辟之罪多，昏姻之禮廢也；爭鬥之獄蕃，鄉飲之禮廢也；骨肉之恩薄，喪紀之禮廢也；君臣之位失，朝聘之禮廢也。由是觀之，六經之道，同歸禮樂之用。〔註363〕

以「禮」治天下之關鍵。所謂：得禮則治，失禮則亂也，故「治亂之本」在於「禮」。畢竟有「禮」走遍天下；「禮」一如「交通規則」，馬路如虎口，但有「交通規則」之訂立，則使行駛者有「禮」可循，依「禮」而行，交通則暢行無阻，不致癱瘓，動彈不得；亦避免有意外發生，此皆因「禮」（規則）之制定，使人們可以遵循之。此凌曙亦談到：天下之所以有殺、盜、奸、淫、篡、寡等事產生，皆因「禮廢」造成，所以天下之治在於一「禮」也；有「禮」則天下治矣；故道不外求、不遠求；六經之道，看似繁複、深奧，實則一「禮」也。

2. 禮本人情以即于安

凌曙云：

> 吾人爲學自治經始，治經自三禮始。三禮書甚完具，二鄭、孔、賈發明其義甚明。且密推人情之所安，以求當於古先聖王制作之源，則莫不有合焉者。……禮本人情以即于安，故禮者治人之律，而《春秋》則其例也，《春秋》之旨，僅存于《公羊》，得何氏闡其說，然後知禮之不可頃刻使離于吾身，故不通鄭氏書者，不知何氏之平凡，不通何氏書者，不知鄭氏之精當也。〔註364〕

〔註362〕李幸長先生：《凌曉樓學術研究》，（高雄：高雄師範大學國文所博論，1998年），頁1。

〔註363〕凌曙：《春秋公羊禮疏·序》，（收入於《原刻景印百部叢書集成初編》（71），台北：藝文印書館，1967年），頁12。

〔註364〕凌曙：《四書典故覈·序》，（收入於《續修四庫全書·經部·四書類》（169），上海：上海古籍出版社，1995年），頁3。

凌曙在此說明爲學由治經始，治經自三禮始。古聖先王之理，均在三禮中，後人之注釋如：鄭玄、孔穎達等所闡發之義理，非常明瞭易曉。且「禮」不玄遠，乃依「人情」所制定，「人情」之所安而來，合於古聖先王定立典章制度之初衷，所以「禮本人情以即于安」也。禮儀規範本於「人情義理」而來，符合人性人情，是人們皆可爲之，可實行的，如此，人人依禮而行，天下安定，共造一禮治社會。故凌曙強調「禮」乃「治人之律」，以「禮」作人們之繩墨，《春秋》乃禮之義例也；畢竟「道之以德，齊之以禮，有恥且格」，否則，「道之以政，齊之以刑，民免而無恥。」〔註365〕

二、劉文淇情理論探索

（一）學者傳略

劉文淇（1789～1854），字孟瞻，清揚州儀徵人。父錫瑜，以醫名世，與當時學者包世臣交好。〔註366〕文淇八歲時，即出外就學，努力不輟。〔註367〕少年家貧，舅氏凌曉樓喜其穎悟，親自教之。後經包世臣推薦，入梅花書院，從洪梧學習。〔註368〕十九歲時，受知於倉場侍郎莫晉，與薛傳均同補博士弟子生員。於嘉慶己卯年（1819AD）科與劉寶楠一同拔取優貢生，並獲得「二劉」稱號。〔註369〕此後十四次禮闈不售，道光二十年後，因父棄養，遂不復試，以校讎爲業。〔註370〕此後，文淇命名文集並題署門楣「青溪舊屋」，取義南齊劉子圭家青溪，聚徒授書，不期榮進。〔註371〕

然文淇少年志學，稍長，即精研古籍，貫串群經，于毛、鄭、賈、孔之

〔註365〕朱熹：《論語章句集註》，（收入於朱熹：《四書章句集註》，台北：大安出版社，1991 年），頁 54。

〔註366〕包世臣：〈劉國子家傳〉，《藝舟雙輯》卷 8，（收入於《續修四庫全書·子部·藝術類》，上海：上海古籍出版社，1995 年），頁 661。

〔註367〕劉文淇：〈先府君行略〉、〈先母凌孺人行略〉，《青溪舊屋文集》卷 10，（收入於《續修四庫全書·集部·別集類》第 1517 冊，上海：上海古籍出版社，2003 年），頁 73、75。

〔註368〕包世臣：〈清故國子監生凌君墓表〉，《藝舟雙輯》第 2 冊、卷 4，同注 351，頁 660。

〔註369〕劉毓崧：〈先考行略〉，《通義堂文集》卷 6，（收入於嚴一萍先生編輯：《求恕齋叢書》（集部），《叢書集成續編》，台北：藝文印書館，1970 年），頁 54。

〔註370〕劉文淇：〈戲作別席號舍詩，再疊別號舍詩舊韻序〉，《青溪舊屋文集》卷 11，同注 367，頁 78。

〔註371〕汪士鐸：《青溪舊屋文集·序》，《青溪舊屋文集》卷首，同上注，頁 1。

書及宋、元以來學說，均博覽冥搜，實事求是。初好《毛詩》，後習《左傳》，于《左傳》致力尤勤。曾與劉寶楠等相約，爲諸經各作新疏，淇爰輯《春秋左氏傳舊注疏證》一書，草創四十年，長編八十卷雖具，未及寫定，遽爾遺世。惟抉剔孔氏義疏所襲取劉炫《述議》別爲表著，成《左傳舊疏考正》八卷僅存。〔註372〕

　　細繹劉文淇學術歷程，大致可分爲三階段：1、從凌曙學習；2、至梅花書院跟隨洪梧等學習；3、校書治學。治學興趣始好詩，治《毛詩》，校勘朱子《詩集傳》，而後依次校勘《十三經》，終以專注《左傳》爲職志。〔註373〕

（二）劉文淇情理論

　　提及儀徵劉氏，學界多以其能世代相傳，共治一經而贊嘆不絕，與吳門惠氏三傳，揚州二王，甚或嘉定九錢相比。〔註374〕劉氏家學，始自劉文淇研《左傳》起，繼而子劉毓崧以「禮」通《左傳》等群經，終劉師培集大成。〔註375〕馮煦云：

> 儀徵劉氏自孟瞻先生以經術顯海內，三世相承……百餘年淮揚間一作手也。嗚呼！經世之系世運深矣。士不通經，不足爲治，得之則昌，失之則亡。……夫乾嘉道間，一盛世也。淮揚治經之家，並劉氏而起者，有高郵王氏、寶應劉氏、朱氏、淮安潘氏、丁氏，而尤以王與劉

〔註372〕（日）小澤文四郎：《儀徵劉孟瞻（文淇）先生年譜》，（收入於《近代中國史料叢刊》804冊，台北：文海出版社，1972年），頁40。

〔註373〕郭院林先生：《清代儀徵劉氏《左傳》家學研究》，（北京：中華書局，2008年），頁27～28。

〔註374〕同上注，頁73。又陳秀琳先生：〈評劉文淇《左傳舊疏考正》〉亦云：「儀徵劉氏爲《左氏》世家，世代相繼之作《左傳舊注疏證》，雖非完稿，久爲治《左氏》者之圭臬，可謂絕學巨著。」（《中國文哲研究通訊》第10卷第1期，2000年3月），頁161。

〔註375〕劉氏四代除了治《左傳》有成外，事實上，於《十三經注疏》方面，亦用功卓著。據林慶彰先生：〈劉文淇《左傳舊疏考正》研究〉云：「除焦循手批《十三經注疏》、阮元校勘和刻印《十三經注疏》外，劉文淇祖孫三代是對《十三經注疏》中的注和疏下最多工夫的學者。劉文淇著有《左傳舊疏考正》，條舉《左傳正義》中的義疏，證明是出自劉炫《述議》。其子劉毓崧有《周易舊疏考正》、《尚書舊疏考正》，研究方法和目的都和其父劉文淇相同。文淇之孫劉壽曾，雖沒有舊疏考證之類的著作，但他曾比較《十三經注疏》中各家義疏的優劣得失，作〈十三經注疏優劣考〉一文，今收入《傳雅堂文集》卷一中。」（見楊晉龍先生編：《清代揚州學術》下冊，台北：中研院文哲所，2005年），頁598。

爲父子儼若師友，一書之成，敝數世精力而爲之。何其休也。〔註376〕

汪士鐸亦云：

> 國家以文德化成海內，百年來尤重經術。江淮間推儀徵劉氏，自孟
> 瞻先生以經學純德，師表儒術，余同年伯山繼之，其良子恭甫又繼
> 之，三世通經精博，學者企若吳門惠氏。〔註377〕

知起始劉氏家學的開創者是劉文淇，美國恆幕義（Heng Mui）先生稱劉文淇
是「清代第一位著手研《左傳》的學者。」〔註378〕郭院林先生云：

> 總的說來，劉文淇一生治學自學習古文，研讀《毛詩》開始，繼而
> 跟隨凌曙習《公羊》，而後校書授徒之餘，專治《左傳》，考證《左
> 傳》舊疏、輯錄舊注並爲之疏證，開啓了劉氏家學四代持續的治經
> 事業，在方法上與體例上有開創之功，啓迪後人。〔註379〕

劉文淇的成名作：《左傳舊疏考正》與《春秋左氏傳舊注疏證》，可謂集研究
《左傳》之大成。尤以《春秋左氏傳舊注疏證》，取著廣博，資料豐富。「上
稽先秦諸子，下考唐以前史書，旁及雜家筆記文集，皆取爲佐證。期於實事
求是，俾左氏之大義炳然復明。」〔註380〕見此書於學術上地位與價值。然更
重要的是，劉文淇發明揚州學人面向人事與面向實踐的特點，〔註381〕重視經
世致用。此《疏證》內容，據張惠貞先生研究，可知內容廣泛，舉凡文字訓
詁、名物解說、禮制內涵、傳文旨意、人名、經傳國名、地名、人名世襲、
與曆法等等，均有包括；計文字訓詁有 75 例、名物解說 11 例、禮制 19 例、
傳文旨意 144 例、經傳國名、地名有 43 例、人名解說有 9 例。〔註382〕然不論
此書內容如何，劉文淇以此建立古文經家法的傳統於不墜，是可以肯定的，

〔註376〕馮煦：《傳雅堂文集·序》，收入於清·劉壽曾著、林子雄先生點校、楊晉龍
先生校訂：《劉壽曾集》，（台北：中研院文哲所，2001 年），頁 1。

〔註377〕汪士鐸：〈劉恭甫墓誌銘〉，《傳雅堂文集》卷首，收入於清·劉壽曾著、林子
雄先生點校、楊晉龍先生校訂：《劉壽曾集》，同上注，頁 11。

〔註378〕美·恆幕義（Heng Mui）先生：《清代名人傳略》下冊，（新疆：青海人民出
版社，1990 年），頁 73。

〔註379〕郭院林先生：《清代儀徵劉氏《左傳》家學研究》，同注 373，頁 74。

〔註380〕劉毓崧：〈先考行略〉，《通義堂文集》卷 6，（收入於嚴一萍先生編輯：《求恕
齋叢書》（集部），《叢書集成續編》，台北：藝文印書館，1970 年），頁 54。

〔註381〕祁龍威先生：〈清乾嘉後期揚州三儒學術發微〉，（《揚州大學學報》（人文社會
科學版）第 4 卷第 2 期，2000 年 3 月），頁 68～73。

〔註382〕張惠貞先生：《劉文淇春秋左氏傳舊注疏證體例之研究》（台中：逢甲大學中
文所碩論，1991 年），頁 68～74。

而其亦爲後人奠立治《左傳》的根本。然其治《左傳》，非如劉逢祿強調「義例」，如公羊學之義例以論《春秋》義例；劉文淇乃是以《禮》注《左》，闡明義例之不可靠。學者指出：其這一思路恰恰來自劉文淇向今文經學學習而取的策略。〔註383〕其舅父凌曙專治今文公羊學，或許受其影響而來；〔註384〕其《春秋公羊禮疏·序》云：

> 觀乎古帝王之經理天下也，得禮治，失禮亂，得失之所關，治亂之所本，可不愼與？是以淫辟之罪多，昏姻之禮廢也；爭鬥之獄藩，鄉飲之禮廢也；骨肉之恩薄，喪紀之禮廢也；君臣之位失，朝聘之禮廢也。由是觀之，六經之道，同歸禮樂之用。〔註385〕

見凌曙一再強調：經綸世道莫過於「禮」，所以「得禮治，失禮亂」。聖賢之垂教，實事求是，皆歸於「禮樂」爲用，方是實際。凌曙諸作，如：《春秋公羊禮疏》十一卷、《公羊禮說》一卷、《公羊問答》二卷，亦將公羊義理援入禮學之中，使其論據有原。〔註386〕是否這一思路啓發了劉文淇，畢竟《公羊》義理可援入禮學中，那麼，《左傳》闡發《春秋》的微言大義，是否亦可從禮學意義上進行論證？若其以禮注《左》，那麼，在爲人處事等思想方面，是否會受其左右？據學者研究指出：如果說劉文淇學術可歸於漢學家考據一類，則他的品行確可歸於理學一類。〔註387〕不論其言行舉止表現，頗

〔註383〕郭院林先生：《清代儀徵劉氏《左傳》家學研究》，同注373，頁118。

〔註384〕盧明東先生：〈論《春秋左氏傳舊注疏證》中的尊王思想〉云：「除了受凌曙以外，劉文淇受沈欽韓（1775～1831）的影響也不少，兩人還經常有書信往來。沈欽韓治《春秋》專明《左傳》義，尤勤於禮學，著《春秋左氏傳舊補注》十二卷；在致沈欽韓信中，劉文淇坦然稱"《疏》中所載，尊著十取其六。"這說明《疏證》的內容不少取自《補注》」，（《南京曉庄學院學報》第3期，2006年5月），頁58。

〔註385〕凌曙：《春秋公羊禮疏》，（收入於《原刻景印百部叢書集成》（71），台北：藝文印書館，1967年），頁12。

〔註386〕鄭卜五先生：《凌曙公羊禮學研究》，（高雄：高雄師範大學國文所博論，1997年），頁3。

〔註387〕郭院林先生：《清代儀徵劉氏《左傳》家學研究》亦云：「其生平學行仍近乎惠氏的"六經尊服、鄭，百行法程、朱"。即使在漢學最盛、宋學頹敗之際，于二者仍然兼顧不失，一方面是治學之器，一方面是修身條則。二者並不如以往的研究那樣對立，而是相輔相成。劉文淇這種學行並重，關注社會現實問題的學術風格對其後代產生了一定影響」，同注373，頁28～29。其並引馮乾于揚州人對宋學態度論與述有三，作一說明，其云：從事漢學兼取宋學；對宋學不聞不講，心存抵制；由訓詁上求義理，與宋分途（氏著博士論文《揚州學派研究》）。但郭氏以爲清代學人在治學方法取徑或有不同，但在倫理道

似理學家之修為，但觀其著作，所闡述的情理思想如何？則是本論文所欲探究的；個人據其著作，一一披閱，發現其情理思想有：

1. 釋《春秋》必以《周禮》明之

劉文淇云：

> 釋《春秋》必以《周禮》明之；周禮者，文王基之，武王作之，周公成之。《周禮》明，而後亂臣賊子乃始知懼。若不用《周禮》，而專用從殷，公羊家言《春秋》，變周之文，從殷之質，殊誤。則亂臣賊子皆具曰：「予聖」！而借口于《春秋》之改制矣。《鄭志》曰：「《春秋》經所譏所善，皆于禮難明者也。其事著明，但如事書之，當按禮以正之。」所謂禮，即指《周禮》。〔註388〕

此即開宗明義指出：釋《春秋》必以周禮明之。知其《春秋左氏傳舊注疏證》大抵尊禮義以疏證《左傳》。其之所以不尚《春秋》義例，以禮治《春秋》，旨在以「禮」可貶黜亂臣賊子，尚「禮」以蓋括《春秋》之義理也。王國維先生云：「周之制度典禮乃道德之器械，乃尊尊、親親、賢賢、男女有別四者之結體。」〔註389〕以見周禮建構中，含尊尊、親親、賢賢、男女原則之定立，規定了社會人際關係的雙重要求。是以上下、尊卑、老幼、男女，均意蘊「禮」制精神。所以文淇倡周禮治《左傳》乃及《春秋》是有其道理的！畢竟周禮乃周公遺制、垂法，是經國之常制，古有明訓，不宜隨易變更，較公羊義理，變周禮制，則使亂臣賊子個個「稱聖」是來得有禮治與法度！此一注《左傳》方式，可謂別開生面，為其注《左》的創新思想。然其標舉《春秋》與周禮的關係，駁斥公羊家言，並非否定公羊義理，而是意在：闡發漢代《春秋》左氏學與《春秋》公羊學在學術起點上，有著重大差別。〔註390〕如此，其《春秋左氏傳舊注疏證》則具有內可正本清源，外有捍衛邊境、安社稷之大功。然劉氏子孫于此義又加以闡揚，精闡層出。可謂建構起劉氏《左傳》學的經學體系。〔註391〕又禮樂制

德上多依據宋學為准則。

〔註388〕劉文淇等著：《春秋左氏傳舊注疏證‧注例》，（北京：中國社會科學出版社，1959年），頁1。

〔註389〕王國維先生：〈殷周制度論〉，《王國維論學集》，（北京：中國社會科學出版社，1997年），頁13。

〔註390〕徐興無先生：〈釋《春秋》必以周禮明之——讀劉文淇《春秋左氏傳舊注疏證‧注例》〉，（《南京曉庄學院學報》第3期，2006年5月），頁50。

〔註391〕同上注，頁50。

度乃周文化之特色，亦是其治國法則，其中禮包括政教制度及禮制儀文，劉文淇以所稱「以禮釋春秋」亦兼二者。〔註392〕

宏觀清代治學風尚，劉文淇去例言禮，直尋《春秋》尊王大義，以禮釋《春秋》，這並非個別現象。此具有深刻的時代意義。〔註393〕事實上，以禮釋經已是清代乾嘉以來，經學發展的趨勢；清儒鑑於明末理學空談心性，故轉向典章名物、訓詁考證上，採取實事求是治學態度，已普遍為學者們治學方法。然就清代《左傳》學而言，則體現在清儒輯存漢人舊注的基礎上，對《左傳》釋讀方法的重新審視。〔註394〕劉文淇創以禮釋《左》，亦禮治《春秋》，志在揭示《春秋》大義。其治經方法由後代子孫傳承，故光大禮學治經的治學方向。

然劉文淇以禮治《左》，學者研究指出：此是承繼戴震以來否定宋代的理學，尤其是凌廷堪的「以禮代理」的思想，這是一種哲學意義上的方法論了。〔註395〕想必劉文淇不該志在作一考據學家而已，在為《左傳》爭一席之地時，對於時代變遷，繁華不再，朝廷屢屢挫敗辱國，似有責無旁貸挽狂瀾於既倒之意。所謂：江南的經學家可能介乎霍爾默先生和米爾斯先生所說的理想型職業和行業性二者之間。他們掌握了外行無用的特殊知識，屬於自己研究領域的專家。他們作為研究者和教師，其專業活動具有社會影響，他們的職業也是社會組織和結構的具體部分。又：他們在學術上反對迷信權威，追求更高層次的一致性，渴望消除語言混亂，以此奠定人類永恆秩序的基礎。他們認為，只要正確研究並恢復古代經典的純潔語言，就會建立這種永恆秩序。〔註396〕或許劉文淇治經宗旨正基於此。

〔註392〕曾聖益先生：《儀徵劉氏春秋左傳研究》，（台北：臺灣大學中文所博論，2005年7月），頁377。

〔註393〕盧明東先生：〈論《春秋左氏傳舊注疏證》中的尊王思想〉，同註384，頁65。另郭院林先生：〈劉文淇學行考略〉亦云：「乾嘉經學家一個理想的經學觀：經學完美無缺，萬理俱備其中，欲理後世淆亂，必復經學舊觀。清代義疏之學大昌，劉文淇之前有郝懿行《爾雅義疏》、邵晉涵《爾雅正義》、孫星衍《尚書今古文注疏》、洪亮吉《春秋左傳詁》、焦循《孟子正義》、陳奐《詩毛氏傳疏》。道光戊子（1828年）劉文淇與梅植之、包慎言、柳興恩、陳立為著書之約，疏證群經，廣江、孫、邵、郝、焦、陳諸家所未備。劉文淇任《左傳》、劉寶楠任《論語》、柳興恩任《穀梁》、陳立任《公羊》。由此可見，學界重新疏證經典，乃一時風氣所向」，（《雲夢學刊》第27卷第2期，2006年3月），頁24。

〔註394〕同註384，頁65。

〔註395〕郭院林先生：《清代儀徵劉氏《左傳》家學研究》，同註373，頁250。

〔註396〕艾爾曼（Bebjarnin A. Elman）著、趙剛先生譯：《從理學到樸學中華帝國晚期

2. 求福於天，不若求福於己

劉文淇以治《左傳》成名於世，後人對此亦研究居多，然於劉氏的札記——《青溪舊屋文集》，至今尚無人注意與研究；殊不知此書可進一步瞭解其以禮義治《左傳》的思想。據個人觀其《青溪舊屋文集》，發現其思想重「實踐」，不尚迷信，亦強調凡事須身體力行，確實修爲，方是眞理、天道；又其非常重視「禮」，雖以禮爲行事之則，但有不得已時，可權變，從其私，並非永遠是謹遵「重義輕利」的教條；劉文淇曰：

> 余按錢少詹事大昕亦嘗有《嘉定集·仙宮玉皇殿記》其文有云：釋氏奉佛爲天人師，而諸天乃在護法之列。其言誕而難信；唯道家以玉皇上帝爲天神之至貴者，玉以言乎德之至；純皇以言道之至大，與《書》稱惟皇上帝《詩》稱有皇上帝者，若合符節。而復選高敞清幽之地，築室而事之，巍巍莪莪，昭布森列，使人有所敬畏，以謹其修而寡其過，則與吾儒敬天之學相資而不相悖焉。又謂天道遠，人道邇，求福於天，不若求福於己，瞻禮膜拜，乃致敬之末節，非所以格天也。然三洞立教爲平等説法，崇奉有所齋醮，有儀使人知天之當敬，而從事於善；知天之可畏而預遠於不善，可以保身，可以善俗，其言尤爲篤實平近，可謂感人而易入矣。〔註397〕

其據錢大昕之文論釋氏，奉佛爲天人師，諸天乃護法神之說，文淇以錢氏之說不可信。相反的，中國的道家以玉皇大帝爲天神之貴者，實與儒家經典《尚書》所稱，若合符節。然敬天畏神，重要的不在頂禮膜拜，有所祈求，此乃致敬的末節，相反的，宜法天、效天之精神，自強不息，自求多福，方是致敬於天理。所謂「求福於天，不若求福於己。」際遇之順逆好壞，不在天帝神明庇佑，端在自己所造的因果；如是因如是果，欲求福分，則靠自己努力而來，實踐修爲而來，不是訴諸不可及之天帝鬼神，實表明「知難行易」的力行思想，強調是「人定勝天」。所以劉文淇在此表明，見其重視己身修爲，身體力行之功效。亦如《禮記·中庸》所謂：「文武之政，布在方策，其人存，則其政舉；其人亡，則其政息。」〔註398〕與人事息息相關。儒家所謂「爲政

思想與社會變化面面觀》，（南京：江蘇人民出版社，1995 年），頁 65、頁 5。

〔註397〕劉文淇：〈重修玉皇閣記〉，《青溪舊屋文集》卷 2，（收入於《續修四庫全書·集部·別集類》（1517），上海：上海古籍出版社，2003 年），頁 13。

〔註398〕見漢·鄭玄注、唐·孔穎達疏：《禮記正義·中庸》，（台北：藝文印書館，1981 年），頁 28。

在人」思想，想必劉文淇亦承襲之。

3. 國人之私而止於禮，法之正也

文淇曰：

> 杜君卿說曰：《穀梁》云：秦人來歸成風之襚，秦不云夫人也。就外
> 不云夫人而見正也。夫身爲國君而母爲妾庶，子孫所不忍，臣下所
> 不安，故私稱于國中，不加境外。此人子之情，國人之私而止于禮，
> 法之正也。〔註399〕

若由人性出發，人總會不停地追求自我物欲的滿足，在此過程中，必會因爭
奪而引起紛爭，從而破壞人類的群體和諧。爲了平息紛爭，維持社會秩序的
穩定，聖人制定了「禮」，力圖將社會成員的個體自然欲望與作爲外在社會倫
理規範的禮統一起來。〔註400〕雖「禮」以定人倫秩序，使上下、尊卑、男女、
老幼各有其分、各有其則以相待，方不致有衝突、攻擊等破壞性行爲產生，
以達到社會群體之和諧。然禮教規範若與人情事理相抵觸時，此何去何從？
尊禮失親抑或是從私枉法？劉文淇於〈書惲子居林孺人墓志後〉一文即探討：
嫡夫人死，而以庶妾之子立爲國君的話，那麼，是否須立其母（妾庶的身份）
爲夫人？這一問題，文淇之友惲君以爲：嫡夫人死，娣得升爲夫人。然文淇
據班固之《漢書》、《公羊傳》義、《穀梁傳》、《左氏義》等載，證實：夫人死，
實不得立妾爲夫人。蓋防「篡位」殺奪之事茲生，否則，朝廷不固，天下不
安，人民則陷於水深火熱矣。其云：

> 假有庶子數人並爲三公，欲各尊其母，將何以止之？非聖人無法，
> 此大亂之道也。杜氏蓋亦從《穀梁》而用徐邈之說〔註401〕

又：

> 蓋本《穀梁》義徐邈答徐乾書云：母以子貴，《穀梁》亦有其義，但
> 名雖夫人而實殊同體。故庶母爲夫人上之不得以干宗廟，外之不得
> 以接侯伯。唯國內申其私而崇其義，亦如侯伯子男之臣於內稱君曰
> 公耳。雖人君肆情行服而卿大夫不從，所以知上有天王也。〔註402〕

知即使子貴爲君，爲庶母身份者，不管如何，實與元嫡夫人有別。此乃禮義之

〔註399〕劉文淇：〈書惲子居林孺人墓志後〉，《青溪舊屋文集》卷7，同注367，頁50。
〔註400〕王穎先生：《荀子倫理思想研究》，（哈爾濱：黑龍江人民出版社，2006年），
　　　　頁189。
〔註401〕劉文淇：〈書惲子居林孺人墓志後〉，《青溪舊屋文集》卷7，同注367，頁50。
〔註402〕同上注，頁50。

分際，所謂:「禮也者，貴者敬焉，老者孝焉，長者弟焉，幼者慈焉，賤者惠焉。」又「貴貴、尊尊、賢賢、老老、長長，義之倫也。」〔註403〕上下、長幼、尊卑、男女有別，方顯尊尊、貴貴、親親、賢賢之人倫意義。否則，無禮便可以下犯上、以賤欺貴，或以惡辱善。雖我中華以禮教立國，至明清時愈趨嚴苛，有所謂「禮教吃人」情形，然縱觀中國歷來朝代皆是以「禮儀規範」來維護社會秩序，人際和諧，所以「禮」亦有其重要性，不該全部抹煞。然朝廷中，面對子為君王，母為庶妾時，其母亦須遵禮法，雖位同夫人，但實際行權上，仍不可以干涉宗廟社稷之大事，對外也不能接待諸侯伯夷等卿臣。然母為妾庶，非為夫人，在名不正，言不順之下，妾庶之子為君王，如何謂其母為庶妾？此親情如何能忍之？如何能不孝敬其母？是以禮亦須緣情順理，亦有權宜之變，即是「於國境內私己處稱夫人」，「於外不稱夫人」亦即「國內申其私」可，此亦做到「崇其義」的地步；此非不通人情義理，只是法必有其別，其別以尊其義也，以防其亂也。然禮法與人情事理矛盾衝突時，「禮」亦須緣情變通，合於人情事理，方不致忤逆自然之情理。然禮須權宜變通，並非可悖禮犯紀，於違禮法者，亦須受到制裁，才行。蔡元培先生云:

> 禮以齊之，樂以化之，而尚有冥頑不靈之民，不師教化，則不得不繼之以刑罰，刑罰者非徒懲已著之惡，亦所以懾斂人之膽而遏乎惡於未然也〔註404〕

禮樂教化端在啟發人心，啟發人道德自覺自發，如此，內在的自由意志自然行於「理」；但未必人人如是，冥頑不靈者，禮樂無法教化時，就需要藉助「刑罰」，以「刑罰」惕厲頑民，亦警醒百姓，防患未來也。

三、劉毓崧情理論探索

（一）學者傳略

劉毓崧（1818～1867），字伯山，號松崖，文淇之子。其上承孟瞻，下開四子（壽曾、貴曾、富曾、顯曾）。〔註405〕

〔註403〕二者僅見荀子:〈大略〉，荀子著、李滌生集釋《荀子集釋》，（台北:學生書局，1979 年），頁 429、421。
〔註404〕蔡元培先生:《中國倫理學史》，（上海:上海書店，1984 年），頁 28。
〔註405〕郭院林先生:《清代儀徵劉氏《左傳》家學研究》，（北京:中華書局，2008年），頁 29。

小時束髮受學，不好戲弄。八九歲時，閱《資治通鑑》，習其句讀，父執驚畏，目爲奇童。汪小城奇賞之，將女兒許配予之。〔註406〕年十二師從劉寶楠，以史論見賞之，時有「年甫一周，才堪八斗」之譽。〔註407〕十七歲時，見山陽丁儉卿先生的《毛詩》、《三禮》釋注，即籤商數事，丁先生激賞不已，謂「不愧名父之子。」〔註408〕道光丙申府試，太守劉鑑泉先生，以其時藝有根柢，取列第一。丁酉，受知於仁和龔季思尚書，取入縣學。戊戌，以經解受知於壽陽祁相國，拔置第一，歲試一等二名，補廩膳生。〔註409〕之後，毓崧前後十年鄉闈，己未科報罷後，遂絕意進取。〔註410〕同治乙丑年，前署廣東巡撫郭芸仙中丞，保舉人才，以其「覃思博覽，崇尚樸學，宜置之八旗官學，責以講課。」疏入報聞。其於中丞，無一日之雅，蒙登薦牘，自以分不克當，卒未上書陳謝。〔註411〕

毓崧生活的時代，可謂：揚州已淪爲官匪劫掠，非同往日繁榮可比。〔註412〕于此，劉氏便開始於游幕生涯，先依郭沛霖，入幕教子；後轉徙金陵，爲書局校書，與曾國藩相處甚歡。天不假年，毓崧未滿甲子一周，所承家學未及紹明，即撒手人寰。〔註413〕

其學術亦博通諸經史百家，實事求是，尤致力於《左傳》，著有《左傳疏證》一書，並采集秦、漢以來，發明左氏一家要義者，均甄錄之，擬編爲《春秋左氏傳大義》。〔註414〕毓崧曾云：「《春秋》責備賢者之說，不當用以繩人，

〔註406〕劉壽曾：〈先妣汪太宜人行述〉，《傳雅堂文集》卷3，（收入於清‧劉壽曾著、林子雄先生點校、楊晉龍先生校訂：《劉壽曾集》，台北：中研院文哲所，2001年），頁111。

〔註407〕劉壽曾：〈先考行狀〉，《傳雅堂文集》卷3，同上注，頁105。

〔註408〕同上注，頁105。

〔註409〕同上注，頁106。

〔註410〕同上注，頁106。

〔註411〕同上注，頁106。

〔註412〕郭院林先生：《清代儀徵劉氏《左傳》家學研究》，同注405，頁30。

〔註413〕程晥：〈劉先生家傳〉，《續碑傳集》卷74，（《清代碑傳全集》，上海：上海古籍出版社，1987年），頁2886；劉恭冕：〈清故優貢生劉君墓志銘〉，《廣經室文鈔》，（收入於《叢書集成續編》第196冊，台北：新文豐出版社，1989年），頁545。

〔註414〕劉壽曾：〈先考行狀〉云：「生平涉學至博，旁通諸經史百家之書，不尚墨守，惟是之求，一事一義，必洞悉古今異同之故，析及精微。凡所寓目，略能闇誦，廣座中有聞先考談論，或私取原書核之，皆無有誤。先祖湛深經術，尤致力於《左氏春秋》，所著《左傳疏證》一書，長編已具，先考思竟其業，謂

止可用以律己。」〔註415〕見其處世平和，躬己律嚴者。其著述，據學者研究計有：《周易舊疏考正》、《尚書舊疏考正》、《春秋左氏傳大義》、《王船山年譜》、《王船山叢書校勘記》、《通義堂文集》、《通義堂筆記》等書，並編有《古謠諺》一百卷。〔註416〕

（二）劉毓崧情理論

由於劉毓崧曾與曾國藩，於校書期間，相處甚歡。想必其學術思想亦受曾國藩影響頗巨。郭院林先生云：

> 劉毓崧、劉壽曾所呈現出來的學術特點，實與曾國藩有密切關係。18世紀中葉以後，清廷漸呈衰弱徵兆，社會變動在即，講求經世致用成爲當務之急。曾國藩時期，士大夫多喜言文術政治，乾嘉考據之風稍稍衰矣。嘉道時期，面對西學的衝擊，以及太平天國運動帶來的"名教之奇變"，傳統學術各派的匯通調和亦成爲當時清王朝鞏固統治所必需。嘉道兩朝的統治者一改過去推崇漢學的舊調，轉而大力提倡程朱理學。在道光年間，理學出現了迴光返照的狀態。〔註417〕

然曾國藩欲「博返約」，「格物以正心」，「從事禮經」考核與研究，以「禮」是「先王經世之遺意」，〔註418〕漢宋兼采。其所謂的經世是「根據現實需要，經營世務」。〔註419〕是以曾國藩重視禮學家所謂的「經濟之學」。並將孔門四科，釋爲：「義理、辭章、經濟、考據之學」，以實現「漢宋會通」。此兼容漢宋之學不同於阮元之調合，在於以理學出發，欲以禮通漢宋二家之結，並強調中學內部融合以抗西學浸染。

然劉毓崧處於這內憂外患頻仍的時代，又曾國藩大力提倡以禮經世之漢宋會通，在此，其思想是否會受其影響？若受其影響，則會有什麼理論出現？或是劉毓崧承襲家學之故，堅定其家學治學理念，自有其一家之言？學者指出：劉毓崧精研三禮，其以禮學貫穿群經，並以《左傳》家學作重點研究對

『左氏是非不謬于聖人，學術最正。』因歷采秦、漢以來，發明左氏一家要誼者，咸甄錄之，擬編爲《春秋左氏傳大義》。」同注407，頁107～108。
〔註415〕同上注，頁110。
〔註416〕郭院林先生：《清代儀徵劉氏《左傳》家學研究》，同注405，頁58～62。
〔註417〕郭院林先生：《清代儀徵劉氏《左傳》家學研究》，同注405，頁46。
〔註418〕曾國藩：〈復復彌甫〉，《曾文正公文集‧書札》卷13，（收入於《曾國藩全集》，長沙：岳麓書社，1992年），頁2336。
〔註419〕郭院林先生：《清代儀徵劉氏《左傳》家學研究》，同注405，頁47。

象。〔註420〕然劉毓崧的義理思想究竟是如何？個人批閱劉毓崧的《通義堂文集》來看，發現其義理思想有下列幾項：

1. 天理不外乎人情

劉毓崧曰：

> 理字本義爲治玉，引申其義則爲事理、物理之稱。而理之難明，莫若聽訟，故刑官謂之大理。蓋其剖析爲至微矣。然天理不外乎人情，故情理可以互訓。而理官治獄，首貴乎得情，能準理以度情者，斯謂之忠恕，故法家當以忠恕爲心，能緣理而因情者，斯謂之禮……儒家乃能精於法家，理與禮其道一而已矣。〔註421〕

其以理字本義爲治玉，引申義爲事理、物理之稱，據許愼《說文解字》與段注闡釋「理」之意義而來。且以爲「天理不外乎人情」，以「情理」可互訓；亦情即理也，理即情也。劉毓崧此論既出，可以看出頗雷同戴震的「情之不爽失謂之天理」，以「理」爲「事理、物理、分理、條理」〔註422〕等論述。然不同於曾國藩以理學爲發端，融合漢宋爲宗之論述。如此其學術思想，其淵源宜不限於凌曙，可上溯到徽學江永、戴震而來。其子劉壽曾云：

> 揚州以經學鳴者凡七八家，是爲江氏再傳。先大父早受于江都凌氏，又從文達問故，與寶應劉先生寶楠切劘至深，淮東有二劉之目。並世治經者又五六家，是爲江氏之三傳。先徵君承先大父之學，師於劉先生，博綜四部，宏通淹雅，宗旨視文達爲尤近。其游先大父之門下，而與先徵君爲執友者，又多綴學方聞之彥，是爲江氏之四傳。〔註423〕

〔註420〕 同上注，頁81。

〔註421〕 劉毓崧：〈法家出於理官說下篇〉，《通義堂文集》卷10，（收入於嚴一萍先生編輯：《求恕齋叢書》（集部），《叢書集成續編》，台北：藝文印書館，1970年），頁17。

〔註422〕 戴震：〈理〉云：「理者，察之而幾微必區以別之名也，是故謂之分理；在物之質，曰肌理、曰腠理、曰文理；得其分則有條不紊，謂之條理。」《孟子字義疏證》卷上（《戴東原先生全集》，台北：大化書局，1978年），頁288。又其云：「理也者，情之不爽失也，未有情不得而理得者也。凡有所施于人，反躬而靜思之：『人以此施于我，能受之乎？』凡有所責于人，反躬而靜思之：『人之以此責于我，能盡之乎？』以我絜之人，則理解，天理云者，言乎自然之分理也；自然之分理，以我之情絜人之情，而無不得其平是也。」《孟子字義疏證》上，頁265〜266。

〔註423〕 劉壽曾：〈漚宦夜集記〉，《傳雅堂文集》卷1，（收入於清‧劉壽曾著、林子

可見劉氏家學淵源，推算起，亦是戴學的流衍，其先大父即：劉文淇先生，除受舅凌曙影響外，亦從文達（阮元）問學，且與劉寶楠切磋至深，此阮氏與寶楠之學皆深受戴學而來，以見儀徵劉氏也不例外。

　　不過，劉毓崧在此，強調是身爲刑獄的理官，須秉於情理以審判，方謂之忠恕，以忠恕爲心，才能緣理順情，合於禮法，亦即理也，理與禮其道一也；有禮（理）才公正，不枉法。其並舉蘇軾：〈刑賞忠厚之至論〉爲例，加以說明：

> 賞之過乎仁，罰之過乎義；過乎仁不失爲君子，過乎義則流而入於
> 小人，是故疑則舉而歸之於仁，使天下相率而歸於君子，長者之道，
> 故曰：忠厚之至也。〔註424〕

知何謂忠恕？即忠厚之道；而忠厚之道用在賞罰上，即是寧錯放一壞人亦不能枉死一個好人。過乎仁不失爲君子，但過乎義則流入小人而不自知，所以不可重刑而不重賞，相反的，宜是重賞而輕罰，方合忠恕之理。在待人處事上，其亦言：「君子律己貴嚴，而論人貴恕，與人爲善者，何必更加責備之詞哉？」〔註425〕

　　此〈法家出於理官說〉（下）一文，也駁斥凌廷堪的「學者言禮不言理」、焦循的「治者以禮不以理」的片面性。〔註426〕法制雖不足，但劉毓崧以爲：不能僅僅憑人倫之禮儀規範，來達到社會秩序之維護。須「禮以存位，理以正位，皆治天下之要道也。」又「理可明分，禮可定分，皆足以止爭矣。」亦禮與理須並行不悖，光靠禮儀規範制定，然人並不心誠守禮，知曉理義之

雄先生點校、楊晉龍先生校訂：《劉壽曾集》，台北：中研院文哲所，2001 年），頁 54。

〔註424〕同註 421，頁 18。

〔註425〕劉毓崧：〈唐摭言跋中篇〉，同上註，頁 21。

〔註426〕劉毓崧：〈法家出於理官說下篇〉云：「凌氏廷堪復禮下云：『後儒之學，或出釋氏，故謂其言之彌近理，而大亂眞，不然聖學禮也，不云理也。』其道正相反，何近而亂眞之有哉？……不得謂聖學言禮不理也，凌氏謂言理者出於釋氏，未免矯枉過正。」又「焦氏循理說云：『治天下則以禮不以理也，禮論辭讓，理辯是非，可知理足以啓爭而禮足以止爭也。』今按坤六五〈文言〉云：君子黃中通理正位居體。虞注云：坤爲理。〈繫辭上傳〉云：禮言恭，致恭以存其位者也。虞注云：坤爲禮。據此則理與禮皆取象於坤，禮以存位，理以正位，皆治天下之要道也。況《禮記・禮運》云：禮達而分定。〈喪服四制〉云：理者義也。《管子・心術篇》云：理也者，明分以諭義之意也，是理可明分，禮可定分，皆足以止爭矣。焦氏謂理足以啓爭，亦未免於偏執」，同上註，頁 19～20。

關切，亦是枉然；亦如“法”不足以徒行。又往昔獄官施行酷刑，無明確的法律條文，或者，執法者依據私情利益，皆會造成不公或枉死情形，所以劉毓崧以爲：欲求法家之無弊，必在理官之得人也。而荀子所謂：有治人無治法者，誠千古不易之論也夫。〔註427〕

2. 惠者一人之私也；德者天下之公也

劉毓崧曰：

> 蓋感恩者，感其惠；感恩而知己者，感其惠兼服其德；誠服者，服其德；心悅而誠服者，服其德兼感其惠，故感恩者，未必盡知己，而知己者，未有不感恩；心悅者，未必盡誠服，而誠服者，未有不心悅；自來感恩而心悅者，以惠爲重，惠者一人之私也；知己而誠服者，以德爲重；德者，天下之公也。〔註428〕

所謂「感恩」，其以爲有兩種：一是感其恩惠於我者，另一是知己，而誠服其德者。然心悅而誠服其德者，兼感其惠，然此感恩，未必是知己；然知己者，沒有不感其恩也。心悅者，未必誠服；誠服者，則必心悅，所以惟心悅感恩者，是一己之惠，此惠乃私己之恩也；然知己而誠服者，則以德爲重，服其德也；以德，則是天下之公也。

3. 大夫以上，先廟見後成婚

劉毓崧曰：

> 《禮記·郊特牲》云：無大夫冠禮而有其昏禮。鄭康成據此謂：天子諸侯大夫昏禮與士昏禮不同。賈服釋：左氏隱八年傳，鄭公子忽逆婦嬀先配而後祖，以爲禮齊，而未配。大夫以上，無問舅姑在否，皆三月見廟之後始成昏。後儒多不謂然，以爲別無可證。今按先廟見後成昏之禮見於《列女傳》者，莫著於宋恭伯姬。《春秋》於成公九年特書伯姬歸於宋季孫行父，如宋致女，三傳之舊注皆主此義。次之者則有齊孝孟姬，其事雖未載於《春秋》，然所述送女之誡詞與《穀梁》恆三年傳略同。是必《穀梁》家相傳古義而子政采以《左傳》考之。魯僖公十八年齊孝公即位，二十七年齊孝公薨。孝公即位乃立孟姬爲夫人。核其時代在鄭嬀之後、宋伯姬之前。伯姬所配者、宋公孟姬所配者，齊侯即位，皆諸侯夫人而所行如此，則賈服所謂大夫以上，先

〔註427〕同上注，頁21。
〔註428〕劉毓崧：〈郭光祿手札跋〉，《通義堂文集》卷12，同注421，頁32。

> 廟見後成昏者,信有徵矣。……亦不過出自一時權宜,其不俟廟見而
> 成昏,正猶舜之不告父母而先娶,所謂非常之事,不可以常禮論也。
> 何得執此而謂大夫以上之昏禮本若是哉！〔註429〕

其據《列女傳》:「宋共伯姬,齊孝孟姬條。」以爲大夫以上娶妻,必得三月
見廟,祭祀後,始成婚。與〈昏義〉所言士昏禮當夕成婚者不同。旨在針對
當時經學家爭議頗大的昏禮議題,作一辯駁,其依據古注,提出士大夫以上
的婚禮,宜是先廟見後方成婚,志在強調:「成婦」的家庭責任意義重於「成
妻」的個人情感意義。然古時有「先配而後祖」者,不過是一時權宜之計,
如舜當時不告父母而先娶,亦是一例！然非一般常禮也。畢竟成婚是兩家族
之大事,非小兒女之遊戲,所以必慎重不可,當以先祭告祖宗,爲成婚之首
要之務。這一據經典闡釋治學方法,學者贊其:體現了經學家的眼光,在學
術研究上實事求是,不依現實需要而篡改經典。〔註430〕

四、劉壽曾情理論探索

(一)學者傳略

劉壽曾(1838～1882),字恭甫,又字雲芝,江蘇儀徵人。生於清道光十
八年七月朔,卒於清光緒八年七月十六日,享年四十五歲。

壽曾四歲時「病幾死,母調護忘寢食。」〔註431〕六歲入家塾,母汪氏管教
嚴厲,在其監督下,恭甫除常背誦文章外,尚負責教導三個弟弟:貴曾、富曾、
顯曾。恭甫於清咸豐六年(1856)參加科考,次年,補儀徵附學生員。後又爲
東臺知縣掌書記,並協助父親替杜文瀾編輯《古謠諺》及詞學諸書。〔註432〕

清同治三年(1864)副榜貢生,之後,分別於江南鍾山書院與惜陰書院
肄業,爲兩院翹材生。同時又在金陵書院從事編務,頗受曾國藩器重。〔註433〕

清光緒二年(1876)中副榜第一,以籌餉得知縣晉同知銜。〔註434〕之後,

〔註429〕劉毓崧:〈大夫以上先廟見後成婚說〉(上),《通義堂文集》卷 3,同上注,
　　　　頁 3～8。
〔註430〕郭院林先生:《清代儀徵劉氏《左傳》家學研究》,同注 405,頁 82。
〔註431〕劉壽曾:〈先妣汪太宜人行述〉,清·劉壽曾撰、林子雄先生點校、楊晉龍先
　　　　生校訂:《劉壽曾集》卷 3,(台北:中研院文哲所,2001 年),頁 112。
〔註432〕林子雄先生:《劉壽曾集·前言》,同上注,頁 4。
〔註433〕林子雄先生:《劉壽曾年譜簡表》,同上注,頁 348～352。
〔註434〕林子雄先生:《劉壽曾集·前言》,同上注,頁 4。

陸續撰諸文，皆收錄其《傳雅堂文集》四卷《詩集》一卷中。於清光緒八年（1882）四十五歲卒。著作有《傳雅堂文集》四卷《詩集》一卷（1937 出版）、《昏禮重別論對駁義》（《皇清經解續編本》），清光緒十四年（1888）出版、《臨川答問》（《積學齋叢書本》），清光緒間南陵徐乃昌刊，其餘《南史校義集平》等著作，至今未見有刊本行世。〔註435〕

　　其祖父劉文淇（1789～1845）始治《春秋左傳》之學，父親劉毓崧（1818～1867）及壽曾本人，乃至堂姪劉師培（1884～1919）研究經學不輟，故「儀徵劉氏」為後人稱頌不已。特別是文淇、毓崧、壽曾祖孫三代共著《春秋左氏傳舊注疏證》一書。〔註436〕可看出其承襲家學，祖父至父輩，皆研《左傳》不輟，此壽曾承續光大也。馮煦：《傳雅堂文集‧敘》云：「儀徵劉氏，自孟瞻先生以經術顯海內，三世相承，至恭甫而益遠。」〔註437〕除此之外，劉氏祖孫三代亦擅於校勘之學，如劉文淇校勘《舊唐書》、《輿地紀勝》與《南北史》等書；劉毓崧出掌金陵書局時，受到曾國藩倚重；恭甫早年便協助其父編輯《古謠諺》及詞學諸書。〔註438〕張舜徽先生云：「儀徵劉氏祖孫父子除湛深經學外，尤特長校勘。」〔註439〕

（二）劉壽曾情理論

　　儀徵劉氏四世治經，據守《左傳》，蔚為家學傳承。然觀劉氏四世學，大抵是：劉文淇致力於《左傳》學，奠定家學之基礎，劉毓崧以家學為基礎，貫串群經諸子，擴充家學內涵，劉壽曾兄弟傳承家學事業，至劉師培融會先人學說，發揮家學之精義。若論四代之治學風格，則劉壽曾兄弟承劉文淇之精醇篤實，劉師培則近於劉毓崧之廣闊通達。然劉氏四代立基皆是訓詁考據，致力於文獻梳理，兼及義理詞章，是其家學之共同特色。〔註440〕

　　壽曾為毓崧長子，下有弟三人，名為貴曾、富曾、顯曾，雖皆紹繼祖業，然學術思想仍以壽曾最能繼承先世之學，於《清史傳列》、《清史稿》與其祖、

〔註435〕同上注，頁 4～5。
〔註436〕同上注，頁 1。
〔註437〕馮煦：《傳雅堂文集‧敘》，《傳雅堂文集》，（收入於清‧劉壽曾撰、林子雄先生點校、楊晉龍先生校訂：《劉壽曾集》，台北：中研院文哲所，2001 年），頁 1。
〔註438〕林子雄先生：《劉壽曾集‧前言》，同注431，頁 14。
〔註439〕張舜徽先生：《張舜徽學術論著集》，（長沙：岳麓書社，1992 年），頁 337。
〔註440〕曾聖益先生：《儀徵劉氏春秋左傳學研究》，（台北：臺灣大學中文所博論，2005 年），頁 17。

父同列於〈儒林傳〉。〔註441〕雖說如此，壽曾賡續祖業，續編《春秋左氏傳舊注疏證》，然壽曾並不忽略書中義理之闡述，相反的，其一改其祖：劉文淇之重視訓詁考證，而略其《春秋》微言大義之作法。在此，個人觀觀劉壽曾著作，發現其義理思想有：

1. 〈中庸〉忠恕之道，即《春秋》忠厚之道

劉壽曾曰：

> 賢者之微眚小過，必委曲保全而不忍輕斥，此聖人忠厚之旨也。宋人說《春秋》，始頌言責輩賢者。後儒或信或疑，迄無定論。……今夫古之君子，其責己也重以周，其責人也輕以約。重以周，故責己之心必不妨求備；輕以約，故責人之善不必求全。蓋在賢者，反己自修，嘗畏清議，未嘗不懼人之責備，而先求其備于己也。然亦曷嘗以是求諸人哉？昔者孔子嘗曰：「吾之於人也，誰毀誰譽？如有所譽者，其有所試矣。」說者謂：聖人所謂「譽」，即《春秋》之「褒」；而所謂「毀」，非即《春秋》之「貶」。蓋獎人則從重，褒詞不嫌於譽也；責人則從輕，貶詞不涉於毀也。……〈中庸〉忠恕之道，即《春秋》忠厚之道，蓋孔子修《春秋》，夷考當代之事，遇有當責之人，必先反躬自責。雖不肖者，且不肯責之已甚也，何獨於賢者而責備之乎？顧或謂：不肖者不足責，而賢者足責，故《春秋》不責不肖而責賢。審如此言，是善人不可為，而惡人轉逞志也。是謹厚者難容身，而縱肆者得藉口也。是為神姦巨猾疎其防，而為仁人君子沮其進也。此非《春秋》忠厚之旨也。……善乎！〈秦誓〉之言曰：「責人斯無難，惟受責俾如流，是惟艱哉！」士君子誠知責己重於責人，無求備於一人，惟求備於一己，庶幾德業日修，可免捨己芸人之誚。〔註442〕

壽曾以為：群經之理，實可互通；〈中庸〉主忠恕之道，即《春秋》的忠厚之理。亦「己所不欲，勿施於人。」賢者有過，亦馴言勸之，不忍斥責，此即聖人忠厚之旨也。隱惡揚善，不揭人隱私，亦即忠恕之理。畢竟修身在己，貴律己嚴，待人寬，所謂：「古之君子，其責己也重以周，其責人也輕以約。重以周，故責己之心必不妨求備；輕以約，故責人之善不必求全。」責己嚴

〔註441〕同上注，頁11。
〔註442〕劉壽曾：〈春秋責備賢者說〉，《傳雅堂文集》卷1，同注437，頁33～34。

苟，方能勵精圖治，止於至善；於他人有過，何須拿他人過錯，懲罰自己？不妨寬恕、原諒之，亦顯自身修養厚道，所以君子皆責己重於責人，不會求全責備於他人，惟求全責備於自己。如此德業方以日修精進，免於人云亦云之是非。

　　然所謂：「不肖者不足責，而賢者足責，故《春秋》不責不肖而責賢。」壽曾以為：若是如此，則天下無人作好人，而壞人則可肆無忌憚；善良者，無所容身之處，而此理便成為奸邪者，投機取巧之把柄，此乃本末倒置也。絕非《春秋》所謂忠厚之理，〈中庸〉忠恕之道。然修身乃己身事，當求全至善，責無旁貸，他人之是非，盡友朋之道，勸善之，即可。楊晉龍先生對此，有一番深得己心之理，其云：

> 推壽曾此論，則知儒家的道德規範，是用來「律己」，而不是用來「責人」的，蓋用來「律己」，則是自我內在的自由選擇；若用來「責人」，則不免變成外在的強制要求，把「內在自由選擇」變成「外在強制要求」，這就完全違背了道德的基本原則，最後也就不免出現諸如戴震所謂「以理殺人」的流弊；如果再繼之以刑罰的逼迫來約束，終不免導致清末民初反傳統者口中的所謂「以禮殺人」的可怕後果。這種利用道德的理由進行最不道德的行為，如果沒有人加以必要的點醒，最後變成人們評判是非的常態，則冷漠冷血而毫無仁心社會的出現，也就不必覺得奇怪了！劉壽曾的點醒，值得自許為儒家正統者、關心世教者、擔任教育工作者，好好的深入思考，千萬不要因為「責人也過重」，而造成反效果。〔註443〕

儒家的道德規範為「律己」之準繩，強調個人道德修養，達到成聖至善境界。亦人人皆自愛自重，行所當行，以道德自律，就不需要繁複的禮法約束；問題是人人皆能以道德自律？若人無法以道德自律時，則須藉助外在禮儀規範，或律法作遵守之則。倘若將自律的道德原則作為「外在強制要求」，就違背道德自律的意義，亦形成利用道德的理由進行自欺欺人等最不道德行為，即戴震所謂「以理殺人」；若繼以刑罰約束，則變成所謂「吃人禮教」，亦「以禮殺人」。道德應是人人心中的「尺」，當在自覺自省自制，實踐力行，自能做到一有道德規範的君子；而非以道德規範作約束他人之則，以合我意，那

〔註443〕楊晉龍先生：〈點校本劉壽曾集跋〉，劉壽曾著、林子雄先生點校、楊晉龍先生校訂：《劉壽曾集》，（台北：中研院文哲所，2001年），頁362～362。

便是「自私自利」行為，就不合儒家道德規範訂定的初衷。

2. 區而秩之，無非禮也

壽曾曰：

> 説者謂《三百篇》所采后、夫人、卿、大夫、庶士妻之作，多原於
> 禮。古之婦學，其在是歟！然稱《詩》以明禮，非禮之精微者也。……
> 禮之大者，蟠天際地，措施於民物；其細則寓於一室酒漿米鹽之中。
> 區而秩之，無非禮也；章而明之，無非禮之精微也。視儒者之學，
> 庸有殊乎？……然《吟草》中存〈刺繡十詠〉，由裁本以迫熨幅，凡
> 繡事畢具，其伐材隸事也工，其興象也深以微，其所標託引喻，則
> 求諸性道、學術、政事無不貫，斯即太君學禮之説乎。條目節次，
> 粲然秩然，所謂道寓於藝者乎。春秋以來，婦學之盛，如鄧曼、穆
> 姜、魯穆伯妻、柳下惠妻、齊銳司徒妻、杞梁妻，其人皆深於典禮，
> 出言有章，文人學士或不及。……因推太君之習禮以達詩者，以見
> 婦學之猶未墜失，有待人而興者矣。〔註444〕

據《詩三百》內容而言，可知其詩旨多原於「禮」而來。古之婦學，亦在此。
稱詩以明禮，知禮義乃人倫日常之道，非精微邈遠之理，反是切近人事的。
禮之義大至祭天祀地，小則柴、米、油、鹽、醬、醋、茶之處，都有禮（理）
也，不可不仔細。所謂禮，壽曾以為：無非就是「區而秩之」——事事分明，
別列有序，條理井然，如此，條理之事理、物理，井然有序，便是「禮」；守
禮、行禮，無非就是做到此地步。而「道」不遠人，於藝於器中，皆可知有
理有道。所以習禮稱詩，知書達禮，亦從小處著手，不可不慎！

3. 施於民者易悦，取於民者易怨，民之恆情也

壽曾曰：

> 公之言曰：「為治之要，貴以明濟寬，則事舉而心安。」跡公之用心，
> 蓋兼寬大綜覈而善持其平者歟！夫施於民者易悦，取於民者易怨，
> 民之恆情也。公所蒞皆理財之政，取於民而民不怨，且能使民悦，……
> 《詩》曰：「樂只君子，民之父母。」傳曰：「悦以使民，民忘其勞。」
> 如吾公者，足以當之矣。〔註445〕

依民之常情，身為治國之君，必懂得施於民，惠於民之理，所謂「施於民者

〔註444〕劉壽曾：〈蘂窗吟草序〉，《傳雅堂文集》卷2，同注437，頁87～88。
〔註445〕劉壽曾：〈杜刺史筱珊五十壽序〉，同上注，頁201～202。

易悅」；反之，壓榨百姓、苛稅重斂，必得民怨，即「取於民者易怨」。治國要道，不外乎是順民情，使民安居樂業，方以國泰民安、國富圖強。

4. 《春秋》者，禮義之大宗也

壽曾於《左傳》：「宣公四年傳：凡弒君，稱君，君無道也；稱臣，臣之罪也。」杜注：「稱君，謂惟書君名，而稱國以弒，言眾所共絕也；稱臣者，謂書弒者之名。」釋：

> 杜氏此說，責君太重，責臣轉輕，雖終謂弒君之罪不可赦，然已謂君臣無父子之恩，例於路人，語意悖謬。致說《左氏》者集矢此例，謂出漢人復益，皆杜說所昭也。疏謂臉見其義，語最無弊。劉恭冕《春秋說》申其說云：《左氏傳》凡弒君，稱君，君無道也；稱臣，臣之罪也。此《春秋》最要之義，而解者未明其義，故近世通儒，若顧氏棟高、焦氏循皆疑其悖謬。實則《左傳》說不誤也，蓋無道者，謂不知禮義，失其為君之道也。……故有國者不可以不知《春秋》，前有讒而弗見，後有賊而不知；為人臣者不可以不知《春秋》，守經事而不知其宜，遭變事而不知其權，為人君父而不通於《春秋》之義者，必蒙首惡之名；為人臣子而不通於《春秋》之義者，必陷篡弒之誅死罪之名。又云：夫不通禮義之旨，至於君不君，臣不臣，父不父，子不子。夫君不君，則犯；臣不臣，則誅；父不父，則無道；子不子，則不孝；此四行者，天下之大過也。以天下之大過予之，則受而弗敢辭。故《春秋》者，禮義之大宗也。〔註446〕

可看出壽曾以《春秋》，乃禮義之大宗。《春秋》之作，不僅使亂臣賊子懼，亦在戒為人君、父等，當守禮義也。至於君不君、父不父、臣不臣、子不子，皆不通禮義，即不明《春秋》義法，亦無道也。所以為人君、父、臣、子，皆須通《春秋》之義理，方能守經而知其宜，遭變而知其權，所作所為，方辨乎禮義。《左傳》所載，亦是本於禮義而來。倘若君不君、父不父時，為人臣、為人子更應守為人臣、為人子之禮，非君父無道，則臣子所以弒也。如是，弒君，稱臣，罪也。壽曾身處太平軍起，清廷內憂外患連連，其所以大力倡揚《春秋》義法，以《春秋》，乃禮義大宗，想必以此力圖挽狂瀾於既倒，故極欲宣揚君臣、父子之義。

〔註446〕劉文淇等著：《春秋左氏傳舊注疏證》，（北京：中國社會科學出版社，1959年），頁642。

五、小　結

　　「春秋學情理論者」這節主在探究揚州儒學發展至後來，最為人津津樂道，有所成就者，則是儀徵一地治《春秋》的學者：一是主今文公羊學的「凌曙」，另一則是治古文左傳學的「劉氏三代」。

　　在情理想上，不論治今文或古文，他們皆主「以《禮》治《春秋》」。這是他們共有的思想。凌曙以「六經之道，同歸禮樂之用。」是以治天下在於「禮」，所謂「得禮治，失禮亂。」又「禮」乃聖人「緣情之安」制訂而來，以「禮本人情以即於安」，「故禮者治人之律，而《春秋》則其例也。」以禮儀規範作約束人們言行之則，《春秋》亦是孔子治天下之書，依此，治天下同歸於「禮」也。凌曙之姪——劉文淇則強調「釋《春秋》必以《周禮》明之。」所謂「《周禮》明，而後亂臣賊子乃始知懼。」主《禮》可貶黜亂臣賊子，去例言禮，直尋《春秋》大義，是治《春秋》之要。劉文淇之子——劉毓崧則主「天理不外人情，故情理可互訓。」所謂「天理」並非高高在上，而是人情不失其則，便是理，所以「情」：「理也」；「理」：「情也」。劉毓崧之子——劉壽曾以「〈中庸〉忠恕之道，即《春秋》忠厚之道。」又「《春秋》乃禮義之大宗也。」強調「忠」以盡己，「恕」以待人，此便是忠厚之道。畢竟修身在己，貴嚴以律己，寬以待人。責己嚴苛，方能勵精圖治，止於至善，對於他人，又何須拿他人過錯，懲罰自己？不妨寬恕對待，亦顯示自修養厚道。

　　於情欲上，劉毓崧主「惠者一人之私也；德者天下之公也。」予「公私」有不同看法，以私是一己之惠，而公是天下之德。劉壽曾以為「施於民者易悅，取於民者易怨，民之恆情也。」主治國之君當以百姓為重，為百姓謀福利為要。當曉得「施於民，惠於民」之理，即所謂「施於民者易悅」，反之，壓榨百姓，苛徵重稅，必得民怨。所以治國要道，不外乎順民情，使民安居樂業也。劉壽曾在此可謂將百姓之心態表露無遺，以「民生」為要，作為治國之本。

第陸章　清儒揚州學派情理論的影響

趙中偉先生曾云：

> 在一個大變動的時代裏，我們總喜歡引用英‧狄更斯（Charles Dickens
> 1812～1870AD）《雙城記》的一段名言：「那是最美好的時代，那是
> 最糟糕的時代；那是智慧的年頭，那是愚昧的年頭；那是信仰的時
> 期，那是懷疑的時期；那是光明的季節，那是黑暗的季節；那是希
> 望的春天，那是失望的冬天；我們全都在直奔天堂，我們全都在直
> 奔相反的方向。」十九世紀中期的中國，正遭逢歷史上兩個最大的
> 轉變之一（據馮友蘭在《中國哲學史新編》指出，另一個是春秋戰
> 國時期），是因循守舊，還是革故鼎新？是走向衰敗，或是迎向新生？
> 這是當時知識分子面臨最大的抉擇，且寓有責無旁貸的責任與使
> 命。〔註1〕

這段滿目瘡痍時代，知識份子所以能自覺改革，除了西力東漸的刺激外，最
主要的轉折，則是清儒思想的變遷。關鍵人物——戴震（1724～1777AD），
是中國在邁向現代化過程中，使儒學從長期以來偏重的「形上價值」，轉向
了「經驗價值」的思想變革者。〔註2〕其最重要的影響，還在於後繼者的闡
揚，這股綿延不絕的汩流——「揚州儒學」，將其思想傳衍散播，似乎已爲
封建的中國，將走向民主的新生，埋下因果之種子。揚州學者對後世影響，
不可謂不多矣。

〔註1〕　趙中偉先生：〈書評：張麗珠《清代新義理學——傳統與現代的交會》〉摘要，
　　　　（《哲學與文化》第 32 卷第 11 期，2005 年 11 月），頁 135。
〔註2〕　同上注，頁 135。

第一節 「相人偶」之「仁學」傳播

清末黃式三（1788～1862）於〈阮氏仁論說〉指出：「阮公集，以〈仁論〉、〈性命古訓〉諸作爲大。」〔註3〕李慈銘（1803～1894）亦盛讚：「〈論語論仁論〉、〈孟子論仁論〉、〈性命古訓〉、〈論語一貫說〉諸篇，卓識精裁，獨出千古。」〔註4〕足證對當時影響頗大。

學者解釋：阮元的仁學思想迴異於前人之處，在于增添了近代意識，所以被稱爲向近代思想過渡的一座橋樑。因此阮元的仁學思想爲後人重視，逾至晚近愈爲人認可。〔註5〕在揚州儒者中，影響晚清至近代思潮最鉅者，莫過於阮元，尤其阮氏「仁學」說，更是後來學者加以闡揚、發揮最多所在。

主變法、維新、保皇的康有爲（1858～1927）以爲「仁」是：

> 仁，從二人，人道相偶有吸引之意，即愛力也，實電力也。人具此
> 愛力，故仁即人也。苟無此愛力，即不得爲人矣。〔註6〕

康氏以「仁」乃二人相偶相助，散發出相愛之力，此乃電力也，此謂之「仁」。具此愛力者，即人亦仁也，否則，非人矣。更進一步，康有爲主張「必去其抑壓之力，令人人自主而平等。」〔註7〕自主而平等，方是人道之至。康氏「仁道」思想，可以看出繼阮元「相人偶」之「仁學」後，宗鄭玄所解「相人偶」之意，加以闡發，爲其「大同世界」的理論依據。〔註8〕強調是人人民主、自由、平等時，人人彼此尊重，方可言仁。畢竟「仁」，「貴於能群」，至完全實現民主，所謂「太平世」時，才算是「人道之至。」〔註9〕

〔註3〕黃式三：〈阮氏仁論說〉，《儆居集·經說五》第 2 冊，（清道光戊申刊本，1848 年），頁 20。

〔註4〕李慈銘：〈復桂浩亭書〉，《越縵堂文集》，（台北：華文出版社，1971 年），頁 125。

〔註5〕王章濤先生：《阮元評傳》，（揚州：廣陵書社，2004 年），頁 258。

〔註6〕見氏著：《中庸注》，（台北：臺灣商務印書館，1968 年），頁 21。

〔註7〕康有爲：《春秋筆削大義微言考》卷一，（收入《康南海先生遺著彙刊》（七），台北：宏業出版社，1976 年），頁 19。

〔註8〕梁啓超先生指出：「先生之哲學，博愛派哲學也。先生之論理，以仁字爲唯一宗旨。以爲世界之所以立，眾生之所以生，家國之所以存，禮義之所以起，無一不本于仁。苟無愛力，則乾坤應時而滅矣。……先生之論政、論學，皆發於不忍人之心。」見氏著：《康南海先生傳》，（舊金山：世界日報，1955 年），頁 28。

〔註9〕康有爲：《孔子改制考》卷 12，收入《康南海先生遺著彙刊》（三），同注 7，頁 459。

　　主「衝決一切網羅」〔註10〕的譚嗣同（1865～1898）《仁學》一書釋「仁」：

　　　　〈自敘〉：「仁」，從二從人，相偶之義也。〔註11〕

又：

　　　　七節：漢儒訓仁爲相人偶。人于人不相偶，尚安有世界？不相人偶，

　　　　見我切也，不仁矣，亦以不人。〔註12〕

其解釋一仍阮元。主「仁」乃人我相親之意；必二人以上始爲盡「仁」。人必相人偶始爲人，亦始有世界產生。其《仁學》進一步闡釋，強調「通」之意義，其云：

　　　　仁以通爲第一義，以太也，電也，心力也。皆指出所以通之具。……智慧生於仁。仁爲天地萬物之源，故惟心，故唯識。仁者寂然不動，感而遂通天下之故。……徧法界，虛空界，眾生界，有至大之精微，……無以名之，名之曰以太。其顯於用也，孔謂之仁，謂之元，謂之性。墨謂之兼愛，佛謂之性海，謂之慈悲。耶謂之靈魂，謂之愛人如己，視敵如友。格致家謂之愛力，吸力，咸是物也。〔註13〕

譚氏以宇宙本體，就是物理學中所謂「以太」（Ether）。〔註14〕「以太」充滿宇宙，看不見、聽不到、聞不著，所以「寂然不動」。雖如此，但卻是一切現象生生之源，產生方式即是「通」，「通」的表現，便是「仁」。不過，思想家、哲學家、宗教家，對此宇宙本體，有不同說法，孔謂「仁」，墨謂「兼愛」，佛謂「慈悲」，耶謂「靈魂」，格致家謂「愛力」、「吸力」，不論如何說辭，實則一也，就

〔註10〕譚嗣同：《仁學・自敘》云：「竊揣歷劫之下，度盡諸苦厄，或更語以今日此士之愚之弱之貧之一切苦，將笑爲狂語而不復信，則何可不千一述之，爲流涕哀號，強聒不舍，以速其衝決網羅，留作券劑耶！網羅重重，與虛空而無極，初衝決利祿之網羅，次衝決俗學若考據若詞章之網羅，次衝決全球羣學羣教之網羅，次衝決君主之網羅，次衝決倫常之網羅，次衝決天之網羅，終將衝決佛法之網羅。然其能衝決，亦自無網羅，眞無網羅：乃可言衝決……」見氏著《仁學》，（北京：華夏出版社，2002年），頁2。

〔註11〕譚嗣同：《仁學・自敘》，同上注，頁1。

〔註12〕譚嗣同：《仁學》，同上注，頁21。

〔註13〕氏著《仁學》，同上注，頁3。

〔註14〕姜林祥先生云：「"以太"，原是近代物理學關於物質的假說，用以解釋光的現象。"以太"理論19世紀傳入中國，一些先進思想家便用來充實自己的哲學思想。」見氏著：《中國儒學史》（近代卷），（廣州：廣東教育出版社，1998年），頁183。

是「以太」，亦就是儒家所謂的「仁」。然「仁」必須實行出、表現出，方是行仁，而行仁之方，在於「通」，此「通」亦如焦循（1763～1820）所強調「旁通」，〔註15〕藉由「旁通」方知己及人，仁民愛物，立人達人；譚氏於此又云：

> 仁不仁之辨，於其通與塞。通塞之本，惟其仁不仁。通者如電線四達，無遠弗屆，異域如一身也。故易首言元，即繼言亨。元，仁也；亨，通也。苟仁自無不通，亦惟通而仁之量乃可完。由是自利利他，而永以貞固。〔註16〕

以仁不仁之分別，在於「通」與「塞」。能通達他人，傳達愛力、電力，才是「仁」的表現，所謂《易》「元亨利貞」，元即是「仁」，但仁須「亨通」，方能利貞，利益眾生。此說亦如焦循所謂：

> 《易》道但教人旁通，彼此相與以情。己所不欲，勿施於人；己欲立達，則立人達人。此以情求，彼以情與。自然保合太和，各正性命。……孔子謂之仁恕，《大學》以爲絜矩。此實伏羲以來聖聖相傳之大經大法。〔註17〕

所謂仁，簡單言之，就是「愛人」。彼此相愛不外就是彼此情通，相與以情，因愛，所以己所不欲，勿施於人；己欲達而達人，己欲立而立人。這就是孔子所謂「仁」，《大學》之「絜矩」之道，亦聖聖相傳之大經大法。譚氏《仁學》第三十節又云：

> 方孔之初立教也，黜古學，改今制，廢君統，倡民主，變不平等爲平等，亦汲汲然動矣。豈謂爲荀學者，乃盡亡其精意，而泥其粗糙，反授君主以莫大無限之權，使得挾持一孔教以制天下！彼爲荀學者，必有倫常二字，誣爲孔教之精詣，不悟其爲據亂世之法也。〔註18〕

又：

> 荀乃乘間冒孔之名，以敗孔之道。曰：「法後王，尊君統。」以傾孔學也。曰：「有治人，無治法。」「陰防後人之變其法也。」又喜言

〔註15〕 焦循：《論語通釋‧釋仁》：云：「克、伐、怨、欲，情之私也；因己之情，而知人之情，因而通天下之情。不忍人之心，由是而達；不忍人之政，由是而立，所謂仁也。」（台北：藝文印書館，1966 年），頁 9～10。

〔註16〕 氏著：《仁學》，同注 10，頁 5。

〔註17〕 焦循：〈寄朱休承學士書〉，《雕菰集》卷 13，（台北：鼎文書局，1977 年），頁 203。

〔註18〕 氏著：《仁學》，同注 10，頁 99。

禮樂政刑之屬，惟恐箝制束縛之具之不繁也。一傳而為李斯，而其

為禍亦暴著于世矣。〔註19〕

可看出譚氏不認同荀學，批評荀學乃是偽孔學，而其樹立的孔學在《仁學》
一書中，學者指出：所宣揚是西方進化論與儒家民本思想相結合的一種民主
意識。此乃大大發展了阮元的仁學思想。創造了新的民主思想，步入近代思
想的新階段。〔註20〕譚氏抬出孔子立說，闡明孔子力教目的在於「變不平等
為平等」。身逢中國危亂不安時，道德淪喪仿佛使人置身於世紀末的邊緣，此
亦是封建專制名教所導致的結果。譚氏有鑑於此，強調是必用心力以挽劫運，
以成就一個倫理學命題。〔註21〕譚氏所主的不僅是「相人偶」之「仁學」發
揚；更要的是：「務除一己之私心，以振奮人人之慈悲心」，所謂：「先去乎自
己機心，重發一慈悲之念，……使心力驟增萬萬倍，天下之機心不難泯也。」
〔註22〕又「以感一二人而一二化；則以感天下而劫運可挽也。」〔註23〕還有，
譚氏認為「仁學」普及，應是人人平等之世界，然所以造成中國不平等之因，
就是以「名教」相標榜的一整套封建倫理綱常與等級森嚴的封建制度。因此，
他主張「衝決網羅」，即衝決「名教」的網羅，所謂「三綱」的網羅——「君
為臣綱」：「無復人理」；「父為子綱」：「父非人所得而襲取也」；「夫為婦綱」：
「束縛、壓迫婦女的封建綱常。」〔註24〕

　　譚氏除主張「相人偶」之「仁學」外，實際上，其亦繼承王夫之、戴震
等人對程朱理學批判精神。其反對理學家性善情惡論（或存天理滅人欲論），
主張性善情亦善也，其云：

言性善，斯情亦善。生與形色又何莫非善？故曰：皆性也。世俗小
儒，以天理為善，以人欲為惡，不知無人欲，尚安得有天理！……
天理，善也；人欲，亦善也。王船山有言曰：天理即在人欲之中；
無人欲，則天理亦無從發見。〔註25〕

〔註19〕氏著：《仁學》，同上注，頁99。

〔註20〕王章濤先生：《阮元評傳》，同注5，頁259。

〔註21〕高瑞泉先生：《天命的沒落——中國近代唯意志論思潮研究》，（上海：上海人
民出版社，2007年），頁28。

〔註22〕氏著：《譚嗣同全集》，（北京：中華書局，1981年），頁357。

〔註23〕同上注，頁358。

〔註24〕整理自陳君聰先生：《現代化先鋒——中國近代啟蒙思想家》，（台北：萬卷樓
圖書公司，1999年），頁171～173。

〔註25〕氏著：《譚嗣同全集》，同注22，頁301。

公開表示人的感性欲望（欲、情、形色）是合法性、是善的。理學家「窒欲」說法，無疑是爲統治者駕馭、禁錮人民之法；人正常的欲望是不該剝奪的，所謂「天理在人欲之中」，「無人欲」，「天理亦無從見也。」所以譚氏主張應大力發展工商業，以滿足人們物質生活的欲求。胡適先生（1891～1962）於《先秦名學史》的〈導論〉曾預言說：「中國哲學的未來，有賴於從儒學的道德倫理和理性的枷鎖中得到解放。」〔註26〕

事實上，阮元（1764～1849）所處之時代，已是中國逐漸走下坡，衰弱時期，不能沉湎於玄虛而應務求眞實，於此似乎啓蒙曙光綻現，「天朝透出了廢墟般的荒涼」，〔註27〕其所倡「仁學」——「相人偶」之說，雖前有所承，但無異是鑑於時勢的務實之方，強國團結之道；楊尚奎先生說得好，其云：

> 阮元之「周人始因相人偶之恆言，而造爲仁字」的說法。頗有道理，因耦耕而人相偶，相偶而有「仁」字之創造，固因事實而生也。阮元的思想及方法，實在是上紹亭林與東原。……他注重實踐，頗有清初顏、李作風。蓋訓詁考據，亦實踐之一，原則也是實事求是，不弄玄虛。乾嘉以後，至道咸時代，中國封建社會之病廢漸入膏肓，於是有識之士爲救亡計而務實，理學一蹶不振，漢學家亦求新學以救國，孫詒讓、章太炎皆愛國人士而思改革者，今文學派更以政治改革爲生命，康有爲固大張公羊者。然則玄虛者，固承平世之點綴歟！〔註28〕

在此，以見阮氏仁學，強調實踐，乾嘉以後，有志之士紛紛力圖改革以救亡圖強。所要的仁學，已不再是「仁本禮用」思想模式，如康有爲、譚嗣同等嘗試改造儒學之舊體舊用，欲轉化成一新體新用的新仁學，以應時勢危局，吳光先生稱之爲「維新仁學」。〔註29〕此「維新仁學」就奠基於阮元的「相人偶」之說，轉化成一融合古今中外的「新學」。強調是「會通」世界各家各派學說的根本大法，誠如梁啓超先生（1873～1929）所云：

> 《仁學》爲何而作也？將以會通世界聖哲之心法，以救全世界之大眾生也。南海之教學者曰：以求仁爲宗旨，以大同爲條理，以救中

〔註26〕 胡適先生：《先秦名學史》，（收入氏著：《胡適全集》（6），北京：北京大學出版社，1998年），頁10。

〔註27〕 高瑞泉先生：《天命的沒落——中國近代唯意志論思潮研究》，同注21，頁35。

〔註28〕 楊尚奎先生：《清儒學案新編·儀徵學案》，（濟南：齊魯書社，1985年），頁398。

〔註29〕 氏著：〈從道德仁學到民主仁學〉，收入於吳光先生主編：《當代新儒學探索》，（上海：上海古籍出版社，2003年），頁62。

> 國爲下手，以殺身破家爲究竟。《仁學》者，即發揮此語之書也。而
> 烈士者，即實行此語之人也。〔註30〕

此「維新仁學」特色，就是融合西方理論外，尙在求變與改革；以「善變而
能久」，變法以圖強爲他們宗旨所在。除變與通外，在本體論而言，西方近代
自然科學知識亦須融入傳統儒學的「元」、「性」、「氣」、「仁」等範疇，統合
精神與物質之道，是一近似西方二元論的本體學說；還有更需要將此仁學應
用在政治上，就是要將西方的平等、自由、博愛、民主，與法治思想融入儒
家的「仁學」體系，成爲具有西方民主色彩的儒家人文主義。〔註31〕

　　歷史發展至近代前夕，阮元的「仁論」被大大闡揚出，不可否認，是一
社會發展的思潮使然。這是否也反映出乾嘉時期已具備新意識的學者？前有
戴震——正視人之情欲發展，推翻程朱以理壓制人性的封建教條，後有阮元
——重新規定儒家「仁」的定義，要求在封建社會階級中，實行「相人偶」
式的平等。戴震、阮元等論，表現出「人」的意識的覺醒，對晚清學術影響，
想必是尤巨的；誠如王茂先生所云：

> 阮元的「仁」重新定義，與戴震之爲「理」重新定義，在清代中期
> 意識型態上都起了轉換革新的作用，並在鴉片戰爭的近代思想的過
> 渡中，起了橋樑作用。〔註32〕

「仁」不再是玄遠之理，而是可切實用於人際關係中的範疇。在互惠平等上
有博愛之意義，至晚近時，康有爲、譚嗣同等人，結合中西，大講仁學，方
以致用阮元之「仁論」，並加以闡發與務實於救亡圖強中。

第二節　古文經學家傳衍與今古文之爭學術流變

　　尹炎武先生《劉師培外傳》云：

> 揚州學派盛於乾隆中葉。任、顧、賈、汪、王、劉開之；焦、阮、
> 鍾、李、汪、黃繼之。凌曙、劉文淇後起，而劉出於凌。師培晚出，
> 席三世傳經之業，門風之盛，與吳中三惠、九錢相望。〔註33〕

〔註30〕梁啓超先生：〈仁學敘〉，收入譚嗣同先生：《譚嗣同全集》，同注22，頁393。
〔註31〕整理自吳光先生：〈從道德仁學到民主仁學〉，同注29，頁62～63。
〔註32〕見氏著：〈第十二章　阮元的仁學新義〉，王茂先生等著《清代哲學》，（安徽：
　　　　人民出版社，1992年），頁752。
〔註33〕氏著：《劉師培外傳》，（石家莊：河北教育出版社，1996年），頁7。

尹先生論述揚州學派晚期的發展時，特別指出凌曙，此乃劉文淇之舅舅兼塾師。誠如張壽安先生云：凌曙的重要性在其位居揚州學術中、晚期的轉接點。嘉道間，經學漸起今古文之爭，揚州經學所取路數與常州異，不可不視為一重要關鍵。〔註34〕執教於揚州師範大學的徐復先生，論及揚學後衍，亦云：

> 凌廷堪以歙人居揚州，與焦循友善，阮元問教於二人，遂別創揚州
> 學派，聲譽因以崛起。此後，浙江詁經精舍、廣東學海堂諸彥，大
> 都不惑於陳言，以知新為主，樹阮元為標幟焉。〔註35〕

指出揚州學派三位代表人物，即：凌廷堪、焦循與阮元。此外，亦表示：因詁經精舍與學海堂建立，隱然有一所謂「阮元學圈」產生，還有書院教育的發展，使揚州學術流衍至粵中。在此，有一問題頗發人深省，張壽安先生說得好，其云：清中期的乾嘉考證學如何與晚清學術銜接，除了普遍為人知的《公羊》學之外，這道咸間的學術流衍到底是怎樣一番脈絡？〔註36〕揚州學術在此是否扮演一重要的關鍵？亦即阮元所創立的詁經精舍、學海堂等，所培育、造就出的人才，這些人才「不惑陳言」，「以知新為主」，他們的學術成就，是否就是道咸間學術流衍之代表？繼揚州儒學之後的發展，便是這些學者學術趨向為主流，加上儀徵劉氏四傳，所謂：揚州劉氏致力於古文經典籍《左傳》的研究，與常州今文經學呈現對峙之勢。〔註37〕又是否這些學者學術趨勢，正是與常州今文經學，互別苗頭，是以有所謂今古文之爭？這些問題頗值得我們深入探究。

一、古文經學家傳衍

我們知道，自阮元創立詁經精舍，歷經嘉慶、道光、咸豐、同治、光緒五朝，有一百餘年之久，此中，培育出許多優秀人才，〔註38〕影響到後來學

〔註34〕見氏著：〈清代揚州學派研究展望〉，（《漢學研究通訊》第 19 卷第 4 期，總第 76 期，2000 年 11 月），頁 621。

〔註35〕氏著：〈揚州學派新論·序〉，（收入趙航先生《揚州學派新論》，南京：江蘇文藝出版社，1991 年），頁 1。

〔註36〕同注 34，頁 621。

〔註37〕見（美）艾爾曼（Benjamin A. Elman）著、趙剛譯：《經學、政治和宗教——中華帝國晚期常州今文學派研究》，又云：「今文學者康有為與古文學者劉師培的爭論聞名于 20 世紀。這場爭論起源於揚州劉氏與常州庄、劉兩族的學術對立，這一點長久以來為人忽略了。」（南京：江蘇人民出版社，2005 年），頁 7。

〔註38〕據阮元手訂：《詁經精舍文集》卷首載，可知此詁經精舍培育出數以百計的浙

術思潮，既深且巨。著名的經學大師——俞樾，即在此（同、光年間）講學
長達三十一年之久。〔註 39〕而俞樾遵阮元教學宗旨，以「學古」爲原則，重
訓詁之法，實事求是於「聖賢之經」，〔註40〕這方面，俞樾正作一承前啓後者，
由他所影響的學者，即有：黃式三、黃以周父子、孫詒讓、崔適、戴望、章
太炎、王國維等人。是爲揚州學派在浙江的影響與傳承。〔註41〕

　　俞樾（1821～1906），治學遵「高郵二王」；在其《曲園自述詩》即表明：

> 十年春夢付東流，尚冀名山一席留。此是孳求經義始，瓣香私自奉
> 高郵。〔註42〕

俞氏的《群經平議・序目》亦云：

> 本朝經學之盛，自漢以來未之有也。余幸生諸老先生之後，與聞緒
> 論，粗識門戶。嘗試以爲治經之道大要有三：正句讀、審字義、通
> 古文假借。由經以及諸子，皆循此法，冀不背王氏之旨。……三者
> 之中，通假借爲尤要。諸老先生惟高郵王氏父子發明故訓，是正文
> 字，至爲精審。〔註43〕

可看出俞樾治學一本揚州學派，傳王氏父子訓詁之法——「正句讀」、「審字
義」與「通古文假借」；尤以「通假借」更是其主掌經的鎖鑰，此例乃傳承王
念孫、王引之（高郵二王）而來。俞氏著作，皆收在《春在堂全書》計五百
卷；中又以《群經平議》與《諸子平議》爲俞氏成名作。此二書可謂其仿照
王氏《經義述聞》與《讀書雜志》的形式寫成；據其《群經平議・序目》云：

江英才，如陳鴻壽、方觀旭、徐養原、洪頤煊、洪震煊、金鶚、陳鱣、張廷
濟、端木國湖等人。孫星衍〈詁經精舍題名碑記〉亦云：「登甲科舉成均，
牧民有善政及撰述成一家者，不可勝數，東南人材之盛，莫與爲比。」（收入
趙所生先生、薛正興先生等編《中國歷代書院志》（15），南京：江蘇教育出
版社，1995 年），頁 2。
〔註39〕劉建臻先生：《清代揚州學派經學研究》，（揚州：揚州大學古代文學博士論文，
2003 年 5 月），頁 143。
〔註40〕阮元：〈西湖詁經精舍記〉即表示「詁經精舍學術宗旨」是：「奉許、鄭木主
於舍中，群拜祀焉，此諸生之志也。……謂有志於聖賢之經，惟漢人之詁多
得其實者，去古近也。」《揅經室二集》，（北京：中華書局，1993 年），頁 548。
〔註41〕王章濤先生：〈第二章　揚州學派的活動和影響〉，收入氏著：《阮元評傳》，
同注 5，頁 45。
〔註42〕俞樾：《曲園自述詩》，（收入氏著：《東瀛詩紀》卷 2，清光緒 23 年石印本），
頁 3。
〔註43〕俞樾：《群經平議・序目》，（北京：學苑出版社，2005 年），頁 3。

「余之此書，竊附王氏《經義述聞》之後」〔註44〕又其《春在堂全書錄要‧諸子平議》云：「是書繼《群經平議》而作，竊附王氏《讀書雜志》之後。」〔註45〕毫不避諱表明是仿王氏之書而來。

除了「高郵二王」外，揚州學者治學精神對俞樾學術著作之影響，尚有劉台拱、阮元等人。據學者研究，發現在俞樾《群經平議》卷二、卷十五、卷二十等文中，還不時引阮元主纂的《十三經注疏校勘記》，《春在堂全書‧雜文四編》之六〈照印十三經小字本序〉一文更是盛讚阮元校勘之功。〔註46〕又《俞樓雜纂》第十四卷：《續論語駢枝》一書，乃是仿效劉台拱《論語駢枝》體例寫成。〔註47〕其《續論語駢枝‧序》云：

> 寶應劉端臨先生有《論語駢枝》一卷，雖止數十條，而皆精鑿不磨，
> 學者重之。余湖樓無事，讀《論語》有所得，輒筆之於書，其體例
> 與劉氏書相近，因題是名焉。〔註48〕

可看出俞氏仿揚州儒者之書，而成己著者頗多。此外，俞樾「自同治七年主講詁經精舍」〔註49〕起，長達三十一年之久，沿襲阮元教學方法與學術宗旨，亦造就出許多英才，這方面，在治學方法上，講究實事求是，返經求聖賢之道，受阮元影響必多。

戴望（1837～1873）——乃俞樾的表弟，與劉恭冕曾在金陵書局做校書工作，過從頗密，是以俞樾透過戴望與劉恭冕結識交往，時保持書信往來。〔註50〕而戴望乃戴震三傳弟子，〔註51〕論性論理，尚實行，一主戴震之說，這方面，俞樾治學主漢學、樸學之風；思想上，是否融合戴、阮之思？這點頗值我們反思。

〔註44〕俞樾：《群經平議‧序目》，同上注，頁3。

〔註45〕俞樾：《春在堂全書錄要‧諸子平議》，收入氏著：《東瀛詩紀》，同注42，頁1。

〔註46〕見劉建臻先生：《清代揚州學派經學研究》，同注39，頁142。

〔註47〕同上注，頁142。

〔註48〕俞樾：《續論語駢枝‧序》，（台北：藝文印書館，1966年），頁1～2。

〔註49〕俞樾：《春在堂全書錄要‧詁經精舍自課文》云：「余自同治七年主講詁經精舍，閱諸生月課之作，教學相長，偶有觸發，輒亦自作焉。昔阮文達公刻《詁經精舍文集》，附刻程作其後，皆因之。」同注45，頁2。

〔註50〕整理自劉建臻先生：《清代揚州學派經學研究》，同注39，頁145～146。

〔註51〕許蘇民先生：《戴震與中國文化》載：「清咸豐同治年間，又有一位貧病交困的窮秀才，叫戴望，是戴震的三傳弟子。——戴震傳段玉裁，段玉裁傳陳奐，陳奐傳戴望」，（貴陽：貴州人民出版社，2000年），頁289。

總之，俞樾與揚州學者關係頗密切，是王氏親家〔註52〕、是劉氏之密友、學承高郵二王與阮氏，又是阮元所辦「詁經精舍」之講師，想必俞氏對揚州後期必有著重要影響。

黃式三（1788～1862），清乾隆五十三年至同治元年。著有《周季編略》、《論語後案》與《儆居集經說》等書。章太炎先生論其：「始與皖南交通。」〔註53〕在黃氏《儆居集》中，可以發現到許多「申戴」篇章，如〈申戴氏氣說〉、〈申戴氏理說〉與〈申戴氏性說〉，專門闡揚戴震哲學思想，包含性、理、氣論，一反宋儒理學的理氣二分，天理人欲不兩立，主滅情欲說；而是主戴震的「情之不爽失，是謂理。」〔註54〕可謂繼揚州學者：凌廷堪、焦循、阮元後，於道咸間闡揚戴震思想一位不遺餘力的學者。

學者指出：在嘉慶六年（1801）時，阮元創建詁經精舍於杭州，延王昶（1725～1807）、孫星衍（1753～1818）等學者任講席。舍中講學規定即分十二項，其中義理一項規定就是：完全不可循宋明儒說，必須闡揚戴震、凌廷堪重視情欲，倡導復禮的主張，並兼抒阮元、焦循、孫星衍的觀點。〔註55〕當時禮學披靡天下，江浙徽間的菁菁學子皆棄理學而歸之。後來則與方東樹（1772～1851）、夏炘、夏炯等當時程朱理學的擁護者展開辯論。是以所謂漢宋學之爭，事實上從戴震提出一套新義理學之後，就已經不再是考據、義理之爭，而成為兩種義理思想間的爭辯。〔註56〕

黃式三崇戴震之學，承繼之、發揚之，實其來有自，除受詁經精舍講學影響外，亦是當時江浙徽地區一帶，禮學風氣所披靡使然。然其治學，據其〈求是室記〉自言：「天假我一日，即讀一日之書，以求其是。」〔註57〕主「實事求

〔註52〕據劉建臻先生：《清代揚州學派經學研究》指出：「俞樾與揚州學派淵源期人物之一：王懋竑，頗有點關係；蓋俞樾與寶應的王凱泰是「同年」，後來又成為親家：其長女俞錦孫嫁與王凱泰之子王豫卿；而王凱泰即是王懋竑的玄孫」。同注39，頁144。
〔註53〕氏著：〈清儒〉，《訄書》，《章太炎全集》（三），（上海：上海人民出版社，1986年），頁474。
〔註54〕黃式三：〈申戴氏理說〉云：「理，謂人情之不爽失也，非指潔淨空闊之一物也。」《儆居集・經說三》第1冊，同注3，頁6。
〔註55〕見張壽安先生：〈黃式三對戴震思想之回應〉，收入國立中山大學中文系編印：《第五屆清代學術研討會論文集》，（高雄：國立中山大學中文系，1997年11月），頁25。
〔註56〕同上注，頁50。
〔註57〕黃式三：《儆居集・雜著四》第8冊，同注3，頁26。

是」爲宗旨，承繼戴、阮治學之方；治經外，亦重心性修養，嘗作〈畏軒記〉
云：「治經而不治心，猶將百萬之兵而自亂之。」〔註58〕生平著述甚豐，最重要
者爲《論語後案》一書。此書不專漢、宋，所謂「分門別戶之見，不受存也。」
〔註59〕但摒除空疏詰曲之談，務實考據，重要是對戴震、凌廷堪、阮元等說多
有闡發。黃氏有〈復禮說〉，即闡揚凌廷堪復禮以復性的主張，其云：

> 惟其順性而立制，則凡民之遵道遵路，莫能外。亦惟順性而立制，
> 儒者之希賢希聖，不出乎此。孔聖之門，顏子大賢，問仁而教以復
> 禮，後之儒敢呰禮爲粗跡哉。〔註60〕

強調禮之制本諸人性，順人性人情之自然而訂定，一如人觀見長者有或站或
坐之情，然後才有拜跪裳衣之制。正因人有恭敬辭讓是非之心，制作中才具
有上下尊卑之序。〔註61〕所以禮之制乃順人之性情，示民以應遵的道路以行，
莫能例外。黃氏治學以「禮」爲宗，且對前儒治禮，更有著青出於藍，更勝
於藍的特色。學者指出：

> 黃式三崇禮，並且是第一個直接且詳盡地對揚州學派凌廷堪的《復
> 禮》三篇作出回應的學者，此一回應包括矯正廷堪言論之過激處和
> 進一步闡揚此一復禮思想之內在基礎。〔註62〕

其子：黃以周（1788～1862），治經傳家學，著《禮書通故》百卷。尤對凌廷
堪、阮元的禮學思想，深表贊同與承襲，黃以周曾云：

> 學者欲求孔聖之微言大義，必先通經。經義難明，必求諸訓詁聲音，
> 而後古人之語言文字乃憭然于心目。不博文能治經乎？既治經矣，
> 當約之以禮。又謂：禮者，理也，天理之秩然者也。考禮即窮理。
> 後儒舍禮而言理，禮必實徵往古，理可空談任臆也。欲挽漢、宋學
> 之流弊，其惟禮學乎！〔註63〕

〔註58〕黃式三：〈畏軒記〉，同上注，頁28。
〔註59〕黃式三：《論語後案原敘》云：「夫近日之學，宗漢、宗宋，判分兩戒。是書
所采獲，上自漢魏，下逮元明，以及時賢。意非主爲調人，說必備乎眾是。
區區之忱，端在於此。而分門別戶之見，不受存也。」同上注，《儆居集‧雜
著一》第1冊，頁6。
〔註60〕黃式三：〈復禮說〉，《儆居集‧經說一》第1冊，同上注，頁17。
〔註61〕張壽安先生：《以禮代理——凌廷堪與清中業儒學思想之轉變》，（台北：中研
院近史所，1994年），頁148。
〔註62〕同上注，頁141。
〔註63〕黃以周：《禮書通故‧自敘》，（收入王文錦先生點校：《禮書通故》（六），北

表明求孔聖之道，必先通經；欲通經，必先訓詁聲韻明，亦即小學明。此一說正如戴震所主：

> 《經》之至道者也，所以明道者其詞也，所以成詞者未有能外小學文字者也。由文字以通乎語言，由語言以通乎古聖賢之心者，譬之適堂壇必循其階，而不可以躐等。〔註64〕

明道在於詞；明其詞在於文字訓詁，此乃明道之方，不可躐等。所學不僅在訓詁，而在訓詁以明道。實則後來焦循、阮元治學理念亦不外乎如是。不過，在此，黃以周更強調的是：除瞭解古人語言文字以通經明道外，所謂治經，更須約之以禮。禮者，乃是「天理」之秩然也，考禮即窮理。禮可徵實往古，不虛假妄造，然言理，則流於空談臆斷，師心自用，變成各是其是各非其非，難有絕對是非。所以黃以周在此，強調是「欲平漢、宋之流弊，惟禮學乎！」可看出其發揚禮學之思想更勝於其父：黃式三；而有「以經學為禮學，以禮學為經學，得顧氏之意」〔註65〕的美譽。父子皆倡禮學，實亦將凌廷堪的「以理代禮」說更加以闡揚至極，故有「東南稱經師者，必尊黃氏」之說。〔註66〕

　　清儒治「禮」，蔚為風尚，對《儀禮》、《禮記》，乃至《大戴禮》作專門研究、註解，或就古禮總論通考者頗多；但專治《周禮》者，卻是很少。〔註67〕至光緒年間孫詒讓（1848～1908），著《周禮正義》一書，《周禮》研究方燦然昌盛。梁啓超先生云：「《周禮》一向很寂寞，最後有孫仲容一部名著，忽然光芒萬丈。」〔註68〕孫詒讓治《周禮》在其《周禮正義》卷首〈略例十二凡〉中

京：中華書局，2007年），頁2722。

〔註64〕戴震：〈古經解鉤沉序〉，《戴震集》，（上海：上海古籍出版社，1980年），頁192。

〔註65〕詳見〈黃式三傳略〉，清繆荃孫編：《續碑傳集》卷75，（書入周駿富先生編輯：《清代傳記叢刊》第119冊，台北：明文書局，1985年），頁323；並參徐世昌編：《清儒學案》卷154，（台北：世界書局，1962年），頁2。

〔註66〕同上注，頁5。

〔註67〕麻天祥先生：《中國近代學術史》云：「宋元明三朝，禮學衰息。入清以後，先有顧、黃兩宗師的提倡，繼有乾嘉諸大老的發奮，禮學漸次復興。以治禮名家的清儒，或者對《儀禮》、《禮記》、《大戴禮》各作專門研究，或者就古禮而有通考總論，至於專治《周禮》的人，卻是很少。《皇清經解》及《續皇清經解》雖收錄有江永《周禮疑義舉要》、沈彤《周官祿田考》、段玉裁《周禮漢讀考》、庄存與《周官記》、徐養原《周官故書考》、王聘珍《周禮學》等著作，但多為局部研究，並非貫通全書之作。」（武漢：武漢大學出版社，2007年），頁110。

〔註68〕氏著：《中國近三百年學術史》十三，（台北：中華書局，1987年），頁190；另李學勤先生：〈讀孫詒讓《周禮正義·天官》筆記〉一文亦表明：「孫詒讓

表明己治此書立場；其云：

> 此經在漢爲古文之學，與今文家師説不同。先秦古子及西漢遺文，
> 所述古制，純駁雜陳，尤宜精擇。今廣徵群籍，甄其合者，用資符
> 驗；其不合者，則爲疏通別白，使不相淆混。〔註69〕

畢竟《周禮》一書，以記周時的職官制度尤詳，在漢時，列入古文經，與當
時今文經講微言大義不同，所以孫氏必做務實工夫，客觀驗證，將各古代文
獻所見職官，與《周禮》作一比較，方爲踏實的治學路徑。

孫詒讓，雖蔚爲擘治《周禮》大家，但他亦是清末傑出的經學家暨文字學
家，章太炎先生曾讚其：「三百年絕等無雙」〔註70〕的一代大師。其治學成就輝
煌，關鍵在其幼好六藝古文，從小即服膺段、王之學，尤嗜考據，秉著小學、
訓詁實事求是的工夫，故奠立良好的學術研究的基礎。其《劄迻·敘》云：

> 年十六七，讀江子屏《漢學師承記》及阮文達公所集栞《經解》，始
> 窺國朝通儒治經史小學家法。⋯⋯深善王觀察《讀書雜誌》及盧學
> 士《群書拾補》，⋯⋯間竊取其義法以治古書。〔註71〕

又：

> 王文簡《述聞》、《釋詞》釋古文辭尤爲究極微眇，余少治《書》，於
> 商、周《命》、《誥》，輒苦其不能盡通，逮依段、王義例，以正其讀，
> 則大致文從字順。〔註72〕

知其治學受高郵二王、段氏、阮元、江藩與盧文弨等啓迪，遂能取其義法以
通古書，亦治學方法上，強調是正文字、審字義與通古文假借，以通經明古。
表明是以小學證經並廣徵博引、援史證經等治學方法；進而「發疑正讀」以
著作諸書，其所採的正是古文經治學的家法而來。其《古籀拾遺》即仿王念
孫的《漢隸拾遺》而求「發疑正讀」的產物。其《古籀拾遺·敘》即表明：「余

《周禮正義》一書，夙爲經學史家推爲有清一代經學殿軍之作，受到學術界
普遍推崇。」收入於彭林先生主編：《清代經學與文化》，（北京：北京大學出
版社，2005年），頁34。

〔註69〕孫詒讓：《略例十二凡》，《周禮正義》，（收入氏著：《孫籀廎先生集》第6冊，
台北：藝文印書館，1963年），頁16。

〔註70〕章太炎先生著、湯志鈞先生等點校：《章太炎全集·太炎文錄初編》第4冊，
（上海：上海人民出版社，1985年），頁213。

〔註71〕孫詒讓：《劄迻·敘》，（北京：中華書局，2006年），頁3。

〔註72〕孫詒讓：《尚書駢枝·敘》，（收入氏著：《大戴禮記斠補》，山東：齊魯書社，
1988年），頁4～5。

有所寤，輒依高郵王氏《漢隸拾遺》例，爲發疑正讀，成書三卷。」〔註73〕
此外，承繼揚州學者闡釋名物制度與語源詮經的方法，孫詒讓尚有《籀廎述
林》卷三的〈釋翼〉、〈釋疇〉與〈釋驪〉等文，即是對任大椿、王念孫治經
方法承繼與學習。姜亮夫先生對此有云：「《籀廎述林》、《剳迻》，有如《讀書
雜誌》、《經義述聞》。」〔註74〕

　　我們知道，孫詒讓除在《周禮》研究上有成外，在擘治《墨子》而言，
亦是一位大家，其《墨子閒詁》便是其代表作。然在《墨子閒詁·附錄·墨
子舊敘》中，可發現到孫氏轉錄汪中的《墨子序》、《墨子後序》與王念孫的
《墨子雜誌·序》等見解頗多。〔註75〕從其著作中闡明、徵引等來看，其治
學特色實與揚州學者之傳承，有著密不可分關係。

　　另在孫氏《籀廎述林》與《古籀拾遺》等書中，可發現到其實與寶應劉
恭冕與儀徵劉壽曾等揚州學者，過從甚密。〔註76〕如在其《古籀拾遺》卷末
有劉恭冕的〈跋〉，讚孫氏金石學，堪與阮元、莊述祖相提並論。可謂：劉恭
冕是第一個對孫詒讓以古文字爲“義據”而證“經傳”給予肯定的前輩學
者。〔註77〕章太炎先生：〈孫詒讓傳〉亦表示：

> 從父宦於江寧，是時德清戴望、海寧唐仁壽、儀徵劉壽曾，皆治樸
> 學，詒讓與遊，學益進。〔註78〕

可看出孫詒讓即使後來因應時勢潮流，轉向經世救亡一途，與康有爲等托古
改制變法如出一轍，以「稽古論治」爲主，倡《周禮》作政論依據，〔註79〕
但不可否認，此一「稽古論治」源頭，來自孫氏古文經學，其古文經學之擅

〔註73〕孫詒讓：《古籀拾遺·敘》，（台北：華文出版社，1971年），頁3。
〔註74〕姜亮夫先生：〈孫詒讓學術檢論〉，《姜亮夫文集》第20冊，（昆明：雲南人民
　　　　出版社，2002年），頁549。
〔註75〕見孫詒讓：《墨子閒詁·附錄·墨子舊敘》，收入氏著：《孫籀廎先生集》第5
　　　　冊，同註69，頁1214～1215。
〔註76〕孫詒讓：〈大戴禮記斠補敘〉云：「同治癸酉，侍先太僕君在江寧，余方草創
　　　　《周禮疏》，而楚楨丈子叔俛孝廉恭冕適在書局刊補《論語正義》亦甫成，時
　　　　相過從，商榷經義，偶出《大戴》顛本示餘，手錄歸之。……今者甄錄諸家
　　　　舊顛，亦以學劉君相示之意。」《籀廎述林》卷4；另一〈周虢季子白盤拓本
　　　　跋〉云：「此紙儀徵劉副貢壽曾所詒，猶出土時拓本也。」《籀廎述林》卷7，
　　　　收入氏著：《孫籀廎先生集》第2冊，同註69，頁234、頁411。
〔註77〕劉建臻先生：《清代揚州學派經學研究》，同註39，頁150。
〔註78〕見氏著：《章太炎全集》第4冊，同註70，頁212。
〔註79〕詳見麻天祥先生：《中國近代學術史》，同註67，頁114。

長，實受揚州學者治學與掌經的影響有密切關係。

章太炎先生（1869～1936），這位在清末極力鼓吹反清以圖強的學者，在其〈清儒〉一文中，將揚州學者劃分於吳、皖派之下，〔註80〕且對焦循、劉文淇、劉寶楠，乃至位居人臣的阮元，皆絕口未提。後來學者對此劃分，亦以爲與事實不盡符合，劉建臻先生云：

> 如汪中的關注民生與重視子學，劉台拱的由宋而漢，江藩的深於學
> 術史等等，與吳派的宗旨尚相距甚遠，同樣，也與江藩專篇以述揚
> 州學者且以之爲學派的情形有著明顯的差異。〔註81〕

先不論章太炎先生對揚州學者劃分是否正確，乃至將重要人物——阮元割捨，甚而藐視阮元崇高的學術地位。〔註82〕這或許與章氏排滿、革命意圖有關，是其政治取向，〔註83〕但殊不知其治學淵源，卻是與揚州學者有莫大關係，尤其是創詁經精舍的「阮元」。在章太炎《自定年譜》即云：

> 初讀唐人《九經義疏》，時聞說經門徑於伯兄錢，乃求顧氏《音學五
> 書》、王氏《經義述聞》，郝氏《爾雅義疏》讀之，即有悟。自是壹
> 意治經，文必法古。〔註84〕

〔註80〕 章太炎先生：〈清儒〉中，將揚州學者隸屬於吳派有：汪中、劉台拱、李惇、賈田祖、江藩。而列屬於皖派，則有：王念孫、王引之、任大椿。見氏著：《訄書》（修訂本），（梁濤先生評注：《訄書評注》，西安：陝西人民出版社，2003年），頁120、122～123。

〔註81〕 劉建臻先生：《清代揚州學派經學研究》，同注39，頁153。

〔註82〕 章太炎先生：《太炎文錄初編·說林下》即對阮元所編《國史儒林傳》大肆批評：「說經先顧棟高諸賤儒，講學亦錄諸顯貴人，仁鄙僩陋，涸淆無序。」同注70，頁120。

〔註83〕 姜義華先生著：《章炳麟評傳》指出：「《訄書》初刻本所致力的思想解放，已經對於兩千年來支配著人們思想與行爲的範式提出了挑戰。但是，最終還要承認孔子爲"獨聖"，表明《訄書》初刻本還沒有下決心從根本上顛覆自西漢罷黜百家、獨尊儒術以來佔支配地位的傳統範式。這決定性的飛躍，是在《訄書》修訂本中完成的。《訄書》修訂本對兩千年來的範式，作了全面性的顛覆。作出全面性的顛覆的政治基礎，是八國聯軍之役後，章炳麟旗幟鮮明地倡導革命，公開同清王朝在政治上完全決裂，同企圖繼續在清王朝統治體制內進行改革的康有爲一派完全決裂。」又「修訂本第一部分，包含〈原學〉、〈訂孔〉等15篇。與初刻本相較，刪去了〈尊荀〉而代之以〈原學〉與〈訂孔〉：於原〈儒墨〉、〈儒道〉等比較先秦儒學與諸子學說得失的五篇文章外，新增〈學變〉、〈學蠱〉、〈王學〉、〈顏學〉、〈清儒〉、〈學隱〉等一組述評漢晉以來思想學術的文章」，（南京：南京大學出版社，2002年），頁348、頁352。

〔註84〕 氏著：《太炎先生自定年譜》，（收入《叢書年譜》，台北：廣文出版社，1971

主學術必須「壹意」，專心一意以治經，且「文必法古」；尚古文經學家法從事經學研究，亦即文字訓詁小學方式讀經、孳經，治經，乃方為有成。此舉到王氏《經義述聞》，可知對此書，章氏是頗推舉的。在其〈自述學術次第〉曾云：「讀《經義述聞》，始知運用《爾雅》、《說文》以說經。」〔註85〕可知王氏父子治學方法，對章太炎先生治學孳經影響頗大。然對於章太炎先生經學成就，影響既深且遠的，應是進入詁經精舍之後的學習與聽講，尤其師從「高郵二王」的俞樾，其對章氏的影響更是不可言喻。〔註86〕學者亦指出：章太炎，本是經學大師俞樾的學生，早年跟隨俞樾在杭州詁經精舍埋頭「稽古之學」，走的是戴震所倡導的「由字以通詞，由詞以通道。」的治學道路，堪稱是戴震的四傳弟子。〔註87〕

在詁經精舍研習期間，章太炎先生撰寫了大量的學術箚記。如：《膏蘭室札記》與《詁經札記》。對劉逢祿等今文派的學說，章太炎先生頗不以為然，〔註88〕即著有《春秋左傳讀》、《春秋左傳讀續編》、《春秋左傳讀敘錄》與《駁

〔註85〕章太炎先生：〈自述學述次第〉，收入劉夢溪先生主編：《章太炎卷》，（石家庄：河北教育出版社，1996 年），頁 647。

〔註86〕《詁經精舍課藝》第七第八集中所載的三十八箚記，皆見於章太炎先生著：《詁經札記》，收入《章太炎全集》第 1 冊；據湯志均先生：〈編者說明〉云：「《詁經札記》，是光緒十六至十九年間（1890 年～1893 年），章太炎肄業詁經精舍時的『課藝』，主要是對《易》、《書》、《詩》、《禮》、《春秋左傳》、《論語》等經籍文字音義的詮釋，輯入《詁經精舍課藝》七集和八集。」見氏著：《章太炎全集》第 1 冊，同注 70，頁 1。另氏著《太炎先生自訂年譜》「光緒 16 年 1890 年 23 歲條」載：「肄業詁經精舍，時德清俞蔭甫先生主教，因得從學。」又「光緒 22 年 1896 年 29 歲條」載：「余始治經，獨求通訓故知典禮而已；及從俞先生游，轉益精審。……二十四歲，始分別古今文師說。」，同注 84，頁 4、頁 5；另劉夢溪先生主編：《章太炎卷》附〈章太炎先生學術年表〉亦云：「1890 年 22 歲父親去世，赴杭州入詁經精舍從俞樾受業，並就高學治問經，譚獻問文辭法度。」同上注，頁 656。

〔註87〕見許蘇民先生：〈用國粹激動種性，增進愛國的熱情——章太炎及國學保存會對戴震思想的宣傳〉，《戴震與中國文化》，（貴陽：貴州人民出版社，2000 年），頁 304。

〔註88〕見氏著：《太炎先生自訂年譜》「光緒 22 年 1896 年 29 歲條」載：「遷居會城。作『左傳讀』。……與穗卿交，穗卿時張公羊、齊詩之說，余以為詭誕。專慕劉子駿，刻印自言私淑。其後編尋荀卿、賈生、太史公、張子高、劉子政諸家左氏古義，至是書成，……獨以『敘錄』一卷、『劉子政左氏說』一卷行世。初，南海康祖詒長素著『新學僞經考』，言今世所謂漢學，皆亡新王莽之遺；古文經傳，悉是偽造。其說本劉逢祿、宋翔鳳諸家，然尤恣肆。……祖詒嘗過杭州，以書示

箴膏肓評》等書加以批評。可看出章氏治學方向是從古文經學，反今文經學的，甚至對主今文經學者，如劉逢祿等亦深表不滿。可謂其根柢之學源於詁經精舍，源於揚州學派，乃至戴震。治學方法同於乃師俞樾，是以揚州學派人物的學術成果為依托，而有所發明與創造。若再溯其本源，可進一步發現章氏治學之方，亦是秉承阮元遺法而來。主以文字訓詁為基點，從校訂經書，至史書、諸子書等；並從解釋經文涵意至考證經、史、地理、天文曆法等。在章氏的〈清儒〉、〈釋戴〉等篇，即可看出他闡揚清代學術，總結考據學派精神，不外是主「審名實、重佐證、戒牽妄、守凡例、斷情感、汰華辭」與「六者不具而能經師者，未之有也。」等說。〔註 89〕學者指出：這正是揚州學派所主張的「實事求是，無徵不信」的治學方法。〔註 90〕

　　王國維先生（1877～1927），清末著作等身的國學大師。然在其〈國朝漢學派戴、阮二家之哲學說〉一文中，〔註 91〕即可發現到王國維先生極其重視阮元的學術，將阮元與戴震並列為清代哲學的興起者，推翻所謂「清代無哲學」之謬論。

　　在其〈王靜安先生年譜〉〔註 92〕中，我們可知其學術根柢是出自揚州學派。王氏早年曾讀江藩的《國朝漢學師承記》，即有欲於此求修學治經途徑。後結識羅振玉，獲得羅氏贈予的戴震、程易疇、錢大昕、汪中、段玉裁、高郵二王諸家書，其深厚的國學根柢的奠定，想必是無法排除與此中有密切的關係。

俞先生。先生笑謂余曰：『爾自言私淑劉子駿。是子專與劉氏為敵，正如冰炭矣。』……有為弟子新會梁啓超卓如與穗卿集資就上海作『時報』，招余撰述，余應其請，始去詁經精舍，俞先生頗不懌。然古今文經說，余始終不能與彼合也。」同註84，頁5。又章太炎先生所著《春秋左傳讀》、《春秋左傳讀續編》、《春秋左傳讀敘錄》與《駁箴膏肓評》等書，皆見氏著：《章太炎全集》第1冊；又梁濤先生：《〈清儒〉第十二》提及：「需要指出的是，章太炎是站在古文經學的立場來評論清代學術發展的」，見梁濤先生評注：《訄書評注》，同註80，頁110。

〔註 89〕 詳見章太炎先生：〈說林下〉，《太炎文錄初編》卷1，《章太炎全集》第3冊，同註70，頁119、120。

〔註 90〕 王章濤先生：〈第二章　揚州學派的活動和影響〉，收入氏著：《阮元評傳》，同註5，頁47。

〔註 91〕 王國維先生：〈國朝漢學派戴、阮二家之哲學說〉，（收入《王國維先生全集初編》第5冊，台北：大通出版社，1976年），頁1784。

〔註 92〕 見趙萬里先生撰：「光緒24年戊戌22歲條」、「光緒29年癸卯27歲條」、「宣統3年辛亥35歲條」、「宣統4年壬子36歲條」、「宣統5年癸丑37歲條」，《王靜安先生年譜》，（收入《年譜叢書》第61冊，台北：廣文書局，1971年），頁4、頁6、頁15、頁16。

　　還有王國維先生所發明的考據法，即「二重證據法」，強調是考古發掘資料與傳世文獻並重。然而早在乾嘉年間，阮元即以金石碑等文物證史論經，可看出王國維先生所創「二重證據法」，其來有自矣。

　　上述所列舉的人物，不論是否來自詁經精舍的學者，或是，私淑戴震、王氏父子、焦循、阮元等，或是中途轉換跑道者，他們治學精神、方法，實與揚州學者有著密切關係；誠如郭明道先生所云：晚清正統派經學大師，從俞樾、孫詒讓到章太炎、劉師培、王國維，都曾經從揚州學派的治學思想和方法中受過啟發。〔註93〕

二、今古文之爭學術流變

　　乾隆、嘉慶年間，可謂清代漢學發展至鼎盛時，但實際上，隨著乾隆中葉以後中國社會的變化，學術的經世思潮實也在潛滋暗長。尤以今文經學的復興乃至發皇，最為引人注目。然今文經學是如何興起？如何產生今古文之爭？想必絕非是空穴來風！據大谷敏夫先生分析，清代揚州與常州的學術生活，發現到：徽商對江南學術活動產生過至關重要的影響；所謂商業聯系是徽學向揚州（通過戴震）、常州（通過戴震的弟子）傳播的社會背景。〔註94〕所以綜觀乾嘉時期今文經學興起的特徵，我們的確可以發現到今文經學興起仍有著「漢學」影子，二者之間似乎存有著深厚的淵源關係。誠如黃愛平先生所云：表面看來，今文經學的出現，似乎是對漢學的背離，但實際上直接脫胎於漢學，從漢學派生出來，走上了一條新的途徑。如孔廣森甚至用樸學方法研治今文經學的經典，構建自己的體系。〔註95〕可看出今文經學興起至發展的內在理路，實是以漢學為基礎發展而來。是一種復古方式，表現出思想內容上的某種創新。由乾嘉如日中天的漢學而走向今文經學以致今古文之爭，正彷彿是一個學術史的變化〔註96〕──如在明末清初社會大動盪時，學

〔註93〕氏著：《阮元評傳》，（北京：社會科學文獻出版社，2005年），頁229。
〔註94〕見（日）大谷敏夫先生著、盧秀滿先生譯：〈揚州、常州學術考──有關其與社會之關連〉，（《中國文哲研究通訊》第10卷第1期，2000年3月），頁97。
〔註95〕黃愛平先生：〈論乾嘉時期的今文經學〉，收入於王俊義先生等編：《清代學術文化史論》，（台北：文津出版社，1999年），頁261。
〔註96〕關於此，淩廷堪即已表明：「蓋嘗論之，學術之在天下也，閱數百年而必變。其將變也，必有一二人開其端，而千百人嘩然攻之，其既變也，又必有一二人集其成，而數百人靡然從之。……及其變之既久，有國家者繩之以法制，誘之以利祿，童秩習其說，毫釐不知非，而天下相與安之。天下安之既久，

術界是以對宋明理學的唾棄和對漢代經學的回歸，來表現學術發展的新趨勢；那麼，在乾嘉時期社會或將發生變化的轉型階段，有識之士同樣以對傳統的回歸——從東漢的古文經學回溯到西漢的今文經學，以此傳遞出學術界某種新的內容，開啟出一個新的學派。〔註97〕

　　事實上，乾嘉之際漢學已趨末流，盡顯頹勢之象，流弊叢生。所謂：藉鄭注數章，許書一冊，即可附庸漢幟，而於治學之本原，立身之經緯，概置不講。〔註98〕對於學術上彌漫酊餗、考據，不問天下蒼生、國家大事之現象，揚州學者焦循於當時亦看出埋首於考據之弊；其云：

> 近之學者，無端而立一考據之名，群起而趨之。所據者漢儒，而漢儒中所據者又惟鄭康成、許叔重。執一害道，莫此為甚。〔註99〕

又：

> 近時數十年來，江南千餘里中，雖幼學鄙儒，無不知有許、鄭者，所患習為虛聲，不能深造而有所得。古學未興，道在存其學；古學大興，道在求其通。……證之以實，而運之以虛，庶幾學經之道也。
> 〔註100〕

對於專治考據，所尊尚惟漢代許慎、鄭玄的學問，未能廣博多識，拘泥於「惟漢是求」的學風，深表不滿，視為「執一害道，莫此為甚。」重要是為此名所患，以為埋首故紙堆中，便能有所學，實際上，是狹窄的眼界，治學上無法深造有得的。在古學未興時，當努力於傳承古學，但大興時，則在求其通，而非拘執一端，所以焦循在此提出治經之道，便是「實事求證，進而靈活運用」，有所變通，學以致用，才行！所以焦循以為「治經當以經學名之」，不可以考據混淆其間，「考據之名不可不除。」〔註101〕阮元對此，亦有相同看法，其云：

> 聖人之道，比若宮牆，文字訓詁，其門徑也。門徑苟誤，趺步皆歧，

　　則又有人焉思起而變之，此千古學術之大較也。」見氏著：〈與胡敬仲書〉，《校禮堂文集》卷23，（北京：中華書局，1998年），頁203。
〔註97〕黃愛平先生：〈論乾嘉時期的今文經學〉，同注95，頁261。
〔註98〕楚金先生：〈道光學術〉，（收入周康燮先生主編：《中國近三百年學術思想論集》（第一編），香港：崇文書店，1971年），頁318。
〔註99〕焦循：《里堂家訓》卷下，（周秀才等著：《中國歷代家訓大觀》（下），大連：大連出版社，1997年），頁862。
〔註100〕焦循：〈與劉端臨教諭書〉，《雕菰集》卷13，（台北：鼎文書局，1977年），頁215。
〔註101〕焦循：〈與孫淵如觀察論考據著作書〉，《雕菰集》卷13，同上注，頁213。

安能升堂入室乎？學人求道太高，卑視章句，譬猶天際之翔出於豐
屋之上，高則高矣，戶奧之間，未實窺也。或者但求名物，不論聖
道，又若終年饋於門廡之間，無復知有堂室矣。……但立宗旨，即
居大名，此一蔽也。精校考博，經義確然，雖不逾閑，德便出入，
此又一蔽也。〔註102〕

阮元以「宮墻」、「門徑」之喻，比考據與義理，考據如門徑，義理即宮墻；
門徑以通宮墻，考據進求聖賢義理，方是正確治學途徑。門徑方法一誤，則
無法登堂入室矣。偏執一方，皆是治學之蔽；惟求聖道，輕視基本工夫——
小學治經，則是好高騖遠，海市蜃樓作法，虛而不實，所謂「登高必自卑，
行遠必自邇」道理在此；相對的，自限於名物考據，不論聖道，亦如井底之
蛙，所見僅門廡之間，無法知其「百官之富，宗廟之美」。焦循、阮元雖主實
事求是為治學方法，但不偏一隅，主以考據求義理為明經達道之途徑，對於
為考據而考據，皆是相當反對的。

　　尤其當時江藩著《國朝漢學師承記》，嚴立漢宋門戶，而自詡承繼程朱理
學衣缽的方東樹為護宋學，是以著《漢學商兌》以抗衡，於是又開啟激烈的
漢宋之爭。方東樹抨擊漢學：

漢學諸人，言言有據，只向紙上與古人爭訓詁、形聲，傳注駁雜，
援據群籍，證佐數百千條，反之身心已行，推之民人國家，了無益
處，徒使人狂惑失守，不得所用。然則雖實事求是，而乃虛之至也。
〔註103〕

以漢學家陷入一個悖論，主張客觀實證，然佐證數百，對自身身體力行、國計
民生無涉，倡言實事求是，實又落入另一玄虛之窠臼，無關乎經世致用。〔註104〕
對於此，實亦導致阮元重申經學研究必兼顧漢宋，致力於訓詁與道義的融通，

〔註102〕阮元：〈擬國史儒林傳序〉，《揅經室一集》卷2，（北京：中華書局，1993年），
　　　　頁37～38。

〔註103〕方東樹：《漢學商兌》卷中之上，收入朱維錚導讀：《漢學師承記》（外二種），
　　　　（北京：三聯書店，1998年），頁276。

〔註104〕關於此，詳見王汎森先生：〈方東樹與漢學的衰退〉云：「為何考據學如此發
　　　　達，出版的書這麼多，而現實世界如此齟齬混亂？這個現象顯然與清初大儒
　　　　的主張相違背。……為什麼將三代社會的真相弄得愈清楚，似乎也愈不可能
　　　　實行？……簡言之，這時候產生了一個深刻的"知識與現實世界斷裂"的危
　　　　機感。」收入氏著：《中國近代思想與學術的系譜》，（石家莊：河北教育出版
　　　　社，2001年），頁4。

漢宋之調合。主說經不廢考據，考據不失微言大義。然此一影響頗大，據學者研究，指出：道光以降，學術發展，在經世致用的社會心理預期下，終走向漢宋調和之勢。〔註105〕尤其晚清理學復興的曾國藩（1811～1872），爲學取向更是主「兼取二者之長」的「漢宋兼采」，〔註106〕主張：「有義理之學、有詞章之學、有經濟之學、有考據之學。……此四者闕一不可。」〔註107〕是以在漢學陣營下，提倡漢宋調和，已成爲學術大勢。然阮元當時，力持學術之平，調和漢宋，不主門戶之見，無異是開風氣的關鍵人物。但問題是學術史的發展並未在此停滯不前，而告終擺，而是在漢宋融合時，亦在漢學陣營中，相繼萌生出「今文經學」之因子，之後，逐漸爆發出所謂的「今古文之爭」。

　　清代今文經學復興，倡始者當推乾隆時期的莊存與（1719～1788）。〔註108〕然莊存與生活年代，正處漢學極盛時，受當時風氣影響，莊存與治學亦由漢學入手，博通六藝，學貫群經，「幼誦六經，尤長於《書》。」〔註109〕但也受理學

〔註105〕劉玉才先生：《清代書院與學術變遷研究》指出：「道光以降，面對前所未有的社會變局，作爲主流學術存在的漢學，因爲缺乏經世應變的能力，備受有識之士的詬病，漸趨式微；而具有提倡道德氣節作用的宋學，在桐城文派和湖湘集團勢力的倡導之下，獲得了復興的契機。但是經史考據之學畢竟綿延百年，學術根基深厚，而講求身心性命的程朱理學，歷史已經證明，也無法承擔起經世的責任。於是漢學與宋學，在“通經致用”的主題之下，走向融合，漢宋兼采成爲道光以降普遍的學術風氣。無論出身漢學陣營的陳澧，還是宋學陣營的曾國藩，實際都把漢宋調和作爲自己的學術崇尚。」（北京：北京大學出版社，2008年），頁153、161。

〔註106〕曾國藩先生從唐鑑問學時，寫予弟弟的信中提及：「蓋自西漢以至於今，識字之儒約有三途：曰義理之學、曰考據之學、曰詞章之學。各執一途，互相詆毀。兄之私意，以爲義理之學最大。義理明則躬行有要而經濟有本。詞章之學，亦有以發揮義理者也。考據之學，吾無取焉矣。此三途者，皆從事經史，各有門徑。吾以爲欲讀經史，但當研究義理，則心一而不紛。」見氏著：《曾文正公全集・書札》卷1；又：「僕竊不自揆，謬欲兼取二者之長，見道既深且博，而爲文復臻於無累，……於漢、宋二家構訟之端，皆不能左袒，以附一哄；於諸儒崇道貶文之說尤不敢雷同而苟隨。」《曾文正公全集・書信》卷1，（長春：吉林人民出版社，1995年），頁1858、頁1860。

〔註107〕曾國藩先生：〈求闕齋日記類鈔〉卷上，《曾文正公全集》第8冊「辛亥七月條」，同上注，頁4873。

〔註108〕王裕明先生：〈莊存與經學思想淵源簡論〉云：「乾隆中葉後，莊存與重啓研究治今文經學之先河，開創了常州學派」，（《學海》第1999年第4期），頁106。

〔註109〕龔自珍：〈資政大夫禮部侍郎武進莊公神道碑銘〉，《龔定庵全集類編》，（收入《近代中國史料叢刊本》第713冊，台北：文海出版社，1971年），頁296。

影響，曾自題齋聯云：「玩經文存大體理義悅心，若己問作耳聞聖賢在坐。」〔註110〕然在莊存與諸多經學著述中，最重要並對後世影響最大者，當推《春秋正辭》一書，學者謂其乃清代今文經學的第一部著作。〔註111〕本著「研經求實用」治學宗旨，在《春秋正辭》中，以《公羊傳》爲本，雜採他說，對《春秋》微言大義作多方闡釋。尤其「大一統」思想，歷來被視爲春秋公羊學的核心，寄寓著孔子的政治理想。然莊存與釋爲：

> 天無二日，民無二王，郊社宗廟，尊無二上。治非王則革，學非聖則黜。〔註112〕

表明尊其王權、崇拜初祖，但對不合王道者，主張變革以棄，撥亂反正也。其變革思想可謂後來公羊之學變革精神的先導。〔註113〕承繼其學而發揚光大者，後來有孔廣森、莊述祖與劉逢祿。

孔廣森（1752～1786），〔註114〕其春秋公羊學，深受莊存與的影響，更加顯揚《公羊傳》的精神。所謂「知《春秋》者，其唯公羊子乎！」〔註115〕極力強調是「《春秋》重義不重事」，然「《左氏》之事詳」，「《公羊》之義長」，故「斯《公羊傳》尤不可廢。」據何休的《春秋公羊經傳解詁》作《春秋公羊經傳通義》十一卷，並〈敘〉一卷，以爲「凡諸經籍義有可通於《公羊》者，多著錄之。」〔註116〕以闡發《春秋》及《公羊傳》之微言大義。

與孔廣森同時，但生活年代略晚的莊述祖（1750～1816），在今文經學復

〔註110〕清繆荃孫編：《續碑傳集》卷3，同注65，頁230。
〔註111〕黃愛平先生：〈論乾嘉時期的今文經學〉，同注95，頁244。
〔註112〕莊存與：〈奉天辭第一〉，《春秋正辭》，（收入《續修四庫全書・經部・春秋類》第141冊，上海：上海古籍出版社，2002年），頁3。
〔註113〕蕭曉陽先生、羅時進先生：〈常州莊氏之學與近代疑古思潮之發生〉，（《衡陽師範學院學報》第29卷第1期，2008年2月），頁80。
〔註114〕孔廣森治學，可謂既有漢學、理學之師承，又受其家學及座主莊存與的影響。據《清史列傳》卷68載：「嘗受經戴震、姚鼐之門。」（台北：明文書局，1985年），頁5528；另黃愛平先生：〈論乾嘉時期的今文經學〉亦強調：「其治經既沿襲了漢學重視訓詁考據的途徑，又不廢經書的微言大義。他精研《三禮》、《詩經》、《周易》、《尚書》、《論語》、《孟子》、《爾雅》各經，尤深於《大戴禮記》和《公羊春秋》，著有《禮學卮言》、《經學卮言》、《詩聲類》、《大戴禮記補注》、《春秋公羊經傳通義》等書。」同注95，頁247～248。
〔註115〕孔廣森：《公羊春秋經傳通義》卷11，收入《續修四庫全書・經部・春秋類》第129冊，同注112，頁179。
〔註116〕阮元：〈春秋公羊通義序〉，孔廣森：《公羊春秋經傳通義》卷末，同上注，頁185。

興中扮演著承先啓後的重要人物。然其治學先從《說文解字》入手，以爲：

> 學者苟通古字古音，於書無不可讀，雖復眞僞雜揉，編簡亂脫，以
> 倉籀定其文，以聲均辨其句，要不遠於人情。〔註117〕

一如主漢學學者，主訓詁以通經明道。除受漢學影響外，最直接是受到其伯父莊存與爲學的熏陶。十分推崇《公羊傳》；其云：

> 《春秋》之義，以三傳而明，而三傳之中，又以《公羊》家法爲可
> 說。其所以可得而說者，實以董大中綜其大義，胡毋生析其條例，
> 後進遵守不失家法，至何邵公作《解詁》，悉隱括就繩墨，而後《春
> 秋》非常異議可怪之論，皆得其正。凡學《春秋》者，莫不知公羊
> 家，誠非《穀梁》所能及，況《左氏》本不傳《春秋》者哉！〔註118〕

視《公羊傳》深得《春秋》大義。由董仲舒綜其大義至胡毋生析其條例，到何休《經傳解詁》，皆能釋《春秋》隱微之理，凡歷來論《春秋》之怪論異議等，在此，皆得其正。所以莊述祖強調釋《春秋》，皆非《公羊傳》所及。上述莊存與、孔廣森至莊述祖，我們可發現到他們皆具備漢學文字聲韻訓詁的堅實基礎，在此漢學基礎上，進而強調的是今文經的微言大義。然隨著時代轉變，社會政治的由盛轉衰，各種社會矛盾出現，學術界上有識之士，不再滿足於文字、音韻、訓詁、校勘、考據的純學術研究，極力講究經世致用，關注社會現實，力求通過各途徑，尋求維護封建秩序，解決社會危機的方案。在此背景下，今文經學得以進一步發皇，其代表人物即是劉逢祿。

劉逢祿（1776～1829），承繼家學，學者指出：承常州今文經學精髓而使之影響於學術界者，有二人至關重要，即莊述祖之二甥，劉逢祿與宋翔鳳。由於二人的影響，莊氏之學得以影響到近代學術，成爲變革思想的先導。〔註119〕劉逢祿在此危蕩時代下，可謂不遺餘力推崇今文經學，貶斥古文，進一步嚴立今文、古文界限，分清今古門戶之別；其云：

> 嘗怪西京立十四博士，《易》則施、孟、梁丘氏，《書》則歐陽、大、
> 小夏侯氏，《詩》則齊、魯、韓氏，《禮》則大、小戴氏，《春秋》則
> 公羊、顏、嚴氏，《穀梁》江氏，皆今文家學。而晚出之號古文者，

〔註117〕莊述祖：《漢鐃歌句解·自序》卷首，（台北：廣文書局，1978年），頁1。
〔註118〕莊述祖：《明堂陰陽夏小正經傳考釋·自序》卷首，收入《續修四庫全書·經部·群經總義類》第173冊，同注112，頁229。
〔註119〕蕭曉陽先生、羅時進先生：〈常州莊氏之學與近代疑古思潮之發生〉，同注113，頁81。

十不與一。夫何家法區別之嚴若是，豈非今學之師承，遠勝古學之

鑿空，非若《左氏》不傳《春秋》，逸《書》、逸《禮》絕無師說，

費氏《易》無章句，《毛詩》晚出，自言出自子夏，而《序》多空言，

《傳》罕大義，非親見古序有師法之言與！〔註120〕

極力排斥古文，推崇今文。視晚出的古文經學，皆不如西漢時的今文經學。今
文經家法嚴謹遠勝古文經學之鑿空。若釋《春秋》之《左傳》、《易》之費氏《易》、
《詩》之《毛詩》，還有逸《書》、逸《禮》等出現，於釋經、傳義、師說、章
句等方面，皆無可觀，而《毛詩序》多空言，《毛傳》少言大義，皆是古文經學
之弊。在此斥古文，崇今文同時，劉氏極力褒揚《春秋》，推崇《公羊》；其云：

撥亂反正，莫近《春秋》，董、何之言，受命如響，然則求觀聖人之

志，七十子之所傳，舍是悉適焉！〔註121〕

重點在此，乾嘉時期常州今文經學在漢學——古文經學的籠罩下，仍是隱微不
顯，但經劉逢祿大力推崇今文，排斥古文下，其傳播之力可謂既深且遠。關鍵
人物：凌曙（1775～1829），（誠如前張壽安先生所云）——道光年間，公羊學
集大成者。凌曙受劉逢祿之學影響，大大闡揚今文經學，而分派於魏源（1794
～1857）、龔自珍（1792～1841）諸人，晚清今文經師：陳立（1809～1869）、
戴望（1837～1873）、王闓運（1833～1916）、廖平（1852～1932）、皮錫瑞（1850
～1908）、康有為（1858～1927），均假今文經以議政論事，反對漢學僅埋首於
故紙，主張經世致用。公羊學的暗流甚至成為光緒中葉之後的理論指導。〔註122〕
然我們知道，主今文公羊學之凌曙，其甥：劉文淇，卻是主古文經《左傳》之
學，其儀徵劉氏四代（至劉師培亦是），均傳承古文經《左傳》學，四代治《左
傳》，欲完成一部《春秋左氏傳舊注疏證》，但傳至劉師培時，仍未成，正當今
文經勢頭強猛，康有為大力鼓吹經世改革時，劉師培承繼《左傳》家學，勢必
為《左傳》正名，力挽頹瀾。因此，可看出今古文兩派對立壁壘分明，除儀徵
劉氏恪守傳統，推崇古文經漢學外，另前有所承揚州漢學學者，如俞樾、孫詒
讓、章太炎等學者，無疑便是主古文經學一派，各有所主，互不相讓，所謂「今
古文之爭」於焉產生；其中，尤以今文學者康有為與古文學者劉師培的爭論，

〔註120〕劉逢祿：〈詩古微序〉，《劉禮部集》卷9，收入《續修四庫全書・集部・別集
　　　　類》第1501冊，同注112，頁169～170。
〔註121〕劉逢祿：〈春秋公羊釋例序〉，《劉禮部集》卷3，同上注，頁59。
〔註122〕劉玉才先生：《清代書院與學術變遷研究》，同注105，頁154。

最持久、最激烈，聞名至 20 世紀。〔註 123〕

另外，在常州除今文經學盛行外，常州漢學學者亦是層出不窮。據學者研究，指出：18 世紀中葉，一個新的常州士紳團體形成。即東林黨人孫愼行的曾孫孫星衍、洪亮吉及其好友黃仲剛、趙懷玉、趙翼等，在家鄉武進、陽湖形成一個由漢學家與文人組成的團體。尤其孫星衍（1753～1818）、洪亮吉（1746～1809）、李兆洛（1769～1841）既是常州一流學者，又是漢學運動的積極參與者。他們在許多方面代表著常州古文經學的主張，形成了一股與北面的揚州、南面的蘇州相似的學術文化思潮。〔註 124〕所以是否在常州本地，漢學興起與今文經學產生，亦發生一場今古文之爭？是以主今文經學的魏源，對於漢學底子深厚的李兆洛、洪亮吉等人，亦不得不表佩服，所以魏源對常州學者，綜合而言，亦表示：常州學者折衷義理、考證，綜匯訓詁、經世之學於一體。〔註 125〕

然另一引發今古文之爭的因子，尚在於評論者的視域，他們對清儒諸多著作，似乎存有著朦朧的盲點，舉凡古文經學著述，皆視爲考據之漢學著作，如孫詒讓《周禮正義》便是一例，在其〈自序〉已清楚表明，此書實與他的政教思想有關，〔註 126〕但後來學者均將之歸宿在文獻整理，考據之漢學中，此實與孫詒讓初衷相違，或許亦是孫詒讓始料未及的。亦正因旁人不解，即使本身富

〔註 123〕見（美）艾爾曼（Benjamin A. Elman）著、趙剛先生譯：《經學、政治和宗教──中華帝國晚期常州今文學派研究》，同注 37，頁 7；另錢穆先生對於康有爲《新學僞經考》中主東漢以來的古文經，皆劉歆僞造之説。深作考查，著有《劉向歆父子年譜》證實劉歆古文經非僞也，而抨擊康有爲之説謬也；另見拙論：〈試論錢穆的經學致用之道──從其對龔自珍之評論談起〉，（收入第二屆《錢穆先生思想研究論文發表會論文集》，2007 年 11 月），頁 222。

〔註 124〕見（美）艾爾曼（Benjamin A. Elman）著、趙剛譯：《經學、政治和宗教──中華帝國晚期常州今文學派研究》，同上注，頁 85。

〔註 125〕魏源：《古微堂內外集》第 4 冊，（台北：文海出版社，1966 年），頁 27～30。

〔註 126〕孫詒讓：《周禮正義・自序》云：「其閎意眇恉，通關常變，權其大較，要不越政教二科。政則自典法刑禮諸大端外，凡王后世子⋯⋯官府一體，天子不以自私也。而若國危、國邊、立君等非常大故，無不曲爲之制，預爲之防。⋯⋯大司寇、大僕樹肺石，建路數，以達窮遽。誦訓、士訓夾王車，道圖志，以詔觀事辨物。所以宣上德通下情者無所不至，君民上下之間，若會四肢百脈而達於囟，無或壅閟而弗暢也。其爲教，則國有大學、小學，自王世子公卿大夫士之子，⋯⋯鄉遂所進賢能之士咸造焉。旁及宿衛士庶子、六軍之士，亦皆肄作肄學，以德行道藝相切劘。⋯⋯其政教之備如是，故以四海之大，無不受職於民，無不造學之士，不學而無職者則有罷民之刑，賢秀挾其才能，愚賤貢其忱悃，咸得以自通於上，以致純太平之治，豈偶然哉？」同注 69，頁 1～7。

有極深刻的經世濟民意圖，但亦會被誤解，所謂今古文之爭亦相繼而起。主要原因即在於：《周禮》出自西漢末年劉歆等古文家之手，所以今文家一直斥之爲僞經，推之於現實政治就更遭攻訐抨擊。咸同年間，邵懿辰（1810～1861）於《禮經通論》即表示：「後世用《周官》者，未嘗不誤國事。」〔註127〕對此，孫詒讓爲《周禮》爭辯，更爲自己「稽古論治」尋其現實的可行性；其云：

> 或謂戰國潰亂不經之書，或謂莽歆所增傅。其論大都逞臆不經，學者率知其謬，而其抵巇索瘢，至今未已者，則以巧辭邪說附托者之爲經累也。蓋秦漢以後，聖哲之緒，曠絕不續，此經雖存，莫能通之於治。劉歆、蘇綽托之以佐王氏、宇文氏之篡，而卒以踣其祚；李林甫托之以修《六典》而唐亂，王安石托之以行新法而宋亦亂。彼以其詭譎之心，刻覈之政，偷效於旦夕，校利於黍杪，而謬於托古經以自文，上以誑其君，下以杜天下之口，不探其本而飾其末，其僥倖一試，不旋踵而潰敗不可振，不其宜哉！而懲之者遂以此經詬病，即一二閎覽之士，亦疑古之政教不可施於今，是皆膠柱鼓舟之見也。〔註128〕

在此，孫詒讓別有見地指出，《周禮》之遭受訐誣，是因後人的巧辯邪說，附托於它，而汩沒了《周禮》興治的經中眞義。然聖賢之意，皆存於古經中，如此被後世謬論不彰，此經雖存，但聖哲之意，則無法延續、流廣。加上劉歆、蘇綽托古改制以佐王氏等例，在史上皆爲失敗之例，或者，是爲篡政之例，因此，造成後人對古文經誤解，視爲對上以誑其君，對下以杜民之口，殊未探其本源而謬說於末，後世亦承其謬說，到處詬病古文經，甚者，以爲「古之政教不可施於今」，這些說法，無異是膠柱鼓瑟、刻舟求劍、緣木求魚之論。

孫詒讓治《周禮》，《周禮》雖爲古文經，但他不囿於古文之限，立志將其精髓，用於立學興國之中，以《周禮》之制作政論張本，圖以經世致用，經世濟民。以見即使古文經學，亦可富強救國。

總之，常州今文經學興起，而有所謂今古文之爭，這亦表示學術史是不斷在演變進化的，是爲應世局潮流，所興之經世圖強之途。然爲18、19世紀的常州今文經學的社會、政治主張提供學術基礎的，無疑是來自揚州、蘇州

〔註127〕邵懿辰：《禮經通論》，（收入《叢書集成續編》第42冊，台北：新文豐出版社，1989年），頁560。
〔註128〕孫詒讓：《周禮正義，自序》，同註69，頁8～9。

反宋學的漢學運動。〔註 129〕道光以降，國家危亡不安，在此之時，想必不論是治漢學、宋學、古文經學、今文經學學者，或引發漢宋之爭、今古文之辯，或是同光時期的中西之論，實際上他們均有一共同主題，就是為解脫現實困境尋求出路；劉玉才先生說得好，其云：

> 經世致用的治學取向成為不同學術派別之間的最大公約數，顧炎武成為跨越學派界限的共同偶像。宗尚漢學者，高揭"通經致用"的旗幟，於禮經中推演理想制度的範式，於名物中尋找致用的佐證。推尊宋學者，則賦予程朱理學提倡道德，砥勵品節，挽救世道人心的歷史使命。迷信今文學者，以經學附會政治，希圖通過春秋微言大義的探索，達致托古改制的目的。如果說乾嘉時期，世運太平，可以專注於經典的客觀研究，那麼，道光以降，學術的主流不得不轉而服務於現實，所謂：平世之學易流於為人，而亂世之學不得不為己。〔註 130〕

清楚表明亂世之中，不論學術主張是漢、宋、今、古，他們均有一個共同理念，就是要「經世致用」。不過，各家路數不同，如主漢學的學者，即欲於《禮經》中尋其一理想的治國模式，與符合現實的禮教制度，且進一步欲在名物典制中，找其佐證；治宋學的學者，則高揭程朱理學的道德倫理，砥礪人品，要求做到「博學於文，行己有恥」的目的；信今文經學的學者，更圖以春秋之微言大義圖救亡富強。以經學之理用於政事中，即使托古改制亦在所不惜。可以看出學術面對時代變遷，時勢盛衰，而有因應對策，乾嘉時，世運太平，專注於研治經典，作客觀研究，以實事求是，明白事理；道光以後，國勢日趨下沉，則有識之士自然不再以治小學、埋於古經典籍為要，學術當以如何為現實服務為宗旨，如何力挽狂瀾，救亡圖存為學者們思慮的重心。

第三節　禮教重整，婦女解放之聲浪高漲

一、婦女禮教禁錮之反省

　　以現今觀點回顧中國禮教的轉變，我們可以發現到：相對於西方法治而

〔註 129〕見（美）艾爾曼（Benjamin A. Elman）著、趙剛譯：《經學、政治和宗教──中華帝國晚期常州今文學派研究》，同註 37，頁 87。
〔註 130〕劉玉才先生：《清代書院與學術變遷研究》，同註 105，頁 154～155。

言，中國是一個禮治的社會。中國所謂的法律，根本上是以「情」為本的結構；這種結構下，「情」是「禮」（理）根本道德核心，也同樣是「法」的基礎。〔註131〕所以中國相對於西方國家，是一重「人情」的國家，而「禮教」制訂本源於「情」，所謂「緣情制禮」。但弔詭的是近世中國社會文化出現的衝突與混亂，也源自於「情」，所謂「情欲解放。」〔註132〕尤其十九世紀以降，受到西方自由、民主、法治、平等、個人主義等觀念衝擊，1918 年中國知識界對傳統文化進行了全面的反思，而興起所謂「五四運動」、「新文化運動」等。其中，「反禮教」就是對傳統文化重重的一擊。「反禮教」中又以「婦女解放」聲浪最為高漲，所訴求與大力宣揚的，就是要「男女平等」。〔註133〕不僅有學者們自覺之倡導，更有女性群體對自由、平等之嚮往與大力宣揚，所謂：

> 不自由，毋寧死；不自立，毋寧亡，精神所至，金石為開。起——起——起，我女界當樹獨立之幟，而爭平等之幸福也。興——興——興，我女界當撞自由之鐘，而掃歷史之穢史也。〔註134〕

這時女權思想盛行，並對婦女各項權利進行廣泛探討；具體說來，有五方面要求：一是要求女子身體健康，首在鏟除纏足陋習；二是要求女子有受教育權利，所謂「欲倡平等，烏可不講求女學？女學不興，則平等永無能行之日。」〔註135〕三是要求婚姻自由權，視中國傳統婚姻制度實為買賣婚姻、專制婚姻；欲平男女之權、夫婦之怨，必須「自婚姻自由始也」〔註136〕四是要求女子經濟獨立權，她們認識到，婦女經濟不獨立，便是失去人格獨立的關鍵，是女子受壓迫的一個重要原因，所謂「不能自食，必食於人；不能自衣，必衣於

〔註131〕林郁沁先生著、郭汎徹先生譯：〈公德或私仇——1930 年代中國「情」的國族政治〉，（收入於黃克武先生等編：《公與私：近代中國個體與群體之重建》，台北：中研院近史所，2000 年），頁 234。
〔註132〕張壽安先生：〈禮教與情欲：近代早期中國社會文化的內在衝突〉提及「情欲解放」，引起探討的就是情與禮之間的背馳力，包括此一背馳力出現的原因、內容與如何調解平衡等問題。（收入於洪國樑先生等編：《張以仁先生七秩壽慶論文集》，台北：學生書局，1998 年），頁 737。
〔註133〕詳見陳文聯先生：〈西學東漸與中國近代女權思想的形成〉，（《中南大學學報》（社會科學版）第 9 卷第 6 期，2003 年 12 月），頁 816～821。。
〔註134〕中國婦聯編：《中國婦女運動歷史資料》（1840～1918），（北京：中國婦女出版社，1991 年），頁 214。
〔註135〕同上註，頁 302。
〔註136〕同上註，頁 256。

人。」〔註137〕五是要求女子政治參與權，她們深信，婦女參政是解決婦女問題的先導，欲求社會之平等，必先男女之平權；欲求男女之平權，非先與女子以參政權不可。在 19、20 世紀時，先進女性們亦掀起一場規模空前的志在爭自由、復女權的各項社會活動。戒纏足、興女學、辦實業，乃至投身反清革命，進而要求女子參政權，要求選舉與被選舉權，一幕接一幕，一浪高一浪，正是這一認識的具體實踐與深化。〔註138〕

清末民初，女權高漲，其來有自，除了受到西方思想刺激外，最大變革的內在淵源，來自 17、18 世紀，明清之際，早有學者正視到婦女受到不平等待遇等問題，〔註139〕表示「禮教枷鎖」的迫害，主反禮教，尤其是反對婦女之禮教束縛；他們反思理學之「理」的發展，愈趨強制人性——加速禮教思想變本加厲，尤對婦女更是戕害，所謂婦女之纏足、對貞節之推崇，是以守節、守寡、殉夫，裹腳皆是要婦女嚴加遵守的。理學家方苞（1668～1749）更是大量撰文表彰貞女節婦不遺餘力。所謂褒揚包括：「殉夫」、「貞女」與「刲股療病」者。〔註140〕對於此封建道德與程朱理學專制，揚州學者如汪中、凌

〔註137〕同上注，頁 246。
〔註138〕陳文聯先生：〈西學東漸與中國近代女權思想的形成〉，同注 133，頁 819～820。
〔註139〕這方面，據林慶彰先生：〈清乾嘉考據學者對婦女問題的關懷〉一文表明：「明末歸有光作〈貞女論〉、清初毛奇齡作〈禁室女守志殉死文〉，都反對室女守節。乾嘉學者錢大昕曾作〈記湯烈女事〉、〈夏烈女傳〉，認為室女守節或殉節是不合理的事。汪中更作〈女子許嫁而婿死從死即守志議〉一文，批評袁枚之妹和鄭虎文之婢為未婚夫守節，是『不知禮而自謂守禮』，以致喪失寶貴的生命，非常不值得。對於婦女改嫁問題，……臧庸作〈夫死適人及出妻論〉一文，認為喪服禮有『繼父出妻』，既有繼父這一名稱，可見夫死妻得再嫁。……在婦女纏足問題方面，像李汝珍、袁枚等人都反對纏足。」（收入林慶彰先生、張壽安先生主編：《乾嘉學者的義理學》上冊，台北：中研院文哲所，2003 年），頁 21。
〔註140〕殉夫方面，如褒美張姓烈婦殉夫，云：「義烈動家人，眾視其雉經，不敢曲止。……其死也，嗣子灼幼孩號踴如不欲生。」方苞稱其乃「天地之正氣。」在貞女方面，也就是「望門寡」，指未婚守節而言。這類女子有殉死者、有嫁入夫家奉養公婆。方苞稱美：「貞女為祖之光，人紀之大者。」於刲股療病方面，指婦為夫、或為公婆，自割其股作羹以為病者療病。方苞稱其：「非篤於愛者不能，是婦德之順修。」上述轉引自張壽安先生：〈禮教與情欲：近代早期中國社會文化的內在衝突〉所引，（清）方苞：《方苞集》卷5、〈廬江宋氏二貞婦傳〉，卷8、〈康烈女傳〉，卷18、〈方曰崑妻李氏墓〉，卷13、〈書孝婦魏氏詩後〉，卷5，同注 132，頁 745；關於列女者，據陳東原先生：《中國婦女生活史》載：「《二十四史》中的婦女，連《列女傳》及其他傳中附及，《元

廷堪、焦循、阮元等人，均是相當反對的，不同是有的以考據來闡發自己的哲學觀點，或政治思想，對人正當欲望之認可與宏揚；在婦女方面，影響所及，尤以反守節、殉夫、守寡，與纏足等最大。於茲，作一說明。

（一）反對室女守節（反殉葬等）

宋明以來，特別在清代，所謂「一與之齊，終身不二」、「烈女不事二夫」、「餓死事小，失節事大」等禮法，相當盛行。甚至尚有「以死爲殉者」之「殉節」、「守節」觀念。在此，揚州學者——汪中（1744～1794）以爲：

> 夫婦之道，人道之始也。……許嫁而婿死，適婿之家，事其父母，爲之立後，而不嫁者非禮也。……先王之惡人以死傷生也，故爲之喪禮以節之，其有不勝喪而死者，禮之所不許也，其有以死爲殉者，尤禮以所不許也。雖然父母之親，君臣之義，夫婦之恩，不可解於心過而爲之。死君子猶哀也，苟未嘗以身事之，而以身殉子則不仁矣。〔註141〕

可以看出汪中對於守節、殉節等不合「情理」者，進行了駁斥。其首先指出，「夫婦之道，人道之始也」。此說源於《易·序卦》：「有天地然後有萬物，有萬物然後有男女。有男女然後有夫婦，有夫婦然後有父子。有父子然後有君臣，有君臣然後有上下。有上下然後禮義有所錯。」〔註142〕知夫婦尤比君臣、父子之禮重要，因有夫婦即有「生養」，有「生養」才有親子孝悌人倫，進而有社群禮法，所以夫婦爲人倫之端；然未見君死、父死，臣與子亦從死，爲何獨夫死而婦殉節？又「女子之嫁，其禮有三，親迎也，同牢也，見姑舅也。」〔註143〕既然夫死，不能行此禮，因「六禮不備」，何以婦以此守節、殉節？又「女子未有以身許人之道」，〔註144〕所以女子宜有獨立人格與人身自由，應有「身爲人」的基本權利！況「制爲是禮」，即在使人們受到法制上的保護。制

史》以上，沒有及六十人的。《宋史》最多，只五十五人；《唐書》五十四人；而《元史》竟達一百八十七人。……明朝人提倡貞節，所以搜羅的節烈較多，……到清朝人修《明史》，所發現的節烈傳記，竟『不下萬餘人。』」（台北：台灣商務印書館，1994 年），頁 180～181。

〔註141〕汪中：〈女子許嫁而婿死從死及守志議〉，田漢雲先生等編《新編汪中集》，汪中著、田漢雲先生點校：《新編汪中集》（揚州：廣陵書社，2005 年），頁 376。

〔註142〕魏·王弼注、唐·孔穎達疏：《周易正義·序卦》卷9，《十三經注疏本》（1），（北京：北京大學出版社，1999 年），頁 336。

〔註143〕汪中：〈女子許嫁而婿死從死及守志議〉，同注 141，頁 375。

〔註144〕同上注，頁 376。

禮之初，即「惡人以死傷生」，當「不勝喪而死者」，尤禮之所不容許之事；況以身殉死，不僅不合禮，亦不仁矣。對於夫死殉節之婦道，汪中是相當反對的，亦揭示出程朱理學之所謂「餓死事小，失節事大」說教之非人道性質。

繼之，有俞正燮（1775～1840），對男尊女卑之不公，亦作出大力反擊；張舜徽先生云：「近世提倡男女平等之說，而正燮已先揭斯義於百數十年之前，其識卓矣。」〔註145〕俞氏〈貞女說〉，即控訴了封建禮教強迫女子「節烈」之暴行；其云：

> 《列女傳》云：「丹陽羅靜者，廣德羅勤女，爲同縣朱曠所聘，昏禮未成，勤遇病喪沒，鄰比斷絕，曠觸冒經營，尋復病亡。靜感其義，遂誓不嫁。有楊祚者，多將人眾，自往納幣，靜乃逃竄。祚劫其弟妹，靜懼爲祚所害，乃出見之曰：『實感朱曠爲妾父而死，是以託身亡者，自誓不貳。辛苦之人，願君哀而捨之。如其不然，請守之以死。』乃捨之。」後世女子，不肯再受聘者，謂之貞女，其義實有難安。未同衾而同穴謂之無害，則又何必親迎，何必廟見，何必爲酒食以召鄉黨僚友，世又何必有男女之分乎？此蓋賢者未思之過。必若羅靜者，可云女士矣，可云貞女矣。〔註146〕

蓋此舉《列女傳》羅靜的故事說明。羅靜爲感念朱曠的恩義，發誓不嫁他人，是以後來楊祚派人納幣，挾持其弟妹，羅靜亦表明不嫁，乃因感念朱曠爲羅家而死。此羅靜守節是有理由的，但後世之女子沒有這種背景，也爲男方守貞，「其意實有難安」。因完成「六禮」，始結成親家。否則，漠視「六禮」權威，混淆婚姻六禮程序，以不婚爲婚，實爲褻瀆聖典。所以強求女子爲未婚夫守節或殉節，以爲「未同衾而同穴」無所影響或傷害的話，那麼，結婚亦可草率、簡單，何須這麼隆重、這麼多繁複的程序——要納采、問名、納吉、納徵、請期、親迎，〔註147〕既要納幣，亦須廟見，更要請酒食召鄉黨友朋呢？又女子「守節」爲的是什麼？爲求旌表嗎？求旌表又爲的是什麼？爲使族人

〔註145〕張舜徽先生：《清人文集別錄》卷13，亦云：「自古重男輕女之見，深入人心，牢固而不可破。正燮猶大聲疾呼，爲不平之鳴，……其皆議論精闢，發前人所未發，……皆足爲婦權張目，固非拘墟者所能夢見。」（北京：中華書局，1963年），頁336、337。

〔註146〕俞正燮：〈貞女說〉，《癸巳類稿》卷12，諸偉奇先生、于石先生等點校《俞正燮全集》（一），（合肥：黃山書社，2005年9月），頁631。

〔註147〕漢·鄭玄注、唐·孔穎達疏《儀禮注疏·士昏禮》，（台北：藝文印書館，1997年8月），頁39。

引以爲傲、引以爲榮嗎？如此貞節是爲他人沽名釣譽嗎？然犧牲掉性命換此
一榮耀的意義何在？俞正燮在此聲明：

> 嘗見一詩云：「閩風生女半不舉，長大期之作烈女。婿死無端女亦亡，
> 鴆酒在尊繩在梁。女兒貪生奈逼迫，斷腸幽怨填胸臆。族人歡笑女
> 兒死，請旌藉以傳姓氏。三丈華表朝樹門，夜聞新鬼求返魂。」鳴
> 呼！男兒以忠義自責則可耳，婦女貞烈，豈是男子榮耀也！〔註148〕

或許女兒還想存活，無奈被迫殉節作貞女，然此一貞女之表揚，無異是作給
活的族人看的，殊不知正當他們興高采烈爲此旌表慶祝時，枉死之冤魂有多
委屈不平！所以男子當以忠義自勉，婦女之貞烈並非表示男子之光榮。〔註149〕
惟沒出息之男子無以顯耀自己，才會以逼迫女子自殺來獲取官府的旌表，這
是何等虛僞與殘忍！

　　宋恕（1862～1910），這位清同治至宣統年間的學者，繼承了戴震的反理
學精神，更有著「著書專代世界苦人立言」〔註150〕的口碑。對道學家加諸婦
女的錮籠，宋恕更是強力批駁與推翻；並明白指出女子之所以受到不自由之
對待，關鍵源自：傳統的「節烈」觀念，所以宋恕主張宜廢止旌表「貞節」
這種反人道的政策法規；其云：

> 自儒者專以貞、節、烈責婦女，於是號稱貞者、節者、烈者，多非
> 其本心而劫於名義，而爲婦女者，人人有不聊生之勢矣。……今宜
> 永停旌表夫亡守志貞女、節婦；夫亡自盡烈女、烈婦例，以救婦女
> 之慘。〔註151〕

宋恕實從俞樾受業，承襲戴震反理學的主張與思想，〔註152〕反對程朱理學之
專制主義與禁欲主義。尤其對婦女而言，宋恕對所謂程朱理學之「餓死事極
小，失節事極大」的謬論，予以痛斥與反駁。冠以婦女不自主與不公平，就
是宋儒所強調的女子「貞節」問題，宋以後，社會不允許棄婦再嫁，或者，
在家庭受虐待的婦女，亦無法有離婚、改嫁之自由權。所謂換得畢生的貞女、

〔註148〕同注146，頁631。
〔註149〕關於此，詳見拙論：〈公與私的詮衡——試論俞正燮"人權平等"思想〉，（《義
　　　　守大學人文與社會學報》第2卷第3期，2008年12月），頁174。
〔註150〕詳見許蘇民先生：《戴震與中國文化》，同注87，頁297。
〔註151〕宋恕：〈六字課齋卑議（初稿）・變道篇・婚嫁章第三十〉，《宋恕集》卷1，（北
　　　　京：中華書局，1993年），頁33。
〔註152〕詳見《宋恕年譜》「清光緒16年庚寅1890年29歲條」，《宋恕集》下冊，同
　　　　上注，頁1096～1099。

節婦，或烈婦之名稱等旌表，又如何？自身享受不到，獨留給後人歌功頌德，有何意義？為此名譽，犧牲多少青春年華，飽受多少虐待與痛苦，甚至可貴的性命，僅是為換得一浮名，對婦女而言值得嗎？惟一制止此虛榮風氣作法，就是廢除「旌表」這一政策法規。

（二）贊成婦女改嫁

關於婦女改嫁等問題，乾嘉學者也有不少開明的論述。錢大昕（1728～1804）〈答問五〉云：

> 夫父子兄弟，以天合者也；夫婦，以人合者也。以天合者，無所逃於天地之間；而以人合者，可制以去就之義。〔註153〕

表明父子兄弟是血緣關係之結合，則無所遁逃於天地間；然夫婦是人為的婚姻關係，是可以變更的。暗示夫妻可以離異，男可再娶，女可再嫁。倘若女子出嫁後，其夫不善，亦應讓她們有改嫁的自由。汪中對此舉袁枚之妹：袁機、鄭虎文之婢為例，說明不必「一受其聘，終身不二」──不必執守婚姻的承諾，其云：

> 錢塘袁庶吉士之妹，幼許於高；秀水鄭贊善之婢，幼許嫁於郭。既而二子皆不肖，流蕩轉徙更十餘年，婿及女之父母，咸願改圖，而二女執志不移。袁嫁數年，備受箠楚，後竟賣之，其兄訟諸官，而迎之歸，遂終於家。鄭之婢為郭所窘，服毒而死。〔註154〕

二者既許聘給兩位玩世不恭的浪蕩子，十多年後，雙方父母皆同意她們改嫁，就不須執意。然執意嫁娶之結果，袁女備受折磨，竟被賣為婢，後由兄告之官府，才把妹帶回。而鄭氏之婢，被丈夫折磨，終服毒而死。關於此，汪中以為：

> 傳曰：「好仁不好學，其蔽也愚。」若二女子可謂愚矣。本不知禮，而自謂守禮，以隕其生，良可哀也。傳曰：「一與之齊，終身不二。」不謂一受其聘，終身不二也。又曰：「烈女不事二夫。」不謂不聘二夫也。〔註155〕

此二女子「可謂愚矣。」古書中是強調夫妻宜齊心同力，舉案齊眉也；並無所謂「一受其聘，終身不二。」也無「不聘二夫」，所以此二女子以「不聘二

〔註153〕錢大昕：《潛研堂集》卷8，（上海：上海古籍出版社，1989年），頁108。
〔註154〕汪中：〈女子許嫁而婿死從死及守志議〉，同註141，頁376。
〔註155〕汪中：〈女子許嫁而婿死從死及守志議〉，同註141，頁376。

夫爲守禮」，實在是「不知禮而自謂守禮」，以致喪失寶貴的生命。此可謂繼戴震痛斥宋儒「以理殺人」之後，對於禮教趨於專制之途，又一個大膽的駁詰。

臧庸（1767～1811）〈夫死適人及出妻論〉，主夫死妻可再嫁說：

> 作禮教以教天子後世者聖人，聖人之於人，原之於情，斷之以法，行之無弊而可久，而非鰓鰓一節之末，遇變而潰決大敗焉者。周公，聖之集大成者，手定喪服禮，有繼父出妻之文。父者子之天也，天可繼乎？然備繼父之道，從而繼父之，明夫死妻得適人也。若夫死妻稚子幼，又無大功之親，而不許其適人，必母子交斃矣。人生本乎天，故爲天民，聖人不輕責人死，匹夫匹婦無罪而禁之，窮餓以至隕滅，是謂夭天之民，聖人之心不若是之忍也。〔註156〕

以爲周公所訂定禮儀，有「繼父出妻」之文，既有「繼父」之稱，可見古時有夫死妻得再嫁的條例；從人情義理而言，丈夫逝世，妻子稚幼，又無較近之親屬，若不允准寡婦再嫁，母子可能都會餓死，所以臧庸以爲古聖人是絕無禁止寡婦再嫁之理。對此，臧庸又引其弟臧禮堂的話云：

> 再嫁之事，古多有之，不聞以爲深詬。後世節義廉恥，事事不逮古人，而諱忌再嫁之失，乃獨過於古人，於是有名爲守節而實不守節者，其亦知聖人原人情之意，固不若是之刻，以至有病而不可救歟！
>
> 〔註157〕

古時多有再嫁之事，對於女子再嫁從未有所詬病。後人謹守禮義廉恥，卻事事不如古人周到；尤忌諱女子「再嫁」之誤，卻獨獨超過古人之舉，爲名守節實乃未必守節矣；殊不知古聖賢者重視人情本意，視「再嫁」亦是人情之常，絕無堅決反對之意。

關於婦女改嫁一事，俞正燮〈節婦說〉，更有相當激進言論，其云：

> 《禮·郊特牲》云：「一與之齊，終身不改，故夫死不嫁。」《後漢書·曹世叔妻傳》云：「夫有再娶之義，婦無二適之文。故曰夫者，天也。」按：「婦無二適之文」，固也，男亦無再娶之儀！聖人所以不定此儀者，如「禮不下庶人，刑不上大夫。」非謂庶人不行禮，

〔註156〕臧庸：《拜經堂文集》卷 1，收入《續修四庫全書·集部·別集類》第 1491 冊，頁 492。
〔註157〕同上注，頁 492。

大夫不懷刑也。《禮》意不明，苛求婦人，遂爲偏義。古禮，夫婦合
體同尊卑，乃或卑其妻。古言「終身不改」，言身，則男女同也。七
事出妻，乃改七矣。妻死再娶，乃改八矣。男子理義無涯矣，而深
文以罔婦人，是無恥之論也。……是女再嫁，與男再娶者等。……
則古事屈抑者多。其再嫁者，不當非之；不再嫁者，敬禮之斯可矣。
〔註158〕

在此以見俞正燮的男女平等觀。再嫁與再娶一事亦應男女平等，婦無二適，
男亦不該再娶。據古禮就是「夫婦合體同尊卑也。」夫婦一致，理應同心同
德，同甘共苦；若夫可再娶，則妻可再嫁也。否則，男子爲所欲爲，七事出
妻，妻死再娶，亦可八改了，「理義無邊」，但對女子則深文周納，片面苛求
婦女，求全責備，如此，不公之論是所謂無恥之論矣。〔註159〕又女子是否再
嫁？完全是其個人之事，當尊重其抉擇，不當非議，然不再嫁者，則對其表
示崇高敬意。

宋恕，更是極力主張改革傳統的婚姻制度，鮮明地提出「男女自相擇偶」
的婚姻自由的主張，其云：

夫夫婦者，人倫之端也。故欲平兩間之怨氣，挽人倫之大壞，必由
使民男女自相擇偶始矣。〔註160〕

只有建立在男女雙方自主、自願的婚姻基礎上，才能蕩平幾千年來兩者之間
不平的怨氣；人倫之壞，始於夫婦不平等，必使男女自由選擇對象，才能改
善所謂曠夫怨女之氣。宋氏主張男女「自相擇偶」的結婚自由外，也主張男
女都有所謂「離婚」的自由。他認爲古代儒家所規定的「七出之禮」，是站在
男子單方面而言，相對地，對於女子是不公平的；加上宋儒提出「餓死事極
小，失節事極大」後，婦女們更不被社會大眾允許「改嫁」或「再嫁」，因此，
在家庭中若受虐待的婦女，更無自主權以離異。針對這種情形，宋恕斟酌古
今，一方面修正古代「七出之禮」，改爲「三出」，以限制男子單方面的離婚
特權；另一方面，又「另設五去禮」，賦予婦女在五種情況下可以提出離婚的
權利。其云：

〔註158〕俞正燮：〈節婦說〉，《癸巳類稿》卷3，同註146，頁629～631。
〔註159〕見拙論：〈公與私的詮衡——試論俞正燮"人權平等"思想〉，同註149，頁175。
〔註160〕宋恕：〈六字課齋津談‧政要類第九〉，《宋恕集》卷2，同註151，頁74。

> 今宜改定三出禮：舅姑不合，出；夫不合，出；前妻男女不合，出；
> 皆由夫作主。欲出妻者，備禮致詞，送回母家，請其改適，不得下
> 貶語。另設五去禮：其三與「三出」同，其二則一爲妻妾不和，一
> 爲父母無子，歸養，皆由妻妾作主。欲去者，向該舅姑、該夫禮辭
> 而去。蓋不設「五去禮」，則爲婦女者，不幸而遇盜賊、滅倫之夫，
> 惟有身與之俱死、名與之俱臭，斯乃數千年來第一慘政也；豈宜仍
> 行於盛世哉！〔註161〕

男子有離婚的權利，女子也應有此一權利，「離婚」不應當是由男方決定的，
女子自覺不適合，也應可提出離婚之見；依宋恕的觀點是，男子只有在三種
情況下才能提出離婚，即與公婆不合、丈夫不合、前妻男女不合三種情形；
但是女子有「五去禮」，比男子多兩條，即與眾妻妾不合、父母無子，須回家
孝養父母，若是如此，妻妾可自作決定，離異與否？然在儒家倫理觀下，特
別是程朱理學之庇蔭，男子再娶是天經地義，但婦女再嫁，則易被人視爲失
節、不貞，若不改變觀點，受壓迫的婦女又如何敢提出離婚？對於此，宋恕
進一步提出：

> 然近世婦人太偏重「節」，欲行此條，必須與「停旌」條並舉；令被
> 出者、自去者易於改適，如館師、署友、店夥然，適者不以爲恥，
> 娶者不以爲賤；然後可免輕生自盡之多耳。〔註162〕

爲了解放婦女受公婆和丈夫虐待的苦難，使她們敢提出離婚，並且離婚後可
便於再嫁，宋恕極力打破傳統「節烈」觀念，主廢止「旌表」這反人道之政
策，方是惟一辦法。在宋恕看來，夫婦關係一如是一種建立在自願基礎上，
來去自如的契約關係，婦女應像學校的教師、官府的幕僚，或者，商店的伙
計般，有人身自由，必要時可請辭離去，另覓己滿意之處。所謂「適者不以
爲恥，娶者不以爲賤」，根本不可有再嫁爲失節、爲可恥，娶再嫁之女則爲失
節、爲下賤的想法，這樣，有開闊眼界、寬懷的心胸，方免再有輕生自盡的
慘劇發生。學者指出：宋恕的這一觀念，對於當時中國社會受壓迫婦女的解
放，具有十分重大的進步意義。〔註163〕

〔註161〕宋恕：〈六字課齋卑議（初稿）・變通篇・婚嫁章第三十〉，《宋恕集》卷 1，
　　　　同上注，頁 32。

〔註162〕宋恕：〈六字課齋卑議（初稿）・變通篇・婚嫁章第三十〉，《宋恕集》卷 1，
　　　　同上注，頁 32。

〔註163〕許蘇民先生：《戴震與中國文化》，同注 87，頁 300。

（三）反對婦女纏足

纏足是嚴重戕害中國婦女身心健康的陋習。自宋元以來，統治者把纏足視作婦德、婦容的內容，實嚴重地阻滯著婦女身心的發展。纏足發展至明清時，更是盛行；然纏足對婦女的殘害，是痛苦不堪，且羸弱身心。據李汝珍（1763～1830）《鏡花緣》描述，可知：

> 始纏之時，其女百般痛苦，撫足哀號，甚至皮腐肉敗，鮮血淋漓。當此之時，夜不成寐，食不下嚥，種種疾病，由此而生。小子以為此女或有不肖，其母不忍置之於死，故以此法治之；誰知系為美觀而設，若不如此，即不為美。試問鼻大者削之使小，額高者削之使平，人必謂為殘酷之人，何以兩足殘缺，步履艱難，卻又為美？即如西子王嬙，皆絕世佳人，彼時又何嘗將其兩足削去一半？況細推其由，與造淫具何異？此聖人之所以必誅，賢者之所以不取。惟世之君子，盡絕其習，此風自可漸息。〔註 164〕

李汝珍的《鏡花緣》藉君子國中一位君子之口，訴說了纏足對女子的殘害；以小說方式表達纏足之痛苦，纏足抑制足部成長，使女子痛苦萬分，且不健康，是種種疾病產生之源。明清禮教以絕「淫風」為由推行「纏足」，是極不仁道的；後世文人以「纏足」作對女子審美要求，頌之為「香鉤」，譽之為「金蓮」，產生無數的「小腳癖」。〔註 165〕然李汝珍斥之為「造淫具」，相對地，削鼻、平額，人皆視為殘廢，何以使兩足殘廢，步履艱難，反視為美？此無異是「聖人所必誅」之行，必得「盡絕其習」，方可。然李汝珍的思想，實受到揚州學者凌廷堪的影響最深。據學者研究，指出：李汝珍曾拜凌廷堪為師，所謂「論文之暇，旁及音韻」。又李氏在海州所娶之妻許氏，與凌廷堪的母親是同宗同親戚。〔註 166〕受凌廷堪影響之外，李汝珍常與揚州學者往來，而揚州學者頗多是戴震學生或私淑者，所以李汝珍學術宗旨、社會批判的思想傾向，皆具有戴震的影子。〔註 167〕

〔註 164〕李汝珍著：《鏡花緣》第 22 回，（台北：華正書局，1978 年），頁 50。

〔註 165〕許蘇民先生：《戴震與中國文化》，同註 87，頁 270。

〔註 166〕詳見張蕊青先生：〈乾嘉揚州學派與《鏡花緣》〉，《北京大學學報》（社會科學版），第 36 卷，總第 195 期，1999 年第 5 期），頁 104；另張慧劍先生：《明清江蘇文人年表》徵引《凌次仲年譜》等文獻，可發現到李汝珍於 1788 年（乾隆五十三年）橋居板浦時，「因兄李汝璜交凌廷堪，此際從廷堪學。」（上海：上海古籍出版社，2008 年），頁 1244。

〔註 167〕詳見李汝珍：《鏡花緣》〈第 16 回　紫衣女殷勤問字／白髮翁傲慢談文〉、第

　　袁枚（1716～1797），在其《牘外餘言》亦表明纏足之不仁道：

> 女人足小有何佳處，而舉世趨之若狂？吾以爲戕賊兒女之手足以取
> 妍媚，猶之火化父母之骸骨以求福利，悲夫！〔註168〕

積極反對纏足，視之乃戕害兒女之手足以取媚，猶如爇傷父母骸骨以求福利，
眞是十分可悲的事！俞正燮對此，亦十分厭惡。其〈書舊唐書輿服志後〉一
文中，引據大量資料，表明：

> 迨後婦人弓足於南唐，漸成風俗，此爲寶書矣。南唐裹足，亦僅聞
> 睿娘。……《夢溪筆談》云：「王綸家，紫姑神謂其女履下有穢土，
> 雲不能載，女子乃袜而登雲。」李清照〈點降唇〉云：「見客人來，
> 袜剗金釵溜。」則北宋亦自有不裹足者。……而元時南人亦有不弓
> 足者，《湛淵靜語》云：「伊川先生後人居池陽，其族婦人不纏足。」
> 蓋言其族女子，不肯隨流俗纏足也。……其弓足小而銳者，求之於
> 古，亦有所出。出於古之舞服。……本朝崇德三年七月，有效他國
> 裹足者重治其罪之制。後又定順治二年以後所生女子禁裹足。康熙
> 六年，弛其禁。古有丁男丁女，裹足則失丁女，陰弱則兩儀不完。
> 又出古舞屣賤服，女賤，則男賤女子心不可改者，由不知古人大足
> 時，有貴重華美之履。徒以理折之，不服也，故具分析言之，非以
> 歷證談者之短，亦庶爲讀古史好學深思者之一助焉。〔註169〕

知古代「弓足小而銳者，出于古之舞服」，亦即「古舞鞋」。所謂裹足是源自
南唐「睿娘」而來。然睿娘裹足者，是職之所在：「舞人」也，然一般女子是
不裹足的。宋時，《夢溪筆談》等記載均可證明當時女子是不纏足的，且清廷
法律亦制定：禁止女子裹足，凡裹足者反而重治其罪。然此律至清康熙六年
時弛禁。

　　又古時女子纏足，則是視其失此女子也，蓋因「陰弱則兩儀不完」。所以

　　17回〈因字聲粗談切韻／聞雁唳細問來賓〉、第18回〈辟清談幼女講義經／
　　發至論書生尊孟子〉等，可看出借「紫衣女子」之口來宣傳戴震學術主張；
　　另一方面，又借主人公之口唐敖發表一篇「尊戴的言論」，如第17回：「婢子
　　聞得要讀書必先識字，要識字必先知音。若不將其音辨明，一概似是而非，
　　其義何能分別？」所宣揚的正是戴震所主「由字以通其詞，由詞以通道」的
　　治學主張：同注164，頁109、頁111、頁124。

〔註168〕袁枚著、王中點校：《牘外餘言》卷1，收入王英志主編：《袁枚全集》第5
　　　　冊，（南京：江蘇古籍出版社，1993年），頁11。

〔註169〕同注146，《俞正燮全集》第一冊，頁634～643。

纏足乃是對女子人性之摧殘，是極不人道的。又男子獎誘女子裹腳，則是鼓勵「女子舞屣」，然舞屣在古代是一種賤服；所以女賤則男賤，即表明：連自己的配偶都視爲卑賤玩物，如此不尊重女子的男子，其人格必然是卑下的。男子如此作賤女子，其實是男子自己作賤自己。殊不知古時以「大足」有貴重華美之履爲尚。所以以古書、古人、古習爲證，古人並未有纏足之習，纏足是後來明清受到理學影響造成的，然此纏足實對女子摧殘至極，種族之殘害爲甚，畢竟「陰弱則兩儀不完。」

　　晚清維新運動人士大力倡導婦女解放，所積極開展的就是戒纏足與興女學活動。〔註170〕在維新派看來，女子纏足是國貧、種弱、兵窳的根源之一，正如康有爲先生所謂纏足使女性們「成廢疾之徒，置無用之地。」〔註171〕大大削弱自己的力量；如梁啓超先生所云：「足疾易作，上傳身體或流傳子孫。」〔註172〕造成民族羸弱。因此，「欲救國，先救種，欲救種，先去害種者而已，夫害種之事，孰有纏足乎？」〔註173〕所以只有戒纏足才能強國強種。

二、批判禮教的小說，大受歡迎

　　事實上，自有理學來，就有反理學思想，晚明尤著。〔註174〕反對理學家矯情拂性的道德約束，肯定人情欲的合理性，李卓吾、徐渭、湯顯祖、袁宏道即其代表。〔註175〕泰州學派即以「多體仁，少制欲」爲所強調；〔註176〕袁宏道（1568～1610）亦重「趣」地說道：「世人所難得者唯趣。趣如山上之色、水中之味、花中之光、女中之態。」〔註177〕原本重禮教道學權威的社會，

〔註170〕陳文聯先生：〈晚清婦女解放思潮興起的原因及特點〉，《衡陽師範學院學報》（社會科學版），第 24 卷第 1 期，2003 年 2 月），頁 96。
〔註171〕康有爲：〈請禁婦女裹足摺〉，《康有爲政論集》，（北京：中華書局，1981 年），頁 336。
〔註172〕梁啓超先生：〈變法通議：論女學〉，《飲冰室合集》（文集之一），（北京：中華書局，1989 年），頁 37。
〔註173〕金一先生：〈女界鐘〉，收入《中國婦女運動歷史資料》（1840～1919），同注 134，頁 174。
〔註174〕馬積高先生：《清代學術思想的變遷與文學》，（長沙：湖南人民出版社，2002 年），頁 218。
〔註175〕同上注，頁 218。
〔註176〕詳黃宗羲：〈泰州學案三〉，《明儒學案》卷 34，（收入《黃宗羲全集》第 7、8 冊，台北：里仁書局，1987 年），頁 760～761。
〔註177〕袁宏道：〈敘陳正甫會心集〉，《袁中郎文鈔》，（《袁中郎全集》，台北：清流出

亦逐漸轉向注重個體生命之情調，對人生價值的選擇已不再是程朱謹嚴的道德標準，而是從倫理之善轉向自然之真的表露。至清代前期（道光以前），學者對宋明理學的批評，可以用兩句話加以概括：用徵實之學批評理學家的空談性理，用漢以前的儒學（經學）來糾正理學的偏頗。〔註178〕清代前期反理學思想實與晚明不同，重要是經世致用之學興起，對人性問題的關心爲對社會政治問題的關心所替代，對道德理論的關心爲對道德踐履的關心所取代，強調的學問是實用之學；尤其戴震對理學家所謂理、心、性、氣、欲等論題，一一據考證方式加以辯駁、釐正，在一定程度上恢復了較切近人情的早期儒學的面貌，揭露出宋儒「以理殺人」之禮教束縛，予理學以致命的打擊。

清代學術界如此，在文學界上，尤以戲曲、小說更富涵反理學或反封建的思想。強調的是平等的男女觀與自由戀愛的婚姻觀。〔註179〕實際上，在明朝時，就有《金瓶梅》爲那時代風氣的小說代表。而清代小說，如《聊齋誌異》、《儒林外史》、《紅樓夢》，亦前有所承，幾乎是以反理學的人生價值觀的演變爲重點，兼及倫理道德觀、愛情婚姻觀等。在《聊齋誌異》中，情癡最多，「癡」不僅是於情「癡」，於世事也「癡」；〔註180〕蒲松齡（1640～1715）於〈阿寶〉的評論云：

> 性癡，則其志凝。故書癡者文必工，藝癡者技必良。世之落拓而無

版社，1974年），頁1。
〔註178〕馬積高先生：《清代學術思想的變遷與文學》，同注174，頁219。
〔註179〕馬積高先生：《清代學術思想的變遷與文學》指出：「《紅樓夢》的反封建思想當然有其現實的依據，而其思想的淵源則應追索到晚明。不僅《紅樓夢》，清前期許多戲曲小說中的反理學或反封建的思想也要追溯到晚明的異端思想，才能找到其繼承與發展的脈絡。……在晚明的異端思想中，平等的男女觀和自由戀愛的婚姻觀是很重要的組成部分。」同上注，頁220。
〔註180〕馬積高先生：《清代學術思想的變遷與文學》云：「在：“誌異”中，情癡最多，其最著者如〈嬰寧〉中的王子服、嬰寧，〈阿寶〉中的孫子楚、阿寶，〈魯公女〉中的魯公女、張于旦，〈連城〉中的喬生，〈小二〉中的丁生，……在三十餘人以上，如果再加上情而俠、情而義者如〈紅玉〉中的紅玉，〈小翠〉中的小翠，〈喬女〉中的喬女等，則鍾於情者更多。這些人物形象同過去戲曲的鍾情的形象相比，有其一脈相承之處。如其中許多人爲情而死，又爲情而生，顯然與〈離魂記〉中離魂的倩女、〈碾玉觀音〉中的璩秀秀與〈牡丹亭〉中的杜麗娘有某種聯繫。但《誌異》中癡情者更爲豐富多采，且有異於以前此類形象之處。首先，《誌異》中許多癡情的人物天真、樸訥，不通所謂“人情世故”，即在不同程度上具有李卓吾所說的“童心”。換言之，《誌異》中的癡情人物的“癡”不僅是於“情癡”，於世事也“癡”」，同上注，頁223～224。

成者，皆自謂不癡者也。且如粉花蕩產，盧雉傾家，顧癡人事哉？

以是知慧黠而過，乃是眞癡，彼孫子何癡乎？〔註181〕

蒲氏對情癡是肯定的，但對「漁色」則不贊成。癡於女色而蕩產，癡於博奕而傾家，是極力反對的。以「癡」至「專一」、「慧黠而過」，方是「眞癡」者，如此，「書癡者文必工」、「藝癡者技必良」。此外，據學者指出：《聊齋誌異》中頗多愛情故事是志在表明反對封建禮教束縛，宣達自由愛戀的幸福，且與「揚州」學者所倡導的自由戀愛思想有關，所謂「無疑是對揚州現實愛情生活中新生因素的集中與昇華，眞切地表達了廣大的（當然包括揚州地區）青年男女對自由愛情的憧憬與渴望。」〔註182〕且故事發生的背景以「揚州」地域者亦多，如〈嫦娥〉便是一例；〔註183〕所以在思想上，蒲松齡的《聊齋誌異》與揚州學者所提倡的，有不謀而合之處；且創作故事背景又常舉繁華之「揚州」城為例。

吳敬梓（1701～1754）的《儒林外史》，更是對熱中科舉功名之士，與假道學之名教、腐儒、劣官士紳作一諷刺至極的刻劃。正如張麗珠先生說得好，其云：

> 《儒林外史》則不留情地掀開了儒林的黑暗面紗，並且透露出清初社會對於理學淪為虛偽名教的高度不滿、人心渴望新價值的追求。……以社會寫實的手法，充分反映了此時士人對於名教束縛長久以來桎梏人心之不耐，以及對新價值之嘗試性探索，可視為十八世紀批判封建道德的虛偽性、程朱道德標準不適應性的大眾文化代表。〔註184〕

傳統社會「唯有讀書高」的價值觀下，士人皆以「儒學仕進」視為神聖而崇

〔註181〕蒲松齡：《聊齋誌異》卷4，（濟南：齊魯書社，2006年），頁75。

〔註182〕潘寶明先生：《維揚文化概觀》，（南京：南京師範大學出版社，1997年），頁62。

〔註183〕蒲松齡：〈嫦娥〉載：「太原宗子美，從父游學，流寓廣陵。父與紅橋林嫗有素。一日父此過橋，遇之，固請過諸其家，瀹茗共話。有女在旁，殊色也。翁極贊之，嫗顧宗曰：『一言千金矣！』先是嫗獨居，女忽自至，告訴孤苦。問其小字，則名嫦娥。嫗愛而留之，實將奇貨居之也。」《聊齋誌異》卷8，同註181，頁156～158。又潘寶明先生：《維揚文化概觀》云：「〈嫦娥〉……該題材取自揚州，作者開篇言明"太原宗子美，從父游學，流寓廣陵"，"父與紅橋下林嫗有素"，挑明該故事發生在揚州大紅橋。」同上注，頁62。

〔註184〕見氏著：《清代的義理學轉型》，（台北：里仁書局，2006年），頁243～244。

高的努力目標，即使「十年寒窗苦讀無人問，一舉成名天下知」，亦是值得進取與努力的。但伴隨晚明王學末流之空疏，道德形上之決堤潰敗，明朝之滅亡，乃至資本主義萌芽、新四民觀出現、治生論、氣本論，人情欲之肯定等等，瀰漫在社會上的思想，就不再是中國傳統「道德至上」，「學而優則仕」的思潮。相對地，對於陽奉陰違、心口相違、言行不一的「假道學」風氣，《儒林外史》更有著淋漓盡致之諷刺；〔註185〕對於當時譾陋學風與迂腐的儒學，科舉進仕之本末倒置等，荒謬之極，昭然若揭；〔註186〕而貪官污吏對廣大市民之欺壓，惡形惡狀的無恥官紳與市井棍徒，《儒林外史》著墨更多，〔註187〕

〔註185〕詳見吳敬梓：〈第四回　薦亡齋和尚吃官司／打秋風鄉紳遭橫事〉，《儒林外史》，（台北：三民書局，1973 年），頁30～33；對於此，張麗珠先生：《清代的義理學轉型》有一精采的闡述：第四回范進於丁母憂中投帖拜見湯知縣，知縣設席，范進坐定以後對著銀鑲杯箸或象牙箸，皆侷促地表現居喪盡禮，「退前縮後的不舉杯箸」，直待換上白色竹筷後他才肯舉箸；不過此時知縣看見他「在燕窩碗裏揀了一個大蝦圓子送在嘴裏」。其表裏不一不言而喻。同上注，頁 246。

〔註186〕詳見吳敬梓：〈第十三回　蘧駪夫求賢問業／馬純上仗義疏財〉；〈第十五回　葬神仙馬秀才送喪／思父母匡童生盡孝〉；〈第四十九回　翰林高談龍虎榜／中書冒占鳳凰池〉，《儒林外史》，同上注，頁 97、114、366。在第四十九回中，選書家馬純上與高翰林對話，更可看出儒學理想與科舉仕進的本末倒置，理學淪為揣摩以備臨文模擬之用；馬純上云：「本朝用文章取士，這是極好的法則。就是夫子在而今，也要念文章、做舉業，斷不講那『言寡尤，行寡悔』的話。何也？就日日講究『言寡尤，行寡悔』，哪個給你官做？夫子的道也就不行了。」高翰林接著說：「『揣摩』二字，就是這舉業的金針了。小弟鄉試的那三篇拙作，沒有一句話是杜撰，字字都有來歷的，所以才得僥倖。若是不知道揣摩，就是聖人也是不中的。」可看出儒學本以傳聖道為主，但此時孔子亦要念文章，否則道不行，又若不懂「揣摩」作文，將亦會被摒諸科舉之外。

〔註187〕見吳敬梓：〈第十七回　匡秀才重遊舊地／趙醫生高踞詩壇〉；〈第十九回　匡超人幸得良朋／潘自業橫遭禍事〉；〈第二十回　匡超人高興長安道／牛布衣客死蕪湖關〉，《儒林外史》，同上注，頁 124、137～145。匡超人（匡迥）——本是寒士出身，其父臨終諄諄告誡：「功名到底是身外之物，德行是要緊的。我看你在孝悌上用心，極是難得；卻又不可因後來日子略過得順利些，就添出一肚子裏的勢利見識來。」但匡迥在考取樂清縣秀才與潘三為伍後，則利慾薰心將此話拋諸腦後，利令智昏的行起不法勾當。如「勾串提學衙門，鎗手代考」：「學道點出名來，點到童生金耀，匡超人遞個眼色與他，那童生是照會定了的，便不歸號，悄悄站在黑影裏。匡超人就退下幾步，到那童生跟前，躲在人背後，把帽子除下來與童生戴著，衣服也彼此換過來……匡超人捧卷歸號，做了文章」，果然發案時，金耀高高進了。又「攀附權勢，停妻再娶」：匡超人在師李給諫之助下，補廩進了太學，於是隱瞞娶妻之事實，再取恩師的外甥女，並思「戲文上說的蔡狀元招贅牛相府，傳為佳話，這有何妨？」此匡超人，後來還是禮部旌表沉抑人才，採訪已故儒修，榜賜第三甲，得享

當時儒教社會，誠如梁啓超先生言，到處是挾著一部《性理大全》作舉業秘本的小人儒。〔註 188〕

然此與揚州儒學有何關係？殊不知此《儒林外史》一書不少人物的活動是以「揚州」為背景的；如第二十八回「季葦蕭揚州入贅」，表明封建社會中「小人」的惡德惡行；〔註 189〕書中赫赫有名的「封建守財奴」──嚴監生，據潘寶明先生指出：此典出自於「揚州」；〔註 190〕又「范進中舉」中的「范進」，這個受到封建科舉制度戕害的知識分子，也是以「揚州」民間廣為流傳的「呆舉人」為原型的。〔註 191〕

曹雪芹（1715～1763）的《紅樓夢》對封建倫理的虛偽性、腐朽性的揭露比《儒林外史》深刻得多。〔註 192〕有著強烈反理學與反傳統的傾向；尤其集中於賈寶玉這一人物明顯突出的反映出來。對於封建所謂君臣、良將，父子兄弟傳統意識均一概否定；在〈第三十六回繡鴛鴦夢兆絳雲軒／識分定情悟梨香院〉中，寶玉道：

> 人誰不死？只要死得好。那些鬚眉濁物，只知道文死諫、武死戰這
> 二死是士大夫死名死節，竟何如不死的好。必定有昏君，他方諫；
> 他只顧邀名，猛拼一死，將來棄君於何地！必定有刀兵，他方戰；
> 他只顧圖汗馬之名，將來棄國於何地！所以這皆非正死。〔註 193〕

尤其對科舉功名，寶玉更是厭惡至極，時與主正統進身的父親「賈政」（諧音：

賜祭的賢智士。

〔註 188〕梁啓超先生：〈王陽明知行合一之教〉云：「陽明那時代，『假的朱學』正在成行，一般『小人儒』都挾著一部《性理大全》作舉業的秘本，言行相違，風氣大壞。」（《飲冰室專集》第 9 冊，台北：中華書局，1978 年），頁 4。

〔註 189〕見吳敬梓：〈第二十八回　季葦蕭揚州入贅／蕭金鉉白下選書〉，同注 185，頁 203～211。

〔註 190〕潘寶明先生：《維揚文化概觀》，同注 182，頁 63。此書指出：「再如書中有名的人物嚴監生，是個封建守財奴。此典可能即出於揚州。清人阮葵生《茶餘客話》中有這樣一則故事：揚州商人某，家資百萬，而居處無異寒人。彌留之際，口不能言一字，親友環視，至夜忽手豎二指，攢眉不止，其子曰：『父恐二郎年幼，不治生耶？』搖首不然。子又曰：『慮二叔欺兒凌孤耶？』搖首不然。眾皆愕然。其妻後至，回顧室中，說道：『欲挑去油燈碗中雙燈草耳。』富翁縮手點頭，瞑目而逝。」

〔註 191〕同上注，頁 63。

〔註 192〕馬積高先生：《清代學術思想的變遷與文學》，同注 174，頁 234。

〔註 193〕見曹雪芹：〈第三十六回　繡鴛鴦夢兆絳雲軒／識分定情悟梨香院〉，馮其庸等校注：《紅樓夢校注》第 1 冊，（台北：里仁書局，1984 年），頁 551。

假正經）起衝突；〔註194〕當寶釵勸其讀正經書時，則是寶玉與寶釵鬧彆扭時。
〔註195〕畢竟寶玉是一「鍾情主義」者，其情又有濃厚的「博愛」、「泛愛」的
特質，對所有年輕女子都一往情深，鍾情於女子不僅是他的一種人生理想，
更是他全部人生價值。他的名言是：「女子是水做的骨肉，男子是泥做的骨肉」
又：「凡山川之精秀，只鍾於女兒，鬚眉男子不過是些渣滓而已。」〔註196〕
所以在大觀園中，我們可以看到寶玉與一群年輕女子天眞浪漫的玩耍，可以
嬉笑怒罵，可以牽手遊蕩，可以飲酒賦詩，甚至可以與黛玉躺在床上聊表心
意；爲何寶玉可以？在此作者是否藉由寶玉所爲，以反映出對禮教束縛之抗
議？亦以傳達另一層面的嚮往：男女之自由戀愛，自由交往？甚至可以無拘
無束浪漫的玩在一起？而非傳統禮教所主的「男女授受不親」與婚姻大事必
得「媒妁之言，父母之命」？

　　相對於「大觀園」之外的禮教世界，作者所描述的卻是一現實、骯髒、
殘忍、墮落的世界，〔註197〕可笑的那卻是成人禮教的社會；如第十一回，在

〔註194〕見曹雪芹：〈第三十三回　手足耽耽小動唇舌／不肖種種大受笞撻〉，《紅樓夢
　　　　校注》第 1 冊，同上注，頁 511～513。在這回中，可以看出寶玉與父親的誤
　　　　會衝突之大，幾被父打死；蓋當仕宦傳家、一心指望兒子寶玉繼承衣缽的賈
　　　　政，因兒子的表現不如預期，又受到庶子賈環的挑撥，誤信寶玉在外流連優
　　　　伶、表贈私物，在家荒疏學業、逼淫母婢，導致金釧兒投井自盡時，他便不
　　　　分皁白地「只喝命：『堵起嘴來著實打死！』」且「冷笑道：『我養了這不肖的
　　　　孽障，……不如趁今日結果了他的狗命，以絕將來之患！』說著，便要繩來
　　　　勒死。」其後在王夫人的搶救下，寶玉逃過一死，但也已被打得「一片皆是
　　　　血漬，……由腿看至臀脛，或青或紫，或整或破，竟無一點好處。」曹雪芹
　　　　在此對理學家標榜的「父爲子綱」的殘酷無情，做了極深刻的描述。亦見張
　　　　麗珠先生：《清代的義理學轉型》，同注 184，頁 238。
〔註195〕見曹雪芹：〈第三十六回　繡鴛鴦夢兆絳雲軒／識分定情悟梨香院〉載：「或
　　　　如寶釵輩有時見機勸導，反生起氣來，只說：『好好一個清淨潔白女兒，也學
　　　　的釣名沽譽，入了國賊祿鬼之流。這總是前人無故生事，立言堅辭，原爲導
　　　　致後世的鬚眉濁物。不想我生不幸，亦且瓊閨琇閣中亦染此風，眞眞有負天
　　　　地鍾靈毓秀之德！』因此禍延古人，除四書外，竟將別的書焚了。眾人見他
　　　　如此瘋癲，也都不向他說這些正經話了。獨有林黛玉自幼不曾勸他去立身揚
　　　　名等語，所以深敬黛玉。」《紅樓夢校注》，同上注，頁 545。
〔註196〕前者見曹雪芹：〈第二回　賈夫人仙逝揚州城／冷子興演說榮國府〉，《紅樓夢
　　　　校注》第 1 冊，同上注，頁 31；後者見〈第二十回　王熙鳳正言談妒意／林
　　　　黛玉俏語謔嬌音〉，頁 319。
〔註197〕關於此，余英時先生：〈紅樓夢的兩個世界〉一文中分析道：「曹雪芹在《紅
　　　　樓夢》裏創造了兩個鮮明而對比的世界。這兩個世界，……分別叫它們作烏
　　　　托邦的世界和現實的世界。這兩個世界落實到《紅樓夢》這部書中，便是大

會芳園中，賈瑞見王熙鳳起淫心；第十三回，秦可卿淫喪天香樓；第四十六回特立專章，詳寫賈赦強納鴛鴦爲妾的醜事；第七十五回，賈珍諸人在天香樓聚賭、說髒話、和玩孌童等事。〔註198〕這齷齪不堪的地方便是現實裏榮府的舊園與東府的會芳園，正如柳湘蓮所云：「你們東府裏，除了那兩個石獅子乾淨，只怕連貓兒、狗兒都不乾淨。」〔註199〕然卻是後來大觀園這清淨理想世界所在的現實的基址。或許淨土也必須建在骯髒的現實世界中，所以第二十三回，黛玉葬花，爲何葬花？「只因這裏的水乾淨，只一流出去，有人家的地方髒的臭的混倒，仍舊把花糟蹋了。……拿土埋上，日久不過隨土化了，豈不乾淨。」〔註200〕原來大觀園裏面是乾淨的，但是出了園子就是髒的、臭的了。落花葬在此，才永保清潔。「花」在此是否是園中女子的象徵？未婚年輕之女子惟永駐在此理想之園中，才能永保乾淨、清潔乃至天眞爛漫；一旦嫁出或到外面現實世界，就被污染了。或許曹雪芹在大觀園中是祇寫情而不寫淫的，而他把外面世界的淫穢渲染得特別淋漓盡致，便正是爲了和園內淨化的情感生活作一個鮮明的對照。〔註201〕「大觀園」是曹雪芹所寄寓的「烏托邦」，明顯表示所謂的理想世界是自由、浪漫、民主的，但須落實在現實社會中，方以實踐（如大觀園是建立在骯髒的基址上）；但在那個禮教枷鎖下的世界，是難以實現的，所以寄寓一個理想的烏托邦以達成他美麗的夢想，亦以此對「天理」結合的綱常禮教作一反撲與諷刺。亦可看出曹雪芹所重視的是「情」，而非「禮教」，其所謂的「情」是純眞、潔白、乾淨的，惟有在「純

觀園的世界和大觀園以外的世界。作者曾用各種不同的象徵，告訴我們這兩個世界的分別何在。譬如說，『清』與『濁』，『情』與『淫』，『假』與『眞』，以及風月寶鑑的反面與正面。我們可以說，這兩個世界是貫穿全書的一條最主要的線索。」又「大觀園是《紅樓夢》中的理想世界，自然也是作者苦心經營的虛構世界。」收入氏著：《紅樓夢的兩個世界》，（台北：聯經出版公司，1978年），頁41、47。

〔註198〕詳見曹雪芹：〈第十一回　慶壽辰寧府排家宴／見熙鳳賈瑞起淫心〉、〈第十三回　秦可卿死封龍晉衛／王熙鳳協理寧國府〉、《紅樓夢校注》第1冊，同注193，頁177～188、199～210；〈第四十六回　尷尬人難免尷尬事／鴛鴦女誓絕鴛鴦偶〉、〈第七十五回　開夜宴異兆發悲音／賞中秋新詞得佳讖〉，《紅樓夢校注》第2冊，同注193，頁703～716、1171～1188。

〔註199〕見曹雪芹：〈第六十六回　情小妹恥情歸地府／冷二郎一冷入空門〉，《紅樓夢校注》第2冊，同上注，頁1040。

〔註200〕見曹雪芹：〈第二十三回　西廂記妙詞通戲語／牡丹亭豔曲警芳心〉，《紅樓夢校注》第1冊，同上注，頁366。

〔註201〕余英時先生：〈紅樓夢的兩個世界〉，同注197，頁57。

情」領域，方有理想的世界，凡被現實禮教扭曲的人情世界，都是變形人格的展現。〔註202〕所謂金妝玉砌的賈府，賈政、王夫人等一干男僚婦道儼然正統，然卻槁木死灰、身心並錮；與此同時，亦有賈璉、賈珍、薛蟠、孫紹祖等「皮膚濫淫」、玩男狎女、性虐變態，夏桂花、多姑娘等流蕩嫵媚、淫心畢露。若前者是以生命作三綱五常之工具的話，那麼，後者便是生命之畸形變態。之所以有如此生命兩極的病態，即根源於儒家形而上學的文化預設與歷史實踐。〔註203〕所謂歷史實踐即從孔子「克己復禮」到荀子「性偽」至理學「存天理，滅人欲」，在克、偽、滅歷史中建起義理絕對之命令，亦是理與欲存在於緊張對峙的歷史辯證輪迴中。一方面男女生命自然形式必以生養方式爲歷史的延續，但一方面，男女生命自然亦以反生養之畸變形式來展現歷史的文化。〔註204〕

　　觀此，重情的曹雪芹嘗以文學筆法找一情欲宣洩出口，亦諷刺在禮教禁錮的社會下，人格的變形與本性之扭曲，反而是道德淪喪與紛亂的來源。

　　不可諱言，曹雪芹的《紅樓夢》與「揚州」此地有相當的密切關係；據潘寶明先生等研究，可知：雪芹在江南共度了十三個春秋。他除了生活於南京外，還隨家人到過蘇州、鎮江、揚州等地。揚州是他祖父曾經任職與活動之地，而且還有房產在此。而《紅樓夢》所敘述之景地，則先從「姑蘇」引端，再表「金陵」老宅，再轉記「維揚」，這三處都是曹家任職與足跡所履之地。〔註205〕在《紅樓夢》一書中，我們實可發現到作者將其所見所聞等素材，

〔註202〕胡健先生：〈人情　詩情　悲情——論《紅樓夢》的"情"〉云：「曹雪芹寫活了人物的各各不同的情欲個性，展示人情世界的具體多樣與鮮活流動，特別是通過具體的日常生活顯示不平常的社會蘊含，展現封建綱常無處不在的對人性人格的扭曲。」(《固原師專學報》(社會科學版) 第23卷第4期，2002年7月)，頁25。

〔註203〕梅向東先生：〈"遂欲達情"與"古今之情"——戴震與曹雪芹對生命存在及其意義之不同思考〉，(《安慶師範學院學報》(社會科學版) 第19卷第2期，2000年4月)，頁31。

〔註204〕同上注，頁31。

〔註205〕潘寶明先生：《維揚文化概觀》，同注182，頁64。另據馬瑞芳先生：《從《聊齋誌異》到《紅樓夢》》亦云：「揚州人很自豪地稱揚州是曹雪芹的第二個故鄉。曹雪芹的祖父曹寅和揚州的關係非同尋常。曹寅是皇帝的家奴，又是有成就的文人。根據皇帝的安排，在揚州主持了書局，刊印了《全唐詩》和《佩文韻府》。他自己有《棟亭集》行世。……論者皆以爲曹寅的創作活動直接影響到了曹雪芹的《紅樓夢》。」可知「揚州」與曹雪芹的關係，(濟南：山東教育出版社，2004年)，頁578。

頗多融入作品中，如第二回「賈夫人先逝揚州城」，黛玉之父林如海即爲巡鹽御史，任所即在「揚州」；而黛玉起行，孤女投奔外祖母，也是從「揚州」出發；第十九回「意綿綿靜日玉生香」中，寶玉以「揚州」有一座「黛山」，山上有個林子洞開場，排列出「揚州人」過臘八的故事來，與黛玉開玩笑，題意新穎，又扣緊揚州的風俗民情。而八十七回「感秋深撫琴悲往事」中，黛玉感時悲秋，想到的是「父母若在，南邊的景緻，春花秋月，水秀山明，二十四橋，六朝遺跡……香車畫舫，紅杏青簾……」等等，〔註206〕均可見曹雪芹除了在思想上，與「揚州學者」同主「情理」自由，反對「理學」之禁梏外，其對「揚州」的一切，實富涵深情意蘊的。或許與他在「揚州」的生活遭遇有關。所以在《紅樓夢》書中，故事發生的背景頗多以「揚州」爲主。

又據學者研究，可發現到《紅樓夢》書中的「口語」語音，實保存了「揚州」一地江淮方音；例舉第三十三回寶玉被父「大承笞撻」，急盼有人給賈母送信，好容易盼了個「老嬤嬤」，豈知？「老嬤嬤」耳背，竟將寶玉的「要緊！要緊！」聽成「跳井！跳井！」值得注意是「緊」讀音爲「jǐn」，「井」讀音爲「jǐng」，這種前後鼻韻不分的情況在北方話中是很少誤用的，而在揚州方言中則一直不分。〔註207〕

然受到揚州儒學思想方面，影響最多的小說，主要仍是以《鏡花緣》、《老

〔註206〕見曹雪芹：〈第二回　賈夫人仙逝揚州城/冷子興演說榮國府〉、〈第三回　賈雨村夤緣復舊識／林黛玉拋父進京都〉、〈第十四回　林如海捐館揚州城／賈寶玉路謁北靜王〉、〈第十九回情切切良宵花解語／意綿綿靜日玉生香〉，同注193，《紅樓夢校注》第1冊，頁25～42、43～64、211～224；〈第八十七回　感秋深撫琴悲往事　坐禪寂走火入邪魔〉，《紅樓夢校注》第3冊，頁1369～1384。
〔註207〕潘寶明先生：《維揚文化概觀》，同注182，頁161。此書尚云：「揚州話屬江淮方言，發音時聲母中舌尖後音 zh、ch、sh 都發成舌尖前音 z、c、s；舌尖中音 n、l 和舌尖後音 r 不分，皆發爲 l 音；韻母中鼻韻母的前鼻母 in、en 與後鼻母 ing、eng 不分，多讀爲前鼻韻母 in、en；ong 則往往與 eng 或 en 混讀。這些江淮語音在《紅樓夢》中皆有明顯的反映。先看韻母。如《紅樓夢》曲，開篇引子：『開辟鴻蒙（eng），誰爲情種（ong），都只爲風月情濃（ong）。奈何天，傷懷日，寂寥時，試遣愚衷（ong）。因此，上演出這悲金悼玉的紅樓夢（eng）。』現今揚州方言中，"蒙"與"夢"的韻母都是"ong"。第二支曲〈終身誤〉：『都道是金玉良緣，俺只念木石前盟（eng）。空對著，山中高士晶瑩雪，終不忘，世外仙姝寂寞林（in）。嘆人間，美中不足今方信（in）；縱然是齊眉舉案，到底意難平（ing）。』揚州方言裏，"盟"和"平"的韻母都是"in"。曹雪芹童年時期在揚州度過，童年的口音直到壯年也未完全改變，所以在巨著中留下大量江淮方音，這是值得紅學界注意的。」頁161～162。

殘遊記》爲代表。李汝珍《鏡花緣》，除前述反對婦女纏足，將纏足造成女子
痛苦作一淋漓盡致描述外，對於男女之不平等、禮教加諸婦女許多禁錮，均
以小說文學筆法，作出大力抨擊。如幾千年來「男子納妾」問題，在此，李
汝珍主張男子應反求諸己，將心比心；所謂「己所不欲，勿施於人」，男士們
宜先反躬自問：是否願意讓妻子取討男妾，若不願意的話，男子同樣也不可
去討女妾。在《鏡花緣》五十一回中，「兩面國」的山大王欲娶唐國臣等三姐
妹作妾，引起他的押寨夫人大怒，痛打他四十大板，且教訓一番：

> 婦人道：既如此，爲何一心只想討妾？假如我要討個男妾，日日把
> 你冷淡，你可歡喜？你們作男子的，在貧賤時原也講些倫常之道，
> 一經轉到富貴場中，就生出許多炎涼樣子，把本來面目都忘了。不
> 獨疏親慢友，種種驕傲；並將糟糠之情也置度外。這眞是強盜行爲，
> 已該碎屍萬段！你還只想置妾，哪裏有個忠恕之道？我不打你別
> 的，我只打你「只知有己，不知有人」；把你打得驕傲全無，心裏冒
> 出一個忠恕來，我才甘心。……總而言之，你不討妾則已，若要討
> 妾，必須替我先討男妾，我才依哩。我這個男妾，古人叫作面首。
> 面哩，取其貌美；首哩，取其髮美。這個故典並非是我杜撰，自古
> 就有了。〔註208〕

傳統中國自古以來，男子可三妻四妾，但女子卻要從一而終；在此，李汝珍
對男子「納妾」問題作一反思。講了幾千年的「己所不欲，勿施於人」的忠
恕之道，套在男性「納妾」上，是否他們也該反躬自問：願意自己的夫人去
找「面首」？若不願意，那麼，男子們將心比心，也不許納妾。此強盜頭子
卻遭到壓寨夫人痛打與責罵，實也要男子反思「忠恕之道」；此「忠恕之道」
實也是戴震的「絜矩」、焦循的「旁通以情」、阮元的「我好，你也好」之理。
李汝珍在此問題上，發揮至盡，所摒除的是「只知有己，不知有人」，這自私
自利行爲。同理，「納妾」亦是，是千古以來爲鬚眉所享，女子備受迫害、虐
待之源，更是造成女子相處彼此妒嫉不和的關鍵，如此男女不公平之事，勢
必去除方是。或許這亦是後來婦女解放者主張一夫一妻之前導。

　　在《鏡花緣》中的女子，我們可以發現到她們已不再是愛情主角或是男
性社會的附屬品。她們有自身獨立的存在價值，亦是社會活動積極參與者。

〔註208〕李汝珍著：《鏡花緣》〈第51回　走窮途孝女絕糧／經生路仙姑獻稻〉，同注
164，頁375。

一如男子，有接受教育的權利，甚至可以參與考試，參與政事，所作所為，可謂聰慧絕倫，才識超群，不亞於男子。〔註209〕為此，李氏在書中虛構一個「女兒國」，在那兒是「男子反穿衣裙，作為婦女，以治內事；女子反穿靴帽，作為男人，以治外事。」〔註210〕借此表達其尊重女子權利，要求男女平等的思想。

　　晚清著名的譴責小說，劉鶚（1857～1909）的《老殘遊記》，其主要思想亦是承襲戴學的「理欲觀」，志在宣揚戴學的情欲理論，直斥鼓吹理欲之辨的宋儒為「自欺欺人，不誠極矣」的偽君子；其云：

　　申子平聽了璵姑關於程朱陸王之爭的一席話以後，連連讚嘆，說：今日幸見姑娘，如對明師。但是宋儒錯會聖人意旨的地方，也是有的，然其發明正教的功德，亦不可及。即如「理」、「欲」二字，「主敬」、「存誠」等字，雖皆是古聖之言，一經宋儒提出，後世實受惠不少，人心由此而正，風俗由此而醇。那女子嫣然一笑，秋波流媚，向子平睇了一眼。子平覺得……似有一陣幽香，沁入肌骨，不禁神魂飄蕩。那女子伸出一只白如玉、軟如綿的手來，隔著炕桌子，握著子平的手。握住了之後，說道：「請問先生：這個時候，比你少年在書房裏，貴業師握住你手，"撲作教刑"的時候何如？」子平默無以對。女子又道：「憑良心說，你此刻愛我的心，比愛貴業師何如？」聖人說的：「所謂誠其意者，毋自欺也。如惡惡臭，如好好色。」孔子說：「好德如好色。」……子夏說：「賢賢易色。」這好色乃人之本性。宋儒要說好德不好色，非自欺而何？自欺欺人，不誠極矣！他偏要說「存誠」，豈不可恨！聖人言情言理，不言理欲。刪《詩》以〈關雎〉為首；試問：窈窕淑女，君子好逑，求之不得，至於輾轉反側，難道可以說這是天理，不是人欲嗎？……〈關雎序〉上說道：「發乎情，止乎禮義。」發乎情，是不期然而然的境界。即如今夕，嘉賓惠臨，我不能不喜，發乎情也。……以少女中男，深夜對

〔註209〕這方面，觀李汝珍：《鏡花緣》〈第42回　開女試太后頒恩詔／篤姊妹情性人盼好意〉，同注164，頁31～312。其中，「天地英華原不擇人而異」與「今日靈秀不鍾於男子」二句，可看出李氏從男女智慧平等這一前提出發，女子亦可列名高科、做官、封王，並不比男子遜色。

〔註210〕李汝珍：《鏡花緣》〈第32回　訪籌算暢遊智佳國／觀豔妝閒步女兒鄉〉，同上注，頁229。

坐，不及亂言，止乎禮義矣。……若今之學宋儒者，直鄉愿而已，
孔孟所深惡而痛絕者也。〔註211〕

由此可知劉鶚肯定情欲之合理性；借申子平與美貌女子璵姑深夜暢談，以宣揚
戴學的理欲觀。舉聖人所言「所謂誠其意者，毋自欺也。如惡惡臭，如好好色。」
孔子的：「好德如好色。」乃至子夏的：「賢賢易色。」以見好色是人的本性，
宋儒所謂：「好德不好色」，乃自欺欺人，不誠極矣！又偏表明「存誠」，乃更是
深惡至絕。討厭臭味、喜好美色，乃人之本性，千古不移之理，所以聖人刪《詩》
以〈關雎〉為首，有云：「窈窕淑女，君子好逑，求之不得，輾轉反側」，對於
此，正是人欲的流露，但亦正是人自然真情表現，自然之情的抒發，又豈是理
欲之辨可禁止？宋儒欲人「好德不好色」亦是拂人性，自欺欺人之舉；舉切身
經驗，如璵姑握住申子平的手，申子平必是有所感動，絕不可能無動於衷的；
又〈關雎序〉云：「發乎情，止乎禮義。」所謂發乎情，「是不期然而然的境界」。
此女子璵姑例舉：如「今夕，嘉賓惠臨，我不能不喜，發乎情也。」喜賓客臨門，
此喜便是情，歡喜之情，不期然而然的流露，是自然而為，非矯揉造作可得；
然發乎情，止乎禮義也，如「以少女中男，深夜對坐，不及亂言，止乎禮義矣。」
發乎情是自然而為，並非壞事，終在能「止乎禮義」，以禮義彼此遵守，即使少
女中男，深夜對坐，亦不及亂，便是禮義也。即使心中竊喜，但亦僅止於「隔
水問樵夫」而已，便是謹守禮義，何須禁止自然之情流露，而換得一偽君子之
面貌？只要是人，如何能無情？重點是須有禮義交往，方不至為情所苦，彼此
傷害，而是可作一有情有義的人。

　　由上所述，我們可知，清代小說《聊齋誌異》、《鏡花緣》、《儒林外史》、
《紅樓夢》，乃至《老殘遊記》等，實與「揚州」一地有密切關係；就整體思
想而言，皆與「揚州學者」一致，均反對宋儒「存天理，去人欲」之封建禮
教束縛，主張人權自由，此包括愛情自由、交往自由、功名自主與平等競爭，
以宋儒欲人「好德不好色」，是拂人性，自欺欺人之舉，藉以小說筆法作一生
動逼真的描述與諷刺，志在表達「發乎情，止乎禮義」之切要；在地緣關係
上，《鏡花緣》作者——李汝珍，與凌廷堪是師生關係，其妻又與凌氏之母是
同宗同親戚，其與揚州學者常有往來，當然受到他們影響自不在話下，而《聊
齋誌異》作者——蒲松齡、《儒林外史》作者——吳敬梓、《紅樓夢》作者——

〔註211〕劉鶚：〈第九回　一客吟詩負呼而壁／三人品茗促膝談心〉，《老殘遊記》，（濟
　　　　南：齊魯書社，1981年），頁110～111。

一曹雪芹等都是「揚州」之常客，曹雪芹祖父——曹寅曾在揚州作官，書中故事以「揚州」為背景描述頗多，且書中人物對話語音、用典等，均與「揚州」方言、文化有關。

第四節　書院風尚改革，江浙嶺南漢學大盛

一、江浙學風丕變，人才輩出

在傳統「四民」中，「士大夫」乃官吏的基本來源，歷來中國視道統與正統為一整體。從「士」至「大夫」的社會變動（social mobility），是最受人推崇與重視的。問題是一旦科舉制度廢除，道統與正統即兩分，人的上升性社會變動取向也隨之而變。與這一社會變動過程相伴的，是從改科考、興學堂到廢科舉的制度改革進程。〔註212〕其中興學堂更是改革科舉至學校大興、學科分化的一個轉關。影響後世最大者，莫過於阮元創辦的「詁經精舍」與「學海堂」。

就「詁經精舍」而言，除精英分子之人才造就培育外，重要是所學不再是八股文、考科舉，而是經世致用的實學為主；內容涉獵廣泛，精舍課試內容與方式，據任課的講師——孫星衍（1753～1818）記載：

> 其課士，月一番，三人者，選為命題評文之主，問以十三經、三史
> 疑義，旁及小學、天部、地理、算法、詞章，各聽搜討書傳條對，
> 以觀其識，不用扃視糊名之法。〔註213〕

知所重是經、史之義，並旁及文字、聲韻、訓詁等小學，乃至天文、地理、算學、曆法、詞章等，範圍廣闊，但以實學、古學為尚，非科舉之八股制藝；並尊重學生選擇，依其專才課試。創辦者——阮元的〈西湖詁經精舍記〉即強調：

> 奉許、鄭木主於舍中，群拜祀焉，此諸生之志也。……謂有志於聖
> 賢之經，惟漢人之詁多得其實者，取古近也。〔註214〕

拜祀許慎、鄭玄，以古學為宗，實事求是於聖賢之經。畢竟漢學去古未遠，

〔註212〕羅志田先生：〈知識分子的邊緣化與邊緣化知識分子的興起〉，收入氏著《權勢轉移——近代中國的思想、社會與學術》，（武漢：湖北人民出版社，1999年），頁194。

〔註213〕孫星衍：〈詁經精舍題名碑記〉，《詁經精舍文集》卷首，同註38，頁2。

〔註214〕阮元：《揅經室二集》，同註40，頁548。

近於聖賢之道也。可看出阮元設立此精舍的目的，志在返漢之古學，提倡讀
經讀史，或在經世致用上，求得實際學問；不在於鼓勵莘莘學子一味受制於
當時科舉制藝之引領，沉淪於功名利祿之追求。然此讀經研史影響，可謂：
促使江浙一帶，漢學大興。〔註215〕除了精舍學風不同於當時一般書院，以授
八股詩賦爲科舉之用外，阮元亦編訂一《詁經精舍文集》，專收精舍生優秀作
品計有 336 篇，其中訓詁考據類作品有 177 篇，文學類作品有 159 篇，經訓
考據類作品所佔比例，是遠遠高於續集、三集、四集中所佔的比例。〔註216〕
孫星衍〈詁經精舍題名碑記〉言：

> 不十年間，上舍之士多致位通顯，入玉堂選樞密，出則建節而試士，
> 其餘登甲科、舉成均，牧民有善政，及選述一家言者，不可勝數。
> 東南人材之盛，莫與爲比。〔註217〕

「詁經精舍」宛然已成江浙一帶的學術中心，所造就培育的人材，不可勝數；
據學者研究，指出：嘉慶時代浙江的漢學家，諸如洪震煊、洪頤煊、徐養源、
嚴杰、趙坦、朱文藻、周中孚、朱爲弼、孫同元等人，基本上都出自詁經精
舍或阮元幕府。〔註218〕可看出圍繞詁經精舍一帶，儼然已構成一個學術圈。
或許這就是學者所謂的「阮元學圈」。〔註219〕然此治學風尚，造就一代又一代
的樸學大家、著名的漢學學者，對清中葉以後江浙學術的發展，影響頗大，

〔註215〕據劉玉才先生：《清代書院與學術變遷研究》，指出：「浙江學術在清初本以理
　　　　學和史學爲主流，讀經治經之風遠不如江蘇之盛，但經阮元設立詁經精舍提
　　　　倡之後，漢學大行。」（北京：北京大學出版社，2008 年），頁 127。
〔註216〕具體統計數字，詳見宋巧燕先生：〈詁經精舍的文學教學〉，《湖南大學學報》
　　　　（社會科學版）第 17 卷第 3 期，2003 年 5 月），頁 34。
〔註217〕孫星衍：〈詁經精舍題名碑記〉，《詁經精舍文集》卷首，同注38，頁 3。
〔註218〕見劉玉才先生：《清代書院與學術變遷研究》，同注105，頁 128；另劉建臻先
　　　　生：《清代揚州學派經學研究》亦云：「以此培育出了數以百計的浙江人才。
　　　　像陳鴻壽、方觀旭、徐養原、洪頤煊、洪震煊、金鶚、陳鱣、張廷濟、端木
　　　　國湖這樣的頗有聲名的人物，都是從詁經精舍肄業的飽學之士。」同注 39，
　　　　頁 143；王章濤先生：〈第二章　揚州學派的活動和影響〉亦有詳加記載，見
　　　　氏著：《阮元評傳》，同注 5，頁 45。
〔註219〕張壽安先生：〈清代揚州學派研究展望〉云：「阮元，……所到之處以振興文
　　　　教、選賢任才爲務，主持風會者五十餘年，爲學界泰斗，也是揚州學派創始
　　　　者，影響非常之大。後起之俞樾、孫詒讓皆受受其庇蔭。而嘉道學者受惠於
　　　　阮元者，更不記其數。或經其引薦而雀起學界，或入幕撰述編書，或從其問
　　　　學成一家之言，今日若以阮元爲綱，勢必牽起一脈絡生動的學術網絡，可稱
　　　　之爲『阮元學圈』。」同注34，頁 623。

影響所及，除漢學傳衍不斷外，學者輩出，重要還在於波及其他已有的書院，皆以講求實學與經世致用為主，學風為一丕變，誠如張壽安先生所云，「阮元的書院改革理念，對晚清浙、粵，甚至湖南書院都有深遠影響，近代改革思想之孕育，與揚州學風關係之密。」〔註220〕亦造就許多著名的經學大師，如俞樾、孫詒讓、孫星衍、陳壽祺等人。還有編纂文集，促進出版事業等傳播媒體之發達。

我們知道，1895～1925 年初前後大約三十年的時間，是中國思想文化由傳統過渡到現代、承先啓後的關鍵時代。這個時代突破性的巨變，就是思想知識的傳播媒介大量湧現，如報刊雜誌、新式學校及學會等產生，與新的社群媒體——知識階層（intelligentsia）的出現；思想內容最大變化就是：文化取向危機與新的思想論域（intellectual discourse）產生。〔註221〕其中，傳播媒介如報刊雜誌等大量產生，實在十八世紀阮元主持詁經精舍時，已有編集刊物之發行，無異是其前身；教育制度大規模改變，一般以為最直接關鍵是：戊戌維新運動所帶來的興辦書院與新學堂的風氣，以設立新學科，介紹新思想的影響所趨，是以 1900 年後，繼之以教育制度的普遍改革，奠定了現代學校制度的基礎。1905 年傳統考試制度的廢除，新式學堂普遍建立，以建立新學制與吸收新知識為主要目的。又尤以大學建立，在新式學制中的地位最為重要。〔註222〕然這些轉變之前，阮元所創立的書院、學堂，即已跳脫出舊制窠臼，朝向多元化發展，雖宗經尚古，實志在求實作學問，遠離經叛道之高談闊論，尚實事求是、腳踏實地治學。這書院改革理念，無疑是為後來新式學制產生、學科分化與教育普遍改革，作一前導與示範的作用。張壽安先生亦云：「詁經精舍與學海堂的教學內容，在中國近代書院史的發展上也是極具改革意義的。」〔註223〕

二、學海堂建立，開啓清末嶺南文化新風

我們知道，嶺南一帶，在清道光以前，一直是所謂「炎荒僻壤」之地。至嘉慶二十五年（1820），阮元出任兩廣總督，援詁經精舍創設之例，在此，

〔註220〕同上注，頁 624。
〔註221〕張灝先生：〈中國近代思想史的轉型時代〉，收入於王汎森先生等主編：《思想與學術》（北京：中國大百科全書出版社，2005 年），頁 303。
〔註222〕同上注，頁 304。
〔註223〕張壽安先生：〈清代揚州學派研究展望〉，同注34，頁 624。

開立學海堂。〔註224〕從此，學風漸盛，連年以經古課士，士人中好古者愈多，於是道光四年（1824）在粵秀山正式建立學海堂。〔註225〕此後，全國學術重心開始轉移南粵，披及附近湖湘、荊楚等地，漸取代昔日文化、學術的重鎮——蘇、皖兩地之勢；誠如梁啓超先生所云：

> 阮芸臺督粵，創學海堂，輯刻《皇清經解》，於是其學風大播於吾粵。
>
> 道、咸以降，江浙衰而粵轉盛。〔註226〕

知阮元在此建學海堂外，亦在此監刻編纂《皇清經解》。〔註227〕由於如此，嶺南一帶學術研究風尙盛行，道光、咸豐之後，漸取代往昔學風盛極的江浙之地。

學海堂治學宗旨，乃沿襲詁經精舍的傳統，專課經史詩文，不課舉業。尙實學，崇漢古，但詁經精舍推尊許、鄭，學海堂名則源於西漢何休。相傳何休學無不通，進退忠直，享有學海之譽。〔註228〕學海堂講學與課業規定，一如詁經精舍，但較之詁經精舍更具包容性，阮元〈學海堂集・序〉云：

> 多士或習經傳，尋義疏於宋齊；或解文字，考故訓於蒼雅；或析道

〔註224〕詳見清張鑑等撰：《雷塘庵主弟子記》卷5「嘉慶二十五年條」載：「三月初二日，開學海堂，以經古之學課士子。手書『學海堂』三字扁，懸於城西文瀾書院。」（收入黃愛平點校：《阮元年譜》，北京：中華書局，1995年），頁132。

〔註225〕清張灝等撰：《雷塘庵主弟子記》卷6「道光四年條」載：「九月，（阮）福侍大人親至粵秀山戡地，欲建學海堂，遂在山半古木叢中定地開工。蓋因連年以經古課士，士人之好古者日多，而學海堂惟在文瀾書院虛懸一扁，並無實地，是以建堂於此，實有其地而垂永久焉。」又「十二月，建學海堂成。堂爲三楹，前爲平台，瞻望獅洋景象，甚爲雄闊。又於堂後建小齋三楹，曰啓秀山房，蓋依粵秀山也。最後最高處建一亭，曰至山亭，蓋取學山至山之義也。」同上注，頁147。

〔註226〕梁啓超先生：《論中國學術思想變遷之大勢》，（上海：上海古籍出版社，2001年），頁94。

〔註227〕據劉玉才先生：《清代書院與學術變遷研究》載：「阮元督粵其間，還委托幕賓嚴杰擔任編輯，學海堂學長吳蘭修監刻，學海堂之五生校對，歷時四載，編纂完成《皇清經解》一百八十三種，一千四百卷。此書因刊於學海堂，刊成後板片也存於學海堂，故又稱《學海堂經解》」，同注105，頁133。

〔註228〕王嘉：《拾遺記》云：「何休木訥多智，三墳五典，陰陽算術，河洛讖緯及遠年古諺，歷代圖籍，莫不咸通也。求學者不遠千里而至，如細流之赴滄海。京師謂康成爲經神，何休爲學海。」（北京：中華書局，1981年），頁155。阮元將此命名爲學海，在其〈學海堂策問〉有載：「唐宋人每輕視漢魏六朝人，以爲無足論。無論宋齊疏義，斷非唐以後人所能爲，即如邵公（何休）之爲人，絕無可議，其學如海，亦非後人所能窺，《公羊》之學與董子《繁露》相表裏，今能通之者有幾人哉？不能通之而一概括之，可乎？試爲漢何邵公贊。」《揅經室續三集》卷3，同注40，頁1068。

理，守晦庵之正傳；或討史志，求深寧之家法；或且規矩漢晉，精
熟蕭選；師法唐宋，各得詩筆。雖性之所近，業有殊工，而力有可
兼，事或並擅。〔註229〕

尚實學，崇漢古外，但凡經義子史前賢諸集，下至選賦詩歌古文辭等，皆可
選讀，雖不限選讀課程，諸生可依各自喜好研讀並兼，但須實事求是，而有
所「從違取舍」。〔註230〕又學海堂創建之最大特色即在其有所謂「學海堂章
程」，對人事、經費等項進行具體安排，以期久遠。其中，尤具特色者，即設
所謂「學長八人制」；阮元對此解釋是：

學長責任與山長無異。惟此課既勸通經，兼該眾體，非可獨理，而
山長不能多設，且課舉業者各書院已大備，士子皆知講習，此堂專
勉實學，必須八學長各用所長，協力啟導，庶望人才日起。永不設
立山長，與各書院事體不同也。〔註231〕

表明學海堂是一有制度化的課試管理規定的學堂，非一般書院制度，講習專
以舉業為主，此堂志在實學實習，內容廣泛充實，據張壽安先生表示：此學
海堂算學授課內容，則更因配合時勢，在同治、光緒年間增加有「聲學」、「光
學」之試題。〔註232〕且設立學長制，所選出的八人，各依所長，對學子作課
業、生活等輔導，無疑就是希望培育諸多人才。據學者研究指出，自阮元創
建學海堂，歷經道光、咸豐、同治、光緒四朝有七十餘年之久。然擔任學海
堂學長者前後有五十五人，至光緒二十三年（1897）該堂共招收專課肄業生
十六屆二百六十人，其中頗多是有所成就的名家，尤其稱讚的是：陳澧、金
錫齡、李能定、朱次琦、潘乃成、高學耀、劉昌齡、廖廷相、陳瀚、陶福祥、
林國賡、林國贊、漆葆熙、周汝鈞、黃紹昌等人，皆因品學兼優先後被選任
學海堂學長，其人數佔學海堂學長總數的五分之二，這在全國書院中是絕無
僅有的。〔註233〕由此培育出的人才，較詁經精舍多，且專精更廣，貢獻尤多。

〔註229〕阮元：〈學海堂集・序〉，阮元編《學海堂集》，（收入趙所生先生、薛正興先生
　　　　等編：《中國歷代書院志》第13冊，南京：江蘇教育出版社，1995年），頁1。
〔註230〕吳岳：〈新建粵秀山學海堂記〉，阮元編《學海堂集》卷16，同上注，頁272。
〔註231〕林伯桐編、陳澧續補：《學海堂志》「設學長」條，（香港：亞東學社，1964
　　　　年），頁7～8。
〔註232〕張壽安先生：〈清代揚州學派研究展望〉，同注34，頁624。
〔註233〕王章濤先生：〈第二章　揚州學派的活動和影響〉云：「他們多為阮元弟子、再
　　　　傳弟子、學海堂畢業生，秉承了阮元辦學方針，"其規模矩矱，一循百年之舊"。」
　　　　收入氏著：《阮元評傳》，同注5，頁51。另李國鈞先生：〈清代考據學派的最高

如陳澧（1810～1882），學海堂學生。後任學海堂學長數十年，晚年講學於菊坡精舍，從學者甚多。其乃賡續阮元學術主張，持漢宋兼採；其云：

> 漢儒說經，釋訓詁，明義理，無所偏尚，宋儒譏漢儒講訓詁而不及義理，非也。近儒尊崇漢學，發明訓詁，可謂盛矣。澧以為漢儒義理之說，醇實精博，蓋聖賢之微言大義，往往而在，不可忽也。……只講訓詁、考據，而不求義理，遂至於終身讀誦各書，而做人辦事，全無長進，此真與不讀書等耳，此風氣急宜挽救者也。〔註234〕

承襲阮元治學方針，明訓詁亦明義理。漢宋並重，不分門戶而偏執一方；然陳澧所持義理是繼戴震之後，揚州學者所尚漢學義理，非宋學抽象形上心性之理，所以陳澧強調的是漢儒義理之說，醇實精博，探究聖賢之道，即在古經古書中尋；考據進在求義理，以通經致用，方是真實的讀書人，埋首於故紙堆中，為考據而考據，不懂做人處事之理，實與「不讀書」沒兩樣。其所謂漢宋兼采，旨在訓詁明，義理亦明，不只講訓詁、考據，亦志在求經書中的義理思想。此漢宋持平的治學主張，在道咸以後，在嶺南漸成風氣，學者指出：這一學術上的重大突破，實與阮元的倡導、陳澧等一批廣東學者的景從是分不開的。〔註235〕個人以為此「漢宋兼采」實乃恢復至明末清初時，顧炎武（1613～1682）「理學，經學也」說，所倡的是訓詁以通經；通經以明道，經世致用論。

另外，梁啟超（1873～1929），廣東新會人，康有為的學生，殊不知其學術根柢實導源於揚州學派，阮元學術。其云：

> 十五歲……時肄業於省會之學海堂，堂為嘉慶間前總督阮元所立，以訓詁詞章課粵人者也，至是乃決舍帖括以從事於此。不知天地間於訓詁詞章之外，更有所謂學也。〔註236〕

知梁氏從小受業於學海堂，習訓詁等小學以通經明道，奠立深厚的國學基礎。並棄當時科舉制藝，紮實問學，無所浮誇逐名之為。然長久熏習於訓詁詞章等學，殊不知更有其他之學也。後接觸康有為，拜其為師後，始以離開學海

學府〉亦云：「學海堂主講名師，先後有55人，有著述問世的學生，可查有三百餘人，著述千萬種。」（《嶽麓書院通訊》1983年第1期），頁58。

〔註234〕陳澧：《漢儒通義・序》，收入《續修四庫全書・子部・儒家類》第952冊，同註112，頁383。

〔註235〕王章濤先生：〈第二章　揚州學派的活動和影響〉，收入氏著：《阮元評傳》，同註5，頁52。

〔註236〕梁啟超先生：〈三十自述〉，《梁啟超文集》，（台北：台北書局，1957年），頁50。

堂，遂與揚州儒學、阮元學術脫離，毅然有所改變，乃成爲爾後的啓蒙思想家、社會改革者。

　　總之，阮元創設詁經精舍與學海堂，提倡經史考據學，實具有明顯的學術示範意義。所強調就是實學實用，非爲考據而考據，亦非舉業逐名。其治學風範，實影響清代後期諸多書院的典章規則，如南京的惜陰書院、江陰的南菁書院、上海的龍門書院、長沙的校經堂、廣州的廣雅書院，其興學施教，雖宗旨有所不同，但均導源於阮元，效仿詁經精舍、學海堂規制建置等，乃至梁啓超訂立的時務學堂學規，皆是以己曾讀的學海堂章程爲藍本。〔註237〕除了影響後來書院規制建置的章則外，對嶺南一帶的影響頗多，阮元將揚州儒學的實學思想、經世思想傳播，並培育許多人才，將廣東學風引向經世務實之途。還有「八學長制」以代替所謂傳統的山長制，主分科教學，亦影響至廣雅書院（光緒十五年 1889，兩廣總督張之洞所設立）所設置的「四分校」，即分經、史、理、文四科，設四分校授之。〔註238〕明顯的學科分設，實乃脫胎於阮元所訂定的學海堂章程，然此又影響至後來中國轉型期，教育制度的改革與學科分化產生，可謂整個學制有所變革。當然，學制的變革，絕非一朝一夕形成，但不可否認，以詁經精舍、學海堂爲代表的學術型書院，乃實際開啓書院變革的信息。〔註239〕只是，道光以降，社會急遽變化，加上西方文化大舉入侵，面對日趨劇烈的社會和文化危機，傳統書院紛紛進行改革，學科分化與分齋課士，便成爲普遍的教學方式；加上張之洞（1837～1909）大力倡導，其〈禮部議復整頓各省書院摺〉云：

> 宋胡瑗教授湖州，以經義、治事分爲兩齋，法最稱善，宜仿其意分
> 類爲六：曰經學，經說、講義、訓詁附焉；曰史學，時務附焉；曰
> 掌故之學，洋務、條約、稅則附焉；曰輿地之學，測量、圖繪附焉；
> 曰算學，格致、制造附焉；曰譯學，各國語言文字附焉。士之肄業

〔註237〕劉玉才先生：《清代書院與學術變遷研究》，同注105，頁138～139。

〔註238〕見朱一新：《無邪堂答問・序》云：「己丑孟冬，余自端溪移主斯院。院規：先讀書而後考藝，重實行而屏華士。仿古顓家之學，分經、史、理、文四者，延四分校主之，而院長受其成焉。諸生人賦以日記冊，記質疑問難之語於其中，而院長以次答焉。」（北京：中華書局，2000年），頁1。

〔註239〕據劉玉才先生：《清代書院與學術變遷研究》指出：「以詁經精舍、學海堂爲代表的學術型書院，即致力於傳授經史考據的學問與方法，彌補專課時文帖括造成的知識空白。在復古、求實、致用的旗號之下，實際開始背離傳統書院學行合一的初衷，顯露出書院變革的信息。」同注105，頁190。

　　者，或專攻一藝，或兼習數藝，各從其便。制藝試帖未能盡革，每

　　處留一書院課之足矣。〔註240〕

可知不僅課士形式發生變化，且西學內容全面滲透，傳統書院已成有名無實，漸被新式學堂取代。當然，張之洞這位人物的大力推動，更是促成變革的一大關鍵。可謂傳統書院到現代學堂演進的重要推動者。其重建書院學術取向，歷經崇尚漢學，漢宋兼采、不立門戶，到中學爲體，西學爲用的變化過程，可謂是晚清書院學術變遷的縮影。〔註241〕然張之洞的治學基礎在於古文經學，據張舜徽先生評論，可知：

　　之洞晚治金石，雖非專門，然若《論金石札》卷四彝器用天干說，

　　發凡起例，又前人所未道。至於《雜著》卷一爲讀疊代《三禮圖》

　　札記，卷二、卷三爲讀《皇清經解》札記，皆其早歲潛研經學時所

　　綴輯，亦足以覘其功力云。〔註242〕

又張之洞的〈四川尊經書院記〉云：

　　學海堂之三集，詁經精舍文鈔之三編，皆書院諸生所爲也。何渠不

　　若彼乎？……凡學之根柢必在經史，讀群書之根柢在通經，讀史之

　　根柢亦在通經，通經之根柢在通小學。此萬古不廢之理也。不通小

　　學，其解經皆焉說也；不通經學，其讀史不能表志也；不通經史，

　　其詞章之訓詁多不安，事實多不審，雖富於詞必儉於理。故凡爲士

　　必知經學、小學。〔註243〕

張氏早年所創設的書院，基本上都沿襲阮元的詁經精舍、學海堂的路數，提倡經古文之學，不課時文，志力於經史小學，明確指示讀書治學門徑，尚實學、崇古經，而通經之根柢在通小學；小學通則經史通；經史通則義理明；詞章文集亦復如是。否則，說經論史皆是縹緲胡說，無所依據可證，更無以表明心中志意也，詞章論述亦乏道理，無法使人信服，此個中關鍵在於「小學」之精通與否？

〔註240〕見舒新城先生：《近代教育史資料》（上），（北京：人民教育出版社，1961年），頁71。

〔註241〕見劉玉才先生：《清代書院與學術變遷研究》，同注105，頁191。

〔註242〕張舜徽先生：《清人文集別錄》卷20，（武昌：華中師範大學出版社，2004年），頁522。

〔註243〕見張之洞：〈四川尊經書院記〉，（收入氏著：《張文襄公全集》第6冊，永和：文海出版社，1963年），頁4201。

第柒章　清儒揚州學派情理論的評析

第一節　價值特色

　　「性」、「理」、「情」、「欲」一直是中國哲學所重視、所強調而探討不休的論題。所謂：中國人注重人的本性與價值、人格與意志、修養與實踐、倫理與道德的探討，追求此種探討的所當然、的所以然，無疑是哲學的關懷。〔註1〕然究竟「性」是何？「理」（天理）是何？「情」是何？「欲」是何？至今仍沒有一致的標準答案。

　　至清朝，蔚為經學的迴光返照時代，或許是因時勢環境影響，對宋明理學所倡「存天理，去人欲」之說，有進一步反思；發現宋學末流不切實際，離了孔孟聖賢原始經典的本意，紛紛主張返回經典，實事求是，以得真實之理，通經致用。如清初顧炎武主「理學，經學也。」〔註2〕倡：「音韻以明古義」；〔註3〕戴震欲「由文字以通乎語言，由語言以通乎古聖賢之心志。」；

〔註1〕　張立文先生：《中國哲學範疇發展史》（人道篇）尚云：「西方哲學首要是證明神的存在，中國哲學首要是證明人的存在。儒家探討如何做人的道理，是以其東方民族獨特的認知方式、美感經驗、宇宙精神和終極關懷來表述哲學問題的。」（北京：中國人民大學出版社，1995年），頁4。
〔註2〕　顧炎武：〈與施愚山書〉云：「古之所謂理學，經學也，非數十年不能通也。……今之所謂理學，禪學也，不取之五經，而但資之語錄，校諸帖括之文而尤易也。又曰：《論語》，聖人之語錄也。舍聖人之語錄而從事於後儒，此之謂不知本矣」，《亭林文集》卷3，（收入《叢書彙編》第一編，台北：華文書局，1970年），頁161；全祖望：〈亭林先生神道表〉亦云：「謂古今安得別有所謂理學者？經學即理學也。」《鮚埼亭集》（上）卷12，（台北：華世出版社，1977年），頁144。
〔註3〕　顧炎武：〈答李子德書〉云：「讀九經自考文始，考文自知音始。」《亭林文集》卷4，同上注，頁188。

〔註4〕王念孫表明:「訓詁聲音明而小學明,小學明而經學明。」〔註5〕王引之亦主「聖賢經世之方,莫備於經」,皆主治學必落實在經典上,確實考證字詞本意,以明經達道,方是掌握聖賢義理,且進而通經致用,經世濟民,才是治學的用意與目的。

學者指出:此時的「義理」思想,可謂「由滅人欲之天理」轉向「存人欲之天理。」〔註6〕然真正對宋明「性」、「理」、「情」、「欲」等論,作徹底反撲與大力肯定「達情遂欲」之說,方是「天理」的,始自戴震。〔註7〕所以戴震不僅是當時的考據學家,更是一位富有哲學內涵的思想家。可惜當時,戴震的義理思想未如其"經史考證"般,頗為人重視。〔註8〕雖如此,可貴的是戴震的哲理並未停擺、終止,而是後繼有人,在其門生:段玉裁、王念孫等

〔註4〕 戴震:〈古經解鈎沉序〉,《戴震文集》卷10,(收入於《戴東原先生全集》,台北:大化書局,1978年),頁1102。

〔註5〕 王念孫:〈段若膺說文解字讀序〉,《王石臞先生遺文》卷2,(收入羅振玉輯印:《高郵王氏遺書》,南京:江蘇古籍出版社,2000年),頁133。

〔註6〕 見張壽安先生:《十八世紀禮學考證的思想活力——禮教論爭與禮秩重省》所引溝口雄三先生所云,謂:「明清儒學思想有一"坐標轉移",就是從"滅人欲的天理"到"存人欲的天理"。」(北京:北京大學出版社,2005年),頁4。原溝口雄三先生著、林右崇譯:《中國前近代思想的演變》載:「考察明末清初期在思想史上的特徵。……若以截然不同於過去的、新的變化而論,則有兩項。一是肯定欲望的言論開始表面化。二是『私』得到肯定性的主張。……二者都是在某種程度上與『私的所有』相關的主張。由於這個時期中出現的這股勢力,把傳統上位於負面座標的『人欲』和『私』做180度的轉變,而定位在正面座標;從儒家道統的複線發展史來看,這種驚人的轉位現象,我們評之為『徹底的變化』。」(台北:國立編譯館,1994年),頁2。

〔註7〕 王國維先生:〈國朝漢學家戴阮二家之哲學說〉:「蓋吾中國之哲學皆有實際的性質,而此性質於北方學派中為尤著。古代北方之學派中非無深邃統一之哲學,然皆以實用為宗旨,……苟無於生生之事者,北方學者之所不道,故孔、墨之徒皆汲汲以用世為事。而清代三百年間哲學之流最為數淺枯涸,其間惟一有興味之事,亦惟一可記之事是乾嘉之間之巨子悟考證之龐雜破碎,無當于學,遂出漢學固有之範圍外,而取宋學之途徑,而對孟子以來所提出之人性論重加討論,其中之最有價值者乃戴東原之《原善》、《孟子字義疏證》,阮文達之《性命古訓》等。」《海寧王靜安先生遺書》,(台北:臺灣商務印書館,1976年),頁1706~1707。按:文中所謂「宋學之途徑」,個人以為宜是指:進求義理之途,亦考據以求義理,然其義理之思則大不同於宋學。

〔註8〕 如其弟子:朱筠見戴震之《孟子字義疏證》時,即云:「可不必載,戴氏可傳者不在是。」見〈洪榜傳〉,此傳中又載「今行狀不載此書,乃東原子中立刪之。」見江藩著、方東樹著、徐洪興先生編校:《國朝漢學師承記》(外二種),(香港:三聯書店,1988年),頁116~117。

人，還有私淑者：淩廷堪、焦循、阮元，乃至劉師培等人，然這些皆是「揚州學者」，在義理、詞章、考據等方面，皆有傳承，〔註9〕尤以「揚州學者」的義理思想、情理等論述，在清代儒學之傳承與轉變上，佔有重要的影響關鍵，可謂從乾嘉漢學思潮演變到鴉片戰爭前後新的經世致用思潮的中間環節；〔註10〕此百年揚學，誠如劉毓崧所評：

> 其深於經學者，由名物象徵以會通典禮制度之原，而非專己守殘，拘墟於章句之內也。其深於小學者，由訓詁聲音以精研大義微言之蘊，而非僅貪常嗜瑣，限迹於點劃之間也。其深於史籍之學者，究始終以辨治亂之端倪，核本末以察是非之情實，而非僅好言褒貶，持高論以自豪也。其深於金石之學者，考世系官階，以補表傳遺缺；驗年月地理，以訂紀志舛訛；而非僅誇語收藏，聚舊拓以自喜也。其深於古儒家之學者，法召公之節性，宗曾子之修身，以闡鄒魯論仁之訓，而非若旁采釋氏，矜覺悟以入於禪也。其深於諸子書之學者，明殊途之同歸，溯九流之緣起，以證成周教士之官，而非若偏嗜老莊，崇虛無以失於誕也。〔註11〕

劉氏從經學、小學、史籍等方面，如實概括揚州儒學百年來治學的規模、特點與成就。亦說明揚州儒學在學術界上所開闢的新局。尤其嘉道年間，以阮元為領袖的揚州學者人數眾多，著述富宏，幾乎在學界上佔有一席之地，蔚為學術潮流的主導者。重點是揚州儒學學者有鑑於媚古、崇漢之局限、弊端，

〔註9〕　誠如劉師培先生：〈南北考證學不同論〉云：「戴氏弟子，除金壇段氏外，以揚州最盛。高郵王氏，傳其形聲訓詁之學；興化任氏傳其典章制度之學。王氏作《廣雅疏證》，其子引之申其義，作《經傳釋詞》、《經義述聞》，發明詞氣之學。于古書文義詰詘者，各從條例，明析辨章，無所凝滯……任氏長於《三禮》，知全經浩博難罄，因依類稽求，博徵其材，約守其例，以釋名物之糾紛。所著《深衣釋例》、《釋繒》諸篇，皆博綜群書，衷以己意，咸與戴氏學派相符。儀徵阮氏，友於王氏、任氏，復從淩氏廷堪、程氏瑤田問故。得其師說。阮氏之學，主於表徵。偶得一義，初若創獲。然持之有故，言之成理，貫纂群言，昭若發蒙，異於餖飣猥瑣之學。甘泉焦氏，與阮氏切磋，其論學之旨，謂不可以注為經，不可以疏為注。於近儒執一之弊，排斥尤嚴。所著《周易通釋》，掇刺卦之文，以字類相屬，通以六書九數之義；復作《易圖略》、《易話》，發明大義，條理深密。……然時出新說，秩然可觀，亦戴學之嫡派也。」《劉申叔先生遺書》，（台北：華世出版社，1975年），頁666～667。
〔註10〕　詳見郭明道先生：《阮元評傳》，（北京：社會科學文獻出版社，2005年），頁228。
〔註11〕　劉毓崧：〈吳禮北竹西求友圖序〉，《通義堂文集》卷9，（收入《求恕齋叢書》（33），台北：藝文印書館，1970年），頁11～12。

是以發展了「變通」思想；反對墨守，力求創新；識見通達，融會貫通；不主門戶之見，兼采漢宋之長；致力於通經濟世達用。張舜徽先生就明確指出揚州之學特色，就是能「創」、能「通」，〔註12〕方一針見血道出揚州學派異於當時吳、皖兩派的關鍵；雖承襲戴震的實事求是精神，但更有著求創新求變通之治學理念：深於經學者，由名物象徵以通禮儀制度之原；深於小學者，不囿於文字聲韻訓詁，而是由聲韻訓詁進求其中的微言大義；深於史籍者，辨治亂之始終與是非之本末；深於金石者，不以收藏舊拓為榮，而是志在補訂表傳遺缺與紀志之舛訛；深於古儒之學者，更是闡揚古聖先賢論「仁」之精義，主節性與修身，非玄虛空疏，捕風捉影；當然，揚州學者之研究領域更擴及諸子學，提高荀子、墨子等地位，一反孔孟之說或貶楊墨之舉，大大對儒家傳統思想作一批判與反省，亦影響了當時暨後來學術界的研究範疇。

揚州儒學治學特色，大體如上所述（頗多學者研究過，今不再繁舉），然重要的是他們對學術界有何重要貢獻與價值？他們在學術史上的重要性是何？方是學界上尚待挖掘與深究的論題。個人就所閱讀的書籍等資料，發現「揚州儒學」「情理論」在學術上所帶來的貢獻與重要價值實有：

一、傳統解放，義理轉型

龍應台先生說：

> 個人、自由、人權，在西方文化裏也是經過長時期的辨證和實驗才發展出來的東西，不是他們「固有」的財產。……文化，根本沒有「固有」這回事，……文化是一條活生生的、浩浩蕩蕩的大江大河，不斷地形成新的河道景觀。文化一「固有」，就死了。……儒家思想本身，又何嘗不是一個充滿辯證質疑，不斷推翻重建的過程？〔註13〕

所以文化思想是與時俱進的，沒有固有之事，但是文化的精神主軸是不會變的；儒家思想從「經典詮釋──→哲學建構」之思想史脈中，清代儒學實佔一重要角色，亦可謂在此時從傳統解放，是謂儒學內部自轉化的義理轉型，此轉型的契機始自明清氣學，爾後清儒遂以「實在界」做為視域與論域，以殊於理學形上取向的經驗價值做為歸趨，並由戴震集大成建立起和理學架構迥

〔註12〕見氏著：〈揚州學記第八〉，收入氏著：《清儒學記》，（濟南：齊魯書社，1991年），頁378～379。

〔註13〕龍應台先生：《百年思索》，（台北：時報文化出版公司，1999年），頁40。

異的新義理架構；此一義理新構體現了清人「崇實黜虛」的學術性格，重視現象界的經驗事實，正視人情並強調通情遂欲、義利合趨等新義理觀。〔註14〕後來十九世紀末西學東傳，傳統封建的網羅幾被衝決，一條中西哲學交融的新義理學漸漸形成，此以「乾嘉新義理學」爲主軸的「清代新義理學」可謂對於現代化思維具有導揚先路的作用。〔註15〕

　　不可否認，揚州學者，頗多是承繼戴震之學而來，然又影響後來頗多學者，若以列表顯示，可知：

表二　戴震所影響的人物表

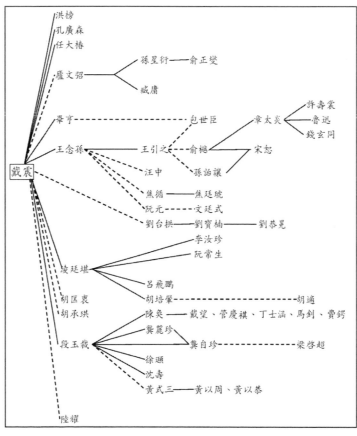

（以上圖表整理自：許蘇杭先生：《戴震與中國文化》，貴陽：貴州人民出版社，2000年，頁7）

〔註14〕張麗珠先生：《清代的義理學轉型》，（義理三書之三），（台北：里仁書局，2006年），頁397。
〔註15〕同上注，頁397。

　　※實線表示有確定的師生關係（含自附於私淑之末者）；虛線表示亦師亦友者或崇拜者。

　　然這些可謂承繼戴震學說的學者，於性、理、情、欲等主張，皆異於宋明理學的走向；他們所謂「理」不再是形上抽象的「天理」，而是形下經驗的「理則」。所以事有事理，物有物理，人有人理，人理就是在正視情欲下，情欲不失其則，就是「理」，此「理則」就是「禮」——運用於人倫日常間，不失儀則規範。所以清儒所謂「禮」，是奠基於人我情欲的理論上，強調以「禮」代「理」；此時不再是傳統所謂「存天理，去人欲」之說，而是「解放傳統」、「義理轉型」——從「理氣二元論」、「性善情惡」論轉變成「理氣一元論」或「理欲一元論」，肯定情欲之合理性，這個轉變，學者命名爲「天理到情理」，〔註16〕或者，謂之「從理學走向禮學」。〔註17〕

　　此義理轉型——從理學走向禮學之途，在學術思想上最大貢獻，就是建構了儒家經驗領域的義理學。誠如張麗珠先生所強調：儒學在此方完成了形上、形下領域兼備的全幅開發歷程。〔註18〕

　　此外，歷來「尊德性」重道德自修下，使「智識」、「科技」、「法理」等旁落，但在此清儒「尊經崇漢」下，主回歸經典考證以求義理，重視「心知之明」，強調「學習去弊」之要，方凸顯「智識」意義與價值，是以乾嘉學者，在科技、天文、算學、地理等方面，均有頗多研究與著作。〔註19〕以見他們

〔註16〕張壽安先生：《十八世紀禮學考證的思想活力——禮教論爭與禮秩重整》，（北京：北京大學出版社，2005年），頁6；另在氏著：〈禮教與情欲：近代早期中國社會文化的內在衝突〉一文亦談及：「基本上，清儒從戴震、程瑤田、凌廷堪、阮元、焦循、孫星衍、甚至中期的龔自珍，都在尋求一合情合性的『理則』。我試稱此一轉變爲從『天理』到『情理』。」又「此一從『天理』走向『情理』的轉向，或可謂是近代思想文化的一大走勢」，收入洪國樑先生等編：《張以仁先生七秩壽慶論文集》，（台北：臺灣學生書局，1998年），頁751、752。

〔註17〕詳見張壽安先生：《以禮代理——凌廷堪與清代中葉儒學思想之轉變》，（台北：中研院近史所，1994年），頁4～6。

〔註18〕見張麗珠先生：《清代義理學新貌・自序》，在此文上亦強調：「將儒學長期以來至高無上的『天理』，落實到有血有肉、有情有欲的現實人生上，眞正實現了道德活動是可以在日用之間、平凡人事上實踐的道德理想。如此一來，道德學就不再只是遠離現實、一味追求『仰之彌高』的形上義理了」，《清代義理學新貌》，（義理三書之一），（台北：里仁書局，1999年），頁2～3。

〔註19〕這方面，如戴震有：《續天文略》、《籌算初稿四種》、《策算》、《句股割圓記》、《九章算經補圖》、《水地初稿記》、《水地記》、《水經考次》、《考工記》等書，（見清・戴震著、張岱年先生主編：《戴震全書》（第四～五冊），合肥：黃山書社，1994

在重智主義下，促使他們在學術上多元發展，加上揚州學者（如凌廷堪、焦循、阮元）反對「唯漢是尊」的「考據」，富涵強烈經世致用理念，強調實踐、實行之要，是以道德學問皆以身體力行爲主，此所謂「實學」不再僅是實事求是的「考據學」，而漸漸崇尚「實際之學」、「致用之學」，後來晚清「實業」等「實學」〔註20〕形成，揚州學者的「實學」是否是一過渡的關鍵？

揚州學者思想上主「以禮代理」，但治學上仍不離經史考證，此文字訓詁等考證工夫，（尤其高郵王氏父子之訓詁校勘學，足令反漢學之至的方東樹佩服不已），〔註21〕無異是後來學者，如梁啓超（1873～1929）所謂的「科學方法」、「科學之曙光」；〔註22〕章太炎（1869～1936）所主「有系統之學問」，「固非專爲說經」，主由經學之附庸蔚爲大國，必須獨立出來的專門學科。〔註23〕

年），頁（四）29～72、73～398、399～432、433～483（五）35～116、117～254、1～34、255～298：江藩有：〈毛乾乾傳〉、〈釋橢序〉、〈天地定位節爲納甲之法解〉，（見漆永祥編《江藩集》，上海：上海古籍出版社，2006年），頁111、107、122；焦循有：〈衡齋算學序〉、〈醫經餘論序〉、〈加減乘除釋自序〉、〈天元一釋自序〉、〈開方通釋自序〉、〈種痘書序〉，《里堂算學記五種》、《加減乘除釋》2卷、《釋弧》3卷、《釋輪》2卷、《釋橢》1卷、《開分通釋》1卷等，（前者見焦循：《雕菰集》卷15、16，台北：鼎文書局，1977年，頁46～247、249～250、277、278、279；後者見《續修四庫全書・子部・天文算法類》（1045），上海：上海古籍出版社，1995年），頁221～222、223～342、377～413、414～433、434～448、449～476；黃承吉有：〈焉廣三寸解〉、〈四元玉鑑細艸序〉等，（見黃承吉：《夢陔堂文集》卷，收入於馬小梅先生主編：《國學集要初編十種》，台北：文海出版社，1967年），頁20～23、183～218；阮元有：《疇人傳》46卷，北京：中華書局，1991年；《考工記車制圖解》2卷等，（收入《續修四庫全書・經部・禮類》（85），上海：上海古籍出版社，1995年），頁401～426。

〔註20〕 晚清「實學」實不同於清初「實學」，這方面，王爾敏先生：〈晚清實學所表現的學術轉型之過渡〉一文，強調：清初實學是對宋明理學，特別是明季王學的反響，乃是儒生救王學空疏之失。而晚清實學，集中於科技教育，相對於「虛學」而言，是一門強調實際實用之學，不妨謂之「實業」之學。「實業之學」即所謂「原來納於實學的科技知識，付之行動，促之實現，遂至創生包羅一切新科技生產事業與經營之綜攝總稱。」（《中央研究院近代史研究集刊》第52期，2006年6月），頁19～34、35。

〔註21〕 方東樹：《漢學商兌》云：「近世諸家所得，實爲先儒所未逮」、「古韻一事，至今幾於日麗中天矣。」、「近人說經，無過於高郵王氏。」；見江藩著、方東樹著、徐洪興先生編：《漢學師承記》（外二種），同注8，頁327、331、343。

〔註22〕 梁啓超：《清代學術概論》，（上海：上海古籍出版社，1998年），第11、14～16章；《中國近三百年學術史》，（北京：中國書店，1987年），第1～4章、第11章。

〔註23〕 見氏著：《章太炎講演集》，（石家莊：河北人民出版社，2004年），頁100～

以見他們精湛的文字、聲韻、訓詁之「小學」，便是後來專門的文字語言學的源頭。所以近代史學大家杜維運先生，指出清儒走上考證之途，實因乾嘉學者愛書、愛知識（純學術的研究），遂有「為學問而學問」之論。〔註24〕還有：阮元等學者重視金石遺物等考證，以古代遺物復原古史，亦有學者指出：此乃無異是現代考古學的先驅。〔註25〕見其訓詁考證學的價值與貢獻。

這個傳統儒學轉型，余英時先生以為：若從思想史的角度審視，其內在理路的發展，更是不可忽視，無異就是「道問學」取代「尊德性」；亦即儒家智識主義（Confucian intellectualism）興起。〔註26〕從戴震提出「德性資於學問」〔註27〕後，「儒家知識傳統逐步擴張」，〔註28〕清儒考證的重要性，或許已不是提出「科學方法」而已，而是考證工夫所展開的知識面向。〔註29〕他們考證觸角可謂經、史、子、集無所不包，還擴及金石、輯佚、校勘、文字、聲韻、訓詁、天文、曆算、輿地、醫律等。這般大規模的學術整理，想必最大貢獻，不容懷疑，就是重建「道寓於學」的「學統」。〔註30〕然蔚為推翻道

102。

〔註24〕 杜維運先生：《清乾嘉時代之史學與史家》，（台北：台灣大學文學院，1962年），頁15；及〈清乾嘉時代流行於知識分子間的隱退思想〉，《憂患與史學》（台北：東大圖書公司，1993年），第3篇第1章。

〔註25〕 見張壽安先生：〈打破道統，重建學統——清代學術思想史的一個新觀察〉所引，原文如下：「Elman 指出：清代樸學傳統追求的是經驗性實證知識的系統研究；又說現代中國學術固深受西方影響，但中國現代社會史、文化史確曾受惠於考證成果；尤其考據學者動用古代遺物復原古史，成為現代考古學的先驅。」（《中央研究院近史所集刊》第52期，2006年6月），頁57；另詳見：Benjamin A. Elman ,From Philosophy to philology :Intellectual and Social Aspects of Change in Late Imperial Chia（Cambridge ,Mass :Harvard University Press ,1984），pp.87～169；趙剛譯，《從理學到樸學——中華帝國晚期思想與社會變化面面觀》，（南京：江蘇人民出版社，1997年），中文版自序、第3、4章。

〔註26〕 余英時先生：〈清代思想史的一個新解釋〉、〈《論戴震與章學誠》自序〉，在〈自序〉一文亦云：「龔定庵說清代儒術之運為『道問學』，真是一針見血之論。用現代的話來說，清儒所面對並關切的問題正是如何處理儒學中的知識傳統。」《論戴震與章學誠》，（台北：三民書局，1995年），頁373、頁3、頁6。

〔註27〕 戴震：「德性出於學問」，《孟子字義疏證》，（台北：大化書局，1978年），頁296。

〔註28〕 此語見余英時先生：《論戴震與章學誠》自序〉，同注26，頁5。

〔註29〕 詳見張壽安先生：〈打破道統，重建學統——清代學術思想史的一個新觀察〉，同注25，頁58。

〔註30〕 張壽安先生，對此暫名之為：「打破道統，重建學統」，詳見氏著：〈打破道統，

統，建立學統之轉圜，無疑就是「揚州儒學」——不局囿於漢學，而是通博發展，如：辨章學術，探溯源流，批判傳統，乃至大規模的編書、著作、出版、祀典與更革等等，影響所及，則是使「尊德性」學術下放，遍及各學術領域，多方培育各領域的人才，不僅是專研經、史、子、集而已，更在實業技藝上，培育專業人才；還有後來所謂「阮元學圈」，想必亦絕非偶然形成。

尤其至晚清時，甲午戰後，學科分化的觀念更是在學界上傳播迅速，許多學者如：鄭觀應（1842～1921）、嚴復（1854～1921）、康有爲（1858～1927）、梁啓超（1873～1929）等人紛紛接受西方學術分科體系，並用此提出許多分科方案；〔註31〕如康有爲草擬的〈強學會章程〉表明：

> 入會諸君，原爲講求學問。聖門分科，聽性所近，今爲分門別類，皆以孔子經學爲本。自中國史學、歷代制度、各種考據、各種詞章、各省政俗利弊、萬國史學、萬國公法、萬國律例、萬國政教理法、古今萬國語言文字、天文地輿、化重光聲、物理性理、生物、地質、醫藥、金石、動植、氣力、治術、師範、測量、書畫、文字減筆、農務、牧畜、商務、機器製造、營建、輪船、鐵路、電線、電器製造、礦學、水陸軍事、以及一技一藝，皆聽人自認，與眾講習。〔註32〕

強調專門之學的重要性。必從傳統道德學術走出，講求實際之學問，舉凡政治、法律、天文、地理、聲光電學、機器製造修護、農、林、漁、牧業等都是學術界研究的範圍；不應再以傳統八股試帖爲治學之途，而應是加強中國向來所沒有之新學術，如哲學、軍事、化學、物理學、農、工、商、礦、工程、機器等門類，分科學習，培育專業人才，方能與西方互別苗頭。

又個人以爲「揚州儒學」尙有一重要價值，就是具有承襲戴學思想與銜接今文經學興起的關鍵要素。這是「揚州儒學」的重要性；不然，今文經學的健將，如龔自珍，他又是如何繼承戴震和發揚戴震的社會批判精神，批判君主的專制和社會習俗的專制，大力呼喚個性解放與社會改革？〔註33〕並拓

重建學統——清代學術思想史的一個新觀察〉，同上注，頁 59。
〔註31〕關於這方面學科分化，詳見左玉河先生著：《從四部之學到七科之學——學術分科與近代中國知識系統之創建》，（上海：上海書店出版社，2004 年），頁 153～200。
〔註32〕康有爲：〈上海強學會章程〉，湯志鈞先生編：《康有爲政論集》（上），（北京：中華書局，1981 年），頁 175～176。
〔註33〕詳見許蘇杭先生：《戴震與中國文化》，（貴陽：貴州人民出版社，2000 年），頁 283。

展民主主義的啓蒙思潮與提出許多經世務實等主張？〔註34〕還有爲何民初章太炎、梁啓超，與胡適等人，要大力倡導「戴震哲學」？其中銜接的關鍵，想必「揚州儒學學者」所扮演的角色，是不可忽略的。

二、社群人我間之觀照與強調

儒學思想發展至清，所關注的論題已不再是探索形上抽象本體，強調是如何將「理」落實人世間，爲人所踐履，以達合情合理的準則；亦即政治社會群體如何形成一有秩序的整體。此有秩序的整體必奠基於人倫規範，人人共行共遵的「禮制」，才能將眞正「心之所同然」的「理」展現。依戴震對宋學批判，可看出程朱思想中最高層次的「理」，是人人可高唱的「理」，難以有客觀驗證，是以有權有勢者就佔有「理」的解釋權而得「理」；反之，則必被指爲「失理」。此即劉師培（1884～1920）批判宋學所謂：「以權力之強弱，定名份之尊卑。」〔註35〕有權力者藉開展「理」的論述進一步使其權位合法化，名譽亦可以兼取；失「理」者則一無所有，甚至不免遭殺身之禍，死後還將蒙受污名之玷。〔註36〕這就是戴震所強調的「以理殺人」。是以戴震與清

〔註34〕李開先生、劉冠才先生等主編：《晚清學術簡史》云：「龔自珍是在視名物訓詁爲學問全部的社會背景下成長起來的。他的外祖父段玉裁，他的父親龔麗正對他的影響主要在正統考據學的小學訓詁、經學格物方面。……宋明理學把本來已被漢儒歪曲的"三綱五常"這個道德倫理規範神化了，將人們在社會生活中逐步形成的準則抽離成先天的不依存于人類社會的永恆規範。這是歷來具有民主主義思想的考據學者所反對的，龔自珍也勇敢地參與到這個行列中來。很顯然，努力探求原始儒學的務實性與民主性，是龔自珍繼承了先輩考據學派對先進思想追求的傳統，他們的理論探索和宣傳呼籲，不僅剝下了宋明理學各種嚴屬玄虛言論的外衣，還或多或少地起了動搖封建宗法制度思想基礎之一的神學目的論的作用，體現了近代民主主義思想的傾向。其次，考據學派所倡導的經世致用之學，直接影響了龔自珍一代關心中國命運的人們。……龔自珍在經世務實之學方面有很多建樹，確實下了一番功夫。如他于地理學，……提出了建設邊疆，鞏固邊防的方略；……他關心金融歷史和現實的變革，提出經濟改革的設想；他探討政事程序，要求改革行政官僚的運作機制；他反對鴉片貿易，……總之，他的論文大多數是涉及現實政治、經濟、國防、行政、歷史、地理等，甚至正式提出施行的建議，這與他受了考據學"經世致用"學術主張的影響是分不開的。……龔自珍一直以爲自己是考據派的傳人而自豪」，（南京：南京大學出版社，2003年），頁2～3。

〔註35〕劉師培：《劉申叔遺書》上冊，同注9，頁957。

〔註36〕整理自鄭吉雄先生〈評邱爲君《戴震學的形成》〉，（《臺灣東亞文明研究學刊》

儒（尤其揚州學者）不言「理」而謂「禮」，主具體「禮儀規範」為人們遵守之則，得其情而無纖毫爽失，是謂得「理」。

關於此，淩廷堪（1757～1809）主「以禮代理」，焦循（1763～1820）強調「禮論辭讓，理辨是非」，阮元（1764～1849）致力於實踐，有所謂「理必附於禮以行」之論；家傳春秋左傳學的儀徵劉氏更是主以「禮」釋「春秋」，是以禮學盛行，紛紛深入經典文獻探究「禮」等典章制度，期以「禮則」建立社會群體間共同遵守的典範，亦凸顯清儒不約而同地將目光從心性仁義的德目，轉移至社會與群眾之間的觀照。今學者提出這是一種「社群意識」的高漲，〔註37〕所謂「群」（community）與「獨」（individual）實即決定社會秩序與價值系統的兩個重要觀念。〔註38〕如何在群體中有自我之存在，有自我「私」的意志時，又如何不失群體和諧，變成清代學者們，尤其是乾嘉之後學者，所關注的焦點。戴震主「以情絜情」去私求仁；焦循「旁通以情」至「立人達人」之境；阮元以「相人偶」的「仁學」，希望人我彼此間親愛互助。嗣後，康有為（1858～1927）以「愛力」、「電力」釋「仁」，將「仁」擴充意涵，力求人我間的友愛共存；譚嗣同（1865～1898）更以「以太（Ether）」（物理學專有名詞）云「仁」，試圖衝決傳統「仁」的網羅，建立「仁」的實踐體系；後來，梁啟超提倡「公德說」，更加彰顯是對民族、家國、社會、群體為關懷的新道德主義。由此以見，傳統重視個人內在的道德修養，已轉變成對社、群間的關懷與重視；強調不是內聖之學，而是人群間友愛互助之學，家國群體意識高昂，如何振衰起弊，致富圖強，是當時學者所謂「經世致用」的話題。

儒家的至高無上的「仁」，不再是抽象的「本體」，玄之又玄之「理」，而是「愛人」之意蘊；強調的是人我之間的「親愛精誠」，由自我的「成德」走向群體之「互助」，這一大轉變，源自阮元主「相人偶」釋「仁」，將「仁」意涵賦與「實踐」意義；「仁」的實踐就在於「關愛他人」，以「利他」為本質，所以「仁」意義發展為「愛」；而「愛」不是佔有，是付出；所謂：人不會因為得到許多愛而覺得生命有價值，卻會因為付出許多愛而認為生活充滿意義。所以「仁者，愛人。」相反的，冷漠無情便是「麻木不仁」。有關愛，

第 2 卷第 1 期，台北：臺灣大學東亞文明研究中心，2005 年），頁 197～213。
〔註37〕詳見鄭吉雄先生：〈論清儒詮釋的拓展與限制〉，《兩岸三地詮釋學與經典解釋學術研討會論文集》（抽印本），台北：世新大學，2007 年），頁 17～22。
〔註38〕同上注，頁 21～22。

懂得付出，就是「無私」；有無私之愛，懂得利他，給予溫暖，就是「慈悲」；置個人生死於度外，為弱勢者或受害者求取一個「公道」，這愛就是「正義」。所以「仁」→「愛」，力行意涵擴大無限，忠、孝、禮、義，乃至寬恕、包容、忍耐、犧牲等等，都是「仁」的實踐。所以後來康有為強調「仁」是一種「電力」、「愛力」之放射，賦與「博愛」意義；不局限在自家人，即使對一孤單無助的「過客」，給予一溫暖的鼓舞，親切、和善的慰問，想必皆是「仁的」實踐，「仁」的表現。在此，「仁」的意義，有所轉變，是指心中有「愛」，有「愛心」，有顆「溫暖的心」。如此，人世間方充滿溫情，而不是冷漠疏離。畢竟地球上大多數有生命的物質，需要的是「溫暖」，才會滋長茁壯，而不是「寒冷」；吝予他人溫暖，所回饋到的定也是「冰冷」。

此「仁」意義擴及至群體意識，視人如己，則不忍見他人受苦，見他人苦，自己亦痛苦，是以同理心促成下，則有「但願眾生得離苦」的「大愛」產生；晚清時不忍見中國百姓屢受外人欺壓，力圖衝決網羅的譚嗣同，極欲「拔苦予樂」，誓救眾生，當然，如譚嗣同者，大有人在，如後來的劉師培、章太炎（1869〜1936）、乃至孫中山先生（1866〜1925）等革命份子皆是。不忍見他人苦，就是孟子所謂的「不忍人之心。」〔註39〕另一意蘊則是：「我好，亦望他人好，大家都好」之意，即英文的「I am O.K，You are O.K，We are O.K。」——「雙贏政策」；擴大「仁」意的範圍，不再局限自我修養有成，而是人我社群間的觀照，希望全國百姓皆遠離水深火熱煎熬中，離苦得樂，方謂之「仁」。

「仁」的徹底落實與極巨轉變，源自戴震「絜情」以「去私」；揚州學者大力闡揚與詮釋轉化，如：王念孫（1744〜1832）主「仁與人通」；凌廷堪「以禮代理」力圖在「緣情制禮」下找出「仁」的出路；黃承吉（1771〜1842）主「矩正」明「人事」，強調的是將心比心之「絜矩」以達群體和合境界；焦循「旁通以情」發揮是人彼此有關心之傳達，此關愛之情是「仁」以成，非「理」可為，所以人間有「情」相通，有「愛」相連，則紛爭不起；阮元「人我親愛互助」落實「仁」的具體實踐；凌曙（1775〜1829）「禮本人情以安」，更加強調是建立在「人情和諧互動」的「禮」以安身立命；汪喜孫（1786〜1848）「忠恕者仁之用」，闡揚推己及人，立人達人之「恕道」為「仁」用世

之方；劉壽曾「《中庸》忠恕之道爲《春秋》忠厚之道」，以忠恕（仁之用）貫徹《春秋》微言大義，就是忠厚的核心：仁也。以見「仁」的意蘊不再是高掛在天之理，而是落實在現實人我間的親愛精神，講究的是人情互助和諧，群體團結一致，由內聖走向外王，由小我以成就大我，要求的是社群發展與存在走向一「大同」理想，是以以「禮制」奠基，開展一具有整體性意涵的社群意識。〔註40〕

　　「仁」意義轉變，以整體社群觀照爲主，是以有所謂「公德」道德意蘊產生；所謂「公」不再是足一人之私，「上位者之私」爲主，而是以足人人「私欲」之利爲要，所以肯定個人的「情欲」論述，是當時乃至晚清學者們所強調的；強調的是人皆有欲有情，無異於我，懂得此，則人就不該喜逞己欲，而罔顧他人感受，就該懂得爲他人著想；所以站在整體社群立場，個人私欲必須懂得節制，節制之方在於「禮」，如此，社群則是一團祥和、有序；更甚者，若能反躬自省，以己之性情通他人之性情，人同此心，心同此理，將心比心，思其感受，伸出援手，挺力相助，雪中送炭，如此，便是「仁」，「仁」的內涵在此實現與彰顯。學者指出：近代早期啓蒙思想家民主主義思想的一個重要特點，就是他們用「人欲」與理學的「天理」相對抗，從而突出了「人」的地位，使「人」成爲價值的主體。〔註41〕人的主體意識覺醒，重視自我，所以「仁」由「仁道」走向「人道」，視「人」爲最高的價值主體，所以人人當彼此尊重與親愛，才是！誠如當時康有爲所云：

　　　　仁者公德，博愛無私，萬物一體者。人者仁也，故人人皆有仁之責任，
　　　　人人皆當相愛相救，爲人一日即當盡一日之責，無可辭避。〔註42〕

人的價值在行仁，爲人一日當盡「仁」一日之責，無可推辭；所謂的「仁」是博愛無私，爲人當盡到責任，就是博愛無私，愛人如己，同甘苦，共患難，就是「人」（仁）意義彰顯，亦把「仁」成己推至「成物」，走向群體公益的表現，標示的是一「公德」的道德意識。

〔註40〕　這方面論述，詳見鄭吉雄先生：〈論清儒詮釋的拓展與限制〉，(《兩岸三地「詮釋學與經典解釋」學術研討會論文集》（抽印本），台北：世新大學中文系，2007 年 5 月），頁 22。在此文中亦強調：「宋明儒以人的道德主體爲核心，建構一個整體性的宇宙觀，清儒則以禮制爲核心，開展具有整體性意涵的社群意識，雙方各走一途。」頁 22。

〔註41〕　宋惠昌先生著：《人的發現與人的解放：近代中國價值觀的嬗變》，（成都：四川人民出版社，2008 年），頁 155。

〔註42〕　康有爲：《論語注》，（北京：中華書局，1984 年），頁 112。

三、「公與私」意義之轉變

何謂「公」？何謂「私」？歷來少有學者釐清，在中國封建專制政體下，幾乎以三綱五常的禮法為人人遵守的原則，所謂平等的「法律」隱然不彰，然君者、長者、地位高者之見彷彿就代表是「公理」；《詩經・豳風・七月》云：「言私其豵，獻豜于公。」〔註43〕知古人有將豵即小豬歸「私」，將豜即大豬歸「獻公」。《詩經》中，另有〈小雅・大田〉亦云：「雨我公田，遂及我私。」舉出「公」「私」相對；「公田」不如說是「我公之田」解為：領主的所有田；而「私田」方為農奴所私屬。〔註44〕在此，我們可以發現到《詩經》中「公」是指領主、世襲族長；所謂「公堂」亦作共同體的「集體勞動場所」或「領主的房屋及其附設的祭廟」。〔註45〕據學者研究指出，《詩經》「公」字例有九十例之多，而「私」字例僅八例，不及「公」字十分之一；另《詩經》中「公」意義已具涵有「統治者」意義，依此發展的詞語，則有「公族」、「公田」、「公庭」、「公所」等意義在。〔註46〕「公田」據《孟子・滕文公上》云：

> 方里而井，井九百畝。其中為公田，八家皆私百畝，同養公田。公
> 事畢，然後敢治私事。〔註47〕

知當時有所謂「公田」制度；蓋九百畝田依井字形劃分九塊，中間即「公田」，乃是統治者之田，必須由八家共耕同養，以作對統治者之效忠表示，亦即後來所謂對統治者所繳的租稅。由此以知「公田」已具有統轄共同性意義在，需要大家共同效勞以支持；同理，狩獵亦須將獵物納貢予統治者這一點上，亦是表示對「公」效勞效忠之意義。在此，「公」具有共同性、共同體意義，甚至推崇至是指上位者、統治者、領主等意涵；所以在此觀念下，不論是農林漁牧業，必須將狩獵、漁獵、采集、收穫物中大的、美好的、納貢給共同體、統治者或所謂的首長，再由首長管理大夥的財物。

然公與私二字，在《論語》、《孟子》與《荀子》中亦提及；如《論語・

〔註43〕見毛亨著、鄭玄箋：《毛詩鄭箋》，（台北：新興書局，1981年），頁55。
〔註44〕同上注，鄭箋云：「其民之心，先公後私，今天主雨於公田，因及私田爾，此言民怙君德，蒙其餘惠。」頁92。
〔註45〕詳見（日）白川靜先生著：〈詩經裏看得到的農事詩〉（上下）（《立命館文學》第138、139號，1956年），頁43、90。
〔註46〕溝口雄三先生著、井口靜先生譯：〈公私〉（收入賀照便先生主編：《在歷史的纏繞中解讀知識與思想》，長春：吉林人民出版社，2003年），頁544。
〔註47〕見《孟子・公孫丑下》，（朱熹：《四書章句集註》，台北：大安出版社，1991年），頁256。

堯曰》云：「公則民說」提及「公」；《孟子・公孫丑下》云：「人亦孰不欲富貴，而獨于富貴之中，有私壟斷焉。」提及「私」；《荀子・君道》云：

> 探籌、投鈎者，所以爲公也；上好曲私，則臣下百吏乘是而後偏。……
>
> 故上好禮儀，尚賢使能，無貪利之心，則下亦將顯辭讓……，不待
>
> 探籌、投鈎而公，不待衡石稱縣而平，不待斗斛敦概而嘖。〔註48〕

知在《論》、《孟》、《荀》中，隱約賦與「公」、「私」道德意涵，尤其在《荀子》裏已提出「公」與「曲私」相對概念；公是公平、公正等意思，亦是一種無貪利的心，具有道德倫理意識；而「私」則有私藏、壟斷，乃至曲私之意。戰國末，《呂氏春秋・貴公》云：

> 昔先聖王之治天下也，必先公。公則天下平矣。平則得公。……天
>
> 下非一人之天下也，天下之天下也。陰陽之和，不長一類。甘露時
>
> 雨，不私一物。萬民之主，不阿一人。〔註49〕

在此，可以看出「公」被寄寓「天」無私無頗意義，且天對萬物萬民的公平無私，更是執政者執政的關鍵。「天命觀」遂成爲統治者權力的後盾；身爲統治者富有天命的意志，對待萬民更當公正、無私，普遍愛民，才對！據《禮記・禮運大同篇》載：

> 孔子曰：大道之行也，天下爲公。選賢與能，講信修睦，故人不獨
>
> 親其親，不獨子其子，使老有所終，壯有所用，幼有所長，矜寡孤
>
> 獨廢疾者，皆有所養；男有分，女有歸；貨惡其棄於地也，不必藏
>
> 於己；力惡其不出于身也，不必爲己。是故謀閉而不興，盜竊亂賊
>
> 而不作，故戶外而不閉，是謂大同。〔註50〕

知此「公」意義，發展成「不必爲己」的反利己的道德觀，依此，大道之行也，天下爲公。達此境界則是「大同世界」，此「公」更具有扶老濟弱，相互幫助的「公德」意義在。這天下爲公的思想，遂爲近代康有爲（1857～1927）的《大同書》所引用，以闡釋其平等、自由、民主的烏托邦世界；富革命理想的孫中山先生（1866～1925）的《三民主義》所宗，主「天下爲公」的理想社會。

〔註48〕荀子著、清・王先謙集解：《荀子集解》，（北京：中華書局，1988年），頁230
　　　　～231。

〔註49〕秦・呂不韋等著、高誘注、陳奇猷先生校釋《呂氏春秋校釋・貴公》，（上海：
　　　　學林出版社，1984年），頁44。

〔註50〕鄭玄注、孔穎達疏《禮記注疏本・禮運篇》（中），《十三經注疏》（分段標點
　　　　本）（11），（台北：新文豐出版社，2001年），頁1026～1027。

　　然「公」與「私」二字意思爲何？據東漢，許愼《說文解字》釋「公，平分也。从八从厶，八猶背也。韓非曰：背私爲公。」「私」：「厶，姦……也。〔註51〕」知公與私意義，由先秦至兩漢的發展，「公」實具有統治者、共同體、天意，乃至公正、公開、平分、均平等道德意涵；「私」則有百姓、自家、隱私、曲私，乃至姦邪等意思。公與私這一對概念，在中文語彙上，似乎富涵有「實然」與「應然」意義；誠如黃克武先生所云：

> 在實然方面，它們爲社會範疇的區分，一般而言「公」指國家部門（state sector），有時也包括地方公產與公眾事務，而「私」則指非國家部門（non～state sector），又可再進一步細分爲個人與社會群體，如家族、黨社等。在應然方面兩者爲道德價值的判斷，「公」指利他主義（altruism），「私」指追求自我利益，亦即強調一己的獨佔性，也包含自私自利（selfishness）。〔註52〕

實然部份「公」指「國家部門」或是公產、公眾事務；「私」則指個人、自組社團等。應然方面，「公」具有公平、利眾道德意義；「私」即私己、利己意義。

　　對此，溝口雄三先生研究，指出：中國古代的「公」應具有三種意義：

　　（一）是指首長性的公家、公門、朝廷、官府等政治意義。

　　（二）是指「共同體」而言的共同、公開、共有的社會性意義。

　　（三）是指均平、反利己的公，相對於偏私、利己的私的倫理性、原理性的意義。〔註53〕

　　而「私」則相對於官府的「百姓」（私家），或內部的（家門內）隱私等含義，帶有著曲私、利己等反倫理意義。〔註54〕

　　知中國傳統「公」與「私」的意涵，經不同時代洗禮，不同學者的闡釋，

〔註51〕見東漢·許愼著、清·段玉裁註：《說文解字注》，（台北：天工書局，1992年），頁49、436。然「私」字有諸解，據原「厶」字解：「姦……也」段注：「女部曰，姦者厶也，二篆爲轉注。……今字私行而厶廢矣。」頁436；另「私」字意：「私，禾也。」段注：「蓋禾有名私者也，今則假私爲公厶。倉頡作字，自營爲厶，背厶爲公。然則古祇作厶，不作私。」頁321。
〔註52〕黃克武先生著：〈從追求正道到認同國族──明末至清末中國公私觀念的重整〉，（收入於黃克武先生等編：《公與私：近代中國個體與群體之重建》，台北：中研院近史所，2000年），頁59。
〔註53〕溝口雄三先生著、井口靜先生譯：〈公私〉，（收入於賀照田先生主編：《在歷史的纏繞中解讀知識與思想》，長春：吉林人民出版社，2003年），頁558。
〔註54〕同上注，頁558。

實不離「公」有公家、朝廷、皇權、官府表徵；「私」則指個人、私己、隱私內涵；在歷來道德主義高舉下，崇尚的是「為公去私」，主利他不主利己；所謂「正其誼不謀其利，明其道不計其功」，鼓勵人民重義輕利，所謂「義」旨在「公」，如此，方是有道德之君。公與私的意義，據溝口雄三先生所述，若以表列，則如下圖所示：

圖六　中國傳統的「公」所具涵的意義圖

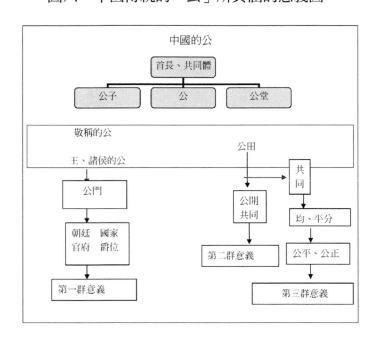

圖七　中國傳統的「私」所具涵的意義圖

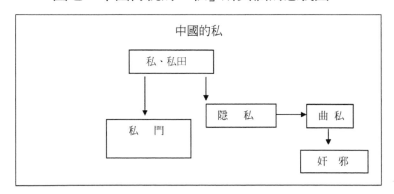

（上二圖取自溝口雄三先生：〈公私〉，收入《在歷史的纏繞中解讀知識與思想》，長春：吉林人民出版社，2003年，頁558。）

　　然問題是公私的內涵，至宋明時，發展至極；理學家們對人們灌輸「存天理，去人欲」觀念下，更加鞏固封建專制主義價值觀，禮教的束縛愈趨嚴苛，似乎變成「存天理」謂之「公」；「盡人欲」便是「私」，又視「私」乃萬惡之源，惟無一毫人欲之私「心」，方是「公」，至「公」即「至善」；〔註55〕是以「存天理，去人欲」便是「為公去私」，因此，「為公」之下，變成是對上位者、長者、尊者、有權有勢者之盡忠；「去私」之旨，便形成一般老百姓不可有自私自利自營行為，彷彿下屬、幼者、卑者、弱勢者永無「自我」存在價值，永遠無法追求「自我之欲」，只因道德觀──「正其誼不謀其利，明其道不計其功」捆綁。但此宋明理學發展至極，亦逐漸暴露出「天理人欲」說與「人的正常本性」呈現尖銳對立情形，是以明清以來漸有學者紛紛對理學作批判與反省，指出「存理去欲」的本質，無異是超功利主義的虛偽說教，無視於民生疾苦之本源；明清時期的學術趨勢，誠如張壽安先生指出：十七世紀以來學術走向，是以禮教重整與情欲反省兩大主流為主。〔註56〕在情欲反省與禮教重整下，人性、情欲、義利、禮教、封建制度等問題皆搬出臺面，一一徹底探索，亦重新正視「人欲」問題，在正視「人欲」之下，「公私」之見則大異於往昔之見。

　　主要「私欲」受到清儒們重視，在他們大力倡導「情欲」正常的合理性下，於封建禮教牢籠亦漸漸鬆綁，由「官府」之「公」，限制自我逐利下，而走向重視個人利己主義，乃至自由、民主、人權平等之伸張；所謂「自營」觀念逐漸形成，尤其晚清學者更是大力闡揚，如嚴復（1854～1921）〈天演論〉云：

> 「自營」一言，古今所諱，誠哉其足諱也。雖然，世變不同，自營亦異。大抵東西古人之說，皆以功利為與道義相反，若薰蕕之必不可同器。而今人則謂生學之理，舍自營無以為存。但民智既開之後，則知

〔註55〕朱熹曾云：「為仁者，必有以勝私欲而復於禮，則事皆天理，而本心之德復全於我矣。」《四書章句集注》，同註47，頁131。又朱熹在注釋《大學》「止於至善」時，釋「至善」為天理「當然之極」，強調「無一毫人欲之私」，始能「盡乎天理之極」。《四書章句集注》，頁3。陸象山亦云：「不曾過得私意一關，終難入德。」《象山全集》卷34，頁4。王陽明即視「私欲」為「良知」之障蔽，其云：「心即理也，此心無私欲之蔽，即是天理。」《傳習錄》卷上，頁2；又「減得一分人欲，便是復得一分天理」，《傳習錄》卷上，頁24；又「人孰無根？良知即天植靈根，自生生不息，但著了私累，把此根戕賊蔽塞，不得發生耳。」《傳習錄》卷下，頁78。
〔註56〕張壽安先生：〈自序〉，《十八世紀禮學考證的思想活力》，同註16，頁1。

非明道，則以以計功。功利何足病？問所以致之之道何如耳。故西人
謂此為開明自營。開明自營，于道義必不背也。復所謂理財計學，為
近世最有功生民之學者，以其明兩利為利，獨利必不利故耳。〔註57〕

在此，嚴先生提出「開明自營」理念，說明合理利己主義是可行的；追求個
人私利（自營）謀生，在不損人之下，人人當自營謀生。難道己不自助還望
人之助？「不自利而欲人之利我」？〔註58〕所以己不自營，仰賴別人求生，
則是可恥的惡習，不但無以為存，更令人鄙視。又合理自營求生存，在道義
上並不違理，亦所謂「理財計學」，是近世最有功於生民之學也，所以人當「利
己自立」以「利群」也。梁啟超當時亦強調「利己以利群」說，反對傳統封
建「私己惡德」價值觀；其云：

為我也，利己也，私也，中國古義以為惡德也。是果惡德乎？曰：
惡，是何言！天下之道德法律，未有不自利己而立者也。對於禽獸
而倡自貴知類之義，則利己而已，而人類之所以能主宰世界者賴是
焉；對於他族而倡愛國保種之義，則利己而已，而國民之所以能進
步繁榮者賴是焉。故人而無利己之思想者，則必放棄其權利，弛擲
其責任，而終至於無以自立。……彼芸芸萬類，平等競存於天演界
中，其能利己者必優而勝，其不能利己者必劣而敗，此實有生之公
例矣。〔註59〕

主利己為我之私，並非惡德，相反的，人類之所以自貴於禽獸，端在人能「自
利利人」，故方為世界主宰；又天下道德法律，沒有不謀有利於己者。所以人
當利己利人，國民方能繁榮進步也。且身為「人」若無「利己」之思想，必
放棄自身權利，缺乏責任感，仰人鼻息，無以自立於世也。所以傳統封建倫
理觀，視「人欲」為「惡」，主「存天理，去人欲」之說，是抹煞為人的價值
與自立自強的能力，基本上，當政者應鼓勵人人有追求美好生活的欲望，提
高生活品質，自營謀生，如此，利己利人，國家方能富強繁榮。甚至，康有

〔註57〕嚴復著：《嚴復卷》，（石家莊：河北教育出版社，1996年），頁1395。
〔註58〕梁啟超先生亦提出利己主義合理性，其〈十種德性相反相成義・其四利己與
愛他〉中云：「西語曰：『天助自助者。』故生人之大患，莫甚于不自助而望
人之助我，不自利而欲人之利我。夫既謂人矣，則安有肯助我而利我者乎？
又安有能助我而利我者乎？國不自強，而望列國之為我保全，民不自治，而
望君相之為我興革，若是者，皆缺利己之德而已。」《飲冰室合集・文集之五》，
（上海：中華書局，2003年），頁48～49。
〔註59〕同上注，頁48。

為以為國家進步與否，人的行為是否良善，社會治亂文野之分，必須以能否足人情人欲之要求，是否有利於人情「求樂免苦」為基本標準的；康有為云：

> 一切政教，無非力求樂利生人之事。故化之進與退，治之文與野，所以別異皆在苦樂而已。其令民樂利者，化必進，治必文；其令民苦怨者，化必退，治必野。此天下之公言，已驗之公理也。〔註60〕

主人性有「求樂免苦」共通性，一切政教當以為民達成求樂利生之事為要，才是國家進步與否關鍵。所以教化當以「富民」為先，順人情，「正德厚生」，令人人各得其分，各得其樂，不相侵擾，方是「禮治」之精義；康有為云：

> 夫天生人必有情欲，聖人只有順之，而不絕之。然縱欲太過，則爭奪無厭，故立禮以持之，許其近盡，而禁其逾越。……故立禮律者，令眾人各得其分，各得其樂，而不相侵，此禮之大用也。〔註61〕

然晚清學者這濃濃的「利己利群」以為「公」思想，其來有自，清初，顧炎武（1613～1682）對「公」、「私」，則表明：「合天下之私，以成天下之公」，〔註62〕黃宗羲（1610～1695）主「必使治天下之具皆出於學校，……天子亦遂不敢自為非是而公其非是於學校。」〔註63〕然大大轉變「普天下，莫非王權」、「家天下」、「存天理、去人欲」之「公」，為人人均有追求幸福欲望的權力，足人人「私欲」之公，不再是一人之下，萬人之上「專制」的「公」、「上位者」為是的「公」，而是重視個人「私欲」之「公」，足人人「私欲」之「公」者，是戴震與承繼戴學之學者。〔註64〕誠如戴震（1723～1777）對宋學「存理去欲」說，就提出「以理殺人」之批判，所謂：

> 理欲之分，人人能言之。……尊者以理責卑，長者以理責幼，貴者以理責賤，雖失，謂之順；卑者幼者賤者，以理爭之，雖得謂之逆。……

〔註60〕康有為著：《大同書》，（北京：中華書局，1956年），頁293。

〔註61〕謝遐齡先生編選：《康有為文選》，（上海：遠東出版社，1997年），頁195。

〔註62〕顧炎武：〈言私其豵〉，《原抄本日知錄》，（台北：明倫書局，1970年），頁68。

〔註63〕黃宗羲：〈學校篇〉，《明夷待訪錄》，（收入《黃宗羲全集》第1冊，杭州：浙江古籍出版社，2005年），頁10。

〔註64〕這方面，據黃克武先生：〈從追求正道到認同國族——明末至清末中國公私觀念的重整〉論道：「一個耐人尋味的事情是清末民初士人對公私、民主、自由的討論不僅受顧、黃等人影響，也與戴震思想的重新詮釋有關係，例如劉師培、章炳麟、梁啟超都超高度評價戴震的哲學，甚至將之與盧梭、孟德斯鳩相比，至五四運動時代戴震的哲學也被胡適等人抬出來，藉以判儒家傳統。」同註52，頁62。知晚清許多學者大力主公私、民主、自由之論，實深受戴震哲學影響而來，那麼，戴震之後續的傳承想必亦是一重要關鍵。

　　　　上以理責下，而在下之罪，人人不勝指數。人死于法，猶有憐之者，

　　　　死于理，其誰憐之？〔註65〕

如何轉變「爲天理之公去人欲之私」之思潮，肯定人存在的價值意義，則是
戴震乃至承繼戴震之學的學者努力發揚的義理思想。在此，即可看出戴震明
確指責出宋明理學「存天理，去人欲」之謬誤；還有抨擊尊奉程朱理學的「統
治者」，以「天理」作維護權力的武器，以「理」扼殺人民追求生活的欲望，
置人民生活的痛苦「忍而不顧」。畢竟身爲一國之君，本應「視民如子」、「爲
民謀其人欲之事」，爲民營造一安居樂業之生活，才是！今上位者打著理學「存
理去欲」口號，反以「理」遏阻人民謀生之欲，而以「理」作逞一己之私欲
奢靡的憑藉，此「理」至此已非爲民謀福之理，反適足以成殺人之具，所以
惟推翻理學「禁欲之思」，方能予平民百姓追求幸福的權力。

　　然當時僅戴震大力呼喊「正視人情欲」重要性，仍是不足以造成後來震
撼的迴響，關鍵還在繼戴震之後的學者，尤以揚州學者最多，這一股百川納
聚成匯流，影響不可謂不大。誠如有汪中（1744～1794）極力反對宋儒的獨
斷、教條主義；其〈大學平議〉云：

　　　　孔門設教，初未嘗以爲至德要道，而使人必出于其途，……（宋儒）

　　　　標〈大學〉以爲綱而驅天下從之，此宋以後門户之爭，孔氏不然也。

　　〔註66〕

闡明宋儒主「至德」的獨斷與蒙昧，標榜孔學並非如此；甚者，肯定荀子的
學術思想，著有《荀子通論》，肯定荀子「性惡」觀點，承認現實的人性中存
有生理情欲一面。對程朱理學所造成許多慘無人道的社會現象，尤對婦女悲
慘遭遇，作出具體且深刻的批露（詳第四章第三節）。

　　劉台拱（1751～1805）主「哀樂者，性情之極至，王道之權輿。」「人性
之偏，愛惡爲甚。」主「欲」在人性中。人性有所偏失，在「愛惡」之欲造
成，此性之理，絕非宋儒所謂「性即是理」，「性」純然至善，相反的，性中
有「欲」——有「好惡」之欲。凌廷堪（1757～1809）論性，即「好惡兩端
而已矣。」主「習禮復性」；蓋藉由外在反覆練習禮規儀式，使外鑠的禮節儀
則，內化爲內在的道德根源。江藩（1761～1831）論「生之所以然者謂之性，

〔註65〕戴震：〈理〉，《孟子字義疏證》卷上，（台北：大化書局，1978年），頁293。

〔註66〕汪中著、田漢雲先生點校：《新編汪中集》，（揚州：廣陵書社，2005年），頁
　　　　381。

散名之在人者也。」主「節性復禮」、「緣情制禮」。焦循（1763～1820）視「性無他，食色而已。」「性何以善？能知故善。」強調性善之發揚，端在「學習」，靠後天努力學習，充實內在，啓迪智慧，止於至善的；傾向戴震「學以去其蔽」，「德性資於學問」之說；且焦循尚主「平天下所以在絜矩之道也。」「爲民父母，不過人之所好好之，民之所惡惡之。」身爲統治者應懂得「絜矩之道」，推己及人，當使人人各遂其欲，方是通情達理。阮元（1764～1849）以「性字從心，即血氣、心知也。……血氣心知皆天所命，人所受也。」又「欲生于情，在性之內，不能言性內無欲，欲不是善惡之惡。天既生人之血氣、心知，則不能無欲，惟佛教始言絕欲。」認爲人性是包括人欲在其中，但「欲」本身無所謂對錯，人皆「欲樂免苦」是人性也；只是性中有欲，「欲在有節，不可縱，不可窮。」所以人須以禮儀節制人性，並以此定性，所以阮元主「理必出于禮也。」王引之（1766～1834）主「形體出於天性，不可得而變改也。」以爲「人性」是實質的，有血有肉的，一如戴震所倡的「血氣心知」之「性」矣。黃承吉（1771～1842）以爲「性非變化不盡，變化非曲不盡。」蓋性非至理不變，以「曲」明其變化。凌曙（1775～1829）強調「禮本人情以即于安，故禮者治人之律，而春秋則其例也。」強調「禮」緣情制訂而來，故是「治人之律」，以「禮」作人們之繩墨，「春秋」則是禮之義例也。治《春秋》亦須以「禮」治之。汪喜孫（1786～1848）以「氣相聯斯情相合，性相感斯命相通。」「私情」之源，源自親情相連，此情此義是自然產生，永遠無法割捨的或改變的。肯定「私情」價值與必要性。劉文淇（1789～1854）主「國人之私而止于禮，法之正也。」主人民當可遂行「私欲」，但不違禮法。劉寶楠（1791～1855）主「受血氣則有形質，此『性』字最初之誼。」又「欲根於性而發於情」，正視情欲，以欲爲人之本有，乃是「根於性而發於情」的，無論聖、凡、智、愚者，皆一同有情有欲。劉毓崧（1818～1867）以「天理不外乎人情，故情理可以互訓。」又「惠者一人之私也；……德者，天下之公也。」情即理也，理即情也，所謂「情之不爽失，謂之理。」正視情欲下，論公與私，以恩澤個己一人間，謂「私」；但德及眾人、群體，則是「公」也。劉壽曾（1838～1882）視「夫施於民者易悅，取於民者易怨，民之恆情也。」民之常情，就是「受施」悅，「取民」怨，所以身爲治國之君，必懂得施於民，惠於民之理；反之，壓榨百姓、苛稅重斂，必得民怨。治國要道，不外乎是順民情，使民安居樂業，方以國泰民安、國富圖強。劉師培（1884～1919）

亦云：「人性秉於生初，情生於性，」「欲者，緣情而發，亦情之用也。」雖劉氏承襲《左傳》家學，但在「人性」論上，主從戴震的說法，肯定人「情欲」的價值。（上述所引，不再一一作注，詳見本論文第四、五章）

揚州學者承繼戴震「達情遂欲」說，站在人性皆有「求樂免苦」立場，正視人「情」「欲」合理性，尋其正當抒發與追求管道，是以「以禮代理」說，盈滿天下，然於「公」於「私」之論，彷彿變成爲百姓力爭「私利」爲「公」之論；「公」除了富涵「平等」、「均平」意義外，更表示以不抹煞個人合理的欲望爲宗，「公」最大目標：在達成人人均富的境界，所以在尊重群體規範下，又是一重新思考群己關係的一出口。可謂中國禮教漸由「宗族家禮」、「家天下」之強調，走向群體社會禮儀規範之建立。所謂的「公」不再是指「一人之下，萬人之上」的「統治者」，而是指眾人、群體之意義；所謂「公家」更是爲眾人、百姓服務與謀福利的機構，而非「官府」而言。全體國民方是國家的主人，「國君」更應是要爲人民富裕安康生活著想，而非專爲自己打算。

然近代人權平等之倡導、公私意義轉變，卻必須建立在「情欲」肯定下，達情遂欲之理論確立，與學者倡揚，方得以在儒學內在理路中形成；所謂「情欲解放」，方有個人自由、平等可能性；「公」方可轉變成「足人人私欲」之理，否則，無法肯定人「私欲」合理性，所謂的「公」永遠是爲封建禮教之「上位者」服務，平民百姓永遠是沒有「自我」的「奴僕」，終生爲「上位者」作牛作馬，永無翻身之日。然「禮教」固然是維護中國社會數千年來的穩定發展的基石，但形成對人民之迫害、壓制與朝政腐敗不振，屢屢被外強侵略時，就不得不使當時許多知識分子重新思考儒家禮教的意義，或許今日我們可以過著自由、平等、民主、現代生活，實亦應感激當時學者們的努力與爭取；乾嘉時，戴震乃至發揚戴震「情理論」者，雖不是近代人權民主之倡導者，但可謂是人權民主的啓蒙者。王俊義先生指出：揚州儒學可謂新興學術思潮的發酵劑和先導。通過對揚州學派的研究，可以發現揚州學派正是從乾嘉漢學演變到鴉片戰爭前後新的經世致用思潮的中間環節。〔註67〕

繼揚州學者之後，學者們陸續提出平等、合理的情理思想，如李汝珍（1763～1830）、俞正燮（1775～1840）、包世臣（1775～1855）等人。他們強調事理當在順人情，不爲難人；「公」是指人人公平、平等之意義，重視個人、自

〔註67〕王俊義先生：〈關於揚州學派的幾個問題〉，（收入氏著：《清代學術探研錄》，北京：中國社會科學出版社，2002年），頁265。

我、利己與私欲之滿足，不僅轉變「專制」王權之私為天理的概念，而且合天下人民之私為公的想法，肯定國計民生之要，更加大力倡導「國民」之權利，有恆產，斯有恆心矣。至此所謂的「公」，除了追求公平、正義與正道外，更要求人人平等，泯滅階級高下之別；肯定人私欲的追求，即使賤民也該尊重他們的自主權與生活欲望；如俞正燮為賤民伸張正義，爭取平等人權，為普天下百姓主持一公道。〔註 68〕且主「法律公開」論，所制訂的「法」宜是為保護全體人民訂立的，不應有所偏袒，強調法律之前人人平等。如此，「國家」是照顧全民百姓的所在，方增加國民對國家認同的意涵。所以「國家」不是惟君王所有，而是隸屬全體百姓，主權在民也，當然，國民更要以國家為要，畢竟國家興亡，匹夫有責。然此「公」必先站在全民平等立場上談，若在百姓有階級待遇之不公下，是很難要求全體國民以國為公，以群為要的。所以在戴震暨主戴學學者影響下，公與私定義有所轉變；「公」乃反一人之私為天下之公，主足群民之私為公的訴求，「私」即自我、私己「私欲」之意而言，足私欲不氾濫，則以「禮」節制與「絜矩」推己及人，達到儒家仁恕之「老吾老以及人之老，幼吾幼以及人之幼」的目的，斯為人人認同的「公」與「私」。

四、促使人文精神昂揚與人權主義覺醒

韋政通先生曾云：

> 人生之路所以獨特，因為每個個體的生命都是獨特的。哲學家萊布尼茲（Leibniz，1646～1716）說：「天下沒有兩滴水是相同的。」何況是人？每個人的生命或多或少都具有創造性，這就是所謂潛能。〔註 69〕

又：

> 所有的理想都是建立在超出個人需要的目標之上，這並不意謂個人需求不重要，相反的，個人基本需求的滿足，是實現理想的必要條件。心理學家馬斯洛把動機分為「欠缺」與「生長」兩類：滿足個人基本

〔註 68〕見拙論：〈公與私的詮衡——試論俞正燮人權平等思想〉，（《義守大學人文社會學報》第 3 卷第 2 期，2008 年 12 月），頁 164。

〔註 69〕見氏著：〈青年的人生觀〉，《抉擇與負責》，（台北：洪健全文教基金會，1998 年），頁 103。

需求，屬於欠缺動機；追求真善美之類的超個人目標，就屬於生長動機，因為它代表自我實現。如果一個人的努力只是為了滿足欠缺動機，是沒有什麼人生意義和人生遠景可言的。努力實現超個體需要的目標，是人類高級文化和文明創造的起點，當你朝這個目標努力時，你會感覺你不單單是在追求理想，同時也在創造理想。〔註70〕

以現今觀點來看，我們都知道，一種米養百樣人，我們是無法總要求別人都跟自己一樣的，所以人與人之間就必須懂得「尊重」彼此差異性，視每個生命個體都是獨一無二，皆有其價值意義在，如此，「人」有不同聲音、不同意見，都得以互相包容與接受。還有，人活著必有其價值與意義，身為人不當任意因其貴賤、貧富不同而鄙視他人；「人」都有滿足基本需求的需要，且是實現「理想」的必要條件。為「欠缺」而努力實現更遠大目標，這是值得鼓舞與喝采的，畢竟人因夢想而偉大，人類文明進步就是這樣一點一滴創造與發明出來的；但是「人」的努力只為了「吃、喝、拉、撒、睡」的滿足，說實在的，這種努力與某種動物沒有兩樣。身為「人」畢竟有「人」存在意義與價值，端賴「人」自覺與闡揚，發揮「人生」光與熱，實踐人生理想與價值，哪怕僅是「帶給別人快樂」，亦是一種「幸福」。

　　「人文精神」昂揚與「人權思想」提倡，在中國傳統禮教束縛下，一直是隱沒不彰的。直至清代，尤其1840年「鴉片戰爭」爆發，開啟外強侵略之端倪後，「人權」思想才漸漸受到重視與闡揚。如：譚嗣同（1865～1898）主所謂「人我通」、「通之象為平等。」〔註71〕畢竟要「無對待，然後平等。」〔註72〕所以破對待、破名分、破專制、破傳統禮教束縛，方能中外通、上下通、男女內外通，以至人我通。通的基礎在「平等」，雙方必先在「平等」前提下，方有溝通、互動的協調，否則，不平等狀況下，人與人永遠是上下、長幼、尊卑、貴賤等對待關係，在此一關係下，永遠是下臣屬於上，聽命於上的互動方式，要論「協調」、「互助」與「溝通」是不可能的。所以譚嗣同要衝決一切網羅，打破所有對待關係，勢必要挑戰既有的倫理與政治社會結構。〔註73〕其主「通」志在強

〔註70〕同上注，頁114。
〔註71〕譚嗣同：〈仁學界說〉，《仁學》卷上，《譚嗣同全集》，（台北：華世出版社，1977年），頁6。
〔註72〕同上注，頁7。
〔註73〕詳見王汎森先生：〈從傳統到反傳統——兩個思想脈絡的分析〉，（收入氏著：《中國近代思想與學術的系譜》，石家莊：河北教育出版社，2001年），頁110

調「平等」，然惟有人與人「平等」，方有「人道思想」，「人權」意識彰顯，否則，弱勢者永遠是被打壓的。同理，一國的國民不懂得「自重」、「自愛」，沒有「自我」，國族的尊嚴就不會綻現，外強侵略時，就永遠是跪地求饒。後來魯迅（1881～1936）《阿Q正傳》中的「阿Q」不就是反映當時中國人面對衝突、打擊時，無以自保，僅會自我解嘲的心態！這是一種扭曲的變形人格，沒有自我，沒有自我的尊嚴，更不懂得什麼謂之「羞恥」！當被人踩在腳底下時無力反擊的一種合理性機轉的心態，這是一種「自欺欺人」而自以為「滿足」，姑且名之為「阿Q精神」。然可憐的是清末民初時，國人竟皆是如此，尤其是滿清朝政，如此積弱不振、儒弱無能的民族現象，方為當時有志之士、知識分子憂心忡忡，「人權思想」、「人道主義」勢必大力闡揚，呼籲人人當自尊、自重，「自我意識」抬頭，方足以救亡圖強。

然譚嗣同所提倡的「通」，揚州學者——焦循，即已倡導在先，不過，焦循主「旁通以情」，強調「通」的關鍵在「情」，以「情」打動人心，以「情」互通人我，懂得「我之所欲」可能亦是「他人所欲」，推己及人，「以情絜情」，達至人我互動、和諧、團結之境界；焦循以「情通」打破上下僵固制式化對待的關係，簡單而言，就是要人們懂得「為他人著想」，將心比心，切莫以為「別人家的孩子死不了」，懂得「付出」，「關愛」需要幫助的人，即使為弱勢者反抗強權的暴行，亦是「付出關愛」，只是這種關愛名之為「正義」。倘若人人如此，懂得互助、關愛與付出，不是僅辨「理」之是非，強詞奪理只為爭你我之輸贏，相信這個社會、群體必充滿溫情與互助，「人道」精神在此闡揚，這個國家人民不再是冷漠疏離，而是充滿無限「愛」的生機與希望，這個國家當然必團結與富強。

焦循當時不言「平等」，僅「旁通以情」打通上下尊卑對待關係，實亦是另一種達至「人我平等互助」的表態，「人道精神」在此昂揚。

「人權」必站在「平等」基礎上，方以伸張，然中國傳統以來，男女關係一直是處在不平等狀態下；尤自宋儒程頤提出「餓死事極小，失節事極大」後，重視婦女「節操」的觀念大行，對婦女們「貞節」尤加重視，殊不知益形成男女之不公不平不義情形，所謂「禮教變本加厲，尤在元明清時。」〔註74〕婦女

～111。

〔註74〕 張壽安先生：〈禮教與情欲：近代早期中國社會文化的內在衝突〉，（收入洪國樑先生等編：《張以仁先生七秩壽慶論文集》，台北：臺灣學生書局，1998年），

在此「守節」觀念下，所受的迫害更是前古未有。

　　對此男女不公現象，清代學者頗多提出反傳統禮教等論述，如反對婦女纏足、反女殉夫、主女子可再嫁等，為婦女的人權伸張。在封建禮教專制下，婦女無疑是弱勢一群，再加上宋明理學高唱「道德主義」至上之下，所謂「存天理，去人欲」，無異形成對「強欺弱」、「大欺小」、「貴虐卑」現象作合理解釋，如此「天下為公」意義在哪？所謂「公理」何在？處處所見皆是不合理、不公平現象；明清學者鑑於此，亦陸續提出相關反禮教論述。揚州學者反對「禮教」變本加厲，亦大力主張：所謂「公」應是「從滅人欲的天理」到「存人欲的天理」，才對！尤對男女而言，更應解放婦女，方是做到男女平等境界。

　　揚州學者中，對男尊女卑之不平等，最感不滿的是汪中（1744～1794）；其對於守節、殉節等不合"情理"者，作有〈女子許嫁而婿死從死及守志議〉等文進行了駁斥。所謂：

> 許嫁而婿死，適婿之家，事其父母，為之立後，而不嫁者非禮也。……
> 其有以死為殉者，尤禮以所不許也。雖然父母之親，君臣之義，夫
> 婦之恩，不可解於心過而為之。死君子猶哀也，苟未嘗以身事之，
> 而以身殉子則不仁矣。〔註75〕

首先指出，如果夫婦猶如君臣、父子之禮，未見君死、父死，臣與子亦從死，為何獨夫死而婦殉節？又「女子之嫁，其禮有三，親迎也，同牢也，見姑舅也。」〔註76〕既然夫死，不能行此禮，又「六禮不備」，不算入門之媳婦，既不為入門之媳婦，何以要女子守節、殉節？又「女子未有以身許人之道」，〔註77〕所以女子宜有獨立人格與人身自由，應有「身為人」的基本權利！況「制為是禮」，即在使人們受到法制上的保護。以身殉死，不僅不合禮，且亦不仁矣。

　　另外，汪中亦強調：一個有制度的國家應建立所謂完善的社會福利機構，以扶老助幼，解決弱勢群體的生活問題，如是，方是一個太平盛世的國家。然具體措施，在汪中看來，首要宜建立一「苦貞堂」，為寡婦擁有一社會的保障機構；次者宜建立一「孤兒社」，以濟社會上孤兒生養問題。〔註78〕

　　　頁737。
〔註75〕汪中：〈女子許嫁而婿死從死及守志議〉，田漢雲先生等編《新編汪中集》，（揚州：廣陵書社，2005年），頁376。
〔註76〕同上注，頁375。
〔註77〕同上注，頁376。
〔註78〕詳見汪中：〈與劍潭書〉，同上注，頁441、440。

　　強調婦女解放無異就是「人」社會解放的一個前提，是「人道主義」覺醒後的第一步，因為中國傳統以來最大不平等就是「性別不平等」，當力求男女平等，方有「人格」平等。繼揚州學派之後，力主男女平等者，風起雲湧，尚有 1. 李汝珍（1763～1830）、2. 俞正燮（1775～1840）、3. 嚴復（1854～1921）、4. 康有爲（1858～1927）、5. 宋恕（1862～1910）、6. 譚嗣同（1865～1898）、7. 蔡元培（1868～1940）、8. 梁啓超（1873～1929）、9. 李大釗（1889～1927）、10. 胡適（1891～1962）、11. 傅斯年（1896～1950）、12. 羅家倫（1897～1969）等人，乃至維新運動、五四運動、新文化運動等，對此均相當強調與提倡。〔註79〕可謂極尖銳深刻地批判封建綱常名教對婦女殘酷迫害，旗幟鮮明地指出，必須破除男尊女卑的傳統觀念，每個婦女都應視爲獨立個體，都應與男子平起平坐，過著平等、自由生活，才是。〔註80〕惟有婦女不再是「男子的附屬品」，人權平等方以建立。

　　在康有爲《大同書》中，以爲「天理之至公」、「人道之至平」就是「女子當與男子一切同之」。〔註81〕既男女都是人，就應該享有「人」的平等權利；譚嗣同更深刻指出：中國封建綱常的不合理，不人道之源，源自男女不平等，源自重男輕女。〔註82〕所以譚氏主張欲突破傳統不合理的封建禮教，首要在推翻「夫爲妻綱」的束縛，賦予女性有充分自主權，包括自身（反纏足）、婚姻、受教、任職等等。余英時先生指出：「譚嗣同是最早提出個人應突破傳統文化對個人的拘束，使人解放並希望全面改變傳統文化」者。〔註83〕在五四運動時期，加上受到西方民主主義影響，對人權平等的宣揚更是廣爲響應，強調：「婦女也是人，男女要平等」的呼聲，更是強而有力！羅家倫先生〈婦女解放〉中主張「使她們從附屬品的地位，變成人的地位；使她們做人，做她們自己的人」，「解放不是被動的，是自動的」，端在使「婦女獨立。」〔註

〔註79〕 關於這方面論述，詳見宋惠君先生：《人的發現與人的解放：近代中國價值觀的嬗變》，（成都：四川人民出版社，2008年），頁162～170、342～363。

〔註80〕 詳見宋惠君先生：《人的發現與人的解放：近代中國價值觀的嬗變》，同上注，頁162。

〔註81〕 康有爲：《大同書》，同注60，頁126～127。

〔註82〕 見譚嗣同：《譚嗣同全集》下冊，同注71，頁304～305。

〔註83〕 余英時先生：〈中國近代個人觀的改變〉，（收入氏著：《中國文化與現代變遷》，台北：三民書局，1995年），頁167～168。

〔註84〕 羅家倫先生：〈婦女解放〉，（收入丁守和先生主編：《中國近代啓蒙思潮》（中卷），北京：中國社會科學文獻出版社，1999年），頁360。

84〕傅斯年先生更是大力斥責封建專制中的「家族制度」，視之爲「手銬腳鐐」，「寸步不由自己」，反以「獨身主義是最高尚，最自由的生活，是最大事業的根本。」〔註85〕李大釗先生亦以爲：中國家族制度是封建宗法專制的集中反映，不僅對婦女進行殘酷的迫害，亦是對人無情的枷鎖。〔註86〕不論後來學者志在破除封建宗法家庭制度之不合理處，但亦是爲實現「婦女解放」努力，視爲人的解放一個組成部分；不僅從封建家庭制度的束縛中解放出來，還在封建傳統觀念的束縛中解放出來，這不單是家庭問題、社會問題、還是幾千年來的「貞操」、「節烈」觀念，都要有所改革，才行。所以惟有徹底打碎封建的精神枷鎖，方能眞正實現「男女平等」。

　　主「男女平等」呼聲，行之有年，至今仍綿延不絕，但可貴的是在清乾嘉時，即有學者：揚州學者們就已看出歷來「男尊女卑」這不合人權的端倪，極力闡揚婦女解放，主男女平等方達至人權伸張的基礎。他們雖不是人權主義者，但實爲人權解放的啓蒙者。

　　主「人道」闡揚，人權平等鞏固，勢必建立在合理的「情理」論述基礎上，違反人性的崇高理論，無異形成是「畫餅充飢」的「僞道學」；過於放縱私利滿足，無視他人死活，亦流於「麻木不仁」的「社會」；我們是「人」，不論男女，皆是「人」，就要活出「人」的價值與精神來，既然「鳥獸不可與同群」，〔註87〕人與人間就該「平等」，「尊重」對待，和諧互助共處，同甘苦，共患難，共創和敬、有禮、平安的「人」的世界，才是。晚清史研究的學者──鄭劍順先生主「情理」是：

> "情"是事物表現出來的某種情勢、現實、條件，如國情、民情、事情、政情、財情等等各種客觀存在的情況或態勢。……"理"是客觀事物本質、規律、發展趨勢、發展方向及人與人之間約定俗成的某種關係經過思維反映升華爲義理、正義、進步理想、人民利益和民族利益。倒過來說，義理、正義、進步理想、人民利益和民族利益是對客觀存在的"理"的反映。〔註88〕

〔註85〕傅斯年先生：〈萬惡之原〉，同上注，頁68～69。
〔註86〕李大釗先生：〈萬惡之原〉，《李大釗全集》（第3卷），（石家莊：河北教育出版社，1999年），頁298。
〔註87〕朱熹：《論語章句集注》，同註47，頁184。
〔註88〕鄭劍順先生：〈關於"情"與"理"商榷的答覆〉，收入氏著：《晚清史研究》，（長沙：岳麓書社，2003年），頁31。

何得君王私自專！何能男貴女賤視爲理！傳統封建禮教不合理處，就須大力推翻與改革，全體「人民利益」、「民族利益」、「群體利益」提升，方是人權主義彰顯，義理思想進步，人道「度越」精神闡揚。晚清時所謂的「情」與「理」依鄭劍順先生研究可知，不是一般人所謂的情感與理智，呼應於那個時代情勢所需，「情」是指事物所顯現的勢態，如事情、民情、政情、財情、國情等；「理」反指的是人與人之間的義理、正義、進步的理想，乃至滿足人民利益、民族利益而言的「理」，此方是晚清時客觀存在「理」的反映。

第二節　評論優缺點

一、清儒揚州學派情理論的優點

　　張舜徽先生〈揚州學記〉中，指出「揚州」學術特色，在「通博」，可謂集吳、皖派之精華。尤其難得的是處在那個狹隘的學術氣氛，揚州學者能「創」，能「通」，敢於推翻正統說法，提出自己創見，如焦循之易理觀——「旁通、相錯、時行」；黃承吉的文字研究溯求義理，皆可謂前無古人，自創新例；王念孫之校勘、訓詁研究，阮元之編書、設學堂、育人材，乃至金石、名物、仁學、性命之說，汪中的辨章學術源流、提倡諸子：荀墨重要性，皆可謂融會貫通，說明問題。張舜徽先生最後以「能見其大，能觀其通」八字總結他們的學風。〔註89〕進一步歸納出揚州學者治學特色有六點，即：（一）、對待學術問題，采取求同存異的態度（二）、運用變化、發展的觀點分析事物（三）、推廣了求知的領域（四）、突破了傳注重圍（五）、不從事聲氣標榜（六）、肯承認自己短處。〔註90〕針對其治學特色，在「情理」論述上，實可整理出具有以下優點，足資探討：

（一）具有實事求是的科學精神

　　據清代學術演進實況而言，戴震學術實可謂乾嘉學派臻於鼎盛的標誌，但其後乾嘉學術仍在繼續發展，發展之關鍵在於揚州諸儒大力闡揚，自身學術的實踐力行。尤其戴震的弟子，如段玉裁、王念孫、王引之父子，於文字、

〔註89〕張舜徽先生：〈揚州學記〉，（收入氏著：《清儒學記》，濟南：齊魯書社，1991年），頁473。
〔註90〕同上注，頁473～479。

聲韻、訓詁、校勘方面的成就，較之戴震，更是有過之而無不及，陳祖武先
生謂其「實是青出藍而勝於藍。」〔註91〕連當時宗宋抑漢的方東樹，大力抨
擊漢學爲「叛道罔說」，〔註92〕但對段玉裁、王氏父子在文字、音韻與經義學
上的貢獻，則是推崇備至。如段玉裁的《說文解字注》，方氏以爲：「段氏於
《說文》之學可謂集大成矣。」對「高郵二王」評其「近人說經，無過於高
郵王氏。」又「古韻一事，至今日幾於日麗中天矣。」〔註93〕純然肯定他們
在小學上的努力。

　　然問題是他們並非專爲「考據」而「考據」，其治學意欲是「訓詁考證進
求義理」。〔註94〕即以「訓詁考證」作治學方法，以「探求義理」方爲治學宗
旨與目的；誠如濱口富士雄先生所云：「是在一個訓詁中展開『全』的聖人之
志。」〔註95〕他們的訓詁是一解經式的訓詁，是爲經學領域作營造的。爲具
體得到眞實之理，故從書中的基本元素——語言文字理解。由「個」別之文
脈通「全經」大義。如此，理解過程，絕不會形成主觀的認定。所以方東樹
僅僅認定他們小學方面的成就，實是以偏蓋全的。或許漢學家由訓詁求之義
理，正是主宋學義理的方氏最不願苟同的事實。不過，亦不可否認，他們的
確在文字、聲韻、訓詁、校勘方面散發的光芒，大過於他們的義理思想，但
亦不能因此，就說他們沒有義理思想，個人以爲這是不夠客觀的。

　　在王念孫究「情」意義來看，其說云：

　　今天下王公大人士君子中，情將欲爲仁義，求爲上士；上欲中聖王
　　之道，下欲中國家百姓之利，故當尚同之說而不可不察。念孫按：
　　情即誠字，言誠將欲爲仁義，則尚同之說，不可不察也。〈尚賢篇〉
　　曰：且今天下之王公大人士君子中，實將欲爲仁義，實亦誠也。〈非

〔註91〕陳祖武先生：《清儒學術拾零》，（長沙：湖南人民出版社，2002年），頁169。
〔註92〕方東樹著：《漢學商兌》卷1，同注21，頁343。
〔註93〕方東樹著：《漢學商兌》卷2、3同上注，頁331。
〔註94〕這方面，段玉裁：〈博陵尹師所賜朱子小學恭跋〉有云：「喜言訓詁考核，尋其
　　　　枝葉，略其本根，老大無成，追悔已晚。」見其治學仍以義理爲歸趨；見氏著：
　　　　《經韻樓集》卷8，（收入《段玉裁遺書》下，台北：大化書局，1977年），頁
　　　　1011。王念孫：〈段若膺說文解字讀序〉云：「訓詁聲音明而小學明，小學明而
　　　　經學明」，《王石臞先生遺文》卷2，（收入羅振玉輯印：《高郵王氏遺書》，南京：
　　　　江蘇古籍出版社，2000年），頁133。王引之：〈道光元年辛巳恩科浙江鄉試前
　　　　序〉亦云：「聖賢經世之方，莫備於經」，《王文簡公文集》卷3，同前，頁203。
〔註95〕濱口富士雄先生著、盧秀滿先生譯：〈王念孫訓詁之意義〉，（《中國文哲研究
　　　　通訊》第10卷第1期，2000年3月），頁127。

攻篇〉曰：情不知其不義也。故書其言以遺後世，若知其不義也，夫奚說書其不義以遺後世哉！情不知，即誠不知。凡《墨子》書中誠情通用者，不可枚舉。又《齊策》：臣知誠不如徐公美，劉本誠作情；《呂氏春秋‧具備篇》：三月嬰兒，慈母之愛諭焉，誠也；《淮南‧繆稱篇》誠作情；《漢書‧禮樂志》：正人足以副其誠，《漢紀》誠作情，此皆古書誠情通用之證。〔註96〕

列舉《墨子》、《戰國策》、《呂氏春秋》、《淮南子》與《漢書》等古籍記載，「情」作「誠」；「誠」作「情」講，可知古時「情」與「誠」通用，因此，念孫以「情」可作「誠」來講，賦予其「情實」、「眞實」意義。這一論述，後來西方學者葛瑞漢（Graham）先生研究，亦指出：情在先秦文獻中是質實（essential）或情實（genuine）之義，作爲情感（passions）解的情到宋代以後才出現。〔註97〕然「情」本作「實」這一看法，在清代王念孫即已發現到，殊可謂學術上創舉。證實「情」本是「眞誠惻袒」的表現，絕非後來所謂無的放矢的「情緒」、「情感」爲本意，所以人情當自然流露，不該禁止或絕情。

觀王氏之所以能如此發現而無誤，端在其以訓詁求義理；其訓詁方法則是運用到今訓詁學中的「廣徵博考，尋求古訓通義」這一基本原則。〔註98〕這旁徵博引方式，端在有一分證據，說一分話，決不依孤證徑下判斷，又須「揆之本文而協，驗之他卷而通。」〔註99〕實事求是，古書中一字一義必探得眞實，絕不被字之歧義或假借給迷惑。如此，眞實作學問，誠如張岱年先生所云，「有一定的科學性」，而非如宋儒，「往往陷於主觀臆斷」。〔註100〕

〔註96〕 王念孫：〈情〉，《讀書雜志‧墨子雜志》，（南京：江蘇古籍出版社，2000年），頁571。

〔註97〕 詳見張壽安先生：〈我欲立情教，教誨諸眾生──跨越時空論「達情」〉一文所引，收入於張壽安先生與熊秉眞先生合編《情欲明清──達情篇》，（台北：麥田出版社，2004年），頁20。

〔註98〕 詳見張岱年先生：《中國哲學史方法論發凡》，（北京：中華書局，2005年），頁95～97。

〔註99〕 見王引之：《經傳釋詞‧自序》，（台北：臺灣商務印書館，1967年），頁2。

〔註100〕 張岱年先生：《中國哲學史方法論發凡》中指出「宋代又出現新的學風，二程自稱"得聖人不傳之學于遺經"。不拘守漢人訓詁，專重義理。宋儒的理解比較深刻，但往往陷於主觀臆斷。清人反宋學，又提倡漢學。……論學極重證據，必須找到充分證據，然後才下判斷。……乾嘉學派治學方法，可概括四點：第一，重證據，求古訓，不隨意下結論。第二，不以孤證定案。……第三，注意尋求訓詁校勘的通例。第四，不掠美，不勤襲，凡引用前人的成就，一定要寫

　　此小學中的訓詁方法，亦就是梁啓超先生（1873～1929）所謂的「科學方法」、「科學之曙光」；〔註101〕章太炎先生（1869～1936）所主「有系統之學問」。〔註102〕

　　基於上述，我們可以斷定：哲學思想研究，實也必須建立在正確的哲學史料上作研究。倘若沒有充分正確的史料依據，那麼，所謂思想的分析便成為「游談無根」的臆說。所以史料整理是哲學史研究的基本工作，方法即包括：訓詁、校勘、考證、鑑別與詮次等。〔註103〕

　　清代揚州學者除了高郵二王外，以訓詁、考證探求義理者，尚有黃承吉、焦循、阮元等人。〔註104〕黃承吉以「聲義同源」、「依聲求義」方式論性命之理與絜矩之道；創發出「曲」——「數」——「道」之連繫，以「曲」之理，彰顯「至誠能化」的重要性，闡明「人事即矩正」，絜矩之理。〔註105〕這一創見，實亦奠立於其實事求是的「小學」學術根基，故方有此理之創發。

　　焦循可謂清代的經學家、易學家、天文算學家，乃至揚州學派的代表人物。經學著述上計有：《毛詩補疏》、《尚書補疏》、《周易補疏》、《禮記補疏》、《春秋補疏》、《論語補疏》、《禹貢鄭注釋》、《孟子正義》、《論語通釋》、《易章句》、《易

明。……乾嘉學派的治學方法，有一定的科學性。」同注98，頁94。
〔註101〕梁啓超先生：《清代學術概論》，（上海：上海古籍出版社，1998年），第11、14～16章；《中國近三百年學術史》，（北京：中國書店，1987年），第1～4章、第11章。
〔註102〕見氏著：《章太炎講演集》，（石家莊：河北人民出版社，2004年），頁100～102。
〔註103〕見張岱年先生：《中國哲學史方法論發凡》，同注98，頁82。
〔註104〕黃承吉：〈字詁義府合按後序〉云：「漢學二字，至國朝而始見。爲公之前，唐宋之後所原無，以其別目，乃與宋學相形而後出也。蓋自唐中以後，治經者多置漢儒傳注不事，即其間超卓之士兼爲涉及者，亦辛狙於歧見，而非必求之正鵠以反躬，良以學見未明，故識趨無定。明人中若楊用修、焦弱侯之軼群，而于漢學則亦終於無見。」《字詁義府合按》，（北京：中華書局，1993年），頁271；焦循：〈與劉端臨教諭書〉云：「國初，經學大盛，以漸爲大。……雖幼學鄙儒，無不知有許、鄭者，所患習爲虛聲，不能深造自得。古學未興，道在存其學；古學大興，道在求其通。前之蔽，患乎不學；後之蔽，患乎不思。證之以實，而運之于虛，庶幾學經之道也。」《雕菰集》卷13，（台北：鼎文書局，1877年），頁215；阮元：〈焦里堂群經宮室圖序〉云：「蓋株守傳注，曲爲傅會，其弊與不從傳注、憑臆空談者等。」《揅經室一集》卷11，（北京：中華書局，1993年），頁250。
〔註105〕見黃承吉：〈四元玉鑑細草序〉，《夢陔堂文集》卷7，（收入於馬小梅主編：《國學集要初編十種》，台北：文海出版社，1967年），頁188。

圖略》、《易通釋》（雕菰樓易學三書）等書。〔註106〕其中尤以治《易》最爲獨到創新，爲後人嘖嘖稱奇；其將算學與訓詁等知識，運用到《易經》的研究中。就訓詁而言，發揮六書中「假借」與「轉注」之理，來說明《易》辭之例。〔註107〕如焦循釋《易・革・上六》「君子豹變」，即運用假借之理，來說明其旁通、相錯等卦爻變換運動的法則，最後，釋得此理爲「須不斷變通、改革」，實與孔穎達《周易正義》所解相當。〔註108〕晚清今文學家皮錫瑞對此亦主「假借爲改革」之義。〔註109〕表明其亦支持焦循以「假借」釋《易》之法。

　　焦循反對爲考據而考據，於《易》研究，仍主以聲音訓詁之理解《易》，不僅求通其辭，且在明聖人繫辭的本意。藉以語言闡釋的奧妙達到「通經明道」的目的，可以說「假借」與「轉注」無疑爲焦循建構易學新象數範式，提供了一條新的路徑。所以焦循治《易》，創發出頗多新的道德易說，所謂：「旁通、相錯、時行，破舊說之非」；「是情以旁通而皆可以爲善，則保合太和也」；「由元亨而利貞，由利貞而復爲元亨，則時行矣」；「當位則吉，失道則凶。然吉可變凶，凶可化吉」；「唯失道所以教之，唯失道而教之，即能復於道」；「天下事物以相錯而治，錯而得乎道，惟在旁通。」〔註110〕牟宗三先生評其：

〔註106〕詳見張舜徽先生：〈揚州學記〉，同注89，頁423～425。

〔註107〕焦循：〈與朱𩔖堂兵部書〉云：「非明九數之齊同、比例，不足以知卦畫之行；非明六書之假借、轉注，不足以知〈彖辭〉爻辭、〈十翼〉之義。」又〈周易用假借論〉亦云：「如豹、祍爲同聲，與虎連類而言，則借祍爲豹；與祭連類而言，則借豹爲祍。沛紱爲同聲，以其剛掩于困下，則借沛爲紱；以其成兌於豐上，則借紱爲沛。各隨其文以相貫，而聲近則以借爲通。蓋本無此字，而假借者，作六書之法也。本有此字，而假借者，用六書之法也。」知焦循除用數理明《易》外，尚以六書中假借與轉注闡釋《易》理；其中假借不僅是依於義引申的假借，亦包括依於聲而旁寄的假借。分別見氏著：《雕菰集》卷13、卷8，（台北：廣文書局，1977年），頁202、125。

〔註108〕魏・王弼注、唐・孔穎達疏：《周易正義》云：「居革之終，變道已成。君子處之，雖不能同九五革命創制，如虎文之彪炳，然亦潤色鴻業，如豹文之蔚縟，故曰君子豹變也。」《十三經注疏本》（分段標點本）（1），（台北：新文豐出版社，2001年），頁416。

〔註109〕清・皮錫瑞：〈論假借說易並非穿鑿，學者當援例推補〉云：「如革卦之義爲改革，初九：鞏用黃牛之革，則借爲皮革。據《說文》：革，獸皮去其毛革更之。故假借爲改革，是皮革爲革字本義也，六五：大人虎變，上六：君子豹變，亦取象於虎豹之皮，而取義於皮革之革。」《經學通論》，（北京：中華書局，1954年），頁39。

〔註110〕分別見焦循：《易圖略・序目》、《易通釋》「性、情、才」條、《易圖略・時行圖序目》、《易通釋》「教」條，（收入《易學三書》，北京：九州出版社，2003

　　　　焦里堂的「旁通情也，而元亨利貞」，皆是人間的真正發現，皆是抉
　　　破人間的秘密而趨向于赤裸的真人生，這是人間的復活，人間的自
　　　我實現，毫不必借助於萬能的神及超越的宗教。這是有功於人類的
　　　發現，他這道德哲學的系統之完美，在這個人間是不多見的。〔註111〕

牟宗三先生對清儒的哲學思想是相當不認同的，總視清代是一「沒有思想」
的時代，〔註112〕但在此我們可以清楚看見牟先生對焦循創新的《易》理，不
僅肯定其價值，更視為是「有功於人類的發現」，將道德哲學系統的「完美內
涵」建構出來。

　　阮元一生為官所至，振興文教，獎掖後進，究心學術，儼然為一時學壇
盟主。然在學術上最大貢獻，還在其主持編纂許多經學名著與培育諸多人才，
就編纂許多經書而言，如有：《經籍纂詁》、《十三經注疏校勘記》與《皇清經
解》等書。《經籍纂詁》是一部專論文字字義的工具書；《十三經注疏校勘記》
可謂一部集目錄學、板本學與校勘學之大成著作。晚清今文經學家皮錫瑞讚
此書為：「經學之淵海。」〔註113〕《皇清經解》這部書，可謂將清代前期主要
經學著述匯聚一堂，尤其是乾嘉學者的著作，做了一次成功的總結。特別是
在今文經學異軍突起時，清代前期近二百年間經學的發展，似乎惟在《皇清
經解》此書中，以著述匯編的形式得以再現，將清前期經學成就，做了一較
為集中的編纂。陳祖武先生指出：

　　　《皇清經解》的纂修，示範了一種實事求是的良好學風，對於一時
　　　知識界，潛移默化，影響深遠。〔註114〕

說明《皇清經解》這部書，表現實事求是的治學風範，對後世影響頗大。此
外，阮元主「實事求是」以求義理的方法，應用在其論「仁」上與闡明經典
義理上，〔註115〕傅斯年先生則是讚許有加，其云：

　　　年），頁 1、119、59、122；〈寄王伯申書〉，《焦里堂先生軼文》，（收入《鄦
　　　齋叢書》（3），台北：藝文印書館，1971 年），頁6。
〔註111〕牟宗三先生：〈清焦循的道德哲學之易學〉，《周易的自然哲學與道德涵義》，（台
　　　北：文津出版社，1988 年），頁 267。
〔註112〕詳見牟宗三先生：《中國哲學十九講》，（臺北：臺灣學生書局，1983 年 10 月），
　　　頁 418。
〔註113〕皮錫瑞：〈經學復盛時代〉，《經學歷史》，（北京：中華書局，1981 年），頁 330。
〔註114〕見陳祖武先生：《清儒學術拾零》，（長沙：湖南人民出版社，2002 年），頁 194。
〔註115〕事實上，反對「克己復禮」之「克己」作「私欲」解者，不獨有偶，尚有毛
　　　奇齡《四書改錯》一書中之解、凌廷堪：〈與阮中丞論克己書〉一文等論。另

夫阮氏之結論固多不能成立，然其方法則足爲後人治思想史者所
儀型。其方法唯何？即以語言學的觀點解決思想史中之問題是
也。〔註116〕

此所謂「語言學」的觀點，即運用到訓詁學中「注意本篇文義，力求貫通」
原則，〔註117〕亦即王引之所謂「揆之本文而協，驗之他卷而通」（同前述），
觀照全篇上下文義，以探求適當義理，訓釋古書之基本作法來解決思想史的
問題。另外，亦據實際所見、所聞，秉持「證據論理」原則，實事求是闡述
義理，方不致有臆斷曲解之謬誤產生，這就是後來學者們所強調的作學問的
科學方法。總之，揚州學者秉持實事求是方法注釋經書，闡述義理，在《十
三經》研究上，其功至偉；誠如林慶彰先生所云：

在同是重視漢學的大前提下，揚州學者對《十三經注疏》的研究，
應爲吳、皖兩派學者所不及。〔註118〕

在清代以「漢學」掛帥之下，對《十三經注疏》研究，揚州學者努力的成果
仍是遙遙領先，吳、皖派的學者如惠棟、戴震等人，則所不及。

（二）見解創新變通，思治流派之偏

據侯外廬先生《中國思想通史》載，〔註119〕知在清中葉時，特具有批判
性的治學態度與充分的人民性社會思想者，是汪容甫。

汪中「凌轢時輩」，不人云亦云，敢於推翻封建傳統，爲弱勢者申張正義，
主「貞苦堂」與「孤兒社」，收容寡婦與孤兒，實爲社會福利思想之啓蒙；並
「箴砭世俗」，力圖探尋二千年來被人所鄙棄的「異端」思想，大倡諸子研究

何佑森先生：〈明末清初的實學〉一文中亦提及：「阮元（1764～1849）在治
學上繼承了戴震（1723～1777）的“實事求是”精神，他根據經典舉了一個
實例，說松樹柏樹長滿了一叢叢的針葉，而松柏的心就露在葉子的尖端，這
許許多多的心是實心，不是虛心。古代《詩經》的作者，將自己所看到的實
際景物，寫成了“松柏多心”的詩句，假如松柏的心是虛的，就變成“松柏
虛心”了。民國的胡適（1891～1962）就非常欣賞這種“實事求是”的精神，
認爲這才是做學問的“科學方法”」，（收入於中國實學研究會主編：《實學文
化與當代思潮》，北京：師範大學出版社，2002年），頁208。

〔註116〕傅斯年先生：〈引語〉，《性命古訓辨證》，（桂林：廣西師範大學出版社，2006
年），頁1。

〔註117〕見張岱年先生：《中國哲學史方法論發凡》，同註98，頁96。

〔註118〕林慶彰先生：〈劉文淇《左傳舊疏考正》研究〉，（收入於楊晉龍先生編：《清
代揚州學術》下冊，台北：中研院文哲所，2005年），頁597。

〔註119〕見侯外廬先生：《中國思想通史》（5），（北京：人民出版社，2004年），頁476。

——重視荀卿之學與墨子之學，在當時可謂鳳毛麟角，但從歷史意義上來看，卻是見解創新突破，開啓清代子學之復興，與批判正統思想的生力軍。

　　其社會福利思想源自於他無法奉養母親的「鬱鬱之心」，是以推而求天下之母得其養，侯外廬先生指出，這是一種「墨者」的社會思想，具有近代社會的理想，與乾嘉考據學者的世界觀是不同的，〔註120〕其可謂「有志於用世之學」，而具有「獨學之憂」，汪中云：

> 中嘗有志於用世，而恥爲無用之學，故於古今制度沿革，民生利病之事，皆博問而切究之，以待一日之遇。下至百工小道，學一術以自托，平日則自食其力，而可以養其廉恥，⋯⋯何苦耗心勞力飾虛詞以求悦世人哉？此吾巍然常有獨學之憂。〔註121〕

可看出汪中思想於當時特立獨群一面，所求的是用世之學，反對空談等無用之學。對古今制度沿革與民生利病等事，特別關注與研究。強調的是學得一技之長，既可以自食其力，又可以養其廉恥，不在乎當時人的興論與批評，所觀照是「推於六經之旨以合於世用。」〔註122〕所以汪中治學主實事求是，但不僅限於文字訓詁，而是致力於通經致用，阮元〈傳經圖記〉則云：

> 有陋儒之學，有通儒之學。⋯⋯何謂通儒之學？篤信好古，實事求是，匯通前聖微言大義，而涉其藩籬，此通儒之學也。⋯⋯吾鄉有汪君容甫者，⋯⋯所著有《述學》內外篇，如〈釋三九〉、〈釋明堂〉數篇，皆匯萃古訓，疏通證明。而其所最精者，則在《周官經》、《左氏傳》。嘗作〈春秋左氏釋疑〉、〈周禮徵文〉二篇，以證二篇之非僞也。⋯⋯殆所謂通儒之學者矣。〔註123〕

阮元據汪中治學態度，不自封於漢學之繁瑣，志在實證求其聖賢之意；又所著述等篇章來看，皆「匯萃古訓，疏通證明」，嘗作〈春秋左氏釋疑〉、〈周禮徵文〉二篇，實事求是證明《周官經》、《左氏傳》二書非僞也。依此，阮元冠以「通儒之學者」稱之。侯外廬先生亦以爲：汪中主致用之學，不囿於門

〔註120〕同上注，頁478。

〔註121〕汪中：〈與朱武曹書〉，《述學・別錄・文集》（第5輯），（收入田漢雲先生主編：《新編汪中集》，揚州：廣陵書社，2005年），頁442。

〔註122〕關於此，汪中：〈與巡撫畢侍郎書〉云：「中少日問學，實私淑諸顧寧人處士，故嘗推六經之旨，以合於世用。及於考古之學，惟實事求是，不尚墨守，所爲文恆患意不稱物，文不逮意，不專一體。」同上注，頁428。

〔註123〕阮元：《擘經室集》，（北京：中華書局，1993年），頁1063。

戶之見，於當時可謂「新時代意識的覺醒」〔註124〕者。

　　焦循治經，對「唯漢是求而不求其是」的傾向，亦是相當反對的，其云：

> 述孔子而持漢人之言，唯漢是求而不求其是，於是拘於傳注，往往
> 扞格於經文。是所述漢儒也，非孔子也。而究之漢人之言亦晦而不
> 明，則亦第持其言而未通其義也，則亦未足爲述也。……唐宋以後
> 之人，亦述孔子者也，持漢學者或屛之不使犯諸目，則唐宋之人述
> 孔子，豈無一足徵者乎？〔註125〕

反對爲考據而考據，尤其對盲目尊信漢儒的積弊，更是大力抨擊，以「拘於
傳注」爲闡述之理，實是漢儒所言，未必是孔子所意也。所以在此，可以看
出焦循不偏漢亦不反宋，所倡的是獨立思考，反對以「考據」取代「經學」
之名。所以焦循對「考據」的觀感是：

> 近之學者，無端而立一考據之名，群起而趨之，所居者漢儒，而漢
> 儒中所居又唯鄭、許，執一定之道，莫此爲甚。專執二君之言，以
> 廢眾家，或此許、鄭而同之，自擅爲考據之學，吾深惡之也。〔註126〕

另在〈與孫淵如觀察論考據著作書〉中亦屢屢提及「考據之名」務必盡除之
要。〔註127〕然焦循深惡考據，亦不主理學，只是主張回歸經典，實事求是，
爲經學正名，確立原始儒學的正宗地位。在此，焦循提倡「實證」與「貫通」
爲治學之方；其云：

> 蓋古學未興，道在存其學；古學大興，道在求其通。前之弊患乎
> 不學，後之弊患乎不思。證之以實而運之以虛，庶幾學經之道也。
> 〔註128〕

研究經學目的，是在發揮聖人思想，倘若書中論述不實，又如何信以發揮？
所以「實證」是不可疏忽的治經法，但若拘泥於古，一味強調字音、字義、
名物、制度、版本等考證，無法有經書意義的發揮，就又不可避免將經學研

〔註124〕見侯外廬先生：《中國思想通史》，同注119，頁483。

〔註125〕焦循：〈述難四〉，《雕菰集》卷7，同注107，頁105。

〔註126〕焦循：〈與王引之書〉，見賴貴三先生編《昭代經師手簡箋釋》，（台北：里仁
　　　　書局，1999年），頁201。

〔註127〕焦循：〈與孫淵如觀察考據著作書〉云：「無端設一考據之目，又無端以著作
　　　　歸諸抒寫性靈之空文，此不獨考據之稱未明，即著作之名亦未深考也。……
　　　　而考據之名不可不除。……是直當以經學名之，烏得以不典之稱考據，混同
　　　　於其間乎！」《雕菰集》卷13，同注107，頁214。

〔註128〕焦循：〈與劉端臨教諭書〉，《雕菰集》卷13，同上注，頁215。

究鑽向狹窄的方向，終流於纖巧與瑣碎；誠如章學誠云：

> 近日考訂之學，正患其不求其義，而執形跡之末。銖黍較量，小有
> 異同，則囂然紛爭，而不知古人之眞不在是也。〔註129〕

「治經」宜「空所依傍」與「深思自得」二者並重。必得「融會經之全文，以求經之義，不爲傳注所拘牽，此誠經學之大要也。」〔註130〕所以經學研究除了疏通證明外，尚在體悟聖人之道，並加以發揮。對於此，焦循又進一步提出創新之見，所謂「自得其性靈」的經學思想；其云：

> 惟經學可言性靈，無性靈不可以言經學。學經者，博覽眾說而自得
> 其性靈，上也；執於一家以和之，以廢百家，唯陳言之先入，而不
> 能自出其性靈，下也。〔註131〕

焦循提倡「自得性靈」說，旨在強調經學研究，必須在博覽眾說基礎上，提出個人創見，表達自領心悟的想法，絕非人云亦云、口耳剽竊之樂道，或片言隻語的繁瑣考證爲滿足。所以焦循又主「天下之知覺自我始」之「新作」的注經觀點；其云：

> 作者之謂聖，述者之謂明。作、述無等差，各當其時而已。人未知
> 而己先知，人未覺而己先覺，因以所先知先覺者教人，俾人皆知之
> 覺之，而天下之知覺自我始，是爲作。已有知之覺之者，自我損益
> 之，或其意久而不明。有明之者，用以教人，而作者之意復明，是
> 之謂述。〔註132〕

其以經學研究不外「明事」與「明意」兩端，不僅要得其實，亦須依經文用己意體會至深，而且不應囿於傳統已成定論之束縛，心領神會經書中義理，志在發揮聖賢作經書意圖與觀點，才行。〔註133〕此謂「天下之知覺自我始」，尚在以己所知所得，傳播與他人，即所謂「先覺覺後人」，方是「著作」大義，

〔註129〕章學誠：〈上錢辛楣宮閣詹書〉，《章氏遺書》（中）卷 29，（台北：漢聲出版社，1973 年），頁 744。

〔註130〕焦循：〈辨學〉，《雕菰集》卷 8，同注 107，頁 109。

〔註131〕焦循：《里堂家訓》卷下，（收入《續修四庫全書·子部·儒家類》，上海：上海古籍出版社，1995 年），頁 528～529。

〔註132〕焦循：〈述難二〉，《雕菰集》卷 7，同注 107，頁 105。

〔註133〕關於此，焦循：〈與王欽萊論文書〉有云：「總其大要，唯有二端，曰意，曰事。……明其事，患於不實；明其意，患於不精。學者知明事之難於明意也，以事不可虛，意可以縱也。然說經之文，主於意。依經文而用己之意體會其細微，則精而兼實。」《雕菰集》卷 14，同上注，頁 233。

然使「作者之意復明」，則是「述」之理。

焦循治經主「證之以實而運之以虛」、「自得其性靈」說與「天下之知覺自我始」等理，實可謂其創新變通之見，亦思治當時惟漢惟宋等流派之偏也。除了焦循外，當時學者如：凌廷堪、阮元、汪喜孫等人，亦紛紛對「唯漢是從」治學態度有所批判，凌廷堪〈與胡敬仲書〉云：

> 所云近之學者，多知崇尚漢學，庶幾古訓復申，空言漸絀，是固然矣。第目前侈談康成、高言叔重，皆風氣使然，容有緣之以飾陋，借之以竊名，豈知足下真知而篤好之乎！且宋以前學術屢變，非漢學一語可盡其源流。〔註134〕

指出唯漢是尊的弊害；高談鄭玄、許慎之學，順其流俗，易形成藉以「飾陋」或「沽名」情形，執一廢百，未必是真知好學的表現。且宋學之前學術，亦非漢學所能道盡。所以凌廷堪強調「漢學」須「變革」，所謂「天下安之既久，則又有人焉思起而變之，此千古學術之大較也。」〔註135〕學術的發展就是不斷求新求變，蔚為一時之盛學，既久即須自新變革，與時偕行，學術方不斷進展。阮元對此考據之偏執，亦有云：

> 余以為儒者之於經，但求其是而矣。……未聞以違注見譏。蓋株守傳注曲為傅會，其弊與不從傳注，憑臆空談者等。〔註136〕

恪守漢儒一字一句，一名一物之考證，其弊亦與空談心性的理學一般，步入另一種空疏。不過前者，穿鑿附會；後者，主觀臆斷，皆非治學之本。治學當以實事求是為主。汪喜孫承襲其父治學之旨：「推於六經之旨以合於世用。」力倡「漢、宋不分」、「由名物通大義」，方是治學之途。喜孫云：

> 足下蔚為經師，需教後生由聲音以通訓詁；由訓詁以通名物；由名物以通大義。辨別孔沖遠之勦說雷同，不分古今文門徑，不分南北學師傳。……審賈、董、鄭、許之師法，以上追周秦古義、周孔古書，知立言與立德、立功不是三塗，庶幾經明行修，通經致用，處為純儒，出為良吏。〔註137〕

主通章句訓詁，進明義理，由考證以實事求是，求其了解正確無誤之理，進

〔註134〕凌廷堪：《校禮堂文集》卷23，（北京：中華書局，1998年），頁203。
〔註135〕凌廷堪：〈與胡敬仲書〉，同上注，頁203。
〔註136〕阮元：〈焦里堂群經宮室圖序〉，《揅經室一集》卷11，同注123，頁250。
〔註137〕汪喜孫：〈與劉孟瞻書〉（四），《汪孟慈集》卷5，（汪喜孫撰、楊晉龍主編：《汪喜孫著作集》上，台北：中研院文哲所，2003年），頁168。

而發揮聖賢意旨，非一味考證名物、象數、文字而已。所以汪喜孫強調「以漢儒立學，不廢義理；宋儒論學，不廢考據是也。」〔註 138〕打破「當世門戶之見」，〔註 139〕力主「漢、宋融合」，正如其云：「漢宋何以辨？道學何以分？」所以「漢宋之學，可不必分；通經與力行，更不必別。」〔註 140〕凌廷堪、焦循、阮元乃至汪喜孫對「恪守漢儒之學」均表達抗議與不滿，亦傳達出一求新求變的呼聲，實可看出此於當時不僅是一學術取向的變動，更是一種漢學家自新的開創性學術活動。

另焦循以《易》理，創發出「旁通以情」的道德思想，亦在告誡我們：不要只知有自己，而不知有他人；勸諭世人時時要有一顆替人著想之心，「替他人想即是為己想」；〔註 141〕人情相通，方可共創一和樂且諶的社會；唐君毅先生對焦循「旁通以情」說，評其優點是：

> 其重情之旁通，乃謂即情可以見性，由此而足矯漢儒以來學者之賤情貴性之弊。先秦《孟子》之學，本為即情即心言性者。而《禮運》、《樂記》之言禮樂，尤重本乎人情。然荀子之言禮及《禮記》中如〈坊記〉與後儒之言禮，乃或不近乎人情。漢晉之學者，更本情惡之論以紲情；佛家與宋明儒之言心性，亦賤情識與情欲。此其所賤之情，雖皆有特指，然要皆未能兼對人情之貴者，亦鄭重以言之。則將無以導天下人之正常之生命情感，使之咸得抒發而暢流，是固當更補之以重情之論。此在宋明以來之學者，固亦多有即情見性之言；而王船山更大倡尊情之論。然習齋則重身體力行而忽情；東原雖言同人之情、遂人之欲，而其為學重在知，乃與旁通人情以自求光大而成德，未能備足。里堂則庶幾乎於此意。〔註 142〕

以情見性，實矯漢儒以來「賤情貴性」空疏之弊。孔孟之時，相當重情，惟荀子之後，漢晉學者主情惡以紲情，佛家與宋明儒者主性善而賤情，皆失去

〔註 138〕汪喜孫：〈上張石洲先生書〉，同上注，頁 188。

〔註 139〕汪喜孫：〈與任階平先生書〉：「僕願與閣下，大聲疾呼，破當世門戶之見。」同上注，頁 414。

〔註 140〕前者詳見汪喜孫：〈與朝鮮金正喜書〉（一），同上注，頁 200；後者見其〈與任階平先生書〉，其又云：「安有學周公、孔子之道，而行與言違？又安有讀程子、朱子之書，可束書不觀者？」頁 413。

〔註 141〕鄭板橋：〈雍正十年杭州寄舍弟墨書〉，《鄭板橋全集》，（上海：上海古籍出版社，1979 年），頁 3。

〔註 142〕唐君毅先生：《唐君毅全集》卷 13，（台北：學生書局，1991 年），頁 615。

人情可貴一面，亦無法導正天人「情理」之抒發，雖後來明清學者大倡「尊情」論說，但不夠周全，獨至焦循時，興「旁通以情」說，可謂將儒家「貴情成德」論述，光大備足。焦循這一「情通」理論不僅發揚「人情」之重要性，亦創造了「情」的意義，賦與「情」新的詮釋生命，使後人對情不再賤惡，而是由「情」感受到「人道主義」，與「社群意識」之重要。人不是獨居的，必生活在群體中，方顯其價值與意義，所以人不能僅爲自己想好就可，尚須爲他人著想，力求群體蒸蒸日上，方是人類思想的進步。

　　凌曙與儀徵劉氏之學，最爲獨特而爲後人津津樂道者，在其創以「禮」治《春秋》；然凌曙治今文公羊學，亦是引公羊學入禮學之先導者。〔註143〕其著有公羊學與禮學融合一體的《公羊禮疏》一書。其〈序〉云：

> 觀乎古帝王之經理天下也，得禮治，失禮亂，得失之所關，治亂之
> 所本，可不慎與？……六經之道，同歸禮樂之用。〔註144〕

清楚看出凌曙主天下治亂關鍵在於「禮」。所謂：得禮則治，失禮則亂，故「治亂之本」在於「禮」。天下之所以有殺、盜、奸、淫、篡等事產生，皆因「禮不興」造成，所以天下之治在於一「禮」；有「禮」則天下可治，有「禮」則可走遍天下；故道不外求、不遠求；六經之道，看似繁複、深奧，實則一「禮」而已。又凌曙《四書典故覈·序》亦云：

> 吾人爲學自治經始，治經自三禮始。三禮書甚完具，二鄭、孔、賈
> 發明其義甚明。且密推人情之所安，以求當於古先聖王制作之源，
> 則莫不有合焉者。……禮本人情以即于安，故禮者治人之律，而春
> 秋則其例也，春秋之旨，僅存于公羊，得何氏闡其說，然後知禮之
> 不可頃刻使離于吾身。〔註145〕

凌曙在此說明爲學由治經始，治經自「三禮」始。古聖先王之理，均在三禮中，後人之注釋如：鄭眾、鄭玄、孔穎達、賈公彥等所闡發之義理，非常明

〔註143〕鄭卜五先生：《凌曙公羊禮學研究》云：「其《公羊問答》、《群書答問》皆以公羊學之精神加以闡發，其《公羊禮說》、《公羊禮疏》、《禮說》、《禮論略鈔》、《儀禮禮服通釋》更是公羊與禮學之結合，尤其《春秋繁露注》更開啓研究公羊學的另一門徑。」（高雄：高雄師範大學國文系博論，1997年），頁6～7。

〔註144〕凌曙：《春秋公羊禮疏·序》，（收入於《叢書集成初編》第3674冊，北京：中華書局，1985年），頁12。

〔註145〕凌曙：《四書典故覈·序》，（收入於清·戚學標編：《四書續談內編》，上海：上海古籍出版社，2003年），頁3。

瞭易曉。且「禮」不玄遠，乃依「人情」所制定，「人情」之所安而來，合於古聖先王定立典章制度之初衷，所以「禮本人情以即于安」。禮儀規範本於「人情義理」而來，符合人性人情，是人們皆可爲之，可實行的，如此，人人依禮而行，天下安定，共造一禮治社會。所以凌曙主治《春秋》，探其微言大義在《公羊》，然治《公羊》必先明「禮」意，因「禮」乃「人之繩墨」，循禮而行，行必至善達道，所以「禮」是爲人處事之方，亦是人我間的「護身符」，人人依「禮」而行，天下自然和諧太平，所謂使亂臣賊子懼的《春秋》，實亦是表述「禮儀」義例之書。

繼凌曙之後，儀徵劉氏三學——劉文淇、劉毓崧、劉壽曾等人，皆主禮治《左傳》，不同凌氏的是劉氏三學治古文經爲主。劉文淇的成名作：《左傳舊疏考正》與《春秋左氏傳舊注疏證》，可謂集研究《左傳》之大成。尤以《春秋左氏傳舊注疏證》，取材廣博，資料豐富。更重要的是，劉文淇發明揚州學人面向人事與面向實踐的特點，〔註146〕重視經世致用。劉文淇云：

> 釋《春秋》必以周禮明之；周禮者，文王基之，武王作之，周公成
> 之。周禮明，而後亂臣賊子乃始知懼。〔註147〕

開宗明義指出：釋《春秋》必以周禮明之。知其《春秋左氏傳舊注疏證》大抵尊禮義以疏證《左傳》。其所以不尚《春秋》義例，以禮治《春秋》，旨在以「禮」可貶黜亂臣賊子，尚「禮」已可蓋括《春秋》之義理。其子劉毓崧亦云：

> 然天理不外乎人情，故情理可以互訓。而理官治獄，首貴乎得情，能
> 準理以度情者，斯謂之忠恕，故法家當以忠恕爲心，能緣理而因情者，
> 斯謂之禮……儒家乃能精於法家，理與禮其道一而已矣。〔註148〕

以爲「天理不外乎人情」，故「情理」可互訓；亦即情即理，理即情。然強調「緣理因情者」是「禮」，所以儒家之情理「禮」論，更勝過法家之惟「理」耳。不論理或禮，皆是道。重點是其亦主「以禮代理」；承父之學，亦以禮治經。又其子劉壽曾亦主：「《春秋》者，禮義之大宗也。」〔註149〕強調爲人君、

〔註146〕 祁龍威先生：〈清乾嘉後期揚州三儒學術發微〉，《揚州大學學報》（人文社會科學版）第4卷第2期，2000年3月），頁68～73。

〔註147〕 劉文淇等著：《春秋左氏傳舊注疏證‧注例》，（北京：中國社會科學出版社，1959年），頁1。

〔註148〕 劉毓崧：〈法家出於理官說下篇〉，《通義堂文集》卷10，（收入於嚴一萍編輯：《求恕齋叢書》（集部），《叢書集成續編》，台北：藝文印書館，1970年），頁17。

〔註149〕 劉文淇等著：《春秋左氏傳舊注疏證》，同註147，頁642。

父、臣、子，皆須通《春秋》之義理，方能守經而知其宜，遭變而知其權，所作所爲，方辨乎禮義。所以《左傳》所載，亦是本於禮義而來。相對而言，治《左傳》亦須深明禮義。可看出儀徵劉氏三學與凌曙之學，雖志在發揚《春秋》義法，但不論是主今文公羊或古文左傳學，他們所強調的皆是「禮治」與《春秋》有密切關係，《春秋》闡明「禮」之大義；又須以「禮」深察《春秋》之義例。將「禮義」與《春秋》作一結合，亦是將「禮義」運用於人事歷史中，深究其中道理，蔚爲他們治學一大創舉。

（三）重視實際，經世致用

清代學術有所謂「實學」之稱，蓋由清初主經世致用之學，走向乾嘉以實事求是的考證法治學，進而晚清有鑑於西方的船堅砲利，大倡實業、時務、民生之學。這可謂「實學史」變遷的大略流程。重要的是「實學」的發展至乾嘉時期，學者多以考證方法治學，這考證的背後是否另有其經世思想意義在？抑或是僅僅止於考證這實事求是的方法呢？據張壽安先生研究指出，清儒本六經以求治世之方策，主以《春秋》與《三禮》爲最大宗，尤其對「禮」的重視，更是前古未有。〔註150〕是否清儒對「禮」之重視與欲從經書中考證出義理來，這兩方面可看出此時清學的經世走向？

事實上，清中葉時，揚州學者頗多主「以禮代理」說，如有汪中、江藩、凌廷堪、焦循、阮元、汪喜孫、寶應劉氏、儀徵劉氏等人；〔註151〕然尤以凌

〔註150〕見張壽安先生：〈明清實學研究的現況與展望〉，（收入於中國實學研究會主編：《實學文化與當代思潮》，北京：師範大學出版社，2002 年），頁 370。文中更指出「在《皇清經解》（阮元編，道光九年）中，有關《三禮》的專著占百分之二十；到《皇清經解續編》（王先謙編，光緒十四年），則增至百分二十八，惟有《春秋》可與相埒。」

〔註151〕汪中：〈荀卿子通論〉云：「荀卿所學，本長於禮。」田漢雲先生：《新編汪中集·前言》云：「汪中推崇荀子，似有過於推崇孟子。這不僅是考慮到荀子在傳承經典方面的特殊作用，同時也著眼於荀子思想的重大價值。他特別點明：『荀卿所學本長於禮。』他又具體指陳了荀子爲二戴《禮記》所取資，並說曲臺之禮乃是荀子之支流餘裔。……汪中這樣看問題，與清代樸學家以禮學代替宋儒理學的宗旨是一致的。由此看來，汪中尊荀子的深意，在於整合先秦儒學的思想資源，重建儒學的理論體系。」見田漢雲先生：《新編汪中集》，（揚州：廣陵書局，2005 年），頁 412、12。江藩：《國朝宋學淵源記》卷上：「以故訓通聖人之言，而正心誠意之學自明矣，以禮樂爲教化之本，而修齊治平之道自成矣。」收入江藩、方東樹著，徐洪興編校：《漢學師承記》（外二種），（香港：三聯書店，1998 年），頁 186。凌廷堪：〈復禮〉下：「聖人不求諸理而求諸禮。蓋求諸理必至於師心，求諸禮始可復性也。」《校禮堂文集》

廷堪倡「以禮代理」，方爲正式的表態。目的在藉禮制的實踐，導民正俗，達
至儒家禮治社會的理想。然其「以禮代理」不是一口號而已，尚在力求實踐
工夫，即：習禮、明禮意、與復性於禮。〔註152〕是否「禮制規範」較之主觀
玄想空談，更爲實際易行，更可達成經世致用目的？藉由學禮、習禮的實踐
過程中，體會「禮制」意義，進而做到所謂「知行合一」地步，由約禮而復
性於禮。由「禮」對人的制約，達成建立一社會秩序的目的，乃是考證之學
者們經世之途。所以「考證」是方法，「以禮經世」方是他們治學的目的。

　　然在道德實踐意義上，重實踐力行，是以在重禮棄理之下，往昔理學所主
內聖成德境界，亦變爲所謂外在「課責」（accountability）的工夫。凌廷堪曰：

　　知父子之當親也，則爲醴醮祝字之文以達焉，其禮非士冠可賅也，
而於士冠焉始之。知君臣之當義也，則爲堂廉拜稽之文以達焉，其
禮非聘覲可賅也，而於聘覲焉始之。知夫婦之當別也，則爲筦次悦
鞶之文以達焉，其禮非士昏可賅也，而於士昏焉始之。知長幼之當
序也，則爲盥洗酬酢之文以達焉，其禮非鄉飲酒可賅也，而於鄉飲
酒焉始之。知朋友之當信也，則爲雉腶奠授之文以達焉，其禮非士
相見可賅也，而於士相見焉始之。《記》曰：禮儀三百，威儀三千，

卷4，（北京：中華書局，1998年），頁31。焦循：〈理説〉：「禮論辭讓，理
辨是非。……理足以啓爭，而禮足以止爭也。」《雕菰集》卷10，（台北：鼎
文書局，1977年），頁151。阮元：〈書東莞陳氏《學蔀通辨》後〉云：「理必
出於禮也。古今所以治天下者，禮也。五倫皆禮，故宜忠宜孝，即理也。……
理必附乎禮以行，空言理則可彼可此之邪説起矣。」《揅經室續集》卷3，同
注123，頁1062。汪喜孫：〈與戴金溪先生書〉云：「《經》莫重於《禮》，《禮》
莫重於〈喪服〉。」《從政錄》卷1，（汪喜孫撰、楊晉龍主編：《汪喜孫著作
集》中，台北：中研院文哲所，2003年），頁404。凌曙：《四書典故覈‧序》
云：「禮本人情以即于安，故禮者治人之律，而春秋則其例也。」（收入於清‧
戚學標編：《四書續談内編》，上海：上海古籍出版社，2003年），頁3。儀徵
劉文淇著《春秋左氏傳舊注疏證‧注例》云：「釋《春秋》必以周禮明之：……
周禮明，而後亂臣賊子乃始知懼。」（北京：中國社會科學出版社，1959年），
頁1。劉毓崧：〈法家出於理官説下篇〉云：「然天理不外乎人情，故情理可
以互訓。」《通義堂文集》卷10，（收入於嚴一萍先生編輯：《求恕齋叢書》（集
部），《叢書集成續編》，台北：藝文印書館，1970年），頁17。劉壽曾：〈築
窗吟草序〉云：「區而秩之，無夫禮也；章而明之，無非禮之精微也。視儒者
之學，庸有殊乎？」《傳雅堂文集》卷2，（劉壽曾著、林子雄先生點校、楊
晉龍先生校訂：《劉壽曾集》，台北：中研院文哲所，2001年），頁87～88。
〔註152〕關於這方面論述，詳見張壽安先生：《以禮代理——凌廷堪與清中葉儒學思想
之轉變》，（台北：中研院近史所，1994年），頁175～179。

> 其事蓋不僅父子君臣夫婦長幼朋友也，即其大者而推之，而百行舉
> 不外乎是矣。〔註153〕

藉由禮儀制度與儀節之實行，做到君臣有義，父子有親，夫婦有別，長幼有
序，朋友有信等「五倫」義分，方彰顯所謂親親、尊尊、賢賢、恩恩、愛愛
等人倫之理。從實際的社會效應來看，以「父子至親」為例，士冠禮是孺子
年廿之成年禮，必由冠者之父奔走籌劃，從卜吉日、祭告祖先，至敦請族黨
之先進主持，乃至冠禮服制之繁瑣，必得三次加冠方以完成，〔註154〕「士冠
禮」之所以如此繁複冗細，是有其深刻意義的；一來旨在表示「成年禮」之
威儀儡重之意，〔註155〕萬不可怠慢輕心，以示「成年」宜端莊穩重之意義；
另一方端在表達父親對子女成年的摯愛勵志的深遠期許，藉由繁細禮制表現
出「父子之親油然矣」〔註156〕之意義。所以從實際的社會效應而言，「士冠禮」
意義，志在傳達出「父子至親」親情，是不可抹滅與輕視的。所以廷堪強調
「五倫」關係是建築在實事上的確實「踐履」以成，而非存於內心的道德狀
態（moral status），無可徵驗。所以廷堪所倡的「禮」，是一德目必須在實踐上
的驗證，才是道德之完成。所謂：「道無跡也，必緣禮而著見，而制禮者以之。
德無象也，必藉禮為依歸，而行禮者以之。」〔註157〕由具體規範的行為儀止，
驗徵抽象的道德仁義，期能做到真正的「求仁行仁得仁」境界；又「五倫」
自古以來是儒者求諸安定社會秩序的良方，所以廷堪在此亦強調：必須以「踐
履」的「五倫」關係以繫社會秩序，方是儒家禮治思想的落實。

然在儒學「實行」中，揚州學者，尤以阮元是最徹底強調與提倡的一位，
在《論語》中，以「忠恕」乃孔子「一貫」之道，對此「一貫」之說，幾乎
皆以「統」、「通」之意解，〔註158〕但阮元則主「實行」也。其云：

〔註153〕凌廷堪：〈復禮〉上，《校禮堂文集》卷4，（北京：中華書局，1998年），頁
　　　　27～28。
〔註154〕詳見張爾歧著：《儀禮鄭注句讀》，（台北：學海出版社，1997年），頁27～69。
〔註155〕詳胡培翬：《儀禮正義》卷1，（南京：江蘇古籍出版社，1993年），頁74。
〔註156〕凌廷堪：〈復禮〉上云：「三代聖王之時，上以禮為教也，下以禮為學也。君
　　　　子學士冠之禮，自三加以至於受禮，而父子之親油然矣。學聘覲之禮，自受
　　　　玉以至於親勞，而君臣之義秩然矣。學士昏之禮，自親迎以至於徹饌成禮，
　　　　而夫婦之別判然矣。學鄉飲酒之禮，自始獻以至於無算爵，而長幼之序井然
　　　　矣。學士相見禮，自初見執贄以至於既見還贄，而朋友之信昭然矣。蓋天下
　　　　無一人不囿於禮，無一事不依於禮。」同注153，頁28。
〔註157〕凌廷堪：〈復禮〉中，同上注，卷4，頁29。
〔註158〕魏何晏注、宋邢昺疏：《論語注疏》云：「貫，統也。孔子語曾子，言我所行

聖賢之道，無非實踐。孔子曰：吾道一以貫之。貫者，行事也，即與格物同道也。曾子著書，今存十篇，首篇即名〈立事〉，立事即格物也。先儒論格物者多矣，乃多以虛義參之，似非聖人立言之本意。元之論格物，非敢異也，亦實事求是而已。〔註159〕

又：

實者，實事也。聖賢講學，不在空言，實而已矣。故孔子曰：吾道一以貫之。貫者，行之於實事，非通悟也。〔註160〕

主聖賢之道就是「實行」。不論《論語》的「一以貫之」，《大學》的「格物」，乃至《曾子》的「立事」，都是在「實事求是」上立說的。此所謂「貫」之意義，是「行之於實事」，實事實行，非空言證悟。畢竟理論是一回事，實行又是另一回事；說得再好，若不能落實或實行，亦是鏡花水月，空談一場，惟「實踐」才是真正可實行之「理」。然「貫」之字義，是否可作「實行」講？阮元亦秉持實事求是精神，考證「貫」字的意義，在其〈論語一貫說〉徵引諸多古籍注疏與史料，即列舉了《爾雅》、《廣雅》、《詩經》、《周禮》、《論語》與《漢書》、《後漢書》等籍，發現：

《爾雅》：「貫，事也。」《廣雅》：「貫，行也。」《詩‧碩鼠》：「三歲貫汝」，《周禮‧職方》：「使同貫利。」《論語‧先進》：「仍舊貫。」傳注皆訓為事。《漢書‧谷永傳》云：「以次貫行。」《後漢書‧光武十五王傳》云：「奉事貫行。」皆行事之義。〔註161〕

由古籍注疏「貫」字，幾乎皆作「行事」、「事」、「實行」之意講，實可確信「貫」可作「實行」之意講，不單僅是「通」之意義；蓋此「貫」字假借作「摜」字、或「宦」字，據段玉裁注《說文解字注》，知此假借作「摜」字講，

之道，唯用一理以統天下萬事之理也。」（《十三經注疏本》（8），台北：藝文印書館，1981年），頁256。朱熹：《論語章句集註》釋：「貫，通也。……聖人之心，渾然一理，而泛應曲當，用各不同。」（《四書章句集註》，台北：大安出版社，1991年），頁72。王熙元先生編著：《論語通釋》載「貫」解：「貫，統貫、貫通的意思」，（台北：學生書局，1981年），頁177。簡朝亮先生補述：《論語集注補正述補》亦云：「貫，通也。」（北京：北京圖書館出版社，1989年），頁121。

〔註159〕阮元：〈大學格物論〉，《揅經室一集》卷2，同注123，頁54～55。
〔註160〕阮元：〈孟子論仁論〉，《揅經室一集》卷9，同上注，頁195。
〔註161〕阮元：〈論語一貫說〉，《揅經室一集》卷2，同上注，頁53～54。

則爲「習」之意義，作「宦」字解，則爲「事」之意義。〔註162〕所以在此，阮元主「事」「行事」之意講，實爲「貫」字假借意。然不論「貫」字本意、引伸義、或假借意，就文本而言，端視上下文意作適當之解，即使是假借字意，亦是文中之意也。重點是「貫」字在這些古籍中，作「事」、「行事」之意義講，有此「實行」、「行事」之意義是確實不假的。或許阮元非常強調「身體力行」、「實踐」之重要，所以在「格物」、「致知」方面，亦強調「格者，至也。事者，家國天下之事，即止於五倫至善、明德、新民、皆事也。」又「格的至義」是「履而至止於地，聖賢實踐之道也。」〔註163〕視「格物」就是踐履行事，計家國天下之事做到至善境界，就是聖賢實踐之道。然阮元又爲了證實自己解釋不誣，又引《論語》補充說明：

> 學而時習之者，學兼誦之、行之。凡禮樂文藝之繁、倫常之紀、道德之要，載在先王之書者，皆當講習之、貫習之。《爾雅》曰：貫，習也。轉注之習，亦貫也。時習之習，即一貫之貫。貫主行事，習亦行事，故時習者，時頌之，時行之也。《爾雅》又曰：貫，事也。聖人之道，未有不行於事見，而但於語言見者也。故孔子告曾子曰：吾道一以貫之。一貫者，壹是皆行之也。又告子貢曰：汝以予爲多學而識之者與？予一以貫之。此義與告曾子同，言聖道壹是貫行，非徒學而識之。兩章對校，其義益顯。此章乃孔子教人之語，實即孔子生平學行之始末也。故學必兼誦之、行之，其義乃全。馬融注專以習爲誦習，失之矣。〔註164〕

又一次強調「聖道」皆是「實行」，道理就在「身體力行」，實行中得，非僅僅是學習、讀誦、了解而已。所以「學而時習之」，皆「講習之」、「貫習之」。「貫」與「習」皆「行事」也，徹底實行。可以看出阮元對孔子「一以貫之」「一貫之道」，強調是「實行」與「實事」之理，以「實踐」作「經世致用」

〔註162〕「貫」字意義，據許慎著、段玉裁注：《說文解字注》云：「貫，錢貝之母也。」又「母，穿物持之也。」，段注：「母各本作貫，今正。錢貝之母，故其字从母貝會意也。……其本意也。〈齊風〉，射則貫兮，《傳》云：貫，中也。……皆其引伸之義也。其字皆可作母，假借爲摜字，習也，如《孟子》：我不貫與想人乘是也。亦借爲宦字，事也，如《毛詩》：三歲貫女，《魯詩》作宦是也。《毛詩》串夷《傳》云：串習也。串即母之隸變。《傳》謂即慣字。《箋》謂即昆字，皆於音求之。」（台北：天工書局，1992年），頁316。

〔註163〕阮元：〈大學格物論〉，《揅經室一集》卷2，同注123，頁54。

〔註164〕阮元：〈論語解〉，《揅經室一集》卷2，同上注，頁49～50。

的管道，君子為學無非是「明道，救世」〔註165〕也，然說得再多，不過就是「實踐」而已。對此，阮元在另一〈石刻孝經論語記〉亦云：

> 所謂一貫者，貫者，行也，事也；言壹是皆身體力行，見諸實行實
> 是也，初非有獨傳之心、頓悟之之道也。〔註166〕

計阮元強調「一貫之道」是「實行」之意解，就約有〈大學格物論〉、〈論語一貫說〉、〈論語解〉、〈孟子論仁論〉、〈石刻孝經論語記〉等五篇，另〈論語論仁論〉即強調「仁」在「克己復禮」之「實踐」；然「克己」在「約身」，而非克制私欲，在以「禮」實踐愛人而人相偶相助之理。其所謂的「仁」——「相人偶」亦在強調是實踐「仁」的意涵，見之於實行，成為事實的「仁」，絕非「端坐靜觀即可曰仁也。」〔註167〕所以「仁」離不開「行事」而可曰「仁」矣。又〈孟子論仁論〉，阮元更加統攝孟子論「仁」主旨，闡明「孟子論仁，至顯明，至誠實，未嘗有一毫流弊貽誤後人。」〔註168〕強調「仁」是親愛互助之理，必須身體力行踐履，方有「仁道」展現，將「仁」落實具體化，貼近生活致用。在義理思想上，阮元主張的「仁」義，不離生活實踐，強調的是實際工夫，以經世致用。

另阮元對於「人性」思想，有諸多闡述，如〈塔性說〉、〈復性辨〉，旨在關「可以不說一切經，而面壁見性」之假象。〔註169〕另尚有〈性命古訓附威儀說〉說明「性」中有「欲」之觀點，雖力關理學之弊，但強調「威儀」修身的實踐工夫，闡述「性」中涵「欲」的內容外，亦志在表明「節欲」以修身之要，即是「威儀」以修身，以此為踐履之方，方毋空自論道，以淪於虛解。

上述以見阮元倡「實踐」、「力行」之要，亦由此看出阮元究心學術外，更是強調「行」，意欲由「實行」中實現儒家經世致用之理想與道德之理義。

畢竟「從做中學」，理論若不能實踐，亦是子虛烏有。張灝先生論及清中葉經世思想時，評其是一種：「重實際、重實效的**趨勢**，是一種功效理性的強化表現。」〔註170〕可說十分中肯。

〔註165〕顧炎武：〈又與人書二十五〉云：「君子之為學，以明道，以救世也。」《原抄本日知錄》，（台北：明倫書局，1970年），頁8。

〔註166〕阮元：《揅經室一集》卷11，同注123，頁238。

〔註167〕阮元：〈孟子論仁論〉，《揅經室一集》卷9，同上注，頁195。

〔註168〕同上注，頁195。

〔註169〕阮元：《揅經室三集》卷3，同上注，頁1059～1061。

〔註170〕張灝先生：〈宋明以來儒家經世思想試釋〉，（見《近世中國經世思想研討會論文集》，台北：中研院近史所，1984年），頁19。

二、清儒揚州學派情理論的缺點

世上無所謂放諸四海皆準之理，或許惟一不變的真理就是「變」；任何思想必有其局限性，思想發展模式，若是「定式」後即「僵化」，這是不進步的封閉體系；相反的，蔚成一哲學體系必是「開放」與「前進」，與時偕行的。〔註171〕就揚州義理思想而言，乃針對當時封建專制風氣，提出許多反理學論說，不可否認，對人權、民主之推進，確有其可貴之處，但亦可很清楚看出其思想上帶有許多破綻，在此，個人就所閱讀資料，整理出其缺點有：

（一）缺乏「人實踐主體性」論述

「行動的一切德性價值的本質，取決於道德法則直接規定意志。」〔註172〕這是康德（Immanuel kant）（1724～1804）在道德問題上截斷眾流的論斷。在中國，孟子亦云：「舜明於庶物，察於人倫，由仁義行，非行仁義也。」〔註173〕意即仁義是自發而行，非為某目的而行仁義的，這樣，「仁義」方彰顯出道德價值與意義，否則，仁義掃地。可以看出，在道德問題上，不論是西方的康德，還是中國的孟子，皆主道德行為只對道德法則負責，而不對行為的後果負責，即德性只從「因」上見，不能從「果」上見。這種道德學說，至宋明儒學學者大大闡揚，蔚為中國儒學思想的代表。

然世易時移，至有清一代，學風為之丕變，世皆以略具科學與實用精神的博學實證的學風為尚，在此學風下，戴震即適時提出了「乃語其至，非原其本。」〔註174〕的道德觀，即主張從行為踐履結果斷定行為的道德價值，蔚為一種功利主義的道德觀。或許戴震志在批判宋學的「存理去欲」說，是從經驗層次的行為踐履，亦即後天的努力，論「性善」；所以透過後天的努力，達至事事物物無失無憾的「條理無爽失」的狀態，便是「至善」、「天理」的完成。又戴震主「理義為情欲歸趨」，所以「人欲」到「全乎理義」，是一種可以被期待的「必然」，正所謂「歸於必然，適完其自然」又「心知之自然，

〔註171〕整理自張立文先生：〈陸王心學的特質〉專題演講，（日本：大分縣立短期藝術大學所舉辦 2008 年漢學國際學術研討 2008／11／15～2008／11／16），頁1～2。

〔註172〕康德（Iammanuel Kant）著、楊祖陶先生、鄧曉芒先生譯：《實踐理性批判》，《康德三大批判精粹》（北京：人民出版社，2001 年），頁 336。

〔註173〕見《孟子·離婁篇下》，同註 47，頁 294。

〔註174〕戴震：〈理十三〉，《孟子字義疏證》上，《戴東原先生全集》（台北：大化書局，1978 年），頁 278。

未有不悅理義者」〔註175〕也。所以「以學養智」與「以情絜情」方可克服人
之「私」與「蔽」。〔註176〕然吾人順著心知所悅的理義推下去，的確，會有「全
乎理義」的「行」出現，但問題是純智識的「知」又如何通向兼具價值與主
觀的「悅」？難道自然之血氣心知，本具有悅理義的功能？在此戴震未詳細
說明；但畢竟是「徒法不足以自行」，「能知」未必「能行」，「知」到未必「做」
得到，因從知到行的過程中，必然還需要有一「道德意願」的問題；亦雖知
理但不願行理，亦無法實踐理義之則，達到「至善」境界。所以僅有後天的
教育與學習，卻無道德主體的內在根源，或價值判斷之意願，又如何實踐與
致用道德理義？無疑是變成知識歸知識，個人歸個人，分隔爲二。亦所謂客
觀的認知知識與主觀的倫理道德，有了隔閡。誠如張麗珠先生所云：

> 須知道德之「必然」是一種「應然」，事理之「自然」卻是一種「實
> 然」，從客觀的「實然」現象，是無法推出人性之「應然」的，「仁」
> 在人之不安處顯，其道德判斷也必定是出自內在的價值根源，也就
> 是孟子所說的「仁義禮智非由外鑠我也」。是以經由客觀途徑，並無
> 法獲得主觀倫理的道德標準。〔註177〕

可知戴震「理欲論」的缺點在此，即喪失了所謂「道德內在的價值根源」。所
以戴震主養「智」的「學」，若不具備內在心中的道德判斷、價值根源，欲從
純粹的客觀事理、物理，進而履踐所謂人倫範疇的仁義誠信等道德極則，根
本是無法達成的。所謂：吾人唯有在肯定價值內在、良知自主之下，才能夠
根據一己之「心安與否？」以檢驗一己之行爲之是非當否？也才能據以貞定
仁義禮智等人倫之不易極則。〔註178〕所以戴震情理論最大缺失在其沒有「道
德價值判斷的內在根源」，因此，欲超拔去私，沒有道德心之不斷警省、鍛鍊，
端靠「認知心」主導是無法實行的。

　　然繼戴震之後，焦循承襲此說，並發揚了這種重「智」傾向的道德觀，提
出了「能知故善」說。主知識學問以助於成德之教，並以「心知之明」作「人」

〔註175〕前者見戴震：〈緒言〉卷上；後者見戴震：〈理十五〉，《孟子字義疏證》上，
　　　　同上注，頁343、頁299。
〔註176〕戴震：〈理十〉，《孟子字義疏證》上，同上注，頁292。
〔註177〕張麗珠先生：〈戴震「發狂打破宋儒《太極圖》的重智主義道德觀」〉，（收入
　　　　氏著：《清代義理學新貌》（清代新義理學三書之1），台北：里仁書局，1999
　　　　年），頁193～194。
〔註178〕同上注，頁195。

與「禽獸」差別的關鍵；所謂：禽獸以其無知而不能為善，人則以其神明之靈，能知變通，故可以為善。同樣亦犯上所論述的缺失，不存有任何「道德的價值判斷」。畢竟知識是經驗問題，是能力的問題，不能由此作「道德判斷」。歷史明鑑，如曹操、秦檜等人，都是知識豐富、才華洋溢、聰明絕頂的人，但卻是亂世之梟雄、禍國的罪大惡極者。所以有才識無品德，未必善也。

又焦循主「以利為善」為道德論說，無疑是以「幸福」為「德行」的翻版。〔註179〕我們仔細思量，會發現若從「利」處論道德，其標準是「量」的，是一個大小有無的問題；如此，「枉尺而直尋」，「宜若可為也。」但孟子所說的是：「如以利，即枉尋直尺而利，亦可為與？」〔註180〕亦即：一切若以「利」為前提，是否會產生即使是不擇手段，只要有利可圖，也視為是合理的應努力追求的情況？那麼，搶劫可致富，是否可行？所以焦循主「以利」為導向的「善」，並非是孟子所主張的。畢竟「義」這道德原則無所謂大小，自不能以「尺」尋計，我們在處事中宜保持其「獨立性」，不是可以「利」代替的。還有，若一切都是以「利」為標準衡量，是否亦會形成上位的統治者可以假借集體利益之名要求個體犧牲其所有權利？所以「利」不可作道德標準，而「義」道德獨立性乃是防止極權主義的最後防線。否則，「利」便淪為上位者可以以任何藉口將其私欲合理化的「武器」。因此，孟子不願「枉尺直尋」實含有深刻的洞見。康德有言：

> 權力、富有、榮譽、甚至健康，以及一般的福利，與那得名曰：幸福的一個人自己狀況底舒適滿意，如果沒有一善的意志去糾正這些事物在心靈上底影響，且復隨此糾正亦去糾正行動底全部原則，而使這些東西底影響以及行動底全部原則皆成為普遍地合目的的，則那些事物（權力富有等）但可引發驕傲，且時常引發專橫武斷。〔註181〕

可看出若「以利為善」這功利主義作道德學說，勢必產生社會更多爭名奪利、紛紛擾攘情形，且有權有勢者更加專橫武斷，「只要我喜歡，有什麼不可以」，

〔註179〕見張晚林先生：〈論焦循道德哲學的得失利弊〉，(《西安交通大學學報》（社會科學版）第 23 卷第 3 期，2003 年 9 月)，頁 55。原文是以為：「焦循的 "以利為善"，實際上是伊壁鳩魯派 "幸福就是德行" 的翻版。」
〔註180〕見《孟子・滕文公下》，同注 47，頁 264。
〔註181〕康德（Immanuel Kant）著、牟宗三先生譯：《道德底形上學之基本原則》，(台北：臺灣學生書局，1982 年)，頁 15。

人人如此，天下必失理失序。畢竟德行才是幸福的條件，〔註182〕如孟子所謂：
「修其天爵，而人爵從之。」〔註183〕有善的意志修其天爵，方有人爵可成；
有德斯有福，德是因，福是果，天道福善禍淫，因果不爽，方是理。

　　焦循「以利為善」的功利思想，並未得到後人闡揚與讚許，學者指出：
關鍵在其缺乏精誠惻怛的仁者襟懷，未能正視到儒家心性之學的價值與意
義。〔註184〕亦缺乏道德主體之論述，如忠、孝、誠、信等道德操守；有利為
善的結果，雖可致富，遠離「飢寒起盜心」的現實狀況，但人沒有道德意識
的結果，只會造成社會上更多唯利是圖的小人。畢竟窮並不可恥，所謂「人
窮志不窮」，只要奮發圖強，一樣有揚眉吐氣之時，可恥的是自身不努力，卻
以耍手段等方式謀利，侵佔他人利益自以為得理，這就喪失了「為人」的道
德價值與意義。早年牟宗三先生頗欣賞焦循以《易》解經的造詣，但晚年的
牟先生卻可惜地批評其道德論說：

　　　我常想，彼若生在西方，定然是有成的科學家。現在巧慧之智無當
　　　行之用，又不安於徒然文字學的章句訓詁，乃向大聖人生命靈感所
　　　在之經典施其穿鑿，豈不惜哉？豈不痛哉？〔註185〕

可看出焦循的「以利為善」的道德觀，在道德哲學家——牟宗三先生看來，
反是一種不道德的穿鑿論述。

　　關於焦循主「旁通以情」為「仁」之表現，亦發揚人的同情心，關懷他
人，不致於見人有難，卻見死不救，這是其理論上一大美意，但亦非完善之
至論；針對其弊端，唐君毅先生評及：

　　　仁者當然要與人通情。人亦必與人通情，然後能成倫理文理而顯道。
　　　然通情可只是說，我順他人之發生某情之事，遂與有發生某情之事；
　　　亦只可為的成就人己之各種事——因如我先無與人通情之事，亦不
　　　能助成人之事，不能成就一切社會文化事業——如此便仍只是講的

〔註182〕康德（Immanuel Kant）云：「德行是構成吾人之值得享有幸福之不可缺少的
　　　　條件。」同上注，頁16。
〔註183〕《孟子・告子上》云：「有天爵者，有人爵者。仁義忠信，樂善不倦，此天爵
　　　　也；公卿大夫，此人爵也。古之人修其天爵，而人爵從之；今之人修其天爵，
　　　　以要人爵；既得人爵，而棄其天爵，則惑之甚者也，終亦必亡而已矣。」同
　　　　注47，頁336。
〔註184〕張晚林先生：〈論焦循道德哲學的得失利弊〉，《西安交通大學學報》（社會科
　　　　學版）第23卷第3期，2003年9月），頁55。
〔註185〕牟宗三先生：《五十自述》，（台北：臺灣學生書局，1982年），頁49～50。

事有先後本末之理，而不必是講宋明理學中之性理。須知人心之性理之爲性理，恆不只在其能直接顯爲通情之事上見，而兼在其能去除使吾人不能通情各種意氣習見私欲，以使去通情之事成爲可能上見。性理之顯於人心，則見於人自覺的成就此通情之事，同時自覺此所通之情，在此心之所涵蓋包覆之下。故此性理，恆必在心自覺的施主宰之功於自己，必主宰其所作之事業而後見。捨自覺的主宰之義，而論通情，則人我之通情，即必平鋪爲一我所作之事與他人之事之相與順成之關係。人我之事之相與順成，可同時成就一社會之文理，然未必即足語於性理。〔註186〕

同理，唐君毅先生是站在強調「道德主體」之宋明理學「性理」角度，對焦循「情通」有所批判；以「情通」是發生在人我之事上，因「情」解決紛爭、成就事業，但必須有事方有情，若無此事因，則無此情產生；但是「性理」不同，不僅能去除吾人無法「情通」之意氣習見等私欲，即使無事情之因，亦能自覺主宰自己，亦能以道德規範指引自己，不至悖理犯義，但是僅有「情感」，無此「道德內在根源」，只能就事上發，無法以「情」作先天自覺，以成己成物；且「旁通以情」若無存有一惻袒誠懇之心，則會產生所謂「不食嗟來食」，被人唾棄情景。還有，若僅是個己欲「通情」，他人不願，又如何達成共識？這亦牽涉到「道德意願」問題；即使自己欲「以我之所欲所惡，推之於彼」，但又哪能期望「彼亦必以彼之所欲所惡，推之於我」？〔註187〕前者操之在己，後者則操之於人，非自己所能掌握。亦只能反求諸己，又如何求諸他人亦要以同理心來待我？所以焦循主「旁通以情」、「與世通，全是此情」，是建立在構築社群意識的理想訴求，爲肯定人之「情欲」合理性論述，實際上，若人人「道德觀」無法自覺，無法力行，僅僅「情通」以求天下太平，亦是不夠周全、不夠完善，爲一廂情願的說法。

〔註186〕 唐君毅先生：〈七、戴東原、焦循之以限於所分及不可轉移趨避者爲命之說及阮元之性命古訓之陋〉，《唐君毅先生全集》卷 12，（台北：學生書局，1991年），頁 626。

〔註187〕 容肇祖先生：〈戴震說的理及求理的方法〉云：「人的好惡不是一致的，斷不能以己之好惡，作爲他人的好惡標準。……概言之『人是同有欲的』，這可以說是對的；如果說『人是同所欲』可就不對了。」（收入於氏著：《容肇祖集》，山東：齊魯書社，1989年），頁 689。然焦循「旁通以情」蓋承襲戴震「以情絜情」而來，實亦犯了同樣缺失。

（二）強調「禮教」反形成「以禮殺人」

　　清儒肯定人的情欲，但非縱情欲，需有一節制的準繩，這準繩即是「禮」，可以說由去人欲的天理，轉向存人欲的「禮儀規範」，強調的是外在的制約使人遵守，具體可行，不至空疏。所以清代「禮學」研究非常盛行，尤至凌廷堪大倡「以禮代理」，即以緣情之禮作人們言行之則，更是使達情遂欲合理化，崇「禮」至極，無疑形成期以「禮制」改善社會風俗，建立社會安定秩序。然劉述先先生以爲，回到「內聖成德」而言，清儒以「達情遂欲」作新典範，取代宋明儒學的道德形上論這方面，其中價值主體不立，亦道德主體不立，結果勢必會形成訴諸外在的「禮儀」準則，作人民依循的規範；然問題是即使像廷堪的禮義，亦僅僅是重視「習行踐禮」以化性，不過強調外在規範的內化而已，道德主體不立，其理論效果終不免於義外之弊。〔註188〕

　　然除了凌廷堪之外，尚有焦循、阮元諸位學者，皆主「禮儀規範」以取代抽象道德之「理」；如焦循〈理說〉云：

> 後世不言理而言禮，……先王恐刑罰之不中，務於罪辟之中求其輕重，析及豪芒，無有差謬，故謂之理。其官即謂之理官，而所以治天下，則以禮不以理也。禮論辭讓，理辨是非。知有禮者，雖仇隙之地，不難以揖讓處之。……今之訟者，彼告之，此訴之，各持一理，嘵嘵不已。爲之解者，若直論其是非，彼此必皆不服，說以名分，勸以遜順，置酒相揖，往往和解。可見理足以啓爭，而禮足以止爭也。〔註189〕

焦循強調的是「禮論辭讓，理辨是非」，即使人我間有嫌隙，但依「禮」不免有所忍讓，避免紛爭；然論「理」，則彼此各有「理」，亦各有己之「意見」要辯論，則不免形成雙方「是非」爭執不下情形，所以論是非，各有理，無法作一公平定奪，但循禮儀規範，依名分，勸遜順，則可避免爭論不休，嫌怨不斷情景，因此，焦循主禮不主理，端在於「理足以啓爭，而禮足以止爭也」。而阮元以爲：

> 理必出于禮也。古今所以治天下者，禮也。五倫皆禮，故宜忠宜孝，

〔註188〕整理自劉述先先生、鄭宗義先生等著：〈第五章五 從道德形上學至達情遂欲——清初儒學新典範論析〉，（收入劉述先先生、梁元生先生等編：《文化傳統的延續與轉化》，香港：中文大學，1999年），頁104。
〔註189〕焦循：《雕菰樓集》卷10，（台北：鼎文書局，1977年），頁151。

即理也。然三代文質損益甚多。且如殷尚白，周尚赤，禮也，使居
周而有尚白，若以非禮析之，則人不能爭；以非理析之，則不能無
爭矣。故理必附乎禮以行，空言理則可彼可此之邪說起矣。〔註190〕

「理必附乎禮以行」，方不致落入空談邪說中。畢竟論「理」，人人可云，可
謂各自有理，但亦是師心自用之理，然天下「公理」是何？則無法得知，亦
無人理得。所以必有一共同可遵守之規範，爲人們所依循，方不至悖禮犯義，
然這就必然落實於「禮制」。所以阮元以爲：古今治天下者，皆是「禮」治而
行，道德五倫謂忠謂孝謂仁謂義等，亦是由「禮制」所產生的義理而來。

汪喜孫更是強調「道在六經」，「經莫重於禮」又「禮莫大於喪祭」。〔註191〕
藉由上述例舉，可知揚州學者倡「禮」代「理」，蓋因「禮」具體可行，有合情
合理的準則可依循，方使人民得以力行實踐，較諸「理」空談、臆斷、抽象等，
實際可驗，且可平息紛爭，作爲人際和諧的相處之道。然問題是：「禮儀規範」
畢竟是外在的制約規定，倘若「人」本身不願依循，就變成「知是一回事，做
又是另一回事」，知道如此，但未必做得到，或非必然做到不可；這「做不做」
沒有必然性，由個人自身決定，「只要我喜歡，有何不可以？」無法硬性規定人
們必遵守不可，即使不守禮但不觸法，亦無以制約懲處，所以能知未必能行，
這牽涉一「道德意願」的問題（同前文）；然道德意願則涉及「道德主體性」問
題，即所謂「心性的基礎」，亦即「禮」沒有道德心性作基礎，人們沒有此一自
覺性，禮儀規範到頭來都僅是一層外在的規範條文而已，條文歸條文，自己仍
是自己，徒具禮之末而無禮之本也，「禮儀」無疑就會淪落成一虛假矯飾的點綴、
裝飾品。

又他們之所以倡「禮」代「理」，亦受到「戴震學說」之影響而來。戴震反
對宋明理學之「存天理，去人欲」說，主「理」落實於現實人世間，倡情欲不
爽失，無所偏失，謂之「理」，是以「理」之落實必是「禮」，方以實踐。然「禮」
是「以情絜情」推至人「心之所同然」以解釋，如此，方是確當不誤之義理也。
然問題是：這一「禮」意是否會變成一種計算測度己情與他人之情的智巧？不
過，在計算測度中加入一適用於天下這一「普遍性」考慮條件，達至所謂「以

〔註190〕阮元：〈書東莞陳氏學部通辨後〉，《揅經室續集》卷3，同注123，頁1062。
〔註191〕分別見汪喜孫：〈與朝鮮金正喜書〉（一）、《從政錄》卷1、〈與江飲吉書〉，（汪
　　　　喜孫撰、楊晉龍先生主編：《汪喜孫著作集》中，台北：中研院文哲所，2003
　　　　年），頁200、404、169~170。

我絜之人，則理明」情景？然此中心知義理是否會變成與道德無關的利益計算？而道德意識則徹底萎縮了！〔註192〕誠如錢穆先生所云：

> 若專從人類個己懷生畏死飲食男女之情，以求其不爽之，求其知限
> 而不踰，則所得無異於荀子之所謂理義，所謂性惡矣。何者？因其
> 全由私人懷生畏死飲食男女之情仔細打算而來，若人類天性不復有
> 一種通人我泯己物之情欲也。〔註193〕

亦以為清儒以情之不爽失，謂之「理」的話，無異於荀子的「性惡」理論，正因其主「性」是血氣心知之性，是一生性，非孟子所謂「道德性」，因此，「今人之性，生而有好利焉，順是，故爭奪生而辭讓亡焉。」「生而有疾惡焉，順是，故殘賊生而忠信亡焉。」「生而有耳目之欲，有好聲色焉，順是，故淫亂生而禮義文理亡焉。」〔註194〕如此，他們所主張「性」論、「理論」，無疑變為：成全己私欲、情欲之論，根本無法達至所謂「通人我泯己物之情欲也。」如是，誠如荀子所云，從人性，順人情之路走，則必會滋生爭奪、亂理、暴動情形，所以必要有所謂「師法之化」，「禮義之道」，使民「化性起偽」矣。所謂：

> 故順情性，則兄弟爭矣，化禮義，則讓乎國人矣。……人無禮義則
> 亂，不知禮義則悖。然則生而已，則悖亂在己。

又：

> 凡禮義者，是生於聖人之偽，非故生於人之性也。……故聖人化性
> 起偽，偽起而生禮義，禮義生而制法度。然則禮義法度者，是聖人
> 之所生也。〔註195〕

因此，「禮義」產生，針對人性這一血氣生性之缺失而來，藉由「禮制」達成變化本性，達至善之境矣。然清儒發揮此義理說，殊不知荀子此論本身實有一無法解決的缺憾問題，誠如高柏園先生所云：

> 如果聖人與凡人在性上是無差別的，則皆為性惡，既是性惡又何能生
> 禮義？……果如此，則凡人甲要由聖人甲來推動，聖人甲要由聖人乙

〔註192〕見劉述先先生、鄭宗義先生等著：〈第五章　從道德形上學至達情遂欲——清
　　　　初儒學新典範論析〉，同注188，頁99。
〔註193〕錢穆先生：《中國近三百年學術史》（上），（台北：臺灣商務印書館，年），頁
　　　　362。
〔註194〕荀子：〈性惡〉，荀子著、清・王先謙集解《荀子集解》，（北京：中華書局，
　　　　1954年），頁434。
〔註195〕荀子：〈性惡〉，同上注，頁438。

來推動，如此相續無窮，而造成無窮後退的困境。易言之，荀子以聖人做爲化性起偽的動力來源，但是卻無法合理說明聖人本身如何能化性起偽的問題，是以不是落入無限後退的困境，便是成爲無解的謎團。……事實上，這也是墨子、韓非子甚至漢代哲學的困難所在，因爲純粹依他律的權威，總難合理說明價值的根源也。〔註196〕

「性惡又如何生禮義」？依此，邏輯推論，聖人亦是人，同性惡，又如何產生禮義呢？這本身「根源」的問題沒有解決，又如何能依此解釋聖人本身可化性起偽？所以「禮義」是如何產生的？在性惡論上是「無解」的，且以禮義規範人，這一論點而言，實已然走向他律的權威主義，用之政治便是政治上的權威，用之禮教上便是禮教權威；若再將「道德意識」取消，「禮制」便淪爲「法制」，則形成法家「嚴刑竣法」之論。因此，溯及「以禮代理」的產生，實可發現無疑又是強調「禮制」對人民之束約，無疑訴諸他律的權威教條，要求人民就範，以達成穩定社會安定局面；然依前述，人民可不依禮，然不依禮要守法，當人人不守禮時，勢必要法制強行規定，然當法制因人民不守禮而益趨於嚴苛縝密時，是否他們所強調的「以理代禮」會變成是「以禮殺人」，下開「以禮殺人」的傳統？

沒錯，焦循所謂「禮論辭讓，理辨是非」，確實有他一番道理，在人我間欲達成和諧共處上，「禮儀」確是良方，畢竟沒有「兩個銅板」是不會響的，因此，只要一方懂得委屈求全，顧及大體，「紛爭」就會停息，但未解決的問題仍在。畢竟「眞理」是愈辯愈明的，人我間必得講清楚，說明白，個中的誤會才能冰消瓦解，或者，彼此不同見解，藉由不斷溝通辯明，才能更增加對彼此的瞭解與互動。然顧及「禮儀規範」上，可能因其地位、輩分、權勢、利害等因素，即使己有理亦不敢表達。又焦循仍是以傳統的「禮教」作合理規範的論述，並未對傳統禮教作一反省。且當時無疑亦是禮教變本加厲時期，焦循乃至淩廷堪等人並未反禮教，甚且主張「以禮代理」，無異是加促禮教於民之約束；或許有少數學者如汪中或俞正燮等對禮教於婦女之弱勢者戕害，已看出端倪來，但亦並未大力倡導反禮教。然問題是傳統禮教全然是對的嗎？若是對的話，那麼，爲何在清末民初時，則有陳獨秀、胡適、魯迅等人大力反傳統、反禮教，甚至

〔註196〕見高柏園先生：〈第六章　荀子與《中庸》、《易傳》的思想〉，（王邦雄先生等編：《中國哲學史》，台北：空中大學出版社，1995 年），頁 108。

視傳統禮教是一「吃人禮教」？〔註197〕戴震反宋儒理學之論，視之爲「以理殺人」，問題是依禮教而言，同樣是卑者、弱者、賤者，即使有「理」，但違於禮教，一樣被人視之爲「逆」，一樣死於「禮」也。〔註198〕一味論「禮」，然「禮」亦是敬長、讓尊、護權也，論禮以辭讓，是否亦是強調要卑者、弱勢者顧及大體，求全忍讓，委屈自己，有理肚吞，犧牲自我，以附和權勢者？這點頗值我們深思。個人以爲凡爲人，都應站在「平等」立場對待，不應亦不宜有階級之分，這樣，人際相處方爲坦誠，不至有所謂的疙瘩；否則，卑者、弱者、賤者，幼者，儡於「禮制」規範，即使有「逆耳」之忠言，恐亦因懼「禮制」輩分之規定而不敢言，這樣，人際相處不是和諧，而是永處於一緊張狀態。

〔註197〕蔡尚思先生：《中國禮教思想史》中第五、六、七、八章均可看出清末民初時，中國禮教遭受到前所未有的衝擊、反抗，乃至趨於崩潰情形。尤其在五四運動時期（1919），陳獨秀（1879～1942）蔚爲此運動的總司令，陳氏聯合李大釗、魯迅、胡適等先進知識分子，樹起「民主」與「科學」的旗幟，反對孔教、禮法和舊道德、舊文學，提倡新道德、白話文，抨擊北洋軍閥政府的賣國政策，吹響了思想解放的進軍號。（見蔡尚思先生：《中國禮教思想史》，上海：上海古籍出版社，2006 年），頁 198～199；陳氏以爲「緣此而金科玉律之道德名詞，曰忠曰孝曰節，皆非推己及人之主義道德，而爲以己屬人之奴隸道德也。」（轉引自陳獨秀先生：《獨秀文存》（一），頁 150。）又胡適先生（1891～1962）於「九一八事變」後，創辦《獨立評論》，提倡西化，主張建立民主政府。於〈吳虞文錄序〉中堅決主張砸碎孔子偶像的招牌，指出：「二千年吃人的禮教法制都掛著孔丘的招牌，故……無論是老店、是冒牌——不能不拿下來，捶碎，燒去！」又先後發表了〈貞操問題〉、〈美國的婦人〉、〈論餓死事極小，失節事極大〉等文，批判儒家理學謬論，尖銳指出：「勸人做烈女，罪等於故意殺人。」見蔡尚思先生《中國禮教思想史》，頁 209，（轉引自〈胡適在新文化運動中的歷史作用〉一文，《青海社會科學》，1989 年第 3 期。）又魯迅（1881～1936）於 1918 年 5 月，在《新青年》中發表第一篇用白話文寫的小說：《狂人日記》，此中即深刻揭露家族制與禮教的迫害，無情地控訴封建道德的吃人本質，在《狂人日記》中借狂人口吻說：「我翻開歷史一查，這歷史沒有年代，歪歪斜斜的每頁上都寫著："仁義道德"幾個字，我橫豎睡不著，仔細看了半夜，才從字縫裏看出來，滿本都寫著兩個字是"吃人"！」（轉引自魯迅：《魯迅全集》卷 1，頁 12，1957 年版）。次年，吳虞便據以發表了〈吃人與禮教〉一文，從歷史上舉例證實魯迅的說法。見蔡尚思先生：《中國禮教思想史》，頁 243。又魯迅對禮教迫害婦女的批判，把矛頭直接指向孔子。孔子有言：「唯女子與小人難養也，近之則不遜，遠之則怨。」（《論語・陽貨篇》）。對此，魯迅憤然責問道：「孔子把女子與小人歸在一類裏，但不知道是否也包括了他的"母親"？」（轉引自《魯迅全集》卷 4，頁 460）在此，魯迅對封建禮教算是打中要害者第一人！見蔡尚思先生：《中國禮教思想史》，頁 246。

〔註198〕見戴震：《孟子字義疏證》（上），同注 174，頁 298。

（三）缺乏清晰的「道德概念」無法將「道德義理」充分表達

主實事求是，回歸經典考證，考證雖是科學方法，但「哲理」領悟，實與語言表現是有距離的。畢竟在語言之外，尚有所謂「言外之意」、「弦外之音」，「眞理」不落言詮的「只可意會，不可言傳」的「不可說、不可說」境界。此境只能「悟」，若以據實的語言傳達，可能就「差之千里」。這裏落入一個「言意之辨」問題，然此「言意之辨」亦一直是中國哲學思想上，乃至中國文藝理論上（詩論或畫論）所探討不休的話題。尤其魏晉時期，「言不盡意論」十分流行。何劭《荀粲傳》云：

> 粲字奉倩。粲諸兄並以儒術論議，而粲獨好言道，常以爲子貢稱夫子之言性與天道，不可得聞，然則六籍雖存，固聖人之糠秕。粲兄俣難曰：「《易》亦云聖人立象以盡意，繫辭焉以盡言，則微言胡爲不可得而聞見哉？」粲答曰：「蓋理之微者，非物象之所舉也。今稱立象以盡意，此非通於意外者也；繫辭焉以盡言，此非言乎繫表者也。斯則象外之意、繫表之言，固蘊而不出矣。」及當時能言者不能屈也。〔註199〕

荀粲在此，一則表達了對漢代治經態度之不滿，一則亦說明理之微者，無法用物象完全表達出之理。所謂「意外」、「象外」即是不可盡言之所在，所以言不盡意在此顯現。然「言不盡意論」並不否認言辭達意的功能，只是言辭可達意，但不能盡意。雖說思想不能離開語言而存在，但是語言作爲交流思想的工具，又未必能夠完全表達人們的思想。誠如袁行霈先生所云：

> 語言和思想之間的確存在著一般與個別的差別，語言不可能將人們所想的那些特殊的、個別的東西完全表達出來。語言和思想的差別還表現爲這樣一種情況：當思想借助語言進行的時候，這語言是無聲的，它的結構型式往往是片斷的、跳躍的、富於啓示性而缺乏明確性，有的語言符號只能爲自己所理解，而不一定爲別人所接受。但是，一旦要將這無聲的語言變成有聲的，別人也能理解的語言，就須經過一番整理和加工。這時可能會遇到「應於心，口不能言」的困難。特別是那些深刻的道理、複雜的感情、豐富的想像，更不容易爲它們找到適當的言辭「毫髮無遺憾」地表達出來。因爲任何

〔註199〕見晉·陳壽撰、裴松之注、盧弼集解：《三國志集解·魏志·荀彧傳注》引何劭《荀粲傳》，（北京：中華書局，1982 年），頁 314。

一個人所掌握的詞彙以及他所熟悉的表達方式都是有限的，即使大
作家也常有言不盡意的苦惱。……語言本質上是同思想直接聯繫
的，但就每一個單獨的人來說，並不一定能將他所想到的全部都訴
諸語言。語言的表達和思想之間存在著距離。言不盡意論雖沒有將
道理講得這樣透徹，但他指出了言辭和意念之間的差別和矛盾，頗
有值得肯定的地方。〔註200〕

語言與思想之間仍是有距離的，尤其是深刻的道理、複雜的感情、豐富的想像
等等，常常是「言不盡意」的。然思想仍是需要借助「語言」表達，才能己意
傳達出去，問題是如何讓別人亦理解我心意？勢必要將己所熟悉的語言整理加
工，表達出是別人所能理解的語言，然若遇到「應於心，口不能言」的困難時，
該如何？因此，必得有一番「特殊語言」如比喻、轉化、誇飾或雙關等修辭語
言加以整合、創新與突破，將內在義理傳達出讓別人知曉與瞭解。然回歸清儒
這一據考據求義理的闡述方式言，繼戴震「實事求是」之訓詁、考證進求義理
的途徑，強調有一分證據說一分話者，依實事實情實行，方是理，這些學者們
主以文字訓詁通群經之理，如高郵王氏父子、汪中、江藩、黃承吉、焦循、阮
元等人，他們所強調的實際尋理的方法，可謂「完全是建立在經典考證的基礎
之上，決不可把它與宋儒的空言性道等量齊觀。」〔註201〕然我們仔細思考，便
會發現：他們這種以字義訓詁考證方式進求義理，雖是實事求是，頗具科學方
法，但是面對「特殊語言」或深奧哲理時，又該如何完全正確無誤的表達淋漓
盡致呢？據勞思光先生云：

此一方法若以之處理一般古代文件，則確屬最合科學標準之方法。
但當吾人面對某一特殊哲學理論時，則即不能忽略此處有「特殊語
言」與「常用語言」之分別問題；蓋立一理論時，此論者常因所言
之理非常人所已言及者，故不得不予舊有之語言以新意義，因而構
成其特殊語言。在此種情況下，學者只能據其立論之內部語脈以了
解其特殊語言，而不可再拘於常用語言中某字之意義，而強以之釋

〔註200〕見袁行霈先生：〈魏晉玄學中的言意之辨與中國古代文藝理論〉，（收入於賀昌
群先生、劉大杰先生等著：《魏晉思想》（甲種三編），台北：里仁書局，1995
年），頁3～4。
〔註201〕見余英時先生：〈戴東原與清代考證學風〉，《論戴震與章學誠：清代中期學術
思想史研究》，（台北：東大圖書股份有限公司，1996年），頁116。

此理論也。孟子論「性」，正屬此類特殊語言。〔註202〕

可知實證字義以求全文哲學理論時，是不足以完全表達眞正的義理的。況且語言與義理有所距離。然哲學面對此語言之局限，有所謂「特殊語言」以因應，藉以更接近眞理之距離。此「特殊語言」就無法是實事求是的訓詁、考證方式以論證、闡述以解釋清楚的。關於此，哲學大師──牟宗三先生舉出：尋求古人義理的方法有所謂：

> 有三個標準，一個是文字，一個是邏輯，還有一個是「見」（insight）。我們要了解古人必須通過文字了解，而古人所用的文字儘管在某些地方不夠清楚，他那文字本身是 ambiguous，但也並不是所有的地方通通都是：ambiguous，那你就不能亂講。另外，還有一點要注意的，你即使文字通了，可是如果你的「見」不夠，那你光是懂得文字未必就能眞正懂得古人的思想。〔註203〕

在此提出了「見」這一命題，見識、見解不夠，或者自己經歷的、體悟的不夠，即使懂得文字字義，但未必懂得古人的思想。個人以爲所論不虛也，觀《論語》中，孔子常稱讚顏淵，如：「顏回三月不違仁」，〔註204〕若針對此句，以文字訓詁實證方法以尋得義理，則是很難將此句解釋清楚的。因爲這是聖人修己立命的境界，處在困苦中，他人不堪其憂，但顏回不改其樂！如何能夠？一般人做不到，但顏回做到了，關鍵在其內聖成德的精神修養，足以達到超越凡人境界，然此超越的精神境界，就不是字義考訓方法所能釋得的。

關於揚州學者以訓詁尋義理方法，代表人物如焦循、阮元，實可發現有不少缺失，如焦循，錢穆先生評云：

> 里堂雖自居於善述，然自今觀之，與當時漢學據守諸家，仍不免五十步之與百步耳。其解攻乎異端斯害也已，及解格物諸篇，若脫離舊文，自造新說，固足成一家之言，若以此爲述古，則不惟不通核，抑且難據守，又何以服當時漢學家頡頡於考據訓詁之業哉？〔註205〕

又：

> 里堂論性善，仍不能打破最上一關，仍必以一切義理歸之於古先聖

〔註202〕勞思光先生：《中國哲學史》第 3 卷下冊，（香港：友聯出版社有限公司，1980年），頁 902。

〔註203〕牟宗三先生：《中國哲學十九講》，（台北：學生書局，1983 年），頁 71。

〔註204〕見《論語・雍也篇》，同注 47，頁 86、87。

〔註205〕錢穆先生：《中國近三百學術史》，（台北：臺灣商務印書館，1995 年），頁 476。

人，故一切思想議論，其表達方式，仍必居於述而不作，仍必以於古有據爲定，故里堂既爲《論語通釋》，又爲《孟子正義》，集中論義理諸篇，亦必以《語》、《孟》話頭爲標題，言義理決不能出孔孟，此非據守而何？又其治孔孟，仍守六籍爲經典，雖於詩禮諸端，未多發揮，而奇思奧旨，往往寄之治《易》諸書，不知《易》之爲書，未必即是孔門之教典也。又里堂既務爲通核，乃不願爲考據著述分途，《論語通釋》專言義理，乃早成之書，未刻入《雕菰樓》全書，而別爲《論語補疏》，與《易通釋》、《孟子正義》諸書，均以發抒義理之言與考據訓詁名物者相錯雜出，遂使甚深妙義，鬱而不揚，掩而未宣。〔註206〕

明確指出里堂論理，性善、情通、修爲等義理，仍無法打破最上一關，蓋拘於文字訓詁限制，僅居於述而不作地步，於古聖賢人的思想，無法透徹掌握與發揮。且據守六經，以義理不出於孔孟，其中的奇思奧旨，仍無所闡明，仍是「據守」，無法突破；又其主通核，然亦囿限於考據，是以專言義理之《論語通釋》等書，亦無以直搗黃龍，宣揚精深的妙義。又焦循對《易》經傳解釋，賴貴三先生亦指出其缺失：

就其論象、辭之間之關係而言，企圖將經文、傳文皆納入所設立之「二五交易變通」之公式中，以達其「象辭、爻辭所以明卦之變通」之目的；惟缺乏開放之邏輯空間，只在一封閉之《易》辭空間中自求其貫通之連鎖關係，未免巧中見拙，而附會引申太過，此又其弊也。〔註207〕

焦循以《易》卦闡釋出三理，所謂：旁通、相錯、時行。亦將此理運用於人事中，闡發道德意涵，這一詮釋方法，實可謂創舉，亦創發出許多新意來，但問題是：爲求應驗「貫通」等理，強不是以爲是，則是穿鑿附會之弊。

至於阮元，陳祖武先生對其「仁」說，評及：

不分精華糟粕，一味揶揄宋儒，盡棄程朱仁說於不取，亦是阮元的缺乏識見處。這就難怪曾經做過他幕賓的方東樹一度與之辯難，在所著《漢學商兌》中，要集矢於阮元的仁論了。晚清，朱一新著《無邪堂答問》，仍舊故案重理，原因也在於此。〔註208〕

〔註206〕同上注，頁476。
〔註207〕賴貴三先生：《焦循雕菰樓易學研究》，（台北：里仁書局，1994年），頁296。
〔註208〕陳祖武先生：〈孔子仁學與阮元的《論語論仁論》〉，（《漢學研究》第12卷第

忽略程朱「仁」說在儒家思想史上的地位與意義。一味抨擊，殊不知精華與
糟粕之分。又傅斯年先生對其〈性命古訓說〉評論：

> 後學之儀範典型，弟子之承奉師說，其無微變者鮮矣，況公然標異
> 者乎？前如程、朱，後如戴、阮，皆以古儒家義爲一固定不移之物，
> 不知分解其變動，乃昌言曰：「求其是。」庸詎知所謂是者，相對之
> 詞非絕對之詞，一時之準非永久之準乎？在此事上，朱子猶勝戴、
> 阮，朱子論性頗能尋其演變，戴氏則但有一是非矣。……故戴氏所
> 標榜者《孟子》字義也，而不知彼之陳義絕與孟子遠也。所尊者許、
> 鄭也，而不察許、鄭之性論，上與孔、孟無涉，下反與宋儒有緣也。
> 戴氏、阮氏不能就歷史的觀點疏說《論語》、《孟子》，斯不辨二子性
> 說之絕異，不能爲程、朱二層性說推其淵源，斯不知程、朱在儒家
> 思想史上之地位。阮氏以威儀爲明德之正，戴氏以訓詁爲義理之全，
> 何其陋也！〔註209〕

一針見血指出他們義理詮釋上的缺失。「實事求是」是方法，或可作治學態度，
但不能作永久之準則；此一是非，彼一是非，但當「日新月異」、「時移事異」
時，或許就變成「此一時，彼一時」，沒有一定之定論。又尊許、鄭所言「性」
理，實與孔孟無涉。傅斯年先生進一步指出：他們最大缺失，乃在於未就歷
史觀點疏說孔、孟之理，亦未能針對程、朱「性理」之學推其淵源，其在儒
家思想史上能佔有一席之地，其來有自也。而戴氏以訓詁爲義理之全，阮氏
以威儀爲明德之正，實不足以完全淋漓盡致闡明古人思想。

　　觀清儒治學方式，強調「實事求是」，不緊守考據，但以實證求義理，爲
治學之途徑與目的，雖闡發出有別於宋明理學之義理來，蔚爲清代義理學，
方法可貴，但據語言與義理關係而言，可知這「字義訓詁」方式仍是無法完
全掌握與眞正發揮出古人思想來的；誠如張岱年先生所云，清學治學方法是
有一定的科學性，但也有許多缺點，關鍵在他們所作的是資料整理工作，一
般談不上哲學理論的探討。〔註210〕

---

　　2 期，1994 年 12 月），頁 49。

〔註209〕傅斯年先生：〈引語〉，《性命古訓辨證》，（桂林：廣西師範大學，2006 年），
　　　　頁 5。

〔註210〕張岱年先生：《中國哲學史方法論發凡》，（北京：中華書局，2005 年），頁 94
　　　　～95。

第捌章　結　論

　　中國學術的發展，常是啓蒙——破壞——建設——發展——由盛而衰；
梁啓超將之比喻爲佛教所謂「生、住、異、滅」四期。〔註1〕學術史是與日俱
進，偕時而變的，無法永遠固定不變，否則，必成一灘死水，乾枯而涸。此
發展之流變，揚州學者——凌廷堪亦表明：

> 蓋嘗論之，學術之在天下也，閱數百年而必變。其將變也，必有一
> 二人開其端，而千百人嘩然攻之，其既變也，又必有一二人集其成，
> 而數百人靡然從之。夫嘩然而攻之，天下不見學術之異，其弊始生
> 矣。當其時亦必有一二人矯其弊，毅然而持之。及其變之既久，有
> 國家者繩之以法制，誘之以利祿，童稚習其說，毫釐不知非，而天
> 下相與安之。天下安之既久，則又有人焉思起而變之，此千古學術
> 之大較也。〔註2〕

學術發展的關鍵在「變」；當弊端滋生，一二人便思其變，必遭眾人嘩然攻之，
一旦變之既久，漸漸爲大家所接受時，則有國家繩之以法制，誘之以利祿，
使天下人相安習慣；當安之既久，則又有人思而變之。中國哲學的發展亦復
如是，從周公制禮作樂，繼而諸子百家思想綻放，然後，漢朝獨尊儒術，陰
陽讖緯流行，魏晉玄學掛帥、南北朝隋唐佛學盛行，宋明融儒、釋、道之「理
學」大盛，至清「實學」爲要。

〔註1〕梁啓超：〈一　論時代思潮〉，《清代學術概論》，（上海：上海古籍出版社，2005
　　　年），頁1。
〔註2〕凌廷堪：〈與胡敬仲書〉，《校禮堂文集》卷23，（北京：中華書局，1998年），
　　　頁203。

　　明清之際，思想轉變頗大，許多哲學大家如牟宗三先生等尙以爲清代沒有思想。近來學者，如余英時先生、張壽安先生、張麗珠先生等研究，發現清代不是沒有思想，而是清代思想的主軸不再承襲宋明理學之路，走的是形下氣化經驗界的理論，套用余英時先生的話，就是「道問學」取代「尊德性」，是一重智主義的傾向；張壽安先生所謂「情理」代替「天理」，「禮學」之思陵轢「理學」之理；張麗珠先生的「形下氣化論」而非「形上本體論」。

　　重點是清儒以實事求是的方法治學，讀經研理，強調由訓詁考證以進求義理，此義理方是聖賢之理。回歸經典，實事求是，義理有憑有據，方不落入主觀臆斷、空疏、自以爲理之窠臼。大倡訓詁以求義理者以戴震代表，然戴震有鑑於宋明理學之「存天理，去人欲」不合實際，故對經典中「性」、「理」、「情」、「欲」等實證研究，以訓詁方式發現人的「情欲」，未必如理學家所論的，是萬惡之源；相反的，人當正視情欲，合理發展不至偏失，方是理。人「情欲」的偏失，在「私」與「蔽」，然去私在「以情絜情」，去蔽在「學以養智」。是以又發展出一套「重智主義」的理論。這套理論在當時並未受到重視，然不受重視未必就沒有流傳與發展下來，相反的，繼戴震之後，發揚這一「戴震哲學」，亦梁啓超所謂「情感哲學」的是一群揚州學者，「揚州學者」在此便扮演一相當重要的角色，將戴震「情理」思想延續下去，至清末民初方爲大盛，至今學術上研究，仍後續有人。此外，重點是這一「情理論」思想影響頗大，誠如張麗珠先生所云，使得中國社會由專制封建保守的傳統禮教，走向自由、民主、平等、重己、功利、人權發展之路。〔註3〕所以若無戴震「達情遂欲」說，儒學發展仍是愈趨嚴苛的傳統禮教；然有戴震主張，若無人延續、傳承或光大之，儒學內在理路的發展便無法形成。

　　然揚州學者光大戴震思想外，其學術上頗具特色，據張舜徽先生所云，可知不僅專精，還在能創能通，廣大圓融。然揚州學者頗多是戴震的學生，或私淑仰慕者，所以治學上皆以文字、聲韻、訓詁、校勘、名物、典章、制度等考證爲主，因此，在這小學、校勘、考證等方面，成就頗多且大。不僅如此，其治學觸角亦涉及算學、天文、曆法等方面，所以廣博。問題是後人多重視這些方面成就，對其義理探索，則是研究不多，是以本論文欲以一宏觀角度針對清代揚州學者「情理」思想作探究。

〔註 3〕張麗珠先生：〈戴震「發狂打破宋儒《太極圖》的重智主義道德觀」〉，（收入氏著：《清代義理學新貌》，台北：里仁書局，1999 年），頁 142～143。

　　第壹、貳章，將「情理」定義作一說明，進一步對「情」源流、產生與發揚、發展作一探討。溯及先秦時，「情」是指「實」，「真實」流露，換句話說，是「誠」的表現，至荀子之後，漸有「情感」、「情緒」之意；漢代董仲舒以「陰陽」、「仁利」、「理欲」等理念附諸「性情」，是以情具有利、欲、生於陰等質，漸有所謂「性善情惡」說；至唐李翱主「滅情復性」，宋明理學進一步發展成「存天理，滅人欲」，視情欲為「良知之蔽」，「造惡之端」，禮教束縛愈趨嚴苛，但明清之際，對理學「滅人欲」暨空疏玄談之理，漸有學者反省與批判，始正視情欲與倡達情遂欲說。另外，「揚州學者」界定，歷來爭論不休，本論文採以宏觀角度，主以學術承襲、師友關係，乃至所謂「通儒」意識的學術群體觀，不限地籍為論，作揚州學者之界定；亦附表格，將專家學者論述的「依據」作一統整與歸類。

　　本論文重心在第參章與第肆、伍章，分別由橫向與縱向方式作分析與闡述。橫向方面，旨在將揚州學者共有的義理思想作一歸納說明，蓋可分成三部分：一是「人性論述──性理探討」，二是「經驗論──情欲探討」，三是「實踐工夫──化情為理之實踐」。在「性理」上，他們於「性理」的看法，不外是主：一是血氣心知為性；二是好惡為性，但能知故善。於「理」，大體一致主「以禮代理」、「情欲不爽失」為「理」與「一陰一陽之謂道」。於此揚州學者以《易》所主「一陰一陽之謂道」為立論依據，依此陰陽二氣是以「人」生，因「氣化」而來，不可避免有「情」有「欲」，是以人事中，情欲合理不失原則或不逾矩，謂之「理」。於「情欲」上，他們返回經典主「情，實也」之說，與「以情旁通，推己及人」。於「欲」，其主「欲發乎情，緣於性，乃制禮之源」與「養情節欲」等說。於「實踐工夫」上，大體歸納有「重學習，多讀書」、「習禮為行仁之方」、「絜矩力行，聖賢之道」與「修身在改過，改過以變通，變通以時行」。

　　縱向方面，列舉大家公認的代表者，一一深入淺出探討。由於代表人物頗多，故分別於本論文第肆、第伍章論述。第肆章，對「天理向情理過渡者」──王懋竑、朱澤澐、劉台拱等；「漢學為尊的情理論者」──段玉裁、高郵王氏、江藩、黃承吉等，乃至「現實關懷的情理經世者」──汪中、汪喜孫等人作探究。蓋將清初崇尚程朱理學者，至漢學為尊者，到現實關懷者之學術史轉變，作一清楚披露外，亦將個別學者傳略與思想作一說明。此章最重要發現是：即使尚程朱理學者，亦漸有偏向正視「情欲」之傾向，如劉台拱

以「性情者，哀樂之極至，王道之權輿」也，視「性情」為王道之開端；又尊漢學者，如：段玉裁亦以「理乃情之無憾」作「理」之解釋，與戴震主「情之不爽失謂之理」無異。高郵王氏父子，王念孫以考證方式主「情，實」之解，又主「仁與人通」；王引之亦以「形體出於天性不可改變」，表示血氣性體具實，天性使然，不可隨意變樣。江藩雖著有《國朝宋學淵源記》，但仍是崇漢抑宋。其主「生之所以然就是性」，因性乃生理之性，故須「節性復禮」，而禮又是聖人「緣情制禮」而來，所以「明道，在修身，無他，身體力行而已」，主實踐乃修身之道。黃承吉以「數」表「道」，「道」又非「曲」不能盡；「曲」以音聲相轉相近關係，故可因聲求義，「曲」字可通「矩」字、「句股」字之意講，如此，「曲」以論絜矩之道。現實關懷者，主要是汪中父子，汪中出身貧困，是以亦最了解貧困者之心，故對弱勢者，尤其婦女、孺子等特別關照，主婦女守禮而非守寡，或殉夫，可以再嫁或離異，為自己追求幸福，旁人更應予以支持或贊同，才是！對寡婦或孤兒主建設社會福利機構，如「貞女堂」、「孤兒社」作收容他（她）們之場所。子：汪喜孫，其思想尚「禮」與「學」，強調「道在六經，在五倫」，而經莫重於「禮」，「禮」又莫重於〈喪服禮〉。正視情欲，以為「欲發乎情，止乎禮義」。習禮關鍵在「學習」，習得在致用，所以「學以濟世」，又「通經與力行不必別」。

　　第伍章，針對「光大戴震情理思想者」——凌廷堪、焦循、阮元、劉寶楠、劉師培等論述；「春秋學的情理論者」——凌曙、劉文淇、劉毓崧、劉壽曾等論述。凌廷堪最先倡「以禮代理」，以「好惡」為「性」之兩端，故制禮之大原在此。又「以禮代理」實踐工夫在「養情節欲」與「習禮復性」；以「禮」具體規範，作人們遵守實踐之則，較諸道德狀態之理，客觀具體可行，使「理」亦不落入師心自用，各自有理，是非相爭情景。人人守禮，期以建立一安定的社會。焦循亦主「以禮代理」，但他不直接這麼說，而是以為「禮論辭讓，理辨是非」，「理足以啟爭，禮足以止爭也」又「禮乃息爭之鑰」。視「禮」為平息世間紛爭關鍵，又倡「能知故善說」，以「心知」與否作人禽之別的判斷，以為人懂得何者有利，何者適當，禽獸不知，所以「能知」是引領人向善的鎖鑰，亦是人與禽獸不同之所在；其又究《易》之卦爻變化，發明出「旁通、相錯、時行」等理，而「旁通與情」乃是人際互動的絜矩之道。阮元——這位十八世紀經學之盟主，於學術貢獻不在話下，大興學堂——詁經精舍、學海堂，提拔諸多人才，改變學風，重視實事求是；又力編群書，如《經籍纂

詁》、《十三經注疏校勘記》與《皇清經解》等書，可謂於學術研究方面，貢獻良多。在義理思想上，其〈性命古訓附威儀說〉，強調「性」乃「血氣心知」之「性」，命有「生命」與「德命」兩種，是以人因血氣之性，故有飲食男女之欲，此不可禁，亦不可改也，惟一避免縱欲的方法就是「習禮節性」，以「習禮節性」達到修身目的，所謂「威儀」敬慎以達「德命」。又大倡「仁乃相人偶」說，主鄭玄註解，以「仁」是二人以上，相互親愛互助之意，所以「人耦相親相愛」方是「仁」眞正之實踐。「仁」不再是形上本體，下落爲現實人間之實踐，方是「仁」，所強調的「仁」在實踐上，行動表現，發揮親愛互助精神，方是「仁」。此論說對後來晚清學者如譚嗣同、康有爲等影響頗大。

　　繼而，寶應學者——劉寶楠，與其子劉恭冕合著《論語正義》。《論語正義》一書，雖附有「宋人長議」等論述，但此書並非是闡述宋明理學之專著；相反的，是一部「發揚了乾嘉學風，在注釋中注重文字訓詁、史實考訂和闡發義理」〔註4〕的書。重要是承襲戴震考證求義理等觀點較多。如其論「理」指的是「陰陽之道」；「性」乃引戴震「血氣以生」之性作解釋，指的是一形下氣化實體的「性」。又主「欲根於性而發於情」，既人人皆同我情我欲，故可反躬自省，推己及人，知己好亦想到他人，亦要人好，便可做到「己欲立而立人，己欲達而達人。」境界。清末，劉師培，雖是儀徵劉氏治《左傳》學第四代，但就其思想而言，實乃承繼戴震而來，故列入此，光大戴震思想者。其有云：

　　　宋儒之說貴公去私，近於逆民，東原之說推私爲公，近於順民，又
　　慮民之恣情縱欲也，故復于順欲之中隱寓節欲之意。〔註5〕
主戴震之說，視一推私爲公，近於順民之論，而宋儒之貴公去私論，乃是逆民之論。爲避恣情縱欲，故主順欲中須節欲，節欲之要在「禮」。

　　另外，主公羊學之凌曙與主左傳學之儀徵劉氏，亦是揚州儒學後來的發展。在此，訂名爲「春秋學的情理論者」。他們雖治春秋學，但其中不乏情理之論述。凌曙以「禮本人情以即于安，故禮者治人之律，而春秋則其例也。」知尙「禮」，禮視爲治人之律，然禮亦本於人情以安而來，故可爲人人遵守之則。所謂「春

〔註 4〕見高流水先生：〈《論語正義》點校説明〉，（台北：文史哲出版社，1990 年），
　　　　頁 4。
〔註 5〕劉師培：〈東原學案序〉，《劉申叔遺書》，（南京：江蘇古籍出版社，1997 年），
　　　　頁 1759～1760。

秋」微言大義不外乎此。劉文淇主「國人之私而止于禮，法之正也。」主人當有私欲，順其私但不違禮，亦是法之正途。又「釋《春秋》必以周禮明之。」強調以禮釋《春秋》。其子：劉毓崧以爲「天理不外乎人情，故情理可以互訓。」視情爲理，理爲情也。人情不疏失，便是理。毓崧之子：劉壽曾以「夫施於民者易悅，取於民者易怨，民之恆情也。」又「《春秋》者，禮義之大宗也。」皆尚以禮治《春秋》，然爲政者就須足民所欲，常施恩施利於民，必得民心大悅，相反的，動則苛徵重稅，勞民傷財，人民必定不滿，此趨利圖欲之心，就是百姓之心。畢竟人民以謀生爲要，人民的理想亦須建立在基本的生存滿足上。

第陸章論及影響，事實上，揚州學者對後來學術發展影響頗大，不論是在義理思想方面、學術研究方面、乃至人權復興方面、或書院教育之革興，都具有關鍵性的影響。在義理思想上，尤以阮元「相人偶」之「仁學」，影響最大。晚清學者，譚嗣同即主「仁」乃「相人偶」之意義，並將此進一步發揮，強調「通」之作用，所謂：「仁以通爲第一義」，並以物理學之「以太」命名「仁」，賦與「仁」一新意；康有爲亦主「相人偶爲仁」說，但除了親愛互助外，更是強調「仁」乃是「愛力」、「電力」之釋放，主人與人互相傳情達意，亦在「愛力」之互傳，如此，人與人之間方有溫情，不致冷漠疏離；全國百姓方能團結在一起，共同抵禦外侮。

在學術發展上，主要是古文經學家之傳衍與今古文之爭等學術流變兩項；古文經學的傳衍，則與阮元所創立的詁經精舍、學海堂有關，在此中，培育出許多優秀人才，如著名的經學大師——俞樾，即在此（同、光年間）講學長達三十一年之久。而俞樾遵阮元教學宗旨，以「學古」爲原則，重訓詁之法，實事求是於「聖賢之經」。這方面，由他所影響的學者，有：黃式三、黃以周父子、孫詒讓、崔適、戴望、章太炎、王國維等人。是爲揚州學派在浙江的影響與傳承。

阮元時，主要有江藩與方東樹的漢宋不兩立，後來演變成所謂：今古文之爭，關鍵人物：凌曙（1775～1829），奠立於漢學基礎上，進而強調今文經的微言大義，蔚爲道光年間，公羊學集大成者。加上劉逢祿大力推崇今文，排斥古文下，其傳播之力可謂既深且遠。影響所及，造成後來大倡今文經學者，有龔自珍（1792～1841）、魏源（1794～1857）諸人，晚清今文經師：陳立（1809～1869）、王闓運（1833～1916）、戴望（1837～1873）、皮錫瑞（1850～1908）、廖平（1852～1932）、康有爲（1858～1927）等人，均假今文經以

議政論事，反對埋首於故紙，主張經世致用。然「阮元學圈」所培育出的人才，如俞樾、孫詒讓、章太炎等人主古文經學，各有所主，互不相讓，所謂「今古文之爭」便隱隱約約地展開；甚且，主今文公羊學之凌曙，其甥：劉文淇，卻是主古文經《左傳》之學，其儀徵劉氏四代（至劉師培亦是），均傳承古文經《左傳》學，所以正當今文經學勢力漸強時，有康有為鼓吹經世改革，相對地，倡古文經的劉師培，力挽頹瀾於《左傳》之延續。

在人權復興上，則是禮教重整，婦女解放之聲浪高漲；這方面，除對封建禮教反省外，還有主情欲自由、批判禮教的小說，大受歡迎。倡婦女解放者，有俞正燮（1775～1840），對男尊女卑之不公，亦作出大力反擊；宋恕（1862～1910），這位清同治至宣統年間的學者，繼承了戴震的反理學精神，對道學家加諸婦女的錮籠，宋恕更是強力批駁與推翻；並明白指出女子之所以受到不自由之對待，關鍵源自：傳統的「節烈」觀念，所以宋恕主張宜廢止旌表「貞節」這種反人道的政策法規。主情欲自由、批判禮教的小說，大受歡迎，主要有：吳敬梓（1701～1754）的《儒林外史》、曹雪芹（1715～1763）的《紅樓夢》，然受到揚州儒學影響的小說，主要是《鏡花緣》、《老殘遊記》為代表。在李汝珍《鏡花緣》中，對於男女之不平等、禮教加諸婦女許多禁錮，均以小說文學筆法，大力抨擊。劉鶚的《老殘遊記》，志在宣揚戴學的情欲理論，諷諭理欲之辨的宋儒為「自欺欺人，不誠極矣」的偽道學。

而教育之興革，主要以書院風尚改革，學校體制興起，江浙嶺南漢學大盛為主要的影響。大興學堂更是改革科舉至學校大興、學科分化的一個轉圜。影響後世最大者，就是阮元創辦的「詁經精舍」與「學海堂」。就「詁經精舍」而言，除精英分子之人才造就培育外，重要的是教育內容不再是八股文，而是經世致用的實學為主；內容側重經、史之義，並旁及文字聲韻訓詁等小學，乃至天文、地理、算學、曆法、詞章等，範圍廣闊，又此讀經研史影響所及，促使江浙一帶，漢學大興。後來傳統考試制度的廢除，新式學堂普遍建立，學科亦趨分化，以建立新學制與吸收新知識為主要目的。然之前，阮元所創立的書院、學堂，即已跳脫出舊制窠臼，朝向多元化發展。這書院改革理念，無疑是為後來新式學制產生、學科分化與教育普遍改革，作一前導與示範的作用。張壽安先生云：「詁經精舍與學海堂的教學內容，在中國近代書院史的發展上也是極具改革意義的。」〔註6〕

〔註6〕張壽安先生：〈清代揚州學派研究展望〉，《漢學研究通訊》第19卷第4期，

第柒章評價其特色、價值與重要性,並分析其優缺點。第捌章,總結。最後,針對揚州「情理」思想作一反思與評價,以期儘可能客觀分析其優缺點。畢竟天下沒有一個思想是十全十美的,因為地球是「圓」的,僅站在一個角度看事情,就無法看出其他角度等面向問題,所以有其特色、價值、優點,亦有其遮蔽面,即所謂的「缺失」。就承繼戴學之後的揚州「情理」思想,其價值、特色,個人以為具有:一、傳統解放,義理轉型——中國哲學發展至宋明理學時,可謂達至巔峰,然所走的哲學路徑亦一直是往形上抽象的本體論發展,而形下氣化的經驗界,包括:重視現象界的經驗事實,正視人情人欲,強調通情遂欲、義利合趨等思想,至清代,方為學者重視與強調。這方面,經揚州學者發揚光大,可謂完成儒學形上與形下的整體論述。尤其十九世紀後,西方文化入侵,傳統文化大受衝擊,儒學發展至此,勢必有所轉變以因應,因此,「乾嘉新義理學」為主軸的「清代新義理學」可謂對於現代化思維具有導揚先路的作用。

二、社群人我間之觀照與強調——此時禮學大盛,繼淩廷堪倡「以禮代理」後,學者紛紛主深入經典文獻探究「禮儀」等典章制度,期以「禮則」建立社會群體間共同遵守的典範,亦凸顯清儒不約而同地將目光從心性仁義的德目,轉移至社會與群眾之間的觀照。又主實踐之學,不尚空談,治學實事求是,目標經世致用,學問實際實行,如阮元主「仁」就是一例。

三、「公與私」意義轉變——往昔之「公」,是以「公家」、「公事」為「公」、為「要」;「私」多被視為「個己之利」、「隱私」,乃至「邪曲」之意講,是以人民皆須「為公去私」,方是合乎儒家道德之要求,尤其至宋明理學主「存天理,去人欲」後,更是將「為公去私」推崇至極。然至明清之際,則有所不同,不僅反「去人欲」之天理,更是主「存人欲」之「情理」;揚州學者則更是強調「天理不外人情」,紛紛倡人情人欲之可行而不可禁,亦不可縱,且思人同己之欲,進而推己及人,懂得「分享」,亦即所謂「絜矩之道」;如此,公與私之意義便有所不同,彷彿變成為百姓力爭「私利」為「公」;足百姓私欲之為「公」,「公」在此富涵「平等」、「均平」意義外,更表示以不抹煞個人合理的欲望為宗,「公」最大目標變成:達成人人均富的境界,所以在尊重群體規範下,中國禮教漸由「宗族家禮」、「家天下」之強調,走向群體社會禮儀規範之建立。所謂的「公」不再是指「一人之下,萬人之上」的「統治

者」，而是指眾人、群體之意義；「私」以足私己、個己、私利之意義爲前提。

然近代人權平等之倡導、公私意義轉變，就是建立在「情欲」肯定下，達情遂欲之理論確立，與學者倡揚，方以在儒學內在理路中形成；所謂「情欲解放」，方有個人自由、平等可能性；「公」方可轉變成「足人人私欲」之理，否則，無法肯定人「私欲」合理性，所謂的「公」永遠是爲封建禮教之「上位者」服務，平民百姓永遠是沒有「自我」的「人」，終生只爲「上位者」作牛作馬，永無翻身之日。

四、促使人文精神昂揚與人權主義覺醒——「人文精神」昂揚與「人權思想」提倡，在中國傳統禮教束縛下，一直是隱沒不彰的。直至清代，受到外強侵略影響，「人權」思想才漸漸受到重視與闡揚。如譚嗣同（1865～1898）主「人我通」、「通之象爲平等。」〔註7〕畢竟要「無對待，然後平等。」〔註8〕此一「通」之象，揚州學者——焦循，即已倡導在先，不過，焦循主「旁通以情」，以「情通」打破上下僵固制式化對待的關係，方做到平等之境。又人權申張必奠立在人我平等之上，方有「人權」可云，所以中國自古以來最大不平等就是「男女不平等」，揚州學者如汪中，乃至李汝珍、俞正燮等人，均大力倡導男女平等之重要，即是爲婦女人權之爭取。

揚州學者「情理」思想的優缺點，就優點而言，個人以爲有：一、具有實事求是的科學精神；二、見解創新變通，思治流派之偏；三、重視實際，經世致用。缺點蓋有：一、缺乏「人實踐主體性」論述；二、強調「禮教」反形成「以禮殺人」；三、缺乏清晰的「道德概念」無法將「道德義理」充分表達。

畢竟看的書愈多，發現到的問題就愈多，如揚州學者，個人後來在張蕊青先生〈乾嘉揚州學派與《鏡花緣》〉一文中，發現：在揚州學派學者中，對李汝珍影響最深的，除了凌廷堪外，尚有許喬林與許桂林二位。〔註9〕然這二位，至今論揚州學派等著述，皆無以見得。重點是揚州學者論定太多，本論文實亦無法針對每一位學者作深入分析與披露，亦僅就大家公認的代表人物論述，實亦是本論文的侷限。關於此，個人勢必會在爾後再發表專篇論文探究。

〔註 7〕譚嗣同：〈仁學界說〉，《仁學》卷上，《譚嗣同全集》，（台北：華世出版社，1977 年），頁 6。
〔註 8〕同上注，頁 7。
〔註 9〕詳見張蕊青先生：〈乾嘉揚州學派與《鏡花緣》〉，《北京大學學報》（哲學社會科學版），第 36 卷第 5 期，1999 年 5 期），頁 104。

　　個人總以為中國哲學是一攸關生命安頓的學問，然生命的安頓與關懷，不是一套知識而已，重要在實際生活中實踐、體會，唯有通過實踐才能真正安頓生命，而不只是空中樓閣而已。〔註10〕誠如牟宗三先生云：

> 中國文化的核心是生命的學問。由真實生命之覺醒，向外開出建立
> 事業與追求知識之理想，向內滲透此等理想之真實本源，以使理想
> 真成其為理想，此是生命的學問之全體大用。〔註11〕

生命的學問貴在實踐，不僅是理性之悟得，更要緊的是「修養工夫」之力行。然身為人，不可避免有情有欲，正因有情，方可建立一有仁有義的世間；亦正因有欲，是以激發人不斷奮發上進之心。因此，人應情理兼顧，所謂「無理之情之為虛妄，離情之理之為枯槁，必情理交融，然後為真實的人生。」〔註12〕然人皆有情欲，但情欲不可氾濫，所以要「修行」。「修行」不是僅守生命之外的「禮儀規範」而已，而在完成吾人內在生命本有的要求，亦即道德倫理之落實，方是為人（仁）價值的發揮。倘若自覺不高，就需藉繁複「禮儀」之實行，實習成一習慣後，進而深入體會「禮儀」背後的道德義理；畢竟「習禮」還在「悟理」。此外，尚須不斷「學習」，雖然生命的學問，不是一套知識，但是「人非生而知之」，是需要不斷學習、充實與歷練，方領悟得這一偉大的生命學問。

　　清儒的思想，無所謂對錯，只是因應當時時代之需要，與學術的發展狀況而發論的。可貴是他們正視現實需要，勇敢提出一套「達情遂欲」之理論，在此基礎上，反抗傳統封建之禮教，發現自由、平等之人權的重要，進而影響後來學者大力之倡導與宣揚；本獨重道德之自修，所謂內聖之學，亦轉向群體、社群意識之重視，所謂「公德」之發揚，「外王」之學之落實。實事求是以經世致用的理念，在學術上方具「科學」精神，突破例守往昔舊注之失，方將真實之解大白於世，又宗經反科舉，不限治學範圍，可上知天文，下及地理，皆是作學問的領域，方使學術發展多元化，亦促使後來教育之改革與學科之分化；重要還在於文字、聲韻、訓詁、考據、校勘等，原本是清儒實事求是以治經的方法，如今，皆成獨立的專門學科，即今有所謂：文字學、聲韻學、訓詁學、考據學，乃至校勘學。然不可否認，其亦有缺失所在，端

〔註10〕見高柏園先生：〈中國哲學史緒論・摘要〉，（王邦雄先生等編著：《中國哲學史》，台北：空中大學出版社，1998 年），頁 4。

〔註11〕牟宗三先生：〈自序〉，《生命的學問》，（台北：三民書局，2007 年），頁 2。

〔註12〕曾昭旭先生：《情與理之間》，（台北：漢光出版社，1992 年 3 月），頁 3。

在他們忽視「道德實踐的主體」，一味爲反理而反理，殊不知道德實踐工夫，亦須有內在實踐的本體，方爲可行。所謂「修養正是要使吾人的本心本性能在具體的生命中有恰當而充盡的表現。」〔註 13〕又宋明理學未必一無是處，其精湛處，恐是主訓詁以求義理者所忽略的。不論如何，作爲一位學術研究者，個人以爲當客觀論析，不否認其貢獻與價值，亦須正視其缺失，方是學術發展進步的空間。

〔註 13〕見高柏園先生：〈中國哲學史緒論〉，同注 10，頁 10～11。

參考書目

　　本書目之臚列方式，依壹「古籍」、貳「近、現代專著」、參「工具書目」、肆「網路論文」四部分分類；凡壹「古籍」則劃分：一、清代揚州學者著述與二、古籍專書——經、史、子、集四類，依作者的時代先後順序排列；凡貳「近、現代專著」，含專書、學位論文、期刊論文，依序為：中文、日文、英文；中、日文依作者姓氏筆劃之多寡排列，英文則據作者姓氏字母之先後次序排列。其中，中文專書部分又分為：(一)、清代義理思想 (二)、清代學者評傳與研究 (三)、清代學術論 (四)、其他。然後，則是參「工具書目」，以字、辭典為主；最後，是肆「網路論文」。

壹、古籍書目

一、清代揚州學者著述

1. 朱澤澐：《朱子聖學考略》，《四庫全書存目叢書》第 20 冊，台南：莊嚴出版社，1995 年。
2. 朱澤澐：《止泉先生文集》，《四庫全書存目叢書》第 20 冊，台南：莊嚴出版社，1997 年。
3. 王懋竑：《白田草堂存稿》，台北：漢華文化事業股份有限公司，1972 年。
4. 段玉裁：《經韻樓集》，《段玉裁遺書》，台北：大化書局，1977 年。
5. 段玉裁：《經韻樓集補編》，《段王學五種》，《原刻景印叢書集成續編》（12），台北：藝文印書館，1970 年。
6. 王念孫：《廣雅疏證》，南京：江蘇古籍出版社，2000 年。

7. 王念孫：《讀書雜誌》，南京：江蘇古籍出版社，2000 年。

8. 王引之：《經義述聞》，南京：江蘇古籍出版社，2000 年。

9. 王引之：《經傳釋詞》，南京：江蘇古籍出版社，2000 年。

10. 王念孫、王引之等著、羅振玉輯印：《高郵王氏遺書》，南京：江蘇古籍出版社，2000 年。

11. 劉台拱等著、張連生等點校：《寶應劉氏集》，揚州：廣陵書社，2006 年。

12. 劉台拱等著、張連生等點校：《劉端臨先生遺書》，嚴一萍輯：《原刻景印叢書菁華本》，台北：藝文印書館，1972 年。

13. 劉台拱等著、張連生等點校：《論語駢枝》，《續修四庫全書‧經部‧四書類》，上海：古籍出版社，2002 年。

14. 朱彬著：《禮記訓纂》，北京：中華書局，1996 年。

15. 朱彬著：《遊道堂集》，清‧沈赤然：《清代學術筆記叢刊》（33），北京：學苑出版社，2005 年。

16. 汪中著、王清信、葉純芳點校：《汪中集》，台北：中研院文哲所，2000 年。

17. 汪中著、王清信、田漢雲點校：《新編汪中集》，揚州：廣陵書社，2005 年。

18. 楊晉龍：《汪喜孫著作集》（上中下），台北：中研院文哲所，2003 年 8 月。

19. 凌廷堪著、彭林點校：《禮經釋例》，台北：中研院文哲所，2004 年。

20. 凌廷堪著、王文錦點校：《校禮堂文集》，北京：中華書局，1998 年。

21. 焦循著：《雕菰集》，台北：鼎文書局，1987 年。

22. 焦循著：《群經補疏》，《焦氏叢書二十一種‧六經補疏廿卷》，清嘉道年間叢書。

23. 焦循著：《雕菰樓易學》，《焦氏叢書》本，《續修四庫全書》（27），上海：上海古籍出版社，1995 年。

24. 焦循著：《孟子正義》上下冊，長沙：岳麓書社，1996 年。

25. 焦循著：《論語通釋》，台北：藝文印書館，1966 年。

26. 焦循著：《論語補疏》，《皇清經解本》（6），台北：復興書局，1972 年。

27. 焦循著、李忱點校：《雕菰樓易學三書》，北京：九州出版社，2003 年。

28. 焦循著、沈文倬點校：《孟子正義》，北京：中華書局，1987 年。

29. 焦循著：《焦里堂先生軼文》，《鄦齋叢書本》，收入於嚴一萍輯：《原刻景印叢書集成三編》，台北：藝文印書館，1971 年。

30. 焦循著：《里堂家訓》，收入周秀才等編：《中國歷代家訓大觀》（下），大

連：大連出版社，1997 年。

31. 焦循著：《里堂家訓》，收入《續修四庫全書‧子部‧儒家類》，上海：上海古籍出版社，1995 年。

32. 焦廷琥：《讀書小記》，《原刻景印叢書集成》（三編）《鄦齋叢書》（18），台北：藝文印書館，1971 年。

33. 焦廷琥：《地圓説》，《續修四庫全書‧子部‧天文算法類》（1035），上海：古籍出版社，1995 年。

34. 焦廷琥：《儀禮講習錄》，《清代學術筆記叢刊》（43），北京：學苑出版社，2005 年。

35. 焦廷琥：《禮記講習錄》，《清代學術筆記叢刊》（43），北京：學苑出版社，2005 年。

36. 阮元：《揅經室集》，北京：中華書局，1993 年。

37. 阮元：《定香亭筆談》，台北：廣文書局，1968 年。

38. 阮元：《疇人傳》46 卷，北京：中華書局，1991 年。

39. 阮元：《淮海英靈集》戊集卷，《續修四庫全書‧集部‧總集類》（1682），上海：上海古籍出版社，2002 年。

40. 阮元：《詁經精舍文集》，收入趙所生先生、薛正興先生等編《中國歷代書院志》（15），南京：江蘇教育出版社，1995 年。

41. 阮元：《學海堂集》，收入趙所生先生、薛正興先生等編：《中國歷代書院志》（13），南京：江蘇教育出版社，1995 年。

42. 阮福：《孝經義疏補》，《原刻景印百部叢書集成》（44）《文選樓叢書》（5），台北：藝文印書館，1967 年。

43. 李惇：《群經識小錄》，《續修四庫全書》（173），上海：古籍出版社，1995 年。

44. 黃承吉：《夢陔堂文集》，《國學集要初編》（10），台北：文海出版社，1967 年。

45. 黃承吉：《字詁義府合按》，北京：中華書局，1993 年。

46. 江藩著、錢鍾書主編：《漢學師承記》（外二種），香港：三聯書店，1998 年。

47. 江藩著、漆永祥纂釋：《漢學師承記箋釋》，上海：上海古籍出版社，2006 年。

48. 江藩著、漆永祥整理：《江藩集》，上海：上海古籍出版社，2006 年。

49. 劉寶楠：《念樓全集》，《清代稿本百種彙刊‧集部》，台北：文海出版社，1974 年。

50. 高流水點校：《論語正義》，台北：文史哲出版社，1990 年。

51. 劉恭冕等著：《廣經室文鈔》，《叢書集成續編》（196），台北：新文豐出版社，1989 年。

52. 凌曙：《四書典故覈》，《續修四庫全書》（169），上海：上海古籍出版社，1995 年。

53. 凌曙：《春秋公羊禮疏》，《原刻景印百部叢書集成》（71），台北：藝文印書館，1967 年。

54. 劉文淇：《青溪舊屋文集》，《續修四庫全書》（1517），上海：上海古籍出版社，2003 年。

55. 劉文淇：《春秋左氏傳舊注疏證》，北京：中國社會科學出版社，1959 年。

56. 劉毓崧：《通義堂文集》，《求恕齋叢書》，《叢書集成續編》台北：藝文印書館，1970 年。

57. 劉壽曾著、林子雄典校、楊晉龍校訂：《劉壽曾集》，台北：中研院文哲所，2001 年。

58. 成蓉鏡：《周易釋爻例》，《周易叢書續編》，台北：廣文書局，1974 年。

59. 成蓉鏡：《史漢駢枝》，《南菁書院叢書・六集》，江陵：南菁書院，清光緒 14 年。任大椿：《弁服釋例》，《續修四庫全書》（109），上海：上海古籍出版社，1995 年。

60. 劉師培著：《清儒得失論》，北京：中國人民出版社，2004 年。

61. 劉師培著、南桂馨等編：《劉申叔先生遺書》，南京：江蘇古籍出版社，1997 年。

二、古籍專書

（一）經　部

1. 漢・毛亨傳、鄭玄箋：《毛詩鄭箋》，台北：新興書局，1981 年。

2. 漢・毛亨傳、鄭玄箋、唐・孔穎達疏：《毛詩正義》，《十三經注疏本》（2），台北：藝文印書館，1981 年。

3. 漢・鄭玄注、唐・孔穎達疏：《儀禮注疏》，台北：藝文印書館，1997 年。

4. 漢・鄭玄注、唐・孔穎達疏：《禮記正義附校勘記》，《十三經注疏本》（5），台北：藝文印書館，1981 年。

5. 漢・董仲舒：《春秋繁露》，上海：上海古籍出版社，1989 年。

6. 清・凌曙注、鍾肇鵬主編：《春秋繁露校釋》，石家莊：河北人民出版社，2005 年。

7. 漢・許慎著、清・段玉裁注：《說文解字注》，台北：天工書局，1992 年。

8. 魏・王弼撰、韓康伯注、唐・孔穎達疏：《周易正義》，《十三經注疏本》（1）台北：藝文印書館，1981 年。

9. 魏・何晏集解、宋・邢昺疏、清・阮元校勘：《論語注疏》上下冊，台北：弘毅出版社，1994 年。

10. 魏・何晏注、宋・邢昺疏：《論語注疏本》，《十三經注疏本》（8），台北：藝文印書館，1981 年。

11. 宋・程頤：《伊川易傳》，《文津閣四庫全書・經部・易類》，北京：商務印書館，2006 年。

12. 宋・朱熹：《四書章句集註》，台北：大安出版社，1991 年。

13. 宋・朱熹、黃坤點校：《四書或問》，上海：上海古籍出版社，2001 年。

14. 清・李塨：《論語傳注問》，收入《顏李叢書》（3），台北：廣文書局，1965 年。

15. 清・李塨：《論語傳注》下，《四庫全書存目叢書・經部・四書類》第 173 冊，台南：莊嚴出版社，1997 年。

16. 清・桂馥撰：《說文解字義證》，北京：中華書局，1987 年。

17. 清・孔廣森：《公羊春秋經傳通義》，《續修四庫全書・經部・春秋類》第 129 冊，上海：上海古籍出版社，2002 年。

18. 清・孫詒讓：《周禮正義》，收入氏著：《孫籀廎先生集》第 6 冊，台北：藝文印書館，1963 年。

19. 清・孫詒讓：《尚書駢枝》，收入氏著：《大戴禮記斠補》，山東：齊魯書社，1988 年。

20. 清・孫詒讓：《古籀拾遺》，台北：華文出版社，1971 年。

21. 清・張爾岐：《儀禮鄭注句讀》，台北：學海出版社，1997 年。

22. 清・胡培翬：《儀禮正義》，南京：江蘇古籍出版社，1993 年。

23. 清・莊存與：《春秋正辭》，《續修四庫全書・經部・春秋類》第 141 冊，上海：上海古籍出版社，2002 年。

24. 清・莊述祖：《明堂陰陽夏小正經傳考釋》，《續修四庫全書・經部・群經總義類》第 173 冊，上海：上海古籍出版社，2002 年。

25. 清・邵懿辰：《禮經通論》，收入《叢書集成續編》第 42 冊，台北：新文豐出版社，1989 年。

26. 清・黃以周著、王文錦點校：《禮書通故》，北京：中華書局，2007 年。

27. 清・康有爲：《中庸注》，台北：臺灣商務印書館，1968 年。

28. 清・康有爲：《論語注》，北京：中華書局，1984 年。

29. 清・桂文燦：《經學博采錄》，合肥：黃山書社，2008 年。

（二）史　部

1. 晉・陳壽撰、裴松之注、盧弼集解《三國志集解》，北京：中華書局，1982

年。

2. 清・張廷玉等撰：《明史》，《二十五史》（46～50），台北：臺灣商務印書館，1967 年。

3. 清・國史館編：《清史列傳》，北京：中華書局，1987 年。

4. 清・謝延庚、劉壽曾等纂：《光緒江都縣續志》，台北：成文出版社，1970 年。

5. 清・錢儀吉纂：《碑傳集》，北京：中華書局，1993 年。

6. 清・錢儀吉纂：《清代碑傳全集》，上海：上海古籍出版社，1987 年。

7. 清・繆荃孫編：《續碑傳集》，收入周駿富編輯：《清代傳記叢刊》第 119 冊，台北：明文書局，1985 年。

8. 清・王箴傳編：《文林郎翰林院編修予中王公行狀》，《四庫全書存目叢書》（268），上海：上海古籍出版社，2002 年。

9. 清・段玉裁編：《戴東原先生年譜》，台北：崇文書店，1971 年。

10. 清・汪喜孫編：《容甫年譜》，《北京圖書館藏珍本年譜叢刊》（111），北京：北京圖書館出版社，1999 年。

11. 清・張鑑等編：《雷塘庵主弟子記》，《北京圖書館藏珍本年譜叢刊》（129），北京：北京圖書館出版社，1999 年。

12. 清・張鑑等編、黃愛平點校：《阮元年譜》，北京：中華書局，1995 年。

13. 清・劉盼遂編：《段玉裁先生年譜》，香港：崇文書局，1971 年。

14. 清・閔爾昌編：《江子屏先生年譜》，漆永祥：《江藩集》附錄，上海：上海古籍出版社，2006 年。

15. 清・張其錦編：《淩次仲先生年譜》，《安徽叢書》第 4 期，台北：藝文印書館，1971 年。

16. 清・李斗撰、汪北平等點校：《揚州畫舫錄》，北京：中華書局，1997 年。

17. 清・英傑修等纂：《續纂揚州府志》，《中國地方叢書》，北京：新華書局，1997 年。

（三）子 部

1. 春秋・管仲著、清・戴望校：《管子》，台北，臺灣商務印書館，1956 年。

2. 戰國・荀況著、唐・楊倞注、清・王先謙集解：《荀子集解》，台北：藝文印書館，1958 年。

3. 戰國・呂不韋輯、漢高誘注、清・畢沅點校：《呂氏春秋》，《四部備要・子部》，台北：中華書局，1979 年。

4. 漢・班固：《白虎通德論》，《四部叢刊初編本・子部》（25），台北：臺灣商務印書館，1965 年。

5. 魏晉・王嘉：《拾遺記》，北京：中華書局，1981 年。

6. 唐・李翱：《復性書》，《李文唐李文公集》，（日）東京：古典研究會，1977 年。

7. 宋・周敦頤著：《周子全書》，台北：廣學書社，1975 年。

8. 朱熹注：《通書注》，《朱子全書》（13），上海：上海古籍出版社，2002 年。

9. 宋・張載著、清・王夫之注：《張子正蒙注》，上海：上海古籍出版社，2000 年。

10. 宋・程顥、程頤著：《二程集》，台北：里仁書局，1982 年。

11. 宋・程顥、程頤著：《二程遺書》，上海：上海古籍出版社，2000 年。

12. 宋・程顥、程頤著：《二程全書》，台北：中華書局，1979 年。

13. 宋・朱熹：《朱子語類》，北京：中華書局，1994 年。

14. 宋・朱熹：《朱子文集》，台北：德富文教基金會，2000 年。

15. 宋・陳淳：《北溪字義》，《近思錄》，台北：世界書局，1975 年。

16. 宋・陸九淵：《象山全集》，《四部叢刊正編》（56），台北：臺灣商務印書館，2006 年。

17. 明・王守仁：《王文成全書》，《文津閣四庫全書・集部・別集類》（1269），北京：商務印書館，2006 年。

18. 明・王守仁：《陽明全集》（上下），上海：上海古籍出版社，1992 年。

19. 葉紹鈞點注：《傳習錄》，台北：臺灣商務印書館，1991 年。

20. 明・王艮：《王心齋先生全集》，台北：廣文書局，1975 年。

21. 明・王畿：《王龍溪先生全集》，台北：華文出版社，1970 年。

22. 明・羅近溪：《耿中丞楊太史批點近溪羅子全集》，《四庫全書存目全書》，台南：莊嚴出版社，1997 年。

23. 明・馮夢龍：《情史類略》，《古本小說集成》（68），上海：上海古籍出版社，1981 年。

24. 明・呂坤著：《呂子節錄》，台北：廣文書局，1975 年。

25. 朱恆夫注評：《呻吟語》，南京：江蘇古籍出版社，2002 年。

26. 明・李贄：《焚書》、《藏書》、《初潭集》、《九正易因》，收入張建業主編：《李贄文集》，北京：社會科學出版社，2000 年。

27. 明・劉蕺山：《劉宗周全集》，台北：中研院文哲所，1996 年。

28. 清・孫詒讓：《墨子閒詁》，收入氏著：《孫籀廎先生集》第 5 冊，台北：藝文印書館，1963 年。

29. 清・包世臣：《藝舟雙楫》，《續修四庫全書・子部・藝術類》，上海：上

海古籍出版社，1995 年。

30. 清・陳澧：《漢儒通義》，《續修四庫全書・子部・儒家類》第 952 冊，上海：上海古籍出版社，1995 年。

（四）集　部

1. 漢・揚雄：《揚子雲集》，《景印文淵閣叢書》（1063），北京：商務印書館，2006 年。
2. 明・張竹坡：《明代第一奇書金瓶梅讀法》，台北：廣文書局，1981 年。
3. 明・袁宏道著、錢伯城箋校：《袁宏道集箋校》，上海：上海古籍出版社，1981 年。
4. 明・袁宏道著、錢伯城箋校：《袁中郎文鈔》，《袁中郎全集》，台北：清流出版社，1974 年。
5. 明・湯顯祖著：《湯顯祖集》第 2 冊，上海：人民出版社，1973 年。
6. 清・黃宗羲：《明夷待訪錄》，台北：金楓出版社，1987 年。
7. 清・黃宗羲：《黃宗羲全集》，台北：里仁書局，1987 年。
8. 沈芝盈點校：《明儒學案》，台北：華世出版社，1987 年。
9. 清・顧炎武：《亭林詩文集》，《四部叢刊・初編集部》（086），台北：商務印書館，1965 年。
10. 清・顧炎武：《亭林文集》，收入於清・黃金鑑編：《學古齋金石叢書》（一），台北：華文書局，1970 年。
11. 清・顧炎武：《原抄本日知錄》，台北：明倫書局，1970 年。
12. 清・王夫之：《船山全書》，長沙：岳麓書社，2000 年。
13. 清・全祖望：《鮚埼亭集》，台北：華世出版社，1977 年。
14. 清・陳確：《陳確集》，北京：中華書局，1979 年。
15. 清・傅山：《傅山手稿一束》，收入劉貫文等編：《傅山全集》，太原：山西人民出版社，1991 年。
16. 清・顏元：《顏元集》，北京：中華書局，1987 年。
17. 清・唐甄：《潛書》，台北：河洛出版社，1974 年。
18. 清・錢大昕：《潛研堂文集》，上海：上海古籍出版社，1989 年。
19. 清・臧庸：《拜經堂文集》，《續修四庫全書・集部・別集類》第 1491 冊，上海：上海古籍出版社，2002 年。
20. 清・蒲松齡：《聊齋誌異》，濟南：齊魯書社，2006 年。
21. 清・紀昀：《紀曉嵐文集》（1），石家莊：河北教育出版社，1991 年。
22. 清・紀昀：《四庫全書總目提要》，北京：中華書局，1965 年。
23. 清・吳敬梓：《儒林外史》，台北：三民書局，1973 年。

24. 清・戴震:《戴東原先生全集》,台北:大化書局,1978 年。

25. 清・戴震:《戴震全書》,合肥:黃山書社,1997 年。

26. 清・戴震、湯志鈞點校:《戴震集》,上海:上海古籍出版社,1980 年。

27. 清・章學誠:《章氏遺書鈔本》,台北:漢聲出版社,1973 年。

28. 清・章學誠:《文史通義新編》,上海:上海古籍出版社,1993 年。

29. 清・章學誠:《文史通義》,收入葉瑛校注:《文史通義校注》,台北:里仁書局,1984 年。

30. 清・袁枚著、王中點校:《牘外餘言》,收入王英志主編:《袁枚全集》第 5 冊,南京:江蘇古籍出版社,1993 年。

31. 清・鄭燮:《鄭板橋全集》,上海:上海古籍出版社,1979 年。

32. 清・曹雪芹著、馮其庸等校注:《紅樓夢校注》,台北:里仁書局,1984 年。

33. 清・王鳴盛:《西莊始存稿》,《續修四庫全書・集部・別集類》(1434),上海:上海古籍出版社,2002 年。

34. 清・陳壽祺:《左海文集》,《續修四庫全書・集部・別集類》(1496),上海:上海古籍出版社,2002 年。

35. 清・孫星衍:《笏河文集》,《畿輔叢書》(99),《百部叢書集成》(1492),台北:藝文印書館,1966 年。

36. 清・孫星衍:《孫淵如先生全集》,影印《國學基本叢書本》,台北:臺灣商務印書館,1968 年。

37. 清・方東樹:《漢學商兌》,香港:三聯書店,1998 年。

38. 清・孫詒讓:《籀廎述林》,《孫籀廎先生集》,台北:藝文印書館,1963 年。

39. 清・孫詒讓:《劄迻》,北京:中華書局,2006 年。

40. 清・龔自珍:《龔定庵全集類編》,收入《近代中國史料叢刊本》第 713 冊,台北:文海出版社,1971 年。

41. 清・魏源:《古微堂內外集》,台北:文海出版社,1966 年。

42. 清・李汝珍:《鏡花緣》,台北:華正書局,1978 年。

43. 清・俞正燮:《癸巳類稿》,收入諸偉奇點校:《俞正燮全集》,合肥:黃山書社,2005 年。

44. 清・俞樾:《曲園自述詩》,收入氏著:《東瀛詩紀》卷 2,清光緒 23 年石印本。

45. 清・俞樾:《春在堂全書錄要・諸子平議》,收入氏著:《東瀛詩紀》,清光緒 23 年石印本。

46. 清・俞樾:《群經平議》,北京:學苑出版社,2005 年。

47. 清・莊述祖：《漢鏡歌句解》，台北：廣文書局，1978 年。

48. 清・劉逢祿：《劉禮部集》，《續修四庫全書・集部・別集類》第 1501 冊，上海：上海古籍出版社，2002 年。

49. 清・劉鶚：《老殘遊記》，濟南：齊魯書社，1981 年。

50. 清・包世臣：《包世臣全集》，合肥：黃山書社，1991 年。

51. 清・康有爲：《春秋筆削大義微言考》，收入《康南海先生遺著彙刊》（七），台北：宏業出版社，1976 年。

52. 清・康有爲：《孔子改制考》，收入《康南海先生遺著彙刊》（三），台北：宏業出版社，1976 年。

53. 清・康有爲：《康有爲政論集》，北京：中華書局，1981 年。

54. 清・康有爲：《大同書》，北京：中華書局，1956 年。

55. 謝遐齡編選：《康有爲文選》，上海：遠東出版社，1997 年。

56. 清・黃式三：《儆居集》第 2 冊，清道光戊申刊本，1848 年。

57. 清・黃奭輯：《黃氏逸書考》（10），《原刻景印叢書集成三編》，台北：臺灣商務印書館，1955 年。

58. 清・譚嗣同：《仁學》，北京：華夏出版社，2002 年。

59. 清・譚嗣同：《譚嗣同全集》，北京：中華書局，1981 年。

60. 清・李慈銘：《越縵堂文集》，台北：華文出版社，1971 年。

61. 清・林伯桐編、陳澧續補：《學海堂志》，香港：亞東學社，1964 年。

62. 清・曾國藩：《曾文正公文集》，《曾國藩全集》，長沙：岳麓書社，1992 年。

63. 清・曾國藩：《曾文正公全集》，長春：吉林人民出版社，1995 年。

64. 清・張之洞：《張文襄公全集》，永和：文海出版社，1963 年。

65. 范希曾補正：《書目答問補正》，上海：上海古籍出版社，2001 年。

66. 清・宋恕：《宋恕集》卷 1，北京：中華書局，1993 年。

67. 清・朱一新：《無邪堂答問》，北京：中華書局，2000 年。

68. 清・皮錫瑞：《經學歷史》，北京：中華書局，1981 年。

69. 清・皮錫瑞：《經學通論》，北京：中華書局，1954 年。

貳、近、現代相關著作

一、近、現代書目

甲類：中文書籍

（一）清代義理思想

1. 王茂：《清代哲學》，合肥：安徽人民出版社，1992 年。

2. 林慶彰、張壽安等編：《乾嘉學者的義理學》（上下冊），台北：中研院文哲所，2003 年。

3. 林存陽：《清初三禮學》，北京：社會科學文獻出版社，2001 年。

4. 吳通福：《清代新義理觀之研究》，南昌：江西人民出版社，2007 年。

5. 陸寶千：《清代思想史》，台北：廣文書局，1978 年。

6. 陶清等著：《清代思想》，安徽：安徽人民出版社，1992 年。

7. 陳鼓應等編：《明清實學簡史》，北京：社會科學文獻出版社，1994 年。

8. 蒙培元：《理學的演變——從朱熹到王夫之戴震》，北京：方智出版社，2007 年。

9. 張壽安：《十八世紀禮學考證的思想活力——禮教論爭與禮秩重省》，北京：北京大學出版社，2005 年 12 月。

10. 張麗珠：《清代義理學新貌》（1），台北：里仁書局，1999 年。

11. 張麗珠：《清代新義理學——傳統與現代的交會》（2），台北：里仁書局，2005 年。

12. 張麗珠：《清代的義理學轉型》（3），台北：里仁書局，2006 年。

13. 熊秉眞、張壽安等編：《情欲明清——達情篇》，台北：麥田出版社，2004 年 9 月。

14. 熊秉眞、張壽安等編：《情欲明清——遂欲篇》，台北：麥田出版社，2004 年 9 月。

15. 熊秉眞、呂妙芬等編：《禮教與情慾：前近代中國文化中的後/現代性》，台北：中研院近史所，1999 年。

16. 熊秉眞、呂芳上等編：《欲掩彌彰：中國歷史文化中的「私」與「情」——公義篇》，台北：漢學研究中心，2003 年。

17. 熊秉眞、呂芳上等編：《欲掩彌彰：中國歷史文化中的「私」與「情」——私情篇》，台北：漢學研究中心，2003 年。

18. 蔣國保等著：《晚清哲學》，安徽：安徽人民出版社，2002 年。

（二）清代學者評傳與研究

1. 支偉成：《清代樸學大師列傳》，長沙：岳麓書社，1998 年。

2. 王章濤：《阮元評傳》，揚州：廣陵書社，2004 年。

3. 方利山、杜英賢著：《戴學縱橫》，北京：中國文聯出版社，1999 年。

4. 方光華：《劉師培評傳》，南昌：百花洲文藝出版社，1996 年。

5. 丘為君：《戴震學的形成——知識論述在近代中國的誕生》，台北：聯經出版事業公司，2004 年。

6. 朱冠華：《劉師培春秋左氏傳答問研究》，台北：光明日報出版社，1998年。

7. 江蘇藝文志編纂委員會編：《江蘇藝文志——揚州卷》（上下冊），南京：江蘇人民出版社，1995年。

8. 余英時：《論戴震與章學誠》，北京：三聯書店，2000年。

9. 何澤恆：《焦循研究》，台北：大安出版社，1990年。

10. 李開：《戴震評傳》，南京：南京大學出版社，2001年。

11. 李成良：《阮元思想研究》，成都：四川人民出版社，1997年。

12. 周兆茂：《戴震哲學新探》，合肥：安徽人民出版社，1997年。

13. 周可眞：《明清之際新仁學——顧炎武思想研究》，北京：中國大百科全書出版社，2006年。

14. 周駿富主編：《清代傳記叢刊》（119），台北：明文書局，1985年。

15. 林慶彰等編：《陳奐研究論集》，台北：中研院文哲所，2000年。

16. 范耕研：《江都焦里堂先生年表》，臺北：文史哲出版社，1992年。

17. 胡適：《戴東原的哲學》，台北：臺灣商務印書館，1996年。

18. 姜義華：《章炳麟評傳》，南京：南京大學出版社，2002年。

19. 梁啓超：《康南海先生傳》，舊金山：世界日報，1955年。

20. 商瑈：《凌廷堪之禮學研究》，台北：萬卷樓出版社，2004年。

21. 郭明道：《阮元評傳》，北京：社會科學文獻出版社，2005年。

22. 郭院林：《清代儀徵劉氏《左傳》家學之研究》，北京：中華書局，2008年。

23. 許蘇民：《戴震——戴震與中國文化》，貴陽：貴州人民出版社，2002年。

24. 陳居淵：《焦循阮元評傳》，南京：南京大學出版社，2001年。

25. 陳居淵：《焦循儒學思想與易學研究》，濟南：齊魯書社，2000年。

26. 陳奇：《劉師培思想研究》，貴陽：貴州人民出版社，1999年。

27. 陳燕：《劉師培及其文學理論》，台北：華正書局，1989年。

28. 陳東輝：《阮元與小學》，北京：中國文聯出版社，1999年。

29. 張立文：《戴震》，台北：東大圖書公司，1991年。

30. 張立：《從傳統走向近代：中國科學文化史上的阮元》，合肥：安徽教育出版社，2005年。

31. 張慧劍主編：《明清江蘇文人年表》，上海：上海古籍出版社，2008年。

32. 張壽安：《以禮代理——凌廷堪與清中葉儒學思想之轉變》，台北：中研院近史所，1994年5月。

33. 馮永敏：《劉師培及其文學研究》，台北：文史哲出版社，1992 年。

34. 傅斯年：《性命古訓辨證》，桂林：廣西師範大學出版社，2006 年。

35. 楊菁：《劉寶楠《論語正義》研究》，台北：花木蘭文化出版社，2006 年 9 月。

36. 蔡冠洛編：《清代七百名人傳》，北京：中國書店，1987 年。

37. 漆永祥：《江藩與《漢學師承記》研究》，上海：上海古籍出版社，2006 年。

38. 鄭宗義：《明清儒學轉型探析——從劉蕺山到戴東原》，香港：中文大學出版社，2000 年。

39. 劉瑾輝：《焦循評傳》，揚州：廣陵書社，2005 年。

40. 劉建臻：《焦循著述新證》，北京：社會科學文獻出版社，2005 年。

41. 劉夢溪主編：《章太炎卷》，石家莊：河北教育出版社，1996 年。

42. 鮑國順：《戴震研究》，台北：國立編譯館，1997 年。

43. 賴貴三：《焦循雕菰樓易學研究》，台北：里仁書局，1994 年。

44. 賴貴三：《焦循年譜新編》，台北：里仁書局，1994 年。

45. 賴貴三：《昭代經師手簡箋釋——清儒致高郵二王論學書》，台北：里仁書局，1999 年。

46. 戴學研究會：《戴震學術思想論稿》，合肥：安徽人民出版社，1987 年。

（三）清代學術論

1. 中山大學中文系編：《第五屆清代學術研討會論文集》，高雄：中山大學中文系，1997 年 11 月。

2. 方祖猷：《清初浙東學派論叢》，台北：萬卷樓圖書公司，1996 年。

3. 李開等編：《晚清學術簡史》，南京：南京大學出版社，2003 年。

4. 杜維運：《清乾嘉時代之史學與史家》，台北：台灣大學文學院，1962 年。

5. 林慶彰、祁龍威等編：《清代揚州學術研究》，台北：學生書局，2001 年。

6. 馬積高：《清代學術思想的變遷與文學》，長沙：湖南人民出版社，2002 年。

7. 梁啓超：《清代學術概論》，上海：上海古籍出版社，2005 年 4 月。

8. 梁啓超：《清代學術概論》，朱維錚先生校注：《梁啓超論清學史二種》，上海：復旦大學出版社，1985 年。

9. 梁啓超：《中國近三百年學術史》，台北：中華書局，1987 年 2 月。

10. 梁啓超：《清代學術概論》(附中國近三百學術史)，台北：里仁書局，1995 年。

11. 黃愛平、王俊義等著：《清代學術與文化》，瀋陽：遼寧教育出版社，1993

年。

12. 黃愛平、王俊義等著:《清代學術文化史論》,台北:文史哲出版社,1999年。

13. 陳其泰等著:《中國學術通史》(清代卷),北京:人民出版社,2004年。

14. 陳祖武等著:《乾嘉學派研究》,石家莊:河北人民出版社,2005年。

15. 陳祖武:《清儒學術拾零》,長沙:湖南人民出版社,2002年。

16. 葛榮晉主編:《中國實學思想史》,北京:首都師範大學出版社,1994年。

17. 張舜徽:《揚州學記》,上海:人民出版社,1962年。

18. 張舜徽:《清儒學記》,濟南:齊魯書社,1991年11月。

19. 張舜徽:《張舜徽清人文集別錄》,武漢:華中師範大學出版社,2004年。

20. 張舜徽:《清人筆記條辨》,北京:中華書局,1986年。

21. 楊晉龍主編:《清代揚州學術》上下冊,台北:中研院文哲所,2005年。

22. 楊向奎:《清儒學案新編》,濟南:齊魯書社,1985年。

23. 趙航:《揚州學派新論》,南京:江蘇文藝出版社,1991年。

24. 趙航:《揚州學派概論》,揚州:廣陵出版社,2003年。

25. 潘寶明:《維揚文化概觀》,南京:南京師範大學出版社,1997年。

26. 鄭劍順:《晚清史研究》,長沙:岳麓書社,2003年。

27. 鮑國順:《清代學術思想論集》,高雄:復文出版社,2002年。

(四)其 他

1. 丁守和主編:《中國近代啟蒙思潮》(中卷),北京:中國社會科學文獻出版社,1999年。

2. 于化民:《明中晚期理學兩大宗派的對峙與合流》,台北:文津出版社,1993年。

3. 中國實學研究會主編:《實學文化與當代思潮》,北京:首都師範大學,2002年。

4. 中國婦聯編:《中國婦女運動歷史資料》(1840~1918),北京:中國婦女出版社,1991年。

5. 王軍等編:《中國文化古典周易研究》,北京:中國社會科學出版社,2003年。

6. 王穎:《荀子倫理思想》,哈爾濱:黑龍江人民出版社,2006年。

7. 王國維:《觀堂集林》,《王國維先生全集》(初編),台北:大通出版社,1976年。

8. 王國維:《王國維論學集》,北京:中國社會科學出版社,1997年。

9. 王國維:《海寧王靜安先生遺書》,台北:臺灣商務印書館,1976年。

10. 王汎森:《中國近代思想與學術的系譜》,石家莊:河北教育出版社,2001年。

11. 王汎森:《思想與學術》,北京:中國大百科全書出版社,2005年。

12. 王記錄:《中國史學思想通史》(清代卷),合肥:黃山書社,2002年。

13. 王處輝:《中國社會思想史》(上下冊),天津:南開大學出版社,2005年。

14. 王躍生:《清代中期婚姻衝突透析》,北京:社會科學文獻出版社,2003年。

15. 王爾敏:《明清時代庶民文化生活》,長沙:岳麓書社,2002年。

16. 王爾敏:《中國近代思想史論》,北京:社會科學文獻出版社,2003年。

17. 王康:《人與思想——社會學的觀點》,台北:自立晚報社文化出版部,1990年。

18. 王文錦譯解:《禮記譯解》,北京:中華書局,2003年。

19. 王熙元編著:《論語通釋》,台北:學生書局,1981年。

20. 王邦雄等編:《中國哲學史》,台北:空中大學出版社,1995年。

21. 尹炎武:《劉師培外傳》,石家莊:河北教育出版社,1996年。

22. 左玉河:《從四部之學到七科之學——學術分科與近代中國知識系統之創建》,上海:上海書店出版社,2004年。

23. 石元康:《從中國文化到現代性:典範轉移?》台北:東大圖書公司,1998年。

24. 田漢雲:《中國近代經學史》,西安:三秦出版社,1996年。

25. 朱維錚:《中國經學史十講》,上海:復旦大學出版社,2002年。

26. 朱孝臧輯:《宋詞三百首箋》,台北:廣文書局,1960年。

27. 朱正海主編:《揚州歷史名人》,揚州:廣陵書社,2003年。

28. 朱貽庭:《中國傳統倫理思想史》,上海:華東師範大學出版社,2004年。

29. 牟宗三:《周易的自然哲學與道德涵義》,台北:文津出版社,1988年。

30. 牟宗三:《生命的學問》,台北:三民書局,2007年。

31. 牟宗三:《中國哲學十九講》,台北:臺灣學生書局,1983年。

32. 牟宗三:《五十自述》,台北:臺灣學生書局,1982年。

33. 余英時:《現代儒學論》,香港:八方文化,1996年。

34. 余英時:《紅樓夢的兩個世界》,台北:聯經出版公司,1978年。

35. 余英時:《論戴震與章學誠——清代中期學術思想史研究》,台北:東大圖書公司,1996年。

36. 余英時：《中國文化與現代變遷》，台北：三民書局，1995 年。

37. 余英時等編：《中國哲學思想論集》（清代篇），台北：牧童出版社，1976 年。

38. 余新華：《中國歷代思想家》，台北：臺灣商務印書館，2004 年。

39. 杜維運：《憂患與史學》，台北：東大圖書公司，1993 年。

40. 沈順福：《儒家道德哲學研究》，濟南：山東大學出版社，2005 年。

41. 宋惠昌：《人的發現與人的解放：近代中國價值觀的嬗變》，成都：四川人民出版社，2008 年。

42. 李大釗：《李大釗全集》（第 3 卷），石家莊：河北教育出版社，1999 年。

43. 李中華：《中國人學思想史》，北京：北京出版社，2004 年。

44. 李幼蒸：《仁學解釋學——孔孟倫理學結構分析》，北京：中國人民大學，2004 年。

45. 何金慧著、何顯斌編：《飛揚的哲學女孩》，武漢：湖北教育出版社，2004 年。

46. 林安弘：《儒家禮樂之道德思想》，台北：文津出版社，1988 年。

47. 吳光：《當代新儒學探索》，上海：上海古籍出版社，2003 年。

48. 吳根友：《明清哲學與中國現代哲學諸問題》，北京：中華書局，2008 年。

49. 尚小明：《學人游幕與清代學術》，北京：社會科學文獻出版社，1999 年。

50. 周作人：《周作人全集》（4），台中：藍燈文化出版社，1982 年。

51. 周康燮編：《中國近三百年學術思想論集》（第一編），香港：崇文書店，1971 年。

52. 胡適：《胡適詩存》，北京：人民文學出版社，1989 年。

53. 胡適：《中國哲學大綱》，上海：上海古籍出版社，1997 年。

54. 胡適：《先秦名學史》，收入氏著：《胡適全集》（6），北京：北京大學出版社，1998 年。

55. 侯外盧：《中國思想史綱》，上海：上海書店出版社，2004 年 10 月。

56. 侯外盧：《中國思想通史》，北京：人民出版社，1956 年。

57. 侯外盧：《近代中國思想學說史》，台北：明文書局，1986 年。

58. 洪國樑等編：《張以仁先生七秩壽慶論文集》，台北：學生書局，1998 年。

59. 姜林祥：《中國儒學史》（近代卷），廣州：廣東教育出版社，1998 年。

60. 姜亮夫：《姜亮夫文集》，昆明：雲南人民出版社，2002 年。

61. 馬瑞芳：《從《聊齋誌異》到《紅樓夢》》，濟南：山東教育出版社，2004 年。

62. 郝延平、魏秀梅等編：《近世中國之傳統與蛻變：劉廣京院士七十五歲祝

壽論文集》，台北：中研院近史所，1998 年。

63. 徐復觀：《中國經學史的基礎》，台北：學生書局，1982 年。

64. 徐復觀：《中國人性論》（先秦篇），台北：商務印書館，1990 年。

65. 徐世昌：《清儒學案》，北京：中國書店，1990 年。

66. 唐鑑：《國朝學案小識》，台北：中華書局，1971 年。

67. 唐君毅：《中國哲學原論——原道篇二》，台北：學生書局，1978 年。

68. 唐君毅：《唐君毅先生全集》，台北：學生書局，1991 年。

69. 容肇祖：《容肇祖集》，山東：齊魯書社，1989 年。

70. 高翔：《近代的初曙》，北京：社會科學文獻出版社，2000 年。

71. 高瑞泉：《天命的沒落——中國近代唯意志論思潮研究》，上海：上海人民出版社，2007 年。

72. 章太炎：《訄書》，《章太炎全集》（三），上海：上海人民出版社，1986年。

73. 章太炎：《太炎先生自定年譜》，收入《叢書年譜》，台北：廣文出版社，1971 年。

74. 章太炎：《章太炎講演集》，石家莊：河北人民出版社，2004 年。

75. 梁濤評注：《訄書評注》，西安：陝西人民出版社，2003 年。

76. 曹聚仁：《中國學術思想史隨筆》，北京：新華三聯書店，2003 年。

77. 麻天祥：《中國近代學術史》，武漢：武漢大學出版社，2007 年。

78. 梁啓超：《飲冰室專集》，台北：中華書局，1978 年。

79. 梁啓超《飲冰室合集》（文集之一），北京：中華書局，1989 年。

80. 梁啓超《論中國學術思想變遷之大勢》，上海：上海古籍出版社，2001年。

81. 梁啓超《梁啓超文集》，台北：台北書局，1957 年。

82. 郭齊勇：《儒家倫理爭鳴集——以親親互隱爲中心》，武漢：湖北教育出版社，2004 年。

83. 盛邦和：《解體與重構——現代中國史學與儒學思想變遷》，上海：華東師範大學出版社，2002 年。

84. 孫之梅：《中國文學精神》（明清卷），山東：山東教育出版社，2003 年。

85. 黃節等編：《景印國粹學報舊刊全集》第 3 期，台北：臺灣商務印書館，1974 年。

86. 黃俊傑：《中國孟學詮釋史論》，北京：社會科學出版社，2004 年。

87. 黃克武等編：《公與私：近代中國個體與群體之重建》，台北：中研院近史所，2000 年。

88. 黃愛平：《樸學與清代社會》，北京：河北人民出版社，2003 年。

89. 彭林編：《清代經學與文化》，北京：北京大學出版社，2006 年。

90. 曾昭旭：《情與理之間》，台北：漢光出版社，1992 年 3 月。

91. 程兆熊：《儒家思想──性情之教》，台北：明文書局，1986 年。

92. 陳寅恪：《金明館叢書初編》，上海：上海古籍出版社，1980 年。

93. 陳國慶：《晚清社會與文化》，北京：社會科學文獻出版社，2005 年。

94. 陳昭瑛：《儒家美學與經典詮釋》，台北：臺灣大學出版中心，2005 年。

95. 陳鼓應等編：《明清實學思潮史》，濟南：齊魯書社，1989 年。

96. 陳鼓應等編：《明清實學簡史》，北京：社會科學文獻出版社，1994 年。

97. 陳新雄：《文字聲韻論叢》，台北：東大圖書公司，1994 年。

98. 陳君聰：《現代化先鋒──中國近代啟蒙思想家》，台北：萬卷樓圖書公司，1999 年。

99. 陳東原：《中國婦女生活史》，台北：台灣商務印書館，1994 年。

100. 馮天瑜、謝貴安：《解構專制──明末清初新民本思想研究》，武漢：湖北人民出版社，2003 年。

101. 馮友蘭：《中國哲學史新編》，北京：人民出版社，1982 年。

102. 馮爾康等著：《揚州研究──江都陳軼群先生百齡冥誕紀念論文集》，台北：聯經出版公司，1996 年。

103. 張凱之、陳國慶等著：《近代倫理思想的變遷》，北京：中華書局，2000 年。

104. 張立文：《中國哲學範疇發展史》（人道篇），北京：中國人民大學出版社，1995 年。

105. 張立文：《氣》，北京：中國人民大學出版社，1990 年。

106. 張立文：《理》，北京：中國人民大學出版社，1991 年。

107. 張立文：《變》，台北：七略出版社，2000 年。

108. 張岱年：《中國哲學大綱》，北京：中國社會科學出版社，1994 年。

109. 張立文：《中國哲學史方法論發凡》，北京：中華書局，2005 年。

110. 張光芒：《啟蒙論》，上海：上海三聯書店，2002 年。

111. 張舜徽：《張舜徽學術論著集》，長沙：岳麓書社，1992 年。

112. 舒大剛、彭華先生等著：《忠恕與禮讓──儒家的和諧世界》，成都：四川大學出版社，2008 年。

113. 舒新城：《近代教育史資料》，北京：人民教育出版社，1961 年。

114. 湯志鈞：《近代經學與政治》，北京：中華書局，2000 年。

115. 賀昌群等著：《魏晉思想》（甲種三編），台北：里仁書局，1995 年。

116. 賀昌群等著：《魏晉思想》（乙種三編），台北：里仁書局，1995 年。

117. 賀照田主編：《在歷史的纏繞中解讀知識與思想》（學術思想評論第十輯），長春：吉林出版社，2003 年。

118. 勞思光：《新編中國哲學史》，台北：三民書局，2001 年。

119. 傅佩榮等著：《抉擇與負責》，台北：洪健全文教基金會，1998 年。

120. 傅斯年：《性命古訓辨證》，桂林：廣西師範大學，2006 年。

121. 蒙恬元：《情感與理性》，北京：中國社會科學出版社，2002 年。

122. 聖嚴法師：《覺情書》，台北：法鼓文化，2008 年。

123. 楊志剛：《中國禮儀制度研究》，上海：華東師範大學出版社，2001 年。

124. 楊樹達：《積微居小學金石論叢》，上海：上海古籍出版社，2007 年。

125. 鄔昆如：《哲學概論》，台北：五南圖書公司，2002 年。

126. 趙爾巽編：《清史稿》，北京：中華書局，1998 年。

127. 趙萬里：《王靜安先生年譜》，收入《年譜叢書》第 61 冊，台北：廣文出版社，1971 年。

128. 劉昌元：《尼采》，台北：聯經出版公司，2004 年。

129. 劉夢溪：《中國現代學術經典》（胡適卷），石家莊：河北教育出版社，1996 年。

130. 劉小楓：《詩化哲學》，濟南：山東文藝出版社，1986 年。

131. 劉玉才：《清代書院與學術變遷研究》，北京：北京大學出版社，2008 年。

132. 劉述先等編：《文化傳統的延續與轉化》，香港：中文大學，1999 年。

133. 熊十力：《十力語要》，台北：明文書局，1982 年。

134. 熊十力：《讀經示要》，台北：明文書局，1987 年。

135. 龍應台：《百年思索》，台北：時報文化出版公司，1999 年。

136. 蔡元培：《蔡元培全集》，北京：中華書局，1984 年。

137. 蔡元培：《中國倫理學史》，上海：上海書店，1984 年。

138. 蔡尚思：《中國禮教思想史》，上海：上海古籍出版社，2006 年。

139. 歐陽禎人：《先秦儒家性情思想研究》，武漢：武漢大學出版社，2005 年。

140. 錢穆：《中國文化導論》，台北：正中書局，1969 年。

141. 錢穆：《中國經學史的基礎》，台北：臺灣學生書局，1982 年。

142. 錢穆：《中國近三百年學術史》（上下冊），台北：商務印書館，1996 年 2 月。

143. 薛正興等編：《中國歷代書院志》（15），南京：江蘇教育出版社，1995

年。

144. 蕭功秦：《儒家文化的困境——近代士大夫與中西文化碰壁》，桂林：廣西師範大學出版社，2006 年。

145. 鍾彩鈞：《劉蕺山學術思想討論集》，台北：中研院文哲所，1998 年。

146. 簡朝亮補述：《論語集注補正述補》，北京：北京圖書館出版社，1989 年。

147. 羅檢秋：《嘉慶以來漢學傳統的衍變與傳承》，北京：中國人民大學出版社，2006 年。

148. 羅志田：《權勢轉移——近代中國的思想、社會與學術》，武漢：湖北人民出版社，1999 年。

149. 嚴復：《嚴復卷》，石家莊：河北教育出版社，1996 年。

乙類：日人著作

1. 小澤文四郎：《儀徵劉孟瞻（文淇）先生年譜》，收入《中國近代史料叢刊》（804）冊，台北：文海出版社，1972 年。

2. 山井湧原、金谷治等著、張昭譯：《中國思想史》，台北：儒林圖書公司，1981 年。

3. 加藤長賢監修、蔡懋堂譯：《中國思想史》，台北：學生書局，1978 年。

4. 村瀨裕也：《戴震的哲學——唯物主義和道德價值》，濟南：山東人民大學，1995 年。

5. 溝口雄三、丸山松幸、池田知久等編：《中國思想文化事典》，東京：東京大學出版社，2001 年。

6. 溝口雄三、丸山松幸、池田知久等編、林右崇譯：《中國前近代思想的演變》（中國前近代思想の屈折と展開），台北：國立編譯館，1994 年。

7. 溝口雄三、丸山松幸、池田知久等編、陳耀文譯：《中國前近代思想之曲折與展開》（中國前近代思想の屈折と展開），上海：上海人民出版社，1997 年。

丙類：西人著作

1. （美）馬斯洛（Abraham H Maslow）著、許金聲譯：《動機與人格》，北京：華夏出版社，1987 年。

2. （美）馬斯洛（Abraham H Maslow）著、劉千美譯：《自我實現與人格成熟——存有心理學探微》，台北：光啓出版社，1989 年。

3. （美）亞當.史密斯（Adam Smith）著、謝宗林譯：《道德情感論》（The Theory of Moral Sentiments），台北：五南圖書出版股份有限公司，2006 年。

4. （美）亞瑟·喬拉米卡利（Arthur P. Ciaramicoki）、凱薩林·柯茜（Katherine Ketecham）等著、陳豐偉、張家銘先生等譯：《同理心的力量》，台北：

麥田出版社，2005 年。

5. （美）艾爾曼（Bebjamin A. Elman）著、趙剛譯：《經學、政治和宗族———中華帝國晚期常州今文學派研究》，南京：江蘇人民出版社，2005 年。

6. （美）艾爾曼（Bebjamin A. Elman）著、趙剛譯：《從理學到樸學———中華帝國晚期思想與社會變化面面觀》，南京：江蘇人民出版社，1995 年。

7. 達賴喇嘛（Dalai Lama）著、傑佛瑞‧霍普金斯（Jeffey Hopkins,Ph.D.）英文編譯、蔡嫈婷譯：《真愛無限》，台北：天下雜誌股份有限公司，2006 年。

8. （德）尼采（Friedrich Wilhelm Nietzsche）著、陳郁芳譯：《道德系譜學》，台北：水牛出版社，2003 年。

9. （德）康德（I. Kant），Preface to the Metaphysical Elements of Ethics ,Kant́s Critiqe of Practical Reason and Other Works on The theory of Ethics , translanted by Thomas Kingsmill Abbot ,London/New York/Bomobay：Longmans/Green and Co,1909.

10. 康德（Iammanuel Kant）著、楊祖陶先生、鄧曉芒先生譯：《實踐理性批判》，《康德三大批判精粹》，北京：人民出版社，2001 年。

11. 康德（Immanuel Kant）著、牟宗三先生譯：《道德底形上學之基本原則》，台北：臺灣學生書局，1982 年。

12. （美）恆慕義（Heng Mui）：《清代名人傳略》，青海：新疆人民出版社，1990 年。

13. （美）金偉燦（W.Chan Kim）、莫伯尼（Renee Mauborgne）等著、李紹唐譯：《藍海策略———開創無人競爭的全新世場》（Blue Ocean Strategy），台北：天下文化出版社，2005 年 8 月。

二、學位論文

甲類：中文書籍

（一）學術思想方面

1. 王文德：《阮元《揅經室外集》研究》，台北：台北市立師範學院應用語言文學研究所碩論，2001 年。

2. 田富美：《清代荀子學研究》，台北：政治大學中文所博論，2005 年。

3. 石櫻櫻：《「執兩用中」之恕道———焦循《論語》義理思想之闡發》台中：逢甲大學中文所碩論，1997 年。

4. 李幸長：《凌曉樓學術研究》（上、下），高雄：高雄師範大學國文系博論，1998 年。

5. 李雅清：《焦循《易》學之數理思維》，台北：政治大學中文所碩論，2002 年。

6. 宋惠如：《劉師培春秋左傳學之研究》，中壢：中央大學中文所碩論，1996年。

7. 邱培超：《劉寶楠《論語正義》研究》，台北：中央大學中文所碩論，2001年。

8. 林翠華：《阮元碑學研究》，彰化：彰化師範大學國文所碩論，2003年。

9. 莊家敏：《阮元仁學思想研究》，彰化：彰化師範大學國文所碩論，2004年。

10. 黃慶雄：《阮元輯書刻書考》，台中：東海大學中文所碩論，1994年。

11. 黃智信：《朱彬《禮記》學研究》，台北：東吳大學中文所碩論，1998年。

12. 黃寶珠：《江藩《漢學師承記》之研究》，台中：中興大學中文碩論，2001年。

13. 黃雅琦：《劉師培之倫理思想研究》，高雄：高雄師範大學國文系碩論，2002年。

14. 曾聖益：《儀徵劉氏春秋左傳學研究》，台北：臺灣大學中文所博論，2004年。

15. 曾佳鈺：《《宛委別藏》研究》，台北：台北大學古典文獻所碩論，2006年。

16. 張壽安：《清中葉徽州義理學之發展》，香港：香港大學哲學所博論，1987年。

17. 張惠貞：《劉文淇《春秋左氏傳舊注疏證》體例之研究》，台中：逢甲大學中文所碩論，1991年。

18. 陳熾彬：《汪容甫學述》，台北：政治大學中文所碩論，1982年。

19. 陳進益：《清焦循《易圖略、易通釋》研究》，中壢：中央大學中文所碩論，1993年。

20. 陳志修：《儀徵劉氏《春秋左氏傳舊注疏證》研究》，台中：逢甲大學中文碩論，2000年。

21. 陳韋：《焦循《尚書》學研究》，台北：臺灣師範大學國文所碩論，2003年。

22. 楊錦富：《阮元經學之研究》，高雄：高雄師範大學國文系博論，2000年。

23. 劉佳雯：《焦循之「權」論研究》，彰化：彰化師範大學國文所碩論，2003年。

24. 劉德美：《阮元學術之研究》，台北：臺灣師範大學歷史所博論，1986年。

25. 劉德明：《焦循《孟子正義》之義理學研究》，中壢：中央大學中文所碩論，1994年。

26. 劉建臻：《清代揚州學派經學研究》，南京：揚州大學中國古代文學所博

論，2003 年。

27. 廖千慧：《焦循論語學研究》，嘉義：中正大學中文所碩論，1994 年。

28. 鄭卜五：《凌曙公羊禮學研究》，高雄：高雄師範大學國文系博論，1997 年。

29. 蔡馥穗：《清儒人性論研究》，高雄：高雄師範大學國文系碩論，1995 年。

30. 賴貴三：《焦循雕菰樓易學研究》，台北：臺灣師範大學國文所博論，1993 年。

31. 繆敦閔：《劉師培《禮經舊說》研究》，埔里：暨南國際大學中文所碩論，2004 年。

32. 蘇俊鴻：《焦循《加減乘除釋》內容分析》，台北：臺灣師範大學數學所碩論，1996 年。

（二）文學藝術方面

1. 朴順德：《十八世紀中國文人畫思想之研究──揚州八怪與朝鮮後期繪畫發展之比較研究》，台北：中國文化大學藝術所碩論，1993 年。

2. 朱祖德：《唐代淮南道研究》，台北：中國文化大學史學所碩論，1996 年。

3. 衣若芬：《鄭板橋題畫文學研究》，台北：臺灣大學中文所碩論，1989 年。

4. 全晉珠：《鄭板橋繪畫研究》，台南：成功大學藝術所碩論，2001 年。

5. 李心怡：《唐詩中的揚州形象》，台北：政治大學中文所碩論，1999 年。

6. 巫素敏：《枝葉關情──論鄭板橋墨竹書畫之一致性》，台北：中國文化大學藝術所碩士在職班碩論，2002 年。

7. 林晉滄：《揚州京華城施工進度問題與解決對策之研究》，台北：中華大學營建所碩論，2006 年。

8. 金聖容：《金農題畫文學研究》，台中：逢甲大學中文碩論，2003 年。

9. 孫紅郎：《金農繪畫的研究》，台北：中國文化大學藝術所碩論，1980 年。

10. 高明一：《清代金石書法入畫──研究趙之謙花卉畫的歷史意義》，台北：藝術學院美術所碩論，1999 年。

11. 徐圓貞：《李白詩作之旅遊心理析論──以揚州系列的傳記論述為例》，嘉義：南華大學旅遊事業管理所碩論，2001 年。

12. 程君耦：《明末清初的揚州畫壇與遺民畫家》，台北：臺灣師範大學歷史所碩論，1990 年。

13. 陳瑋琪：《鄭板橋文藝理論及詞作研究》，台中：中興大學中文所碩論，1996 年。

14. 張致宓：《金農書法研究》，台中：中興大學中文所碩論，2002 年。

15. 張啟文：《金農、羅聘、黃慎的神佛鬼魅像研究》，中壢：中央大學藝術

所碩論，2003 年。

16. 蔡麗芬：《金農書法研究》，屏東：屏東師範學院視覺藝術所碩論，2002
年。

17. 蔡忻亞：《鄭板橋思想研究》，高雄：高雄師範大學國文系碩論，2004 年。

18. 劉家華：《金農書法風格研究》，新竹：新竹師範學院美術教育所碩論，
2003 年。

三、期刊論文

甲類：中文論文

1. 王家儉：〈清代禮學的復興與經世禮學思想的流變〉，《漢學研究》第 24
卷第 1 期，2006 年 6 月。

2. 王偉康：〈揚州學派學術淵源淺探〉，《揚州職業大學學報》，第 10 卷 3 期，
2006 年 9 月。

3. 王俊義：〈關於揚州學派的幾個問題〉，《中國社會科學學院研究生學報》，
2003 年第 3 期。

4. 王保項：〈《清代揚州學派經學研究》簡介〉，《中國典籍與文化》，2005
年 1 月。

5. 王飛龍：〈儒學和朱、戴的理欲之辨〉，《淮陰師專學報》（人文社會學版），
第 18 卷總第 71 期，1996 年第 2 期。

6. 王玲娟：〈從焦循《孟子正義》看清學研究及其現實意義〉，《西南師範大
學學報》（人文社會科學版），第 29 卷第 4 期，2003 年 7 月。

7. 王世光：〈清代中期"以禮代理"說當議〉，《孔子研究》，2004 年 2 期。

8. 王元琪：〈江藩漢學思想的特點及評價〉，《華夏文化》，2005 年 3 月。

9. 王永祥：〈戴東原的繼承者焦里堂〉，《東北叢刊》第 1 卷第 12 期，1930
年 12 月。

10. 王應憲：〈論《漢學師承記》的尊戴思想〉，《淮北煤炭師範學院學報》（哲
學社會科學版）第 27 卷第 5 期，2006 年 10 月。

11. 王應憲：〈江藩論今文經學〉，《華夏文化》2006 年 4 月。

12. 王應憲：〈《國朝漢學師承記》的黃顧問題略論〉，《皖西學院學報》，2005
年 8 月。

13. 王裕明：〈莊存與經學思想淵源簡論〉，《學海》第 1999 年第 4 期。

14. 王爾敏：〈晚清實學所表現的學術轉型之過渡〉，《中央研究院近代史研究
集刊》第 52 期，2006 年 6 月。

15. 尹長雲：〈論儒家推己及人的人性論根據〉，《學術論壇》，2006 年第 10
期。

16. 牛秋實：〈劉師培學術思想研究綜述〉，《許昌學院學報》，2005 年第 1 期。

17. 田漢雲：〈略說揚州學派與歷代揚州文化之關係〉，《中國文哲研究通訊》，1999 年 9 月。

18. 田漢雲、秦躍宇：〈讀《汪容甫先生手札》〉，《揚州大學學報》（人文社會學版），第 9 卷 3 期，2005 年 5 月。

19. 朱維錚：〈劉師培：一個"不變"與"善變"的人物〉，《書林》，1989 年第 2 期。

20. 朱惠國：〈論焦循陰陽平衡的詞學觀〉，《文藝理論研究》，2006 年第 3 期。

21. 朱華忠：〈焦循對漢學的批評〉，《史學史研究》，2005 年第 2 期。

22. 朱松美：〈焦循《孟子正義》的詮釋風格〉，《齊魯學刊》第 187 期，2005 年第 4 期。

23. 朱義祿：〈明清四種注《孟》著作散論〉，《孔子研究》，2003 年 6 月。

24. 朱淑君：〈戴望經學述論〉，《首都師範大學學報》（社會科學版），2004 年增刊。

25. 任瑞芳：〈清代"談天三友"的數學思想研究〉，《西安電子科技大學學報》（社會科學版），第 16 卷 2 期，2006 年 3 月。

26. 任堅：〈焦循《孟子正義》詞義訓釋初探〉，《河西學院學報》，第 22 卷 4 期，2006 年 4 月。

27. 成守勇：〈自除心奴始自由——梁啓超自由思想析論〉，《浙江學刊》，2006 年第 6 期。

28. 余新華：〈阮元的學術淵源與宗旨〉，《中國人民大學學報》，1998 年第 3 期。

29. 李貴生：〈汪中、凌廷堪文學思想析論——揚州學派文學思想的兩個方向〉，《中國文哲研究集刊》，2000 年 3 月。

30. 李貴生：〈經典與文學之交匯：焦循文論研究〉，《中國文化研究所學報》，2002 年。

31. 李貴生：〈論焦循性靈說及其與經學、文學之關係〉，《漢學研究》，2001 年 12 月。

32. 李貴生：〈阮元文論的經學義蘊〉，《漢學研究》，2006 年 6 月。

33. 李明輝：〈焦循對孟子心性論的詮釋及其方法問題〉，《臺大歷史學報》第 2 期，1999 年 12 月。

34. 李宗焜：〈記王念孫、王引之父子手稿〉（上、下），《古今論衡》，1998 年 10 月、1999 年 6 月。

35. 李孝悌：〈士大夫的逸樂——王士禎在揚州〉，《中研院歷史語言所集刊》，2004 年 10 月。

36. 李幸長：〈凌曉樓先生年譜考訂〉，《問學》，1998 年 7 月。

37. 李帆：〈章太炎、劉師培、梁啓超對戴震理欲觀的評析〉，《北京師範大學學報》

38. 李帆：（社會科學版）第 188 期，2005 年 2 期。

39. 李帆：〈章太炎、劉師培、梁啓超與近代的戴學復興〉，《安徽史學》2003 年第 4 期。

40. 李帆：〈論清代嘉道之際的漢宋之爭與漢宋兼采〉，《求是學刊》第 33 卷第 5 期，2006 年 9 月。

41. 李采芹：〈汪中《哀鹽船文》評析〉，《上海消防》，2001 年第 6 期。

42. 李紹戶：〈劉寶楠《論語正義》評述〉，《建設》第 24 卷第 5 期，1975 年 10 月。

43. 李冬鴿、王萬飛：〈《孟子正義》注釋商榷一則〉，《承德民族師專學報》第 26 卷第 3 期，2006 年 8 月。

44. 李國鈞：〈清代考據學派的最高學府〉，《岳麓書院通訊》1983 年第 1 期。

45. 宋巧燕：〈詁經精舍的文學教學〉，《湖南大學學報》（社會科學版）第 17 卷第 3 期，2003 年 5 月。

46. 岑溢成：〈焦循「易圖略」的系統研究〉，《鵝湖學誌》第 31 期，2003 年 12 月。

47. 岑溢成：〈焦循性善論的探討〉，《鵝湖學誌》第 35 期，2005 年 12 月。

48. 岑溢成：〈阮元哲學思想中的「性」與「仁」〉，《鵝湖學誌》第 39 期，2007 年 12 月。

49. 周積明、雷平：〈清代學術研究若干領域的新進展及其述評〉，《清史研究》，2005 年 8 月。

50. 周輝：〈從《孟子正義》看焦循對“疏不破注”成法的突破〉，《古籍整理研究學刊》，1999 年第 5 期。

51. 林慶彰：〈清乾嘉揚州學派研究計畫述略〉，《漢學研究通訊》，2000 年 11 月。

52. 林全：〈創造均富的遊戲規則〉，《遠見雜誌》第 206 期，2005 年 4 月。

53. 林存陽：〈黃式三、以周父子“禮學即理學”思想析論〉，《浙江社會科學》，2001 年第 5 期。

54. 祁龍威：〈對「揚州學派」研究的回顧與展望〉，《中國文哲研究通訊》，1999 年 9 月。

55. 祁龍威：〈清乾嘉後期揚州三儒學術發微〉，《揚州大學學報》（人文社會科學版），第 4 卷第 2 期，2000 年 3 月。

56. 尚小明：〈門戶之爭，還是漢宋之爭——析論方東樹《漢學商兌》之立意〉，

《雲南大學人文社會科學學報》第 27 卷第 1 期，2001 年 1 月。

57. 金一：〈女界鐘〉，《中國婦女運動歷史資料》（1840～1919），北京：中國婦女出版社，1991 年。

58. 吳德玲：〈阮元教育經世之研究〉，《長庚科技學刊》，2004 年 12 月。

59. 吳國宏：〈孫星衍「五家三科」說商榷〉，《大仁學報》，2000 年 5 月。

60. 吳通福：〈經世、考證與義理——乾嘉新義理學宏觀特徵的再檢討〉，《求索》，2006 年第 10 期。

61. 柳宏：〈台灣學者研究劉寶楠《論語正義》成果述評〉，《揚州大學學報》（人文社會學版），第 6 卷 6 期，2002 年 11 月。

62. 袁爾鉅：〈理學與心學考辨——兼論確認「氣學」〉，《甘肅社會科學》總期第 49 期，1988 年 5 月。

63. 姚再儒：〈朱彬《禮記訓纂》管窺〉，《華中師範大學研究生學報》，，2006 年 10 月。

64. 封恆：〈劉寶楠《論語正義》之特性〉，《藝術學報》第 40 期，1986 年 10 月。

65. 胡健：〈論明清情欲美學思潮〉，《西北師大學報》（社會科學版），第 37 卷第 5 期，2000 年 9 月。

66. 胡健：〈情欲美學與明清小說〉，《淮陰師範學院學報》，第 26 卷，2004 年第 1 期。

67. 胡健：〈人情　詩情　悲情——論《紅樓夢的情》〉，《固原師專學報》（社會科學版），第 23 卷第 4 期，2002 年 7 月。

68. 徐興無：〈釋《春秋》必以周禮明之——讀劉文淇《春秋左氏傳舊注疏證‧注例》〉，《南京曉莊學院學報》第 3 期，2006 年 5 月。

69. 高明峰：〈江藩《國朝漢學師承記》、《國朝宋學淵源記》述論〉，《求索》2005 年 2 月。

70. 班吉慶：〈劉寶楠《論語正義》徵引《說文解字》略論〉，《揚州學報》（人文社會科學版）第 6 期，2001 年。

71. 孫廣海：〈阮元研究回顧〉，《漢學研究通訊》，2006 年 8 月。

72. 孫洵：〈揚州學派簡論〉，《東南文化》，1988 年 2 月。

73. 孫顯軍：〈任大椿生平學術考述〉，《文教資料》，1998 年 6 期。

74. 郭明道：〈揚州學派的實學思想及實踐〉，《社會科學戰線》，2006 年第 4 期。

75. 郭明道：〈論揚州學派的學術特徵〉，《揚州大學學報》（人文社會學版），第 7 卷 3 期，2003 年 5 月。

76. 郭明道：〈揚州學派哲學思想初探〉，《揚州大學學報》（人文社會學版），

第 6 卷 6 期，2002 年 11 月。

77. 郭明道：〈清代揚州學派當議〉，《求索》，2006 年 3 月。

78. 郭明道：〈揚州學派的文學思想及其影響〉，《史林》，2006 年第 8 期。

79. 郭明道：〈王氏父子的校勘學：思想、方法、和成就〉，《社會學家》，2006 年 3 月。

80. 郭明道：〈阮元與清代學風〉，《江海學刊》，2006 年 5 月。

81. 郭明道：〈阮元的學術淵源和治學宗旨〉，《揚州大學學報》（人文社會學版），第 9 卷 5 期，2005 年 9 月。

82. 郭院林：〈劉文淇學行考略〉，《雲夢學刊》第 27 卷第 2 期，2006 年 3 月。

83. 郭院林：〈劉師培的戴震學〉，《中國典籍與文化》，2006 年 2 月。

84. 許衛平：〈揚州學派代表人物方志編纂理論述論〉，《江蘇方志》，2000 年 5 期。

85. 許衛平：〈龔自珍與揚州學者的學業交誼〉，《江蘇方志》，2001 年 6 期。

86. 梅向東：〈“遂欲達情” 與 “古今之情”──戴震與曹雪芹對生命存在及其意義之不同思考〉，《安慶師範學院學報》（社會科學版）第 19 卷第 2 期，2000 年 4 月。

87. 曹琳：〈古揚州城的香火與戲劇〉，《民俗曲藝》，2001 年 3 月。

88. 黃智信：〈「清乾嘉揚州學派研究計畫」赴大陸考察報告〉，《中國文哲研究通訊》，1999 年 9 月。

89. 黃智明：〈前修未密，後出轉精──《漢學師承記箋釋》簡介〉，《國文天地》，2006 年 10 月。

90. 黃士榮：〈隋煬帝的運河與江都建設───一個將文化與政治合一的企圖〉，《新北大史學》，2004 年 10 月。

91. 黃復山：〈孫星衍的讖緯思想〉，《中文學報》，2004 年 6 月。

92. 黃愛平：〈清代漢學的發展階段與流派演變〉，《中國文化研究》，2001 年 1 月。

93. 黃愛平：〈乾嘉漢學治學宗旨及其學術實踐探析──戴震、阮元唯中心〉，《清史研究》，第 3 期，2002 年 8 月。

94. 黃愛平：〈試析乾嘉學者的文獻研究與義理探索──以凌廷堪、阮元爲中心〉，《理論學刊》，2004 年 9 月。

95. 單文經：〈兼論道德氣質的成份與道德教育的策略〉，《教育資料集刊》第 1 卷第 25 期，2000 年。

96. 陳祖武：〈談乾嘉時期的思想界〉，收入中山大學中文系編：《第五屆清代學術討會論文集》，高雄：中山大學中文系，1997 年 11 月。

97. 陳祖武：〈孔子仁學與阮元的《論語論仁論》〉，《漢學研究》第 12 卷第 2

期，1994 年 12 月。

98. 陳鼓應：〈中國古典哲學中的兩種詮釋方法〉，《兩岸三地——詮釋學與經典解釋學術研討會論文集》，2007 年 5 月。

99. 陳秀琳：〈評劉文淇《左傳舊疏考正》〉，《中國文哲研究通訊》第 10 卷第 1 期，2000 年 3 月。

100. 陳鴻森：〈阮元揅經室遺文輯存（1）〉，《大陸雜誌》，2001 年 7 月。

101. 陳鴻森：〈阮元揅經室遺文輯存（2）〉，《大陸雜誌》，2001 年 8 月。

102. 陳鴻森：〈阮元揅經室遺文輯存（3）〉，《大陸雜誌》，2001 年 9 月。

103. 陳鴻森：〈阮元揅經室遺文輯存（4）〉，《大陸雜誌》，2001 年 10 月。

104. 陳鴻森：〈阮元揅經室遺文輯存（5）〉，《大陸雜誌》，2001 年 11 月。

105. 陳鴻森：〈阮元揅經室遺文輯存（6）〉，《大陸雜誌》，2001 年 12 月。

106. 陳鴻森：〈劉氏論語正義成書考〉，《中研院歷史語言研究所集刊》第 65 卷第 3 期，1994 年 3 月。

107. 陳居淵：〈清代乾嘉新義理學探究〉，《求索》，2003 年第 5 期。

108. 陳居淵：〈焦循道德理想的易學詮釋〉，《中華文化論壇》，2003 年 2 月。

109. 陳居淵：〈論焦循《孟子正義》的易學詮釋〉，《孔子研究》，2000 年第 1 期。

110. 陳居淵：〈論焦循《易》學的通變與數理思想〉，《周易研究》總第 21 期，1994 年第 2 期。

111. 陳居淵：〈論阮元的經學思想〉，《清史研究》，2004 年第 1 期。

112. 陳其泰：〈《漢學師承記》的著述風格和反響〉，《社會科學戰線》，2006 年 5 期。

113. 陳其泰：〈《漢學師承記》的學術史價值〉，《文史哲》，2006 年 2 期。

114. 陳克明：〈試論劉師培的經學思想〉，《中國文化》第 15、16 期，1997 年 12 月。

115. 陳曉華：〈論劉寶楠論語正義的訓詁方法及特點〉，《安徽教育學報》（人文社會科學版）第 6 期，2001 年。

116. 陳文聯：〈西學東漸與中國近代女權思想的形成〉，《中南大學學報》（社會科學版）第 9 卷第 6 期，2003 年 12 月。

117. 陳文聯：〈晚清婦女解放思潮興起的原因及特點〉，《衡陽師範學院學報》（社會科學版），第 24 卷第 1 期，2003 年 2 月。

118. 陳寒鳴：〈論江中“淩轢時輩”的學說思想〉，《江海學刊》1998 年 6 期。

119. 程克雅：〈阮元「以古訓求義理」訓詁方法析論〉，《東華人文學報》，2001 年 7 月。

120. 程曉文：〈戴震學術的主軸和兩種變調——凌廷堪、章學誠自戴學的繼承與發展爲例〉,《中國文學研究》,2004 年 12 月。

121. 馮乾：〈清代揚州學派簡論〉,《史林》,2005 年第 2 期。

122. 馮乾：〈《述學》故事——關於汪中與章學誠的一段公案〉,《中國典籍與文化》,2004 年第 4 期。

123. 彭亦揚：〈揚州文化內涵及其特徵散論〉,《揚州大學學報》（人文社會學版）,1997 年第 1 期。

124. 彭林：〈從《疇人傳》看中西文化衝突中的阮元〉,《學術月刊》,1998 年第 5 期。

125. 彭林：〈阮元實學思想叢論〉,《清史研究》,1999 年第 3 期。

126. 張壽安：〈清代揚州學派研究展望〉,《漢學研究通訊》第 19 卷第 4 期,總第 76 期,2000 年 11 月。

127. 張壽安：〈打破道統,重建學統——清代學術思想史的一個新觀察〉,《中研院近史所研究集刊》第 52 期,2006 年 6 月。

128. 張壽安：〈黃式三對戴震思想之回應〉,收入國立中山大學中文系編印：《第五屆清代學術研討會論文集》,高雄：國立中山大學中文系,1997 年 11 月。

129. 張麗珠：〈焦循發揚重智主義道德觀的「能知故善」說〉,《漢學研究》,1998 年 6 月。

130. 張麗珠：〈戴震新義理學的「價值轉型」意義〉,《彰化師大文學院學報》,2002 年 11 月。

131. 張麗珠：〈凌廷堪「以禮代理」的禮治理想暨乾嘉復禮思潮〉,《國文學誌》,1998 年 6 月。

132. 張素卿：〈「漢學」著述與經世關懷——洪亮吉《春秋左傳詁》述論〉,《臺

133. 大文史哲學報》,2004 年 11 月。

134. 張錦瑤：〈「情理對峙」與明代戲曲小說「西廂故事類型」的發展〉,《逢甲人文社會學報》第 14 期,2007 年 6 月。

135. 張如青：〈讀黃承吉“字義起于右旁之聲說”有感〉,《學海泛舟》2007 年第 4 期。

136. 張意霞：〈王念孫《廣雅疏證》評析〉,《研究與動態》,2007 年 1 月。

137. 張杰：〈魯迅與揚州學派中堅〉,《瀋陽師範學院學報》（社會科學版）,第 25 卷 5 期,2001 年 9 月。

138. 張灝：〈宋明以來儒家經世思想試釋〉,《近世中國經世思想研討會論文集》,台北：中研院近史所,1984 年。

139. 張致宓：〈揚州八怪書畫美學探究〉,《臺中技術學院人文社會學報》,2002

年 12 月。

140. 張蕊青：〈乾嘉揚州學派與《鏡花緣》〉，《北京大學學報》（哲學社會科學版），第 36 卷總第 195 期，1999 年 5 期。

141. 張濤：〈錢大昕的社會政治思想〉，《齊魯學刊》，2006 年第 5 期。

142. 張敏、聶長久：〈汪中的社會福利思想探析〉，《廣西社會科學學報》總第 133 期，2006 年第 7 期。

143. 張豔榮：〈汪中的墨子規〉，《巢湖學院學報》，2006 年第 8 卷第 1 期。

144. 張晚林：〈論焦循道德哲學的得失利弊〉，《西安交通大學學報》（社會科學版），第 23 卷第 3 期，2003 年 9 月。

145. 張晚林：〈是合法性，而不是道德性——綜論焦循的道德哲學〉，《船山學刊》，2003 年 2 期。

146. 張惠榮、周遠富（韓國）：〈焦循注疏趙岐《孟子題辭》研究〉，《南通師範學院學報》（哲學社會科學版），第 16 卷第 2 期，2000 年 6 月。

147. 張晶萍：〈孫星衍學術思想特點述論〉，《湖南師範大學社會科學學報》，第 31 卷第 6 期，2002 年 11 月。

148. 張連生：〈劉寶楠《念樓集》學術價值述論〉，《揚州大學學報》（人文社會科學版），2005 年 9 月。

149. 張連生：〈《論語正義》徵引《說文解字》略論〉，《揚州大學學報》（人文社會學版），第 5 卷 6 期，2001 年 11 月。

150. 張連生：〈論清代揚州學派的揚州地方史研究〉，《揚州大學學報》（人文社會學版），第 6 卷 6 期，2002 年 11 月。

151. 張曉芬：〈清初聖人學實行——試論孫奇逢「戒心生」的修養工夫〉，《輔大中研所學刊》第 18 期，2007 年 10 月。

152. 張曉芬：〈憂患九卦的道德哲理研究〉，收入於《第八屆東亞漢學國際學術會議論文集》，台北：淡大漢語文化暨文獻資源研究所，2005 年。

153. 張曉芬：〈菩薩與眾生〉，《青年日報》第 10 版，2008 年 1 月 14 日。

154. 張曉芬：〈試論錢穆的經學致用之道——從其對龔自珍之評論談起〉，收入第二屆《錢穆先生思想研究論文發表會論文集》，2007 年 11 月。

155. 張曉芬：〈公與私的詮衡——試論俞正燮"人權平等"思想〉，《義守大學人文與社會學報》第 2 卷第 3 期，2008 年 12 月。

156. 張曉芬：〈張立文先生：「陸王心學的特質」專題演講〉，日本：大分縣立短期藝術大學所舉辦 2008 年漢學國際學術研討會，2008/11/15～2008/11/16。

157. 葉小草：〈《論語正義》例誤一則〉，《江海學刊》第 2 期，2001 年。

158. 詹杭倫：〈評李成良著《阮元思想研究》〉，《人文中國學報》，2000 年 7

月。

159. 葛榮晉:〈明清實學簡論〉,《社會科學戰線》,1989 年 1 月。

160. 閆興周:〈阿 Q 與汪中形象比較論〉,《昭通師範高等專科學校學報》,第 26 卷第 6 期,2004 年 12 月。

161. 楊晉龍:〈臺灣學者研究「清乾嘉揚州學派」述略〉,《漢學研究通訊》,2000 年 11 月。

162. 楊晉龍:〈「清代揚州學術導言」〉,《中國文哲研究通訊》,2005 年 3 月。

163. 楊師古:〈揚州學派研究學術討論綜述〉,《浙江學刊》,1989 年 1 月。

164. 楊向奎:〈讀劉寶楠《論語正義》〉,收入氏編:《孔子誕辰 2540 周年紀念與學術研討會論文集》,上海:上海三聯書店,1992 年。

165. 楊俊光:〈《墨經》"義,利也"校詁〉,《南京大學學報》(人文社會),2002 年 2 月。

166. 董恩林:〈論王念孫父子的治學特點與影響〉,《古籍整理研究學刊》第 3 期,2007 年 5 月。

167. 廖名春:〈慎獨本義新探〉,《學術月刊》,2004 年第 8 期。

168. 趙宣:〈《揚州學派概論》,趙航著〉,《東方文化》,2005 年 12 月。

169. 趙中偉:〈「仁」的詮釋之轉化與延伸——以朱熹《論語集注》為例〉,《輔仁國文學報》(抽印本),2006 年 1 月。

170. 趙中偉:〈書評:張麗珠《清代新義理學——傳統與現代的交會》〉,《哲學與文化》第 32 卷第 11 期,2005 年 11 月。

171. 趙葦航:〈揚州學派學者遺跡概要〉,《中國文哲研究通訊》,1999 年 9 月。

172. 趙杏根:〈論江都詩人汪中〉,《揚州大學學報》(人文社會科學版),1998 年 5 月。

173. 蔣秋華:〈大陸學者對清乾嘉揚州學派的研究〉,《漢學研究通訊》,2000 年 11 月。

174. 劉嬌:〈汪中哀文悼船民〉,《消防月刊》,2003 年第 1 期。

175. 劉瑾輝:〈《孟子正義》:新疏家模範作品〉,《揚州大學學報》(人文社會學版),第 10 卷 3 期,2006 年 5 月。

176. 劉瑾輝:〈善的宣言——焦循《孟子正義》研究之一〉,《蘇州大學學報》(哲學社會科學版),第 2 期,2005 年 3 月。

177. 劉瑾輝:〈焦循教育思想發微〉,《揚州大學學報》(高教研究版),第 8 卷 2 期,2004 年 4 月。

178. 劉玉國:〈阮元釋「予仁若考」平議〉,《中國文哲研究通訊》,2000 年 3 月。

179. 劉建臻:〈焦循「□□銘題跋辨僞」〉,《中國文哲研究通訊》,2005 年 3 月。

180. 劉建臻:〈焦循易學初探〉,《揚州大學學報》(人文社會學版),1999 年 6

期。

181. 劉建臻：〈劉師培與焦循——劉師培與揚州學派間關係的個案分析〉，《福建省社會主義學院學報》，2004 年第 2 期。

182. 劉奕：〈論焦循與章太炎的性情詩史觀〉，《浙江學刊》，2006 年第 6 期。

183. 劉文興：〈劉楚楨先生年譜〉，《輔仁學誌》第 4 卷第 1 期，1933 年。

184. 鄭吉雄：〈論清儒詮釋的拓展和限制〉，《兩岸三地詮釋學與經典解釋學術研討會論文集》，2007 年 5 月。

185. 〈評邱爲君《戴震學的形成》〉，《臺灣東亞文明研究學刊》第 2 卷第 1 期，台北：臺灣大學東亞文明研究中心，2005 年。

186. 鮑國順：〈劉師培的人性思想研究〉，收入氏著《清代學術思想論集》，（高雄：復文出版社，2002 年。

187. 盧明東：〈論《春秋左氏傳舊注疏證》中的尊王思想〉，《南京曉莊學院學報》第 3 期，2006 年 5 月。

188. 賴貴三：〈清代乾嘉揚州學派經學研究的成果與貢獻〉，《漢學研究通訊》，2000 年 11 月。

189. 賴貴三：〈北京大學圖書館所藏清儒焦循《里堂札記》選釋（1）〉，《孔孟月刊》，2007 年 2 月。

190. 賴貴三：〈北京大學圖書館所藏清儒焦循《里堂札記》選釋（2）〉，《孔孟月刊》，2007 年 4 月。

191. 賴貴三：〈北京大學圖書館所藏清儒焦循《孟子補疏》手稿鈔釋（1）〉，《孔孟月刊》，2005 年 2 月。

192. 賴貴三：〈北京大學圖書館所藏清儒焦循《孟子補疏》手稿鈔釋（2）〉，《孔孟月刊》，2005 年 4 月。

193. 賴貴三：〈北京大學圖書館所藏清儒焦循《孟子補疏》手稿鈔釋（3）〉，《孔孟月刊》，2005 年 6 月。

194. 賴貴三：〈北京大學圖書館所藏清儒焦循《孟子補疏》手稿鈔釋（4）〉，《孔孟月刊》，2005 年 12 月。

195. 賴貴三：〈北京大學圖書館所藏清儒焦循《孟子補疏》手稿鈔釋（5）〉，《孔孟月刊》，2006 年 4 月。

196. 賴貴三：〈孟子的易教（1）——清儒焦循《孟子正義》「易」學詮釋觀點的綜合說明〉，《孔孟月刊》，2003 年 1 月。

197. 賴貴三：〈孟子的易教（2）——清儒焦循《孟子正義》中「易」理詮釋之一〉，《孔孟月刊》，2003 年 2 月。

198. 賴貴三：〈孟子的易教（3）——清儒焦循《孟子正義》中「易」理詮釋之二〉，《孔孟月刊》，2003 年 3 月。

199. 賴貴三：〈孟子的易教（4）——清儒焦循《孟子正義》中「易」理詮釋之三〉，《孔孟月刊》，2003 年 5 月。

200. 賴貴三：〈孟子的易教（5）——清儒焦循《孟子正義》中「易」理詮釋之四〉，《孔孟月刊》，2003 年 6 月。

201. 賴貴三：〈孟子的易教（6）——清儒焦循《孟子正義》中「易」理詮釋之五〉，《孔孟月刊》，2003 年 7 月。

202. 賴貴三：〈孟子的易教（7）——清儒焦循《孟子正義》中「易」理詮釋之六〉，《孔孟月刊》，2003 年 8 月。

203. 賴貴三：〈清儒焦循「論語」、「孟子」與「易」學會通簡論〉，《孔孟月刊》，2003 年 4 月。

204. 賴貴三：〈焦里堂先生手批「周易兼義」鈔讀記（1）〉，《中國學術年刊》，1998 年 3 月。

205. 賴貴三：〈焦里堂先生手批「周易兼義」鈔讀記（2）〉，《中國學術年刊》，1999 年 3 月。

206. 賴貴三：〈焦里堂先生手批「周易兼義」鈔讀記（3）〉，《中國學術年刊》，2000 年 3 月。

207. 賴貴三：〈焦循定稿「仲軒易義解詁」寫鈔本考釋〉，《中國學術年刊》，2001 年 5 月。

208. 賴貴三：〈焦循里堂先生學術年譜〉，《國文學報》，2000 年 6 月。

209. 賴貴三：〈焦循手批「尚書正義」釋文校案〉，《國文學報》，1998 年 6 月。

210. 賴貴三：〈焦循「尚書」學及其研究述評〉，《國文學報》，2002 年 12 月。

211. 賴貴三：〈焦循手批「毛詩註疏」鈔釋（1）〉，《國文學報》，1999

212. 賴貴三：〈海峽兩岸公藏焦循手稿、研究現況及其論著目錄〉，《國文學報》，2002 年 6 月。

213. 賴貴三：〈焦循「毛詩」學綜述〉，《文與哲》，2002 年 12 月。

214. 賴貴三：〈焦循（1763～1820）研究論著目錄：1796～2001〉，《漢學研究》，2002 年 2 月。

215. 蕭曉陽、羅時進：〈常州庄氏之學與近代疑古思潮之發生〉，《衡陽師範學院學報》第 29 卷第 1 期，2008 年 1 月。

216. 謝明憲：〈「杜注補正」與劉文淇「左傳舊疏考正」〉，《東方人文雜誌》，2003 年 3 月。

217. 謝明明：〈談藍海策略〉，《工業雜誌》，2005 年 11 月。

218. 鍾玉發：〈阮元調和漢宋學思想析論〉，《清史研究》第 4 期，2004 年 11 月。

219. 鍾玉發：〈阮元與清代今文經學〉，《史學月刊》，2004 年第 9 期。

220. 韓碧琴：〈焦循手批《禮記註疏》之探頤〉，《興大中文學報》，2002 年 6
月。

221. 韓碧琴：〈焦循手批《儀禮註疏》研究〉，《興大中文學報》，2002 年 2 月。

222. 韓陳其、立紅等著：〈論循境求義——《經義述聞》的語言學思想研究〉，
《益城師範大學學報》（人文社會科學版），2003 年 5 月。

223. 魏宗禹：〈明清實學思潮的三個發展階段〉，《晉陽學刊》，1988 年 1 月。

224. 關漢華：〈試論阮元對廣東文化發展的貢獻〉，《廣東社會科學》，1996 年
第 6 期。

225. 顏建軍：〈汪中著述及版本考述〉，《西南交通大學學報》（社會科學版），
第 5 卷第 5 期，2004 年 9 月。

226. 顏廣文、關漢華：〈論阮元的西學思想〉，《華南師範大學學報》（社會科
學版），2003 年 4 月。

227. 羅檢秋：〈漢宋之間：寶應劉氏的學術傳衍及其意蘊〉，《清史研究》，2006
年 8 月。

228. 龔鵬程：〈區域特性與文學傳統〉，《聯合文學》第 8 卷第 12 期，1992 年
10 月。

乙類：日人論文

1. 大谷敏夫著、盧秀滿譯：〈揚州、常州學術考——有關其與社會之關連〉，
《中國文哲研究通訊》第 10 卷第 1 期，2000 年 3 月。

2. 白川靜著：〈詩經裏看得到的農事詩〉（上下），《立命館文學》第 138、
139 號，1956 年。

3. 坂出祥伸著、廖肇亨譯：〈焦循的學問〉，《中國文哲研究通訊》第 10 卷
第 1 期，2000 年 3 月。

4. 坂出祥伸著、楊菁譯：〈關於焦循的《論語通釋》〉，《中國文哲研究通訊》
第 10 卷第 4 期，2000 年 6 月。

5. 濱口富士雄著、盧秀滿譯：〈王念孫訓詁之意義〉，《中國文哲研究通訊》，
2000 年 3 月。

6. 藤塚鄰著、川路祥代譯：〈汪孟慈所謂「海外墨緣」的抄本與金阮堂〉，《中
國文哲研究通訓》，2004 年 12 月。

7. 藤川熊一郎著：〈劉家の論語學上論語正義〉，《斯文》第 14 卷第 9～11
期，1932 年。

丙類：西人論文

1. Benjamin A. Elman ,From Philosophy to philology :Intellectual and Social
Aspects of Change in Late Imperial ChiaCambridge ,Mass :Harvard
University Press ,1984 ,pp.87～169。

參、工具書目

1. 林尹、高明等編：《中文大辭典》第 3 冊，台北：中國文化研究所，1963 年。

2. 馮契主編：《哲學大辭典》，上海：辭書出版社，2001 年。

3. 羅竹風等編：《漢語大辭典》，上海：漢語大辭典出版社，1995 年。

4. 譚其驤主編：《中國歷史地圖集》（清），北京：中國地圖出版社，1996 年。

肆、網路論文

1. 民明書房刊‧古辭語大百科——
http：//tw.knowledge.yahoo.com/question/qid=1005010901967。